U0033842

亂世逐夢

航海王

JOIN THE NAVY
TO SEE THE WORLD

下

鍾漢波——遺稿　鍾　堅——整理

目錄

1974 年 5 月作者任職大普潤油輪滿載之空照圖（鍾漢波數位典藏）

作者於1963 年底晉陞海軍少將（鍾漢波數位典藏）

第拾肆章
專責反攻作戰蒙晉陞少將

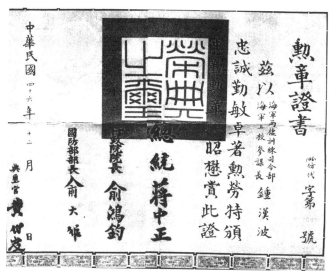

圖 14-1　1957 年 12 月作者服勤軍旅獲頒國軍首枚勳章的忠勤勳章證書，執照字號 46 仿代字 7085 號（鍾漢波數位典藏）

圖 14.2　1960 年 3 月著海軍夏季黃色乙式軍常服的作者在海軍兩棲部隊上校參謀長任內，於屏東車城向蔣總統提報華美聯盟師級藍星登陸演習（鍾漢波數位典藏）

一、番薯田年穫十二次　戰略教育群英齊聚

圖 14.3　1957 年底作者在海軍兩訓部上校參謀長任內於中興營區新建營房前設置
兵棋臺，可督導艦岸登陸沙盤推演（鍾漢波數位典藏）

　　兩訓部每個月都舉行一次營級規模兩棲登陸實兵演訓，登陸
地點在距離高雄都心約十公里之鳳鼻頭旁的中坑門（現稱中門）
海灘。抗戰末期我在軍事委員會軍令部二廳當上尉參謀時，曾翻
譯過美軍在二戰末期奪臺的「堤道作戰」計畫案；在中坑門海灘
登陸的是美軍陸戰隊第三兩棲軍，戰時美軍早已反覆偵查此海
灘，認為適合大軍兩棲登陸奪島。

　　中坑門不是個什麼好地方，站在灘頭上一眼望過去，真是荒
涼至極；砂礫土地既無樹林又無房舍遮蔭。每次我去視察演習，
都晒得頰額通紅。我曾在海邊西瓜田買個小西瓜請駐部的美軍顧
問解渴，瓜肉鹹多於甜；亦曾商請家徒四壁的貧農，付費請他燒
開水沖泡美軍顧問的茶包解渴，水井所汲取之水既鹹且澀。當年
因該地尚未接自來水管，故很少人在此建屋居住。

　　登陸海灘直後有一大片番薯田，長得並不茂盛，擋著登陸部隊官兵及各型登陸車輛之越灘運動，而登陸演訓又非得通過此片番薯田。於是番薯田遭部隊踐踏、再遭履帶車及輪型車碾壓，只好由兩訓部的政治部派員即刻丈量，計算庄稼賠償價款。計畢之後，農家快速將準備好的番薯藤重栽，歡迎登陸演訓部隊一個月後再度光臨！長年下來，雖未見產有番薯銷售，但至少有十二次進帳，故曰「登陸演訓區番薯田年穫十二次」。

　　中坑門雖然荒涼崢嶸，但我每個月一次在此逗留，每次一整天站在灘頭視察五百多名官兵搶灘，累計也有二十幾個天次，久而久之，不免對此地有懷縈之情。退役多年後堅兒驅車帶我重遊舊地，昔日牛車時代泥土碎石產業道路已成濱海康莊大道沿路房舍毗連；當年我每次坐吉甫車前來視導，在路上顛簸前行塵埃蔽天。

　　父子倆到處問路，方知中坑門早已改稱中門；本來中坑門是個小地方，以鳳鼻頭為地標，而鳳鼻石早已為高樓大廈所遮擋，但是公路東側的陡峭山勢未改，尤其路旁尚有排洪溝渠，是謂中坑也。循溝穿過街巷抵達灘頭，目睹昔日常見之水井如今尚存，足證位置無訛。海灘浪湧依舊，只是不再看到十數輛 LVT、LVTA 各型水鴨子穿越激浪區衝上灘頭，後續的 LCVP、LCU 各型登陸艇，跟進搶灘下卸登陸部隊的輪車與甲車，這些雄壯威武的場景，永遠定格在我腦海中。

　　適有住宅內數名年青人見有生客遂與我倆攀談，我問這塊岸灘地皮，以前是否栽種過番薯，他們瞪目不知如何回應；我的腦袋中，大概塞滿了豆渣，丈量番薯田範圍照價賠償時，這幾位小夥子還沒有出生哪！有人說舊地重遊不如不遊，說的也是。這次中坑門重遊，真把我數十年來烙印在腦海內的登陸灘頭荒野景

象，都被攪亂了。

　　除了在中坑門海灘岸際督訓的營級登陸操演外，我也隨同上級兩棲部隊納編入登陸演習指揮部，出海至屏東督導登陸演習，如長勝、紫宸、昆陽等大型師級演習，至於旅、團級的登陸戰訓則更多。不過，演習全程出錯的機率很高，須不斷操演精進兩棲訓練，如 1957 年 8 月的雲祥登陸演習，兩棲部隊所屬登陸艦隊五二戰隊的 LST 中程二級艦，於屏東平埔海灘擱淺嚴重損毀，只得棄艦報廢。

　　我亦添置幻燈機與錄放影機，以增加兩訓部堂課施教效果。兩訓部又另闢專業場址作為兩棲作戰登陸沙盤推演場，由 H 時開始推演至一般下卸為止。有識之士認為沙盤推演係多此一舉，用圖表即可代替，此乃見仁見智。例如舟波控制官與各舟波長之間無線電的報話協調，管制舟波通過「海上攻擊發起線」之正確時間，舟波長一面接受控制官之指示，一面在沙盤上移動舟艇兵棋，總比瞪著圖表「空口講瞎話」有效的多。在海上實兵演習更是如此，舟波長有責任把舟波各屬艇整隊，依時就位接受控制官管制，集中登陸部隊兵力，同時航向海灘。

　　為便於上級蒞臨視察，除原有之簡報圖板之外，我並添置模型展示桌，顯示兩訓部各單位之位置與中興營區各種設施，及兩棲船團錨區與登陸灘頭並附配電路板，簡報人講到哪裡，哪裡的模型內部就亮燈，此一展示桌全係教官們自製之精心傑作，較諸今日建商推銷預售屋，什麼山莊大郡的社區模型，毫不遜色。

　　1957 年底，我獲頒由總統蔣中正簽署的忠勤勳章（勳章執照字號 46 仿代字 7085 號）經梁老總召見頒發給我，表彰我「忠誠勤敏卓著勳勞」，證書由兩俞副署。依據《陸海空軍勳賞條例》，

軍職的「勳章」為最高等級勳獎；勳章分六種，從最高勳賞起依序為國光勳章、青天白日勳章、寶鼎勳章、雲麾勳章、忠勇勳章與忠勤勳章。勳章、附隨勳表與證書由總統簽署頒授，以表彰國軍軍士官的戰勳。儘管忠勤勳章是最初等的勳章，不能和同窗陳慶堃的青天白日勳章相提並論，但對我言，卻是身為軍官至高無上的殊榮。

或許現在的後輩說，服勤軍職任官滿十載以上者，就算無赫赫功績，都會領到忠勤勳章，沒啥了不起；殊不知當年任滿十載只是提報請頒忠勤勳章的門檻，自任官起算的軍職生涯，你不但不能犯錯，此期間還得表現非凡才有機會被提報入列。《陸海空軍勳賞條例》自抗戰末期開始頒綬忠勤勳章以來，看我的勳章序號就知才不過七千多枚；政府撤退到臺灣前，三軍官校畢業的軍官，連同兩倍的行伍軍官與軍士長合計超過八十萬，就算僅有兩成隨軍撤臺，軍中累積十年以上年資者也有八萬之眾，能獲頒忠勤勳章，至少是十中選一。

我自任官起親歷對日抗戰、駐日武官協處戡亂、海軍總部科級主管執行庶務、一級艦副長偵巡臺海、二級艦艦長浙海作戰、總部處級主管策劃情戰，師級兩訓部參謀長督訓登陸操演一路走來，已超過十八個寒暑，把上級交付任務如期、如質達成，獲頒此枚勳章倒也領得踏實。

我自 1956 年 6 月 1 日起，在兩訓部參謀長任內忠於職守，一年後因年度檢討編譯《兩棲作戰之組織與指揮》教案敘獎，以服務海軍「年久德才俱優，編譯有關海軍書籍甚有貢獻，著有勞績」為由，榮獲蔣總統頒發軍種的海風獎章（獎章執照字號 46 倡田字 118 號）。這是我獲頒第二枚海軍軍種獎章，證書由總統蔣

中正簽署，兩俞副署。

我任職兩訓部參謀長期間，調訓了陸戰隊及陸軍六個團的部隊；陸軍進訓的官兵，很多都是旱鴨子，我也交代駐部聯絡官組，向美軍顧問團爭取經費，在桃子園海灘興建一座兩棲訓練游泳池，好讓進訓的陸軍官兵能學習泳技形成戰力。

當年尚在「一年準備、兩年反攻、三年掃蕩、五年成功」的復國大業枕戈待旦狀態，舉國上下都忙著在整備渡海兩棲登陸作戰。連行政院都派參議兼第七組組長海軍代將魏濟民（福州海校航海科 1936 年班）來兩訓部視察，由我向他提報兩棲訓練所缺的設備與物資；魏將軍是海軍白色恐怖案的指標受害者，無罪獲釋後永久脫離海軍，由政府安排公職平反，爾後還外派為駐委內瑞拉特命全權大使。

我服勤的兩訓部司令，也曾數度更動，按傳統他們接掌兩訓部前都得先歷練過各艦隊部的司令。兩訓部編成時首任司令是當過登陸艦隊部司令的海軍代將馮啟聰，我到差時，第二任司令是當過第四艦隊部司令的海軍少將黃震白，不久便調離，繼由當過後勤艦隊部司令的海軍少將江叔安（福州海校航海科1933年班）接充第三任司令。其後江司令亦榮調他職，再由當過巡防艦隊部司令的海軍少將馬焱衡（電雷學校航海科 1934 年班）接充第四任司令；我調差離職時，馬司令仍在領導兩訓部，其後馬司令亦高陞為艦訓部司令。

我以年度考績評定優良，並蒙梁老總保舉我跳過海軍業科指參教育直接去進修頂層的戰略教育。我於 1958 年 5 月進入緊鄰海軍總部的臺北大直率真營區，在「國防大學校」的聯合作戰（聯戰）系第七期深造八個月，率真營區的率真兩字，是桂永清

的諱字，營區以其為名，以表彰桂永清的勳業。

國防大學校的前身，是遷臺的陸軍大學與隨後晉名的國防大學而國防大學校，校長由蔣總統兼任。國防大學校的聯戰系俗稱「將官儲備班」，相當於現今的國防大學戰爭學院正規班，欲升將軍非得擁有聯戰系的學資；本期全體學官人數多達一四四人，畢業後多調任重要軍職，尤其是校級學官，爾後大多累功晉陞為將領。這是美軍顧問核可的美式三軍聯戰的戰略教育，與「白團」的石牌聯戰班（號稱地下國防大學）之精神教育有別。

國防大學校第七期的陸軍資深學官來補學資者，包括在大陳島我遇過的反共救國軍夏季屏中將，另有將級陸軍副軍長及師長多人。帶職受訓的有國防大學校教育長陸軍中將龔愚，抗戰末期他在軍令部二廳當少將副廳長時，我是他的二廳二處上尉參謀。

同期海軍學官三十人，將級主官補足戰略學資而受訓者，有海軍少將陳贊湯（烟臺海校航海科 1928 年班）及海軍專科學院代將院長袁鐵忱（電雷學校輪機科 1935 年班，爾後陞任國防部物力司中將司長），黃埔海校校友受訓最資深者為高我四期的黃邦獻，還有高我兩期的朱祝堯。

抗戰期間我在空軍官校服勤過兩年半，帶職受訓的空軍資深官有很多都是我的舊識，他們是供應司令部中將司令周一塵（美國加州屋崙航校，比敘廣東航校五期，退役後擔任華航總經理）、空軍總部政治部中將副主任易國瑞（中央軍校六期轉中央航校一期，爾後陞任總政治部副主任）、空軍通校少將校長李學炎（中央航校三期，爾後陞任空軍指參學院中將院長）、三聯隊少將聯隊長張偉華（中央航校三期，爾後陞任空軍供應司令部副司令）與空軍總部祕書處少將處長傅瑞瑗（中央航校三期，爾後陞任空

軍防砲司令部中將司令）。

　　至於本期主流的校級學官陣容，尤為出色，如空軍松指部上校指揮官烏鉞（中央航校八期），二十年後成為第八任空軍總司令。另有海軍中校鮑傑民（汪偽中央海校肄，軍官補訓班航海四隊比敘海校 1940 年班），鮑學弟抗戰期間曾在汪偽政權的中央海校就讀，戰後蒙桂老總惜才留用，足見桂永清有容乃大。

　　我入國防大學校受訓後，狠下決心戒斷吸菸。我戒得很殘忍，說戒就戒；我的菸齡自海校生起已有二十年歷史，將之戒除頗不容易，這是為健康著想。有晚在國防大學校的宿舍趕作業，瞬間將自己手頭的兩包四十支菸全抽完，這還不夠，遂把同寢室的陸軍特戰上校賀銓（中央軍校十三期步科，爾後陞任特戰總隊少將副總隊長）搖醒再要兩支，才把作業趕完。翌晨感覺口腔喉頭如同燒傷一樣，不能嚥食，如此下去非死於吸菸不可。遂下定決心戒斷！軍人嘛，決心一下達就如同上刺刀喊衝鋒一樣，義無反顧豁出去了，所以沒有戒菸緩衝期，也沒有替代品咀嚼渡過不適。

　　假日南返左營探眷，幫永貞做家務事做了一陣子，她見我不抽菸，問我為什麼不抽，我說菸戒了，她就飆出去，到對街柑仔店買包長壽菸回來說：「你給我抽呀！抽呀！你不抽菸就是生了病，每次都這樣。」我說真的戒斷啦，她還是將信將疑地把香菸擺在我面前。我把菸給戒斷了，得到永貞不少讚揚和欣賞。啊！原來戒菸，還有這麼大的好處。

　　第二次臺海危機的八二三戰役砲聲一響，壞消息就傳遍校區，金防部高階長官多人傷亡！時任金防部首席副司令官吉星文中將不幸中彈殉國，令我哀悼不已。還記得 1940 年 9 月我奉命自四川萬縣公差前往貴州省都勻縣，帶領青島海校畢業生向陸軍砲兵

學校報到接受術科專長教育，路過重慶海棠溪時，向軍事委員會後勤司令部海棠溪車站司令洽商軍運時，司令就是蘆溝橋抗日開第一槍的吉星文，他在國防大學校的聯戰系高我一期，我入校時吉星文將軍已畢業離校三個月，派赴金防部任職。

　　八二三戰役期間，駐臺美軍透過駐校美軍顧問邀全體學官參觀林口美軍七一防砲團二營勝利女神力士型防空飛彈的連陣地，此型防空飛彈有效射程超過百公里，有效射高十萬呎，足堪防衛北臺灣空域。該連一共有四個發射臺，由一位美軍上士和我方陸軍少尉共同作簡報，想是正在把這種新款防空飛彈移交給國軍。

　　隨後我們驅車再往桃園機場參觀空軍五聯隊，由副聯隊長空軍上校翁克傑接待，我倆一見面就互擁緊抱。二十四年前翁克傑和我同在廣州燕塘軍校海空軍入伍生中隊一起入伍又是鄰兵，廣東航校七期乙班畢業的他，抗日戰爭時是空戰英雄，屢次打下不少日機，他也曾遭擊墜迫降，右頰至頸部被燒傷的疤痕隱約可見。戰後他累功陞任獨立第十二偵察隊中校隊長、五大隊上校大隊長，現在他仍在熟飛 F-86 軍刀機，隨時率隊上陣殺敵，爾後他累功陞任二聯隊少將聯隊長。

　　我們學官還在桃園機場參觀美軍八三攔截中隊的星式F-104A戰機緊急起飛，這種「寡婦機」起飛時後燃器有狼嚎般的吼聲，不像是飛機而像一枚火箭，其最高航速是兩倍音速，所以在高空先見飛機然後才聽見引擎聲。F-104A 戰機機翼細小無法滑翔減速，故降落速度仍大，著陸時機尾放出一具阻力傘以減少滾行距離。當時寡婦機由美軍飛官駕駛，其後才知寡婦機行將陸續移交我空軍。

　　我們又從桃園搭空軍專機轉往臺南機場，參觀美國空軍八六

八戰術飛彈連，機動發射車上裝有屠牛士 TM-61C 地對地彈道飛彈，由美國軍官擔任講解。據云這種彈道飛彈射程有一千公里，所攜帶的五萬噸級核彈頭，就儲存在基地內美軍特種彈庫內。

最後，我們從臺南飛回臺北，以專機故障為藉口降落新竹機場，實則脫離美軍顧問的掌握，低調驅車到湖口基地，參觀「白團」日籍教官協訓的我陸軍步兵三十二師。因抵達時已晚，餐後我請假外出，攜伴手禮到新竹市光復路的海軍新村，拜候老長官黎尚武退將；黎將軍不但是我讀黃埔海校高五期的學長，也是永貞與我婚宴的證婚人，他當年隨政府撤退來臺時，是黃埔海校校友唯一的現役海將，他退役後在省立新竹工業職業學校（今國立新竹高工）講授三角幾何，年近六十的黎尚武將軍一如過往聲若宏鐘、人如其名。

回營前，我到湖口營區外的狗肉攤巡禮，狗肉已賣光但狗湯每碗一元。據聞喝了狗湯後，週身暖烘烘夜寒無須添衣。回營房入眠，舖位草蓆間臭蟲很多，潛伏在木床之際，我將之挖出隻隻吃得飽滿肥大，擠捏其血已呈黑色，足證已吸飽人血。全體學官晨起後在連隊營房飯堂用膳，以一個上午時間，參觀日式訓練成果及示範部隊排攻擊實彈演訓，但見排屬各班交叉掩護攻擊前進，並有迫砲近距離定點射擊火力支援。用過中餐後，全體學官擠乘軍用大卡車，回到臺北大直校部。

斯時美軍顧問引進三軍聯戰概念，高司參謀本部各廳亦改組為聯合參謀（聯參）體系，與協防的美軍對口；因此，我服勤過的第二廳晉名為聯合情報參謀次長室（簡稱聯二），其它各廳依序晉名為聯一掌人事、聯三掌作戰、聯四掌後勤、聯五掌計畫。因此，就讀的學官除聯參宿題作業外，還要提出本軍的聯戰參謀

作業預案，接受聯參教官嚴厲的質詢與改正。

我在國防大學校受訓時，最主要的課外活動是全體學官赴蜚聲遠東的「三軍球場」觀賽。三軍球場位於總統府（又名介壽館）旁，是遠東地區戰無不勝的三軍混編代表國家的克難籃球隊發祥地，我曾在此球場內觀賞陸軍七虎隊、空軍大鵬隊、海軍海光隊與美國哈林籃球隊廝殺，如醉如癡為球隊加油。萬頭攢動下我當然替海光籃球隊捧場，海光隊隊長于瑞章是籃球國手帥哥，陸戰隊球員賴連光，射籃如百步穿楊，兩人均受海軍同儕所崇拜。唯在介壽館高處俯瞰三軍球場倒 V 型頂蓋，漆黑一片如同大膏藥，有礙觀瞻；其後為免壞了風水，1960 年層峰一聲令下，把三軍球場夷為平地，遂致湮沒無痕。

國防大學校的聯戰系第七期眾學官，除了大臺北區帶職受訓同學和校本部列名受訓者外，餘均住在校部學官宿舍，然全體學官三餐無論是否外宿，都須在校搭伙用膳。校部行政組擅於餐桌座位之排列組合，膳開十八桌，八人同桌一整週用餐；換言之，十八週下來每位學官與其他百餘位同學均有機會同桌一週。受訓八個多月，每位學官和其他同學都有兩週同桌共餐的機會，彼此認識熟之又熟。多年後只要說出其名，我都還記得他當年的神韻風采。

我的一生，命不好但運卻不錯，常遇貴人幫忙，方得避免許多厄運。聯戰系學程過了一半，同桌用膳的陸軍上校楊德充同學好心告知，我畢業後將被派任國防部總務局交際組上校組長，聆悉之餘真叫我驚嚇過度，冒出一身冷汗。楊德充同學原是國防部總務局副局長，他由中將局長王理通處打聽得知交際組組長更換人選，消息應屬正確。

我坦白告訴楊德充同學，我根本不想擔任交際職務，即使七

年前我也不欲出任海軍總部的交際科科長職；只因我矢志上艦服
勤海疆，排班等候當一級艦副長，期間適逢交際科科長出缺才勉
強充任。過往既視其為中繼站來去了無牽掛，足見我對交際職務
毫無興趣，遂恭請楊德充同學幫忙，千萬別「提拔」，拜託助我
遠離交際苦海，當感激無涯矣。楊德充同學認為他無此通天本
領，當然我也不應強求他；這頓同桌晚餐食不知味，只盼桌長膳
畢離桌，我即跟進。

　　主管人事調配的首長，是國防部人事行政局中將局長宋達
（比敘中央軍校九期，後累功陞任聯勤總部中將副總司令）。我
回到寢室當即取戴軍帽直奔學校大門，在值日官室簽字外出「購
物」，加註晚自修前返校，急步至大直十七路公車起站，搭車至
臺北車站買了份伴手禮，就地轉搭○南公車至新生南路一段，步
行至老長官宋鍔官邸，此際他任職總統府中將戰略顧問閒差，宋
鍔顧問是宋達局長的三叔。我向宋戰略顧問乞求，幫個忙打電話
他姪子，我矢志不移留在海軍服勤始終如一，請准免除我擔任國
防部總務局交際組組長一職，若逼我去交際組，我就打報告申請
軍轉公職去當個「等因奉此」的簡任級公務員。那邊宋達傳來回
話，既然我不願擔任交際組組長，那就算了。

　　宋鍔顧問是宋達的長輩，故一通電話交待即成。我早年自黃
埔海校畢業後，一出校門即奉派至青島海校擔任少尉教育副官，
在教育組海軍中校主任宋鍔麾下任職，並且在該校學潮風波動盪
的困局中，不計個人利害，義務擔任應用力學代課教官，甚得宋
鍔主任之嘉許。也幸虧我昔日肯做戇人，所以今天才有此福報。
不過，無論如何也得多謝同學楊德充的預告，我實在沒做公關交
際事務的興趣與天分，還是回到海軍幹我的老本行要緊。

二、規劃登陸作戰演訓　為反攻大業做準備

圖 14.4　1960 年 4 月作者身著海軍夏季乙式軍常服與陸軍裝甲兵司令官蔣緯國少將視導兩棲登陸演習（鍾漢波數位典藏）

　　1958 年 12 月底，國防大學校的聯戰系第七期學官結業。畢業時我的學業成績於海軍學官中又是名列第一。海軍總部收到結業名冊後，隨即辦理分發，各學官回家靜候派職人令。國防大學校於隔年起陸續更名為三軍聯合參謀大學、三軍聯合大學及三軍大學，而且遷離臺北市至桃園縣新校址；堅兒亦於 1996 年起獲三軍大學戰爭學院禮聘為終身榮譽講座，真是青出於藍。2000年，三軍大學再度改回原名「國防大學」。

　　1959 年 1 月下旬，我得知梁老總已任滿調升國防部副部長。我蒙梁老總任內不次拔擢，先由永定二級艦中校艦長調總部處長職升上校，留美培訓後調任兩訓部上校參謀長，接著保送戰略教育班隊受教，貴人梁老總的栽培，真是感激難忘。

　　海軍第五任總司令的大位，由軍令副總司令黎玉璽接掌。黎老總新官上任，遲於舊曆年節後的 2 月中旬，才批定國防大學校結業海軍學官的分發名單。我從未追隨過黎老總，更非他的人馬，

他當然不會派我占一級艦艦長職。過完年節，得知我被黎老總派任為兩訓部上一級的兩棲部隊上校參謀長。

相當於軍級單位的兩棲部隊，參謀長是少將三級編階，黎老總見我在國防大學校的畢業成績名列前矛，遣我占少將三級缺也算是提拔；既然我都占了將缺，此生就無緣降縛當一級艦或特級艦的上校艦長職務了。

當時海軍陸岸單位每個月職務加給，少將一級職缺為加八五〇元、少將二級加五〇〇元、少將三級加三五〇元；而上校本階的我，本俸已調升至每個月七五〇元，連同少將三級職務加給，交給永貞每月的薪餉袋首次破千，有十一張最大面額的百元大鈔。

我的新職是接替留美同學陳振夫的位置，3月1日生效，人事作業屬計畫調配、提前兩週發布人令；但前任陳振夫未離職，後任的我不能報到，致使我在家月餘，枯等到職日之來臨，悶得發慌。最後喜聞陳振夫業已離職，他赴「白團」地下國防大學的石牌聯戰班八期受訓，我遂自願提前兩天，於2月26日週四赴兩棲部隊應個卯，聽候差遣。兩年半前我向美軍顧問團爭取經費建置的標準游泳池，就在兩棲部隊司令部側的桃子園海灘；我巡視池畔，目賭進訓的陸軍官兵不畏寒風學習漂浮，心頭湧上些許成就感。

適逢兩棲部隊第三任司令馮啟聰中將出門登車前往臺南，聰哥是十六年前我夫妻倆婚宴的主婚人，他親切地令我：「滯皮，上車！」同車齊去視察由飛機運來之美援巨砲，準備拖往左營裝船前運金門搶灘進駐。途中獲知黎老總荓任後，海軍人事有第二波巨大更動。黎老總的同窗，即原艦指部中將指揮官王恩華，被調離海軍去參謀總長王叔銘上將辦公室就任辦公室主任。聰哥則

在兩天後調升艦指部指揮官，黎老總另一位同窗驅逐艦隊部司令海軍少將崔之道，調升兩棲部隊司令同時晉陞中將，以上三人新職，均同於 3 月 1 日生效。他們三位中將到職那天，都在艦指部交接，所以兩棲部隊這頭就沒有什麼儀式了。

崔司令在艦指部交接後，回頭就到兩棲部隊來，知道我擔任他的參謀長，非常、非常高興。他問我到差多久了？我說才兩天，彼此對看不禁啞然失笑！十八年前，我在四川萬縣陸軍巴萬區要塞砲指部與他共事過；五年前我幹永定軍艦中校艦長時，是第三艦隊部司令崔之道上校的屬艦，我倆還在浙海並肩偵巡過。說起來我倆共患難、同甘苦的革命情誼，的確是源遠流長了。

兩棲部隊司令部的編制人員，有司令崔中將、少將副司令牟秉釗（青島海校航海科 1937 年班）與吳家荀（電雷學校航海科1937 年班）、參謀長我本人，政治部主任則先後有曹壽和、孟甦及王祥麟諸位出任。副參謀長為陸戰隊上校鄒伯庸。

兩棲部隊幕僚群有參一（人事處）處長陸軍上校葉傳禹，參二（情報處）處長海軍少校馬順義（海軍官校 1951 年班），參三（作戰處）處長海軍上校俞平（福州海校航海科1941 年班），參四（後勤處）處長海軍上校林蔭屏（福州海校航海科 1941 年班），參五（通信處）處長海軍少校邱永安（海軍官校 1951 年班）。這個幕僚團隊真可謂群英匯集，也是蔣總統矢志反攻大陸的重要兩棲幹部；人事處長葉傳禹弟弟就是海軍的承參葉傳杰，現在我和他長兄在同一辦公室共事。

兩棲部隊轄屬的陸岸單位有兩訓部與兩作部，海勤單位有海灘總隊、登陸艦隊與登陸艇隊，駐地分散遍及臺澎與前線各外離島，參謀長是兩棲部隊的大管家，是以轄區訪視（轄訪）走動式

管理成為我主要職掌之一。我甫到差，就會同參五處長邱少校接待中東約旦哈希米王國國王胡笙（Hussein bin Talal），由我倆負責作登陸演習英文提報。邱永安係新加坡僑生，英語非常溜，隨後他至其他單位累功升至海軍上校，擔任完太和一級艦艦長後，國防部特准其於 1971 年退役返回原籍，出任新加坡獨立建國重組國防軍的首任海軍司令，一再連任長達十年。

兩棲部隊每年舉行一次師級與三次團級的華美聯盟兩棲登陸實兵演習，我都沒閒著，遇有蔣總統蒞臨演訓場視導反攻登陸戰訓，都由我親自在參觀臺上向層峰作演訓提報。如 1960 年 3 月 22 日華美聯盟「藍星演習」，美軍派遣陸戰隊第三師的兩個團，會同我海軍陸戰隊第一師第二團在屏東縣楓港至車城一線搶灘，兵力規模空前；這次演訓，由我負責在兵棋臺上親向三軍統帥作簡報。抗戰末期我曾翻譯過美軍在二戰末期奪臺的「堤道作戰」計畫案，在屏東縣海灘擬登陸的是美國陸軍第二四步兵軍，美軍戰時在楓港至車城一帶亦已反覆偵查此海灘，認為適合大軍兩棲登陸奪島。

1960 年 4 月，我在屏東督導兩棲登陸演習之際，巧遇時任陸軍裝甲兵少將司令官的蔣緯國（德國慕尼黑陸軍官校步科 1939 年班），他對麾下的陸軍裝甲部隊要如何在反攻登陸作戰灘岸進出，充滿了好奇，我倆為此常交換意見。緯國將軍的年齡長我一歲，未因我位階低而擺官架子，反而與我成為莫逆之交；緯國將軍既幽默且風趣，當面常歡唱篡改歌詞的童歌：「哥哥靠爸就偉大……只要我長大」，暗諷胞兄經國先生沒在基層帶過兵竟掛中將軍階。

蔣總統自八二三臺海戰役前就瞞著美軍顧問，低調展開反攻大陸的兩棲作戰計畫之細部作業；在海軍，計畫係由兩棲部隊「海

光作業室」（後晉名為光明作業室）負責，而我這個參謀長，有全權督導艦對岸搶灘登陸計畫擬定之責，還得徵用國籍商船總計十萬載重噸（Deadweight Tonnage），重新艤裝以執行兩棲作戰的一般下卸支援任務。我從小就有當海員遨遊四海跑商船的夢想，如果我是被徵召的國籍商船船長，在砲火威脅下執行海上戰備集運卸載，定會讓我熱血沸騰。

　　我時常離部外出參與兩棲作戰計畫之作業，我在部內各幕僚處的參謀群精挑細選十位單身漢，編成承參作業組，他們都是菁英，專長包括兩棲作戰通信、艦岸運動控制、火力支援協調、水中爆破偵察、海難勤務調度、裝載換乘策劃等，眾承參高手須親自現身說法後，再編寫成細部計畫。

　　其中包括一名聰慧全能的首席參謀，擔負驗證任務；他不但要核對全般計畫是否與作戰目標相符，而且綜鑑計畫各環節是否緊扣而無遺漏，首席參謀實在幫參謀長的我很大的忙。而我要向兩棲特遣部隊指揮官負全責，且得有心理準備隨時要舌戰群雄，承受各級長官對我提報的作戰計畫給予嚴苛之質疑。

　　我率幕僚作業組浩浩蕩蕩公差外出作業，中文打字員隨行，以便將計畫打字列印成冊立即呈參。我曾帶領作業組前往高雄縣仁武鄉陸軍預訓部某新訓師營區內，執行反攻計畫作業；仁武營區門禁森嚴，尚蒙陸軍派遣陸光藝工隊前來勞軍演唱，其豔辣程度較之我管理過的海光藝工隊，口味要重的多，算得上是歡樂滿仁武。

　　1961 年 4 月，我率幕僚作業組前往參謀本部聯三新設的「國光作業室」，在臺北縣三峽鎮外隱密營區執行機密等級最高之反攻計畫作業，我們進住一處新建營房，欣喜能睡到鐵架床而無臭蟲叮咬。少校承參周幼良與杜福新（均為海軍官校 1950 年班）

假日陪同我共赴北橫公路橋旁尋野溪溫泉泡湯，還搭乘手押煤車順勢下行到達三峽鎮。

當時祖師廟正殿尚在整修，僅有石匠師傅在廟前雕鑿翔龍石柱，我當年所見兩座鳩工中之石柱，而今已佇立於祖師廟前成為鎮廟寶物。走過三峽吊橋便到鶯歌，是乃充滿鄉土氣息之繁華城鎮；過鶯歌不遠處有個臺鐵火車站，名叫砍子腳（後改山子腳，再改名為山佳），莫非昔有砍子腳淫漢來此作姦犯科，否則何致其名一改再改，顯然是避諱。

蔣總統的反攻計畫遭美國強烈抵制，日籍教官私下協助蔣總統另闢巧門，在臺北市石牌實踐學社祕密建置「中興作業室」，隱密進行獨力光復大陸的「光作戰計畫」之擬定，我也曾率幕僚赴實踐學社參加「光作戰計畫」作業，以日語和日籍軍事顧問研改作戰程序。斯時五百米外之臺北榮民總醫院尚在擴建階段，我所見到的是新建醫師宿舍美侖美奐，即使以現在眼光看來，也是雙層樓高檔透天的花園洋房。

綜合以上所記，外出作業並非索然無味，若云如同遊歷觀光，則屬過分誇大，實乃忙裡偷閒、苦中作樂也。反攻作業計畫，夏日伏案疾書形同筆耕，在沒有冷氣的年代，能不汗流浹背算是萬幸。此際，玲兒獲保送由省立高雄女中初中部直升高中部就讀，堅兒也在轉學考僥倖考取海總附小，從小四銜接讀起；子女的就學，我都忙於差勤在外，還是一句「有勞夫人！」辛苦的永貞，須長年身兼嚴父及慈母兩職。

我絕不要求各幕僚處處長同行外出作業，處長是兩棲部隊菁英中的菁英，須在司令部守值。我帶領的幕僚作業組到處奔波，人人固然忙碌辛苦，留在部內同儕也個個不輕鬆；因為菁英幕僚

已被抽走，留部官員如少校作戰參謀雷學明（海軍官校 1952 年班，後累功陞至中將），無異多添額外沉重工作；所以說同儕共患難肯定是有的，但同甘苦的話那就甘少而苦多了。

作業組隨我外出，每次都從上級指導的高司機關領回鉅額作業費，也都節餘了相當數目帶回部裡，我都解繳給崔司令去購買年節福利品分贈留守屬下，儘量做到禮輕情義重。平常厚贈比不上溫暖的關懷，所以同儕彼此感情都非常濃郁。寫到這裡，我十分懷念部內同儕，當年精選外出作業的單身幕僚菁英，我都祝福他們爾後能娶得如花美眷，遇有他們的婚宴我必到場致意，祝福新婚夫妻瓜蝶綿綿。

我出任兩棲部隊參謀長要職後，在前任的檔案櫃內見有兩棲作戰教令文稿，堆積如山；細讀之下覺得文理俱佳，追尋案由之源頭，得知六年前新編司令部時就曾奉命纂編「兩棲作戰教令」，且有美國海軍兩棲作戰相關之教範可供參考，但歷經梁序昭、劉廣凱、馮啟聰前三任司令，直到今日還堆在檔案櫃內。三年前我在兩訓部曾親自翻譯過《兩棲作戰之組織與指揮》教案，有了翻譯經驗遂駕輕就熟，我以公餘時間把既有教令文稿予以增刪、審訂，歷時年餘卒能定稿。

後經上級層層核定，且年度印刷經費尚有結餘，遂予付梓，交請海軍總部左營印製所承印，書分上下兩巨冊，凡五十餘萬字共計八百餘頁，定名為《兩棲作戰教令草案》。兩棲部隊各級單位參謀群及隊職官可引以為據，兩棲訓練單位可徵引作為教材。所謂「草案」，是希望兩棲作戰專家、後學們，能隨時提供卓見於再版時予以增刪修改，望能臻於至善，以作為爾後渡海反攻登陸作戰之藍本。

　　兩棲部隊是海軍的兩棲作戰指揮機構，轄有一艘直屬的 AGC 兩棲指揮艦，她原是招商局購得加拿大製砲艦改裝的秋瑾號客船，政府撤臺時由海軍強行徵用。她的客艙空間更改彈性大，於浙海作戰後期加裝大量兩棲通訊裝備，改隸兩棲部隊為兩棲指揮艦，命名率真以紀念猝逝的前任總司令桂永清，艦號 11。我在兩棲部隊參謀長近三年的任期，率幕僚群隨率真指揮艦出海執行團級以上的登陸演訓達十餘次，每航次短則三天、長約十日，是我繼服勤太湖、永定兩艦外，隨艦出海第三多的軍艦。

　　1961 年初，艦指部指揮官馮中將調升為參謀本部聯五第二任次長，由崔司令升任艦指部指揮官，我追隨崔司令歷時整整兩年，蒙其信任有加，原本欲乞求崔司令帶我同赴艦指部，繼續擔任其參謀長，領導作戰與後勤兩位副參謀長並督管參一至參四各處，絕對游刃有餘。

　　但我自慚海上資歷單薄，僅當過永字號二級艦的艦長一年，即便在兩棲部隊參謀長任內常隨艦出海操演登陸戰訓，但均不計入海上年資；艦指部參謀長一職依例向由各艦隊部的副司令平調出任，我若面對一級艦的艦長們舌戰，恐怕罩不住，故猶豫而不敢開口，遂繼續留下擔負新任司令俞柏生中將之參謀長約八個月。八年前海軍首次派遣敦睦艦隊出訪菲國時，俞中將時任旗艦的上校艦長，我是僚艦的中校副長。

　　我擔任兩棲部隊上校參謀長歷時凡兩年九個月，蒙國防部長俞大維頒授獎章共計五座：1960 年 1 月 10 日因服務海軍十年以上，著有成績，榮獲頒授軍種的一星海績獎章（獎章執照字號 49 鈺箴普敍字第 0017 號），「一星」指再度獲頒此類勳獎。同年 4 月 4 日因主持審訂兩棲作戰教令，策畫執行全盤纂編工作方案，並

綜合完成龍吟、海鳥攻擊計畫著有功績，榮獲頒授軍種的海勳獎章（獎章執照字號 49 鈺箴字 988 號）。隔年 1 月 10 日因參與兩棲作戰著有累功功績，榮獲頒授軍種的海光獎章（獎章執照字號 50 鈺箴字 123 號）。同年 1 月 30 日因支援作戰著有累功功績，榮獲頒授軍種的海功獎章（獎章執照字號 50 鈺箴字 1996 號）。同年 10 月 10 日因參與戰訓著有累功功績，榮獲頒授軍種的一星海風獎章（獎章執照字號 50 鈺箴字第 0024 號）。

　　以上五座獎章均由參謀總長陸軍一級上將彭孟緝頒發，海軍黎總司令副署。至此，海軍軍種的五類獎章，我依功勳全都領到！隨後，我亦於 1961 年 10 月追隨老長官馮啟聰，調升為參謀本部聯五的海軍上校助理參謀次長（助次）。參謀本部助次編階是少將一級，我以海軍上校現階，黎老總提拔我充任此職實屬榮幸。我之所以能夠膺任此職，是由於我適合遴選條件，這包括國防大學校的戰略教育學資、兩棲作戰專長、兩棲作戰及兩棲訓練部門幕僚長職務經歷完整、海上年資歷練過一級艦副長、二級艦艦長及浙海作戰功勳，再適逢參謀本部軍種的海軍助次正好出缺，水到渠成。

三、聯五策訂建軍計畫　重回海軍參大研讀

圖 14.5　1962 年 9 月黃埔海校同窗李北洲與洲嫂寶珊於總統府參加晉陞少將授階典禮換穿便服後，與作者及永貞合影於府前新公園（鍾漢波數位典藏）

　　60 年代的參謀本部各聯參單位近兩千名官佐，都擠在總統府內，非常特別值得一述。這個日遺總督府建築，其外形如同一座長形城堡，總統府有六道門，介壽館正門面對介壽路（現稱凱達格蘭大道），正門有斜坡引道，汽車可達府門，其高程已達二樓，入內便是大廳；此正門除非年節開放參觀，平日府部官員無人敢走，為蔣中正總統專用。其他同側兩道邊門，則任由府部官員自由出入，但人各有志，入出門亦然。

　　介壽館東北邊轉角靠近臺灣銀行的邊門是一號門，向由總統府各局處官員及前來登記等候總統召見者出入，人數無多非常冷清。東南邊轉角靠近地方法院是二號門，此門進出之官員，將星熠熠；當年國防部蔣副部長經國先生亦常經此門出入，如果硬要闖此門，就得精神抖擻，隨時準備向蔣副部長敬禮以免失態。我寧願走遠一些，從府後的側門出入比較自然。

　　這座長形城堡的府後也是三道門，西北邊轉角靠近寶慶路（與府前一號門同側）是三號門，我習慣在此門出入，歷時凡兩年半，出入到連守門憲兵對我都熟了。我晚上穿便服加班，到門口每每要掏出識別證以備查核時，門口憲兵早已立正喊聲：「長官好！鍾助次好！」並敬禮擺手讓進，可見專走一門，在門禁安全上也有其必要。三號門上下班人潮擁擠如蟻赴氈，憲兵敬禮乾脆舉手停在帽沿，我們還禮則須謹防碰觸他人。西南邊轉角靠近境管局的是四號門（與府前二號門同側），出入官員與三號門同樣擁擠。

　　府後大門正對長沙街一段，位於府前正門的後方、三號與四號兩門之間，後大門寬闊而無斜坡，卻鮮少有人進出。我為了好奇，只走過一次而已；為什麼此門如此冷清呢？因為後大門高大，站有憲兵三、四人守衛，見你經過一齊立正舉手敬禮，我這個小小四品官兒見此陣仗，覺得嚴肅了些。

　　後大門若要更上一層樓的話，必須沿著總統府內廊彎到一、二、三、四號門才有樓梯可用，所以絕大多數同儕都覺得沒有走府後大門之必要。因此，我在參謀本部服勤期間，除府前正門未敢走近之外，其他五個門，我都出入過。我退役多年後，堅兒常因公務入府進出頻頻很多年，也僅使用一號門及三號門。

　　聯五主要職掌為綜理國軍戰略規劃（戰規）、武器獲得（武獲）、軍制編裝（軍編）及動員業務，並與聯一至聯四橫向協調。聯五內編配五位助次，五位中的一位是資深助次兼執行官，外加陸、海、空軍和陸戰隊四位助次，分別轄管戰規、武獲、軍編及動員四個處級單位，四個處轄屬三百餘位參謀群，聯五可稱得上專為建軍用兵而「計畫」周全。其中戰規處處長，就是我入伍教育時的鄰兵空軍上校劉俊（後累功晉陞空軍指參學院中將院長）。

　　首任聯五次長於 1958 年由副總長陸軍中將余伯泉兼任，主要職掌的「綜理國軍戰略計畫」實為反攻且要隱密規劃，不能讓美軍顧問知道。余中將調回陸軍歷練軍長職務兼金防部首席副司令官後，第二任聯五次長改由主導反攻大陸兩棲登陸作戰的海軍派遣資深中將馮啟聰坐鎮。按軍種平衡，副手的聯五執行官交給空軍派出資淺中將襄助。當時聰哥的助次兼執行官為空軍中將毛瀛初（中央航校二期），繼任者為空軍中將衣復恩（中央航校五期），衣執行官知名度甚高，他曾命其在美成長獲法學碩士學位之長子衣治凡，回國服義務役預官役而傳誦一時。

　　同辦公室除我另有三位助次。空軍少將助次是陳衣凡（中央航校五期），調回空軍九年後累升至第六任空軍總司令，退役又調任駐約旦大使。陸軍少將助次是朱嘉賓（中央軍校十期砲科），後調升為國防大學中將教育長。陸戰隊助次先後有資深少將王洽南（本名王化興，燕京大學經濟系 1928 級），王少將退役後交周學本（中央軍校十四期）接替，周少將公殞後交楊友三（中央軍校十五期砲科，後累功陞任聯勤總部中將參謀長）出任，以上三位陸戰隊助次均為知名之悍將。

　　我所負責的軍編業務並督導聯五軍編處，再度從同窗劉定邦的手中接充，定仔則被層峰圈選赴美國海軍戰爭學院深造。定仔在黃埔海校就讀時，就是全班的學霸，五年前我赴海軍兩訓部就任參謀長職務時，是由定仔交給我，同班同學良性競爭、先來後到各自努力。

　　參謀本部助次職位，相當於抗戰時期軍令部的助理廳長，位階不算低但收入有限，生活還是得儉樸。我家遠居左營，故又回到臺北市圓山濤園海軍高級官員宿舍掛單；時值政府屬行節約能

源，參謀本部僅能早晚派車接送上下班，中午沒有公務車往返宿舍接送，故午餐須自行設法在辦公室打理。我到班前，先往總統府旁的國防部大餐廳，以四元五角預購午餐飯票，以免到時額滿見遺。

我到差後，多半時間追隨余伯泉將軍而非頂頭上司馮次長，余伯泉將軍在金門前線歷練後回鍋參謀本部晉陞上將，任總長特助，襄助彭孟緝總長修訂兩棲作戰反攻計畫，並由余上將在每週四的軍事會報（小軍談）中由他親自向蔣中正總統簡報，我則列席負責揮桿指圖。兩棲作戰反攻計畫簡報內容，附有說明圖表甚多，同時標貼於十多張圖板之上；我能在蔣總統座前多次盡力效勞，覺得非常榮幸。此項簡報每週舉行，持續不斷為期兩年餘。

余上將是英國劍橋大學碩士，自視甚高，與我談軍編業務喜用牛津腔英文，與我話家常則用廣東臺山家鄉話，我都能對答如流。此外，余上將在參謀本部也負責與美方高層對話，包括上自美國國防部與參聯會的訪賓，下至美國駐華大使與 USTDC、MAAG 主官，我都陪同總長特助余上將參與晤談並作速記。

我曾在部內舉行之聯參會報中，提出反攻兵力編制與部署意見，承蒙隔壁聯三助次兼執行官陸戰隊中將丁繼榕（中央軍校十期砲科）私下之稱許，讚揚我的聯五軍編工夫，到聯三來當個中將執行官管作戰業務綽綽有餘。到職半年後的 1962 年 5 月 18 日，我因策劃作戰、服勤努力著有累功成績，榮獲國防部長俞大維頒發一星海勛獎章（獎章執照字號 51 棋襟字 0754 號），由總長彭孟緝副署；這是我在海軍兩棲作戰服勤以來，領受第二枚軍種勛賞層級較高的海勛獎章，前不久軍種勛賞層級較低的海績與海風獎章，我也各獲頒兩枚。

說到探眷，家居南臺灣的將級軍官與眷屬，例假日均可預約

C-46 行政專機機位，週日清晨由臺北松山飛高雄岡山，週一晨再搭回頭機北上；行政專機落地後各軍種都派交通車往返機場與營區或眷村接送，至為方便。我幾乎每週搭機，省掉週六晚與週日晚搭臺鐵夜車南來北往難以入眠之苦，就連堅兒這個軍機控，也由行政專機便載好幾回到臺北見識。1962 年夏，在永貞身兼嚴父及慈母的「嚴訓精鍊」下，玲兒以第一志願高分考上東海大學外文系榜首，捨臺大外文系不讀；堅兒成績優異獲海總附小保送，直升海軍總部附設海青初級中學（海青初中）。

　　1962 年起，黃埔海校同窗畢業已然二十二個寒暑，不少同窗和我一樣都占少將一級的職缺。現在的國軍上校軍官占將缺就立即晉陞將軍，早年即使占了少將缺並非「即占即升」，須過五關方能肩掛將星。占將缺只是晉陞將軍的第一關，占將缺須超過一年資歷是第二關，期間的表現須夠優秀能累功是第三關，高司機關是否把你列入候晉名單是第四關，統帥是否圈選你晉陞是最後一關。

　　是年 3 月，陳慶堃在海軍驅逐艦隊部上校司令任內過五關榮陞少將，肩章掛一顆將星；他曾因戰功由蔣總統親頒青天白日勳章，拔得黃埔海校同窗頭籌一點都不意外。是年 9 月，李北洲在登陸第二艦隊部（登二艦隊）司令任內晉陞少將，是第二位升將軍的同窗。

　　1963 年 4 月，我在國防部的參謀本部聯五當助次服勤累計滿一年半，依規定由國防部部長發給我「國防部服務紀念章」勳標及證書，紀念章證書字號為（52）祺襟字第 7961 號，由國防部長俞大維頒發、參謀總長彭孟緝副署。證書字號說明了自《陸海空軍勳賞條例》公布後，隨軍來臺在國防部服勤滿一年符合頒授服務紀念章的官員，我排名第八千左右。事實上，自抗戰起一路走來，

我在國防部服勤累計近五年，這包括抗戰中期在國防部前身的軍事委員會軍政部城塞局當參謀約一年、抗戰勝利前在軍令部二廳當參謀約兩年。

十年前「白團」所推出的「光作戰計畫」反攻大業預案，催生了海軍「大業」專案，急造一一〇艘 LCM，納編兩棲部隊海灘總隊新設的兩個小艇大隊，前推進駐金門島群各坑道，策應反攻軍主力，待機開闢助攻渡海作戰。當年這批機械登陸艇對美方要低調保密生產，故不能向美採購主機，國內民間造船廠尚處萌芽期，也不會自製舟艇主機；我有駐日經驗，遂透過日本友人老關係洽商，終獲日產重工株式會社應允出售四十五匹馬力 UD626 主機。「龍騰作業室」每批舟波的 LCM，可輸運金門守軍三十四師兩個步兵團連同裝備補給品，強渡數浬長的金廈水道執行岸對岸攻奪廈門。

我奉命前往金防部視導出差，陪同海軍兩作部少將司令謝祝年（黃埔海校航海科 1935 年班）輔訪金防部「龍騰作業室」反攻軍岸對岸登陸廈門的軍力編制事宜，蒙該部參謀長陸軍少將王廣法（中央軍校十一期砲科，後累功晉陞總統府二局中將局長）接待，公餘練習揮桿擊球。那時節金門高爾夫球場尚未興建，練習場既無球道更無果嶺，僅將曠地野草割平，有點場地模樣而已。將校們球敘兼談公事時，則有勞諸位阿兵哥兼球僮，來往奔跑揮汗撿球，由於我非精於此道，遂淺嚐即止。

夜宿山外鎮高階軍官招待所，此招待所原是金門軍中特約茶室（俗稱八三么的軍娼樂園），八二三戰役時關閉，為金防部收回改成軍官招待所。窄窄的房間窄窄的床，除設置一床一几一椅外，所餘空間幾乎無法轉身，入內不免有異樣感覺。既經改為軍官招

待所，想必徹底清消、粉刷無疑，衛生方面當然沒有顧慮，脂粉味早已星散多年。隨後，黃埔海校同窗方富捌專程來訪，他是金防部海軍上校副參謀長，襄助陸軍參謀長王少將，並負責督導海上軍運與巡守外離島水域，責任重、壓力大。

哥兒倆遂在原八三么軍娼樂園促膝長談竟夜，堅兒自幼就由同窗方富捌看著成長，他視堅兒如己出，知曉堅兒常隨我搭軍機往返北高，就再三告誡我：「滯皮！父子同機就同命，父子不同機就不同命，別拿你家的單傳香火堅仔來玩命。」捌哥常搭軍機往返臺灣與金門間差旅，見多識廣，顧慮不是沒原因的。

果不其然，1963 年 4 月 7 日星期天清晨，空軍二十大隊六中隊南返的三一七號 C-46 行政專機，我因軍編業務徹夜趕工晏起，錯過班機就沒回左營眷舍；不久惡耗傳到，三一七號行政專機在苗栗三義關刀山雙潭撞毀，組員與乘客共八員無一生還，包括同辦公室的陸戰隊助次周學本少將！此後，我與堅兒就再也不搭同一班機，自己也絕少再搭行政專機南來北往，寧可辛苦些，三十六小時的例假日，搭十六小時的臺鐵夜快車往返北高一圈。

為配合反攻大業，國防部的「總政治部」於是年 7 月易名為「總政治作戰部」，政工幹部改稱政戰幹部，以督導反攻作戰準備；三軍各級部隊的「政治部」，也同時改為「政治作戰部」（政戰部）。

緊跟在陳慶堃及李北洲肩掛一顆將星後頭的同窗是劉定邦，定仔於 1963 年 8 月在海軍指參學院教育長任內晉陞少將。上揭三位同窗，都比我更優秀傑出，爾後他們均依功勳累陞至中將，名至實歸，我自嘆不如。我於 1963 年底接獲人令，也依累積功勳於聯五助次任內晉陞少將，是為軍旅生涯重大之里程碑，時年四十六歲，是同窗第四位晉陞將軍的同學。

　　我在校級軍官這個階層蹲了十七年，才晉陞海將擠進國軍一千五百餘位將軍行列，升遷算是不快但也不慢。雖然國軍現役資深上校為數超過三千，每年榮陞少將者僅有百位，我能晉陞至海軍少將，是件極不容易的事。我的晉階是海軍總部年度通案辦理，由人參室將合乎晉陞少將條件者，加倍列名送交人評會評審，擇優排序列報層峰圈定其中半數後發布。此項作業十分機密，事先無法知道評審經過，等到發布以後，方知自己是否升官，如果落空，又要再等下次迄過期不再考慮。

　　在我晉陞少將後，主管軍政的國防部長俞大維藉「眼疾辭官」，淡出政壇以緩解和蔣家緊張的姻親關係，國防部副部長的梁老總亦去職赴韓國任大使。行政院政務委員蔣經國兼國防部副部長並代理部長，一身兼三職，蔣家父子接班態勢終於浮上檯面；從此軍令系統主掌三軍兵符的參謀總長大權旁落，軍政、軍令均由蔣經國一把抓長達二十四年，迄 1988 年蔣經國在總統任內辭世為止。

　　一任兩年半的 1964 年中，我突然奉召返回左營海軍指參大學（海參大）研究班第五期深造，以補實我欠缺的海軍軍種業科指參教育；究其原因，海軍總部不採認我的圓山軍官訓練團普通班五週之陸軍業科指參速成教育，就算我已有高一層的國防大學校的戰略學資，還是得回頭接受本軍完整的一年業科指參教育。我進入海參大研究班係帶職受訓，由聯五軍編處處長代行我的助次職務。參謀本部聯五助次一職，是很多人欲求之而不得的好差事，我在聯五崗位三十個月後，回南部深造離家近也是件好事，可免南北奔波探眷之勞。

　　是年溽暑，軍艦控的堅兒參加反共救國團航海協會舉辦的一

日來回出海活動，升初三的堅兒首次搭軍艦自高雄啟航赴小琉球外的靶區見學，他興奮到徹夜未眠，十足有我捨命搏浪的基因。為防止這個單傳香火的過動兒在LST中興軍艦上闖禍，我特別交代艦長賀海潮中校看緊他；我十年前當永定軍艦艦長時，賀海潮是我麾下的中尉艦務官。當然，堅兒畢生首次搭艦出海完勝，也讓他體驗到海上航行的甘苦。

　　海參大設在左營軍區外的軍校路東側，路西側就是海軍軍區緯十二路之建業新村。我們這期研究班學官只有二十三人，住在校內「嚴復館」招待所，館名乃紀念清國水師出身的思想家與翻譯家嚴復（清國福建船政後學堂駕駛科1871年班）。研究班內有兩位少將資深學官，除我之外，就是昔日我的老長官平叛英雄褚廉方少將，他甫卸任金防部海軍副司令官來就讀；我任太湖軍艦副長時，他是我的艦長，曾對我教誨良多。這個研究班的學官以上校為主，包括非常優秀的華紹武（軍官訓練班航海四隊比敘海軍官校1949年班，後累功陞至中將），課程「比照」頂層的戰略教育，實則僅涉獵海軍的業科指參教範，教官的素質與講課的品質，較之國防大學校的聯戰系遠為遜色。

　　對少將學官的我而言，是回頭溫習指參業科，我抗戰期間在中樞高司機關當過兩年半的上尉參謀，來臺後又在兩棲單位當過四年半的上校參謀長，現今升了海將回頭進修軍種指參課程填補學資，見學些新資訊也很合理，尤其是情資顯示中共已執行首次核試爆，且解放軍反艦導彈已進入陸射戰測期程，這都成為海參大研究班應處艦艇核作戰與反制導彈討論的重點，但仍不免有「臨老學吹簫，吹熟已無牙」之感。

　　我就讀時，海參大正規班十五期亦同時施教；總部拔擢這批

少、中校的優秀軍官進入正規班受教，充實他們完整的業科指參教育學資。憶及十三年前我極欲報名進入正規班一期受教，因候派艦職而無緣就讀，十三年後的今天又回鍋就學，該是你的絕對跑不掉，只是時辰未到。

第拾伍章
運籌光復未果轉調辦學

圖 15.1　1964 年著海軍夏季白色丙式軍便服的作者攝於參謀本部聯合計畫參謀
次長室少將助理參謀次長（聯五助次）辦公室（鍾漢波數位典藏）

一、兩棲部隊任副主官　錯過義士死亡班機

圖 15.2　1965 年底任職兩棲部隊少將副司令的作者陪同南越海軍將領訪視登陸突擊滲透戰訓，登臨兩棲指揮艦 AGC 高雄號聽取簡報（鍾漢波數位典藏）

　　受業期間，黎老總的同窗海參大中將校長齊鴻章（電雷學校航海科 1934 年班）率隊遠赴現地查訪參謀作業，齊校長在抗戰中期與我同在陸軍要塞砲兵巴萬區砲指部服勤，他是教三總隊第五砲隊少校隊長，我是教四總隊第八砲隊上尉隊附。齊中將平日喜歡中午來研究班吃小灶飯，這次現地查訪他就好像大哥帶小弟出外玩耍，了無拘束。

　　專車行經嘉義市國華街，大家要下車方便，車就暫停在「劉堂坤醫院」門前。當時轟動全國之醫師劉堂坤姦殺女護士謝夏的桃色命案尚未偵結，該醫院為出名之凶案現場，大門深鎖拉封鎖線無人敢近，怕有冤魂前來附身索命。大家遂草草在旁公廁方便後，趕快乘車離開。

　　途經日月潭順道參訪，食宿均在半圓形拱門之內的教師會館，

六人一間套房，在會館日吃三餐價廉的招牌飯，窮哈哈之參謀作業之旅只能如此。在日月潭行裝甫卸，隨即過湖參觀光華島（今稱拉魯島）毛王爺之皇居，並觀賞一場毛家舞蹈，但難襯湖光山色。倒是專車環湖一週，將日潭和月潭之湖光美景盡收於眼底；唯景色之美，近看不如遠觀。

1965 年元旦剛過，我接奉人令調派為兩棲部隊少將副司令，編階依然是少將一級，2 月 1 日生效，依然帶職繼續在海參大研究班進修。兩棲部隊司令仍是俞柏生中將，三年前我在他底下當上校參謀長，這次回頭再度當他的少將副司令，自是駕輕就熟。我接替的職務，是由少將副司令黎士榮（電雷學校轉青島海校五航甲 1939 年班）學弟交出，至於我聯五助次的職務，則交給海軍少將黃克榮（電雷學校航海科 1937 年班）學長接充。

在調職人令未生效的前六天即 1965 年 1 月 26 日，海軍高階將領大幅更動，即副總長海軍上將馬紀壯調任國防部副部長，其後經常代表新科國防部長蔣經國出席立法院院會答詢，馬副部長以調和鼎鼐得宜而為蔣經國重用。所遺海軍副總長一職，循例由擔任海軍總司令幾近六年之久的黎玉璽接充，他到職半年後調升總長並晉階為一級上將。海軍第六任總司令一職，則由軍令副總司令海軍中將劉廣凱調升並同時晉任上將；比劉老總資深的軍政副總司令曹仲周（青島海校航海科 1931 年班）則軍職外調為招商局董事長。

而我的兩位老長官參謀本部聯五次長馮啟聰中將與海軍艦指部指揮官崔之道中將，同時分別調升為海軍軍令、軍政副總司令。接任參謀本部聯五第三任次長的，是海軍總部中將參謀長黃錫麟；於是，我在黃學長當聯五次長的麾下做了五天帶職受訓但未

謀面的助次。

　　海軍艦指部指揮官一職則由劉老總的同窗兩棲部隊司令俞柏生中將接充；至於兩棲部隊司令，則由我的老長官海軍總部少將副參謀長李敦謙調升。因此，我 1 月底到差後遂成為李敦謙司令的副手。我在海參大研究班課餘之暇，就趕回兩棲部隊襄助李司令處理公務。這頭海參大研究班的課程，我這個行伍參謀出身的海將早就經驗豐富應付作業游刃有餘；三公里外那頭兩棲部隊副主官的業務，也因我曾當過兩年九個月的幕僚長，故十分嫻熟，兩頭跑倒也勝任愉快，課業、工作都能兼顧。

　　該年暑期，堅兒自海青初中畢業，同時考取一般高中的省立高雄中學普通班與省立高雄工專的五專化工科，永貞要堅兒讀雄中將來考醫學系懸壺濟世，我則要求他去讀前途保證班的高雄工專，將來當個煉油專業工程師，他不聽我的卻從母命入雄中就讀。

　　堅兒報到入學雄中時，我也開始撰寫結業論文，論文題目自訂但須報准，我的論文題目是「如何在臺灣經濟建設中增強海軍戰力」。那時節臺灣經濟尚未起飛，還是在分期經濟建設過程中默默耕耘。我為文呼籲海軍當局主動參與經建計畫，最低限度要瞭解國家經建內容，以便我海軍作適當的因應；若能由政府籌建大型造船廠，期使「國輪國造、國貨國運」，可替未來海軍「國艦自製」打個基礎。我論文又建議裁撤老舊低效勞力密集的醬油、膠鞋、電池、被服等工廠，以採購代替自產，不但品質有保障且價錢又便宜，更可把品差質劣又賠錢的包袱丟掉。

　　我雖常寫應用文章，但也不笨，絕未呈「萬言書」、獻「改革策略」或條陳「興革意見」，因為長官學問永遠比我好、經驗絕對比我豐、地位就是比我高，何必班門弄斧自曝其短。官大學問

大，古今中外皆然，是以我論文書寫完全是為了繳交方能結業，就逐漸淡忘其內容。同學論文交卷後，立刻舉行研究班第五期簡單而隆重的結業典禮。

是年 8 月 6 日，我海軍巡防第二艦隊（巡二艦隊）少將司令胡嘉恒（電雷學校轉青島海校五航甲 1939 年班）率艦執行特種任務，於福建省東山島兄弟嶼海面與大陸沿岸間突遭共軍 YP 巡艇及 PT 魚雷艇襲擊。PG 劍門二級艦與 PC 章江三級艦先後沉沒，一四四名官兵隨艦殉國。本名胡德華的帶隊官，家就住我同一眷村不同的巷弄。

無獨有偶，空軍因海軍的特種任務協戰不力遭檢討，遂於海戰後加派空中兵力偵巡兄弟嶼海域，期能搜救落海漂流官兵；兩週後的 8 月 17 日，空軍四大隊二三中隊少校飛行官韓國鋒（空軍官校三十六期）的一四六號 F-100A 超級軍刀機在兄弟嶼空中解體失事，趕赴現場搜救的空軍救護中隊 HU-16 飛艇，遭共機包夾擬逼她飛往大陸迫降，澎湖隘門機場應援緊急起飛的 F-86F 軍刀機之四機領隊機，接著又墜海……海空軍連串的失誤，引起層峰的震怒。

此一「東山島八六海戰」慘敗震驚朝野，加諸三個月前一場迷糊的「東引五一海戰」謊報戰果，劉老總於 8 月 30 日遭國防部長蔣經國拔官，降調為參謀總長特助，故劉廣凱在總司令位置上僅僅七個月又四天而已。過往我在聯五的同事毛瀛初中將，斯時任空軍作戰司令，因支援海戰不力又逢損失兩架戰機，亦遭拔官。

由於海空軍連番挫敗，證明「白團」十五年來的術略精神教育無多大效用，海空軍作戰失利也讓反攻作戰的準備蒙塵，絕大部分的日籍教官失望之餘主動求去；僅剩五名顧問的「白團」，暫

由陸軍指參大學（陸參大）收容，易名為「實踐小組」延續其教研任務。

劉老總遭拔官後，海軍高級將領又有一番巨大更動。軍令副總司令馮啟聰中將接掌海軍第七任總司令並晉陞上將，軍政副總司令崔之道中將移位為軍令副總司令，海軍艦指部指揮官俞柏生中將升任海軍軍政副總司令，兩棲部隊司令李敦謙少將調升海軍艦指部中將指揮官。馮老總的同窗兩作部少將司令謝祝年升任兩棲部隊司令仍兼兩作部司令，於焉我的長官，又換成黃埔海校的年哥；是年底，學長年哥晉陞中將。

馮老總扶正後，當時軍中盛傳：「鍾某人要升官啦，他是馮老總的黃埔海校學弟，當年他結婚的主婚人也是馮老總，馮鍾哥兒倆抗戰時在滇緬公路非常麻吉；鍾某人還當過馮老總幹兩棲部隊司令時的參謀長，幹聯五次長時的助次，他不發都難。」這些耳語聽聽就好，聰哥為人正派、拔擢部屬絕對不會循私拉幫結派。

聰哥接掌海軍後位子坐的很不安穩，初上任才三個月又逢「烏坵十一一十三海戰」慘敗，帶隊官是麥炳坤上校，他卸任太倉一級艦艦長，調升巡二艦隊戰隊長兼南巡支隊支隊長，也是聰哥的黃埔海校學弟，這節骨眼上，國防部長蔣經國對海軍連輸三場海戰極度不滿，聰哥即便要提拔廣東幫，還得再緩一緩，不著痕跡低調安排。

我家十四年前由日本返臺時，曾暫居麥學弟左營建業眷村的客廳長達月餘，等候分配眷舍。麥學弟因指揮作戰無方遭軍法判監禁，這也是我國現代海軍肇建以來，帶隊官首次因海戰失利遭解送軍法判刑的案例。

我在兩棲部隊這個陸岸機關當副司令的閒差，主要職掌是對

外，不若六年前當參謀長是對內。此際反共戰火在中南半島愈燒愈旺，第七任駐華美軍顧問團陸軍二星少將團長江森（MG Dwight Johnson, 西點軍校 1932 年班砲科）到職不久，即來部視導兩棲登陸突擊滲透戰訓，看看能否轉用於越戰。

　　司令年哥知道我十八年前擔任駐日武官時，江森中校亦任職麥帥的盟總第三署，就令我全程接待江森團長。江森團長風塵僕僕前來左營桃子園海灘視導水中爆破柴軌時，見到舊識的我非常驚喜，一路上我倆對駐日期間共有人與事的記憶，有聊不完的話題。看完小部隊實兵操演後，江森團長連聲說我海軍兩棲作戰師法美軍且青出於藍，足堪越戰盟友借鏡。

　　隨後，加入越戰的盟國紛紛派員前來觀摩兩棲部隊的海上滲透與突擊戰術，因此，南越、南韓、菲律賓等盟軍將領川流不息地來訪取經，年哥都指定我這個擔任副主官的屬下負責接待外賓。我偶有陪同盟國訪賓隨艦出海，視導兩棲登陸滲透與突擊作戰演訓，但在灘頭上參觀搶灘登陸實兵操演的時段，又比隨艦出海多。

　　1966 年初，日本海上自衛隊（海自）的官長來左營參訪兩棲作戰演訓，也稍來訊息，略以旅居日本的駐日代表團老團長朱世明將軍，在神奈川縣葉山病逝，得年六十三。我曾在他麾下當海軍武官，雖然他兩度任職團長，但我在他底下累計僅追隨過短短八個月爾。朱將軍棄職後隱退日本，經商失敗潦倒貧困，葬於橫濱市立公墓。

　　1966 年 9 月，日本陸上自衛隊（陸自）的訪賓也告知我，曾任帝國陸軍支那派遣軍總司令長官的岡村寧次大將甫病逝於東京，享壽八十有三；這位化名岡存寧、「白團」創團推手的武將，在我政府多難之秋，及時伸出援手重塑國軍的鬥魂，令人肅

然起敬。記得十七年前農曆春節期間，我押送岡村樣自上海渡洋返東京歸鄉，航途中我這個後輩曾多次與抗戰後期日軍支那派遣軍岡村總司令長官單獨晤談，恍如昨天的事。

此際，十八年前我從日本佐世保軍港押送首批日償軍艦返國之領先艦接 1 號艦，亦即海軍第一艘陽字號 DD 驅逐艦的丹陽艦，在左營港降旗停役，我這個當年的駐日武官受邀到場觀禮。丹陽艦的停役，是日軍償艦自海軍戰鬥序列中解編的最後一艘作戰艦，僅餘一艘日償 AKL 武陵二級艦還在跑外島運補，這象徵著日償軍艦淡出守護臺海的任務，巡弋海峽的重責完全由美援艦艇包辦。

元旦過後，總辦室少將主任趙梅卿（福州海校航海科 1930 年班），從臺北打電話給我，告知現在他身兼總部研究發展室的《海軍學術月刊》總編輯一職，著手準備邀稿發刊，首卷第一期將於隔年出版，趙主任問我是否同意將我的海參大結業論文刊登在月刊上。這是我的殊榮，我順便問有多少篇研究班結業論文蒙獲採用，答以僅我一篇，這使我無緣參考其他同學之高見。

我的論文隔年刊出後，因文章冗長，竟獲贈稿酬七五〇元，幾近當時少將一級編階半個月的本俸，實在不無小補。我人生首次發表在學術期刊論述所倡議的「國艦自製」，其後喜見國家十大建設中，有中國造船公司（中船）之籌建。現在，中船公司早已組裝主戰、輔戰軍艦多批多艘。論文述及的海軍補給品，日後亦以採購代替設廠自產。當然，這些成就絕不是我論文所能攀上關聯，不過我的結業論文略具先見之明，則是事實。

1966 年 1 月第二個週末，我值高勤留守兩棲部隊，下半夜的週日凌晨，馬防部少將副司令官兼海軍馬祖巡防處處長陳安華

（黃埔海校航海科 1936 年班）閃急戰情側傳進來，提及有艘解放軍 LCM 登陸艇浴血駛入馬祖「投誠」。我請隊部參二聯繫友軍弄清楚狀況，隨後參二回報「起義來歸」的不是中共海軍的登陸艇，而是解放軍陸軍守備七師所屬閩北船運隊的陸軍交通艇，由中共海軍派員駕艇負責離島陸軍的人員物資運補。我認為「投誠」的登陸艇既屬解放軍陸軍，理應由對口的馬防部陸軍單位協處。

馮老總卻下令陳安華副司令官去「搶功」，把「反共義士」弄上北巡支隊駐艦，急馳押返基隆；但上頭國防部棋高一著，令空軍派機把反共義士接回臺北參加週一的萬人歡迎會大肆宣揚。馮老總接著急電我，抱怨去年海軍被解放軍打到士氣低迷，今天好不容易有 LCM 登陸艇投誠來歸的天大好消息，他要兩棲部隊主動對接投誠事件，更下令我這個曾在空軍服勤過兩年多的黃埔海校學弟，立即編組人馬北上找空軍去要機位，赴馬祖替海軍插旗，陪反共義士同機回臺沾點光。

1 月 9 日星期天我率幕僚搭首班臺鐵觀光號特快車北上，私下到老同事空軍副總司令雷炎均中將在復興南路二段的宅邸，乞求給海軍三個機位，雷大哥明示這個案子由國防部蔣經國部長主導，空軍一大早就陸續派出三架軍機飛赴馬祖接人，連媒體記者都向復興航空與華航租包機去馬祖搶新聞，蔣部長對你們海軍連吃敗仗很不諒解。當然，我一個機位都要不到，黯然南返左營。

結果，接載三位「反共義士」返臺的空軍救護中隊一〇二一號 HU-16 飛艇，半途遭解放軍戰機擊墜，少校機長陳秉銳（空軍官校二十九期）、上尉副駕駛廖運琰（空軍官校三十七期）連同組員、反共義士與乘客十七人無一生還，讓我冷汗直飆。馮老總對我欠

缺智慧抓對機運操弄政治的「辦事不力」頗有微詞，不過，就因為我違逆馮老總交辦事項，排斥搶功不欲多管閒事，我與同儕方躲過死劫。

事後馮老總也「撿」到便宜，2月中旬蔣經國部長硬將三位返臺遭共機擊墜斃命的解放軍投誠士兵追授為我海軍少尉軍階，連同四位在登陸艇內遭亂槍打死的非共產黨黨員士兵，也一併追授為我海軍上士。政府對解放軍三名遭擊落的「反共義士」，連同四名艇內無黨籍的屍體一概變身為「烈士」，還頒發「起義黃金」予前者每人一二○兩、後者每人六○兩，七人合計六○○兩，暫存國庫待光復大陸後再發給遺族。

馮老總萬萬沒料到的是，在他往生後隔年，對岸不但公布四位登陸艇內遭亂槍擊斃的無黨籍士兵，是遭三位「投誠義士」射殺；換言之，這四位冤魂，是解放軍的「烈士」，不是馮老總的「義士」。更誇張的是，三位被追授為我海軍少尉「烈士」之大陸親屬，解嚴後還向「臺灣當局」追索請領「起義黃金」！

我在兩棲部隊擔任參謀長與副司令時，本著海軍「同舟共濟」傳統軍風，與屬下兩千餘官兵如兄如弟打成一片，達致知官也知兵的境界。兩棲部隊直屬的水中爆破大隊，每次派員由兩棲部隊直屬一級艦的高速運輸艦（High Speed Transport, APD）之天山軍艦裝載出海執行特種任務，我都登艦訓勉爆破隊員使命必達，當時的第五任艦長，恰好是兩年前我在海參大研究班進修的同學華紹武上校。

上述各章節我都談將校，如不記述些與兩棲部隊士官兵共事的情形，就顯得自己有「大小眼」的偏見。其實，我與士官兵之間有不少值得追述的往事，部隊多一些優秀的士官與士兵，戰力就因這些平凡的英雄而十分可觀。

　　兩棲部隊直屬水中爆破大隊一中隊隊員陳家遜上士，是廣東省文昌縣人，與我有同鄉之誼，我視他如家人，陳上士也成了堅兒少年時期的摯友，兩人親如叔姪。陳上士常於公餘單人或邀友到我家裡來幫忙做些粗活，做完修剪花木就回部隊吃午飯，有時做到很遲，伙房都會替他們留了午餐，如是長達十年之久，盛情令人至今難忘。陳上士因經常隨艦出海執行艦岸滲透特種任務，在敵前出生入死，由於長年在水下作業，退役後卻因高血壓，久病纏身英年早逝，令人婉惜。

　　戰後加入海軍撤臺的袍澤，斯時逢役滿二十年可申退領終身俸，軍中遂開始湧現退役洪流，老兵轉業加入海運界民營商船當個海員；第二份的海員月薪，至少是月退俸一倍起跳，也非常令我心動。航行於浩瀚大洋走訪全球當個航海王，本來就是我從小的夢想，三十餘年的軍旅生涯，迄今我僅踏足中、港、日、美、菲、馬紹爾與墨西哥等少數國家地區，隨船艦進出上揭各國十八個海港而已。我在海軍由於艦艇部隊資歷不足，體驗到自己在軍中只能屈就陸岸幕僚職，仕途發展有限，是時候該考慮轉業當個商船海員了。

　　我趁赴臺北大直海軍總部出席國民黨軍中黨部會議之便，謁見蔣緯國將軍；我終要面對退役人生，遂請求他開示解惑。緯國將軍時任陸參大中將校長，他看到舊識來訪非常高興，令我參加他與「白團」日籍教官的工作午餐，日籍軍事顧問均為我任駐日武官期間的舊識。餐後緯國將軍取出一本英文書致贈我，並親切地說：「賢弟，人生起起伏伏，唯知足常樂、無欲則剛；你的前程規劃，得看你的人生觀才好定奪，我沒辦法替賢弟解惑。倒是我當年赴美國陸軍指參學院受訓時買的這本書，還是託你們海軍

接收的 DD 漢陽軍艦自美國帶回，就送給你參用吧，也許你未來的前程規劃，答案就在書內。其實，我很羨慕賢弟，退役後既有專長又可申辦海員證照，還可以海闊天空繼續在大洋開商船；我解甲後，裝甲兵只能歸隱山林繼續在深谷開貨車。」緯國將軍真是亦師亦友，平易近人，我領書退下。

　　這本由心理學大師馬斯洛教授（Prof. Abraham Maslow）於 1954 年所著的 *Motivation and Personality*（動機與人格論）原文書，將人類的需求層次分成六個等級，最低第六等級是生理的需求，更高的第二等級是自我實現的需求，最高意境的第一等級是認識人生、理解人生、審美人生的需求。我的軍旅生涯屬於第三等級以下較低的安全、歸屬與被尊重的需求，退役後人生的下半場當個海員去走訪全球，至少能達致第二等級以上自我實現、認識人生、理解人生與審美人生的意境，這種想法，在腦海中翻滾好一陣子。

二、調整職務專注辦學　淬煉海軍術科教育

圖 15.3　1967 年初名歌星張琪蒞臨左營海軍訓練司令部勞軍獻唱，由司令李北洲（圖內前排右二）在會客室致贈錦旗，著海軍夏季黃色丙式軍便服的作者（圖內前排左一）陪見（鍾漢波數位典藏）

　　我在過往陸岸單位服勤這十多年間，最大的寬慰是陪伴家眷的時間較多，扣除掉部隊高勤留宿守值，我也儘可能親自督促子女學習，陪同他們一起成長。1966 年夏，玲兒從東海大學畢業，考回臺大外文系碩班，一面就讀一面等待申請留美獎學金的消息。軍艦控的堅兒自高二起加入中國青年航海協會為會員，熱心會務居然給他選上常務理事，還安排姐姐參加航訓；堅兒讀雄中期間隨海軍支援航訓的軍艦出海次數多達三十六回，累計海程也超過千浬，顯然堅兒有我捍衛海疆的身影。

　　1966 年 10 月，海軍 TF62 經歷上年度三次海戰失利，因效能不彰遭層峰裁撤，屢戰屢敗的六二特遣部隊末任專職中將指揮官馬焱衡退役。海軍另新編「驅逐巡防部隊」（驅巡部隊）兼理 TF62 留交的作戰任務，驅巡部隊的隊部設於基隆第三軍區內，由黃埔海校同窗陳慶堃坐鎮，擔當驅巡部隊首任少將司令，蔣總統冀望領有青天白日勳章的七哥打贏海戰。

　　1966 年底，我在兩棲部隊副司令這個副職閒差位子尚未坐滿兩年，突然奉馮老總之命調為海軍訓練司令部（海訓部）底下的專科學校（專校）校長。我過往在陸岸機關曾歷練過部門主管、幕僚長與副主官，這個校長職，是我第一次在海軍陸岸單位擔任機關首長。這次調職來的非常突然，唯專校是海軍總部的二級教育單位，這個一校之長居然沒人事權也沒財務權，莫非馮老總因我年初違逆搶接「反共義士」而耿耿於懷，藉調職對我明升暗降？我把兩棲部隊副司令一職交給好友謝克武（電雷學校航海科 1937 年班）接棒後，懷著惴惴不安的心境去就任校長主官職。

　　國軍自建軍以來，師法列強致力於軍制的現代化，任官後的尉級初官之專長教育，由術科學校負責；專校在海軍，就是術科

專長教育機關。海軍的術科專長教育，係由美軍顧問團督導肇建，聚焦於航輪槍通四種海軍核心術科專長。

抗戰前的舊海軍，處於軍閥割據的亂世，航輪槍通術科專長教育付之厥如。戰後於 1947 年在上海市新設海軍機校，依美軍顧問指導在機校首創航輪槍通的術科班隊，是為海軍初官術科專長教育的肇始。1952 年，術科專長教育從海軍機校移轉至左營海軍士兵學校（士校）附設術科軍官班。

1954 年海軍術科軍官班拉高層級，脫離海軍士校而直屬臺北的海軍總部。1956 年左營的海軍機校晉名為海軍專科學院（專院），又把總部直屬的術科軍官班拿回附設在海軍專院內。1964 年 5 月，海軍專院晉名為海軍工程學院（海工院），不久海工院被併入桃園縣員樹林的中正理工學院，一統三軍理、工科系的技勤軍官養成教育。海軍的術科軍官班，於焉又從海工院移轉回至新設的海訓部直轄之專校。

海軍二級機關的專校首任上校校長，是低我兩個年班的鄒堅（青島海校五航乙 1940 年班），隨後他在校長任內晉陞少將，爾後出任海軍第九任總司令。專校隸屬的海訓部首任司令，則是高我一個年班的周非少將。斯時，海軍作戰艦逢大換血，接裝大批美製陽字號 DD 驅逐艦與山字號 PF 巡防艦，汰除噸位較小的 PG 砲艦與 PC 巡邏艦，加諸解放軍此際正批量生產仿造的「上游一號」反艦導彈列裝於快艇上，致使海軍航輪槍通術科專長教育，都須跟著轉型升級。

這是我此生服勤軍旅首次接充將級主官的職務，我赴海軍專校到職時，海訓部第二任司令是同窗的李北洲，副司令為海軍少將王昌銳（青島海校五航乙 1940 年班），參謀長為海軍上校馬青

坡（軍官補訓班航海一隊比敘海校 1940 年班），政戰部主任為
政戰上校劉昶隆。

　　海訓部除轄有專校之外，尚有海軍士兵學校晉名的海軍士官
學校（簡稱亦為士校），士校校長是我的留美受訓同學錢詩麒少
將，海訓部另設有新兵訓練中心（新訓中心），中心指揮官為海軍
上校施治（海軍官校 1950 年班）。我到差之日，首任專校校長鄒
堅少將早已離職赴美擔任海軍武官，故無交接。我覲見過海訓部
李司令後，在司令會客室與海訓部各單位主官見面，因都是熟
人，寒喧之後即蒙李司令帶我巡視校舍。

　　海軍專校在海訓部廣大營區中，僅佔一棟三層樓建物；一樓的
兩翼各有三間教室，一樓大門一側是校長室和會議室，另一側是
綜合辦公室（綜辦室），我見綜辦室內稀稀落落只有幾個人在辦
公。我巡查至二樓教室，見有學員在內，教官正在孜孜講課。登
上三樓所見陳設全是三層通鋪，可容近千人同時住宿，整齊清潔
又有新設之紗門窗。

　　我驚訝怎麼會有這許多海軍初官前來接受術科專長教育？我
向洲哥求教之後，方知不久前這裡是歸國僑生參加十月慶典後南
來作為居停之所，以便參觀左營港海軍設施。聆悉之餘，心中不
免有戚戚之感，一間專校僅占一棟樓房，尚能撥出三分之一的空
間來接待千名僑生臨時住宿，可見校務之寒酸閒廢。洲哥見我難
掩失望的神情，拍拍我肩膀說：「滯皮，委屈你了，但好歹是個
將級主官缺，那就把這份職務做好做滿吧。」

　　我在大門恭送李司令離去後，立刻舉行校務座談會，與會部
屬僅有中校階以下官員七人而已，而且都是行伍出身的軍官與士
官。堂堂一級少將主官的我，只管帶七名部屬，這是啥教育機關

呀？從座談中得知專校、士校及新訓中心所有教官，都集中由海訓部的訓練處管制調度，上級的海訓部更負責各班隊之接訓與師資分配。

　　專校實際施教的術科專長班隊，受制於教室短缺、教官不足、經費拮据，即便運用最大調配能量，也僅有航輪槍通四個初級班隊同時在專校施教。行政方面，文具雜物由海訓部統籌供應，按編制員額九人每月發給專校事務費，一個月僅得六百元撥交校長自行運用。換言之，這個海軍總部二級機關的專校主官，是如假包換的空殼校長，馮老總「拔擢」我定有我無從知曉的心機。

　　我到差時，專校的上校教育長業已離職高升他就，職缺尚未補人，校內的中校主任行政官已奉調為海訓部總務處人事組副組長，海訓部李司令當天即派補給中校湯治平（軍官訓練班補給七期比敘海軍官校 1956 年班）接充其遺缺，經我同意副署。湯中校具儲備教官資格，曾任海軍官校總務處的中校科長，肯屈就專校主任行政官，可稱得上大才小用。湯中校親率僚屬工作任勞任怨，把三層校舍整理得有條不紊，我深慶得人。

　　我當校長才不過幾天，海訓部舉行福利委員會（福委會）的委員會議，承參電話催促我開會，我以既未奉「委」，何能是「員」，不擬赴會。怎奈連我的部屬也眾口一詞，說我是福委會法定委員，若鍾校長拒任福委，則專校應享之福利就無人維護了。我凜於眾意難違，遂厚顏前往。

　　原來，福委會會議主旨是選舉下屆主委，及至選票發下，全體福委連我在內都列名其上，均為候選人。莫非我真是個法定福委？投票採無記名的單記法，每票可圈選一人，我掃瞄環座，誰得意洋洋就圈選誰，這個想法雖不中亦不遠矣。豈知政戰部劉主

任監選結果，除我一票落在他人之外，其餘各票竟完全集中在我名下，使我愕然不知所措！這個開票結果，並不表示我個人有此聲望，而是幕後另有高人下指導棋，要誰當選誰就當選，絕不跑票，這是當時的軍中選舉文化。

我當選了福委會主委並不自喜，因為福利涉及錢財，最易出紕漏遭法辦。及至參觀海訓部福利設施，其中僅畜牧部分的豬圈牛欄，巨大如同民間養殖企業；我問管理的一等士官長（Master CPO, MCPO, 一等長）為何要飼養這幾百隻豬與幾十頭牛且如何養得起？他說不多、不多，我們施訓學兵近萬人的伙食，剩飯剩菜餿水連自己養的豬牛都吃不完，還免費贈送外單位的豬朋牛友去享用哩。

MCPO 一等長拖泥帶水雙關妙語，令我忍俊不禁。他補充說明：每月慶生會加菜殺二十頭豬，海訓部每位官兵頂多可分得一兩紅燒肉，宰兩條牛每人僅吃到三片清燉牛肉。說起來海訓部畜牧牲口眾多，亦屬合情合理，豬牛的排泄物尚可對營區內菜圃施肥，自力更生增加生鮮副食品，況且管理方面層層督導負責，我掛名當個福委會主委帶領近千口畜牲，也沒什麼好挑剔的。

1967 年元旦連假剛過，海訓部舉行大型慶生會兼康樂晚會，由「群星會」名歌星張琪主唱；雙十年華的張琪小姐以雲南民謠「情人橋」一曲，享譽全國。事先海訓部及各級主官多人群聚在會客室歡迎她並拍照留念，對養女出身的張小姐而言，可謂面子十足。

晚會會場在大操場，歌臺高築水銀燈四射架勢不凡，開唱前海訓部集合官兵近萬人席地而坐。張小姐帶來專屬樂隊及舞群、和聲、助唱歌手多人，輪番演唱。開場當然是由張琪演唱招牌歌「情人橋」，安可再來一個還是唱「情人橋」，壓軸曲仍是「情

人橋」；每唱到「幾年呀未見嘛，哥哥你可好？」學兵們如癡如狂的齊聲回答：「哥哥我好呀！好呦！」如此這般，心滿意足盡歡而散。這是我從軍三十餘年來所看到最盛大、最激情的勞軍晚會。

1967年1月13日黑色星期五，國共雙方戰機發生「一十三金門空戰」，我空軍四三五三號F-104G寡婦機少校飛官楊敬宗（空軍官校三十六期）失蹤，海軍所有在線偵巡艦艇搜救未果，當時情勢緊繃，我也沒料到這是此生遇到的最後一場海峽戰事。

隔週週一，更是一個不尋常的日子。上午到班不久，蒙李司令緊急召見，我倆均錯愕地接奉馮老總諭示：海軍專校即日起脫離海訓部，升格為海軍總部直屬一級機關！我去年底奉馮老總之命接掌海軍總部二級機關破落的專校，原來暗藏玄機，我到差才不過三週，專校就從海軍總部二級機關改制升格成一級機關，且有獨立的人事權、財務權與新校址，非昔日海訓部轄下之寒酸情況可比矣，全海軍都在看我怎麼處置。

我真的不知馮老總交給我整頓、重振專校這個爛攤子，是禍還是福？看來，我退役跑商船環遊世界還得再等等。從此，海軍專校由我手中開始負更大的責任，我得兢兢業業，努力不懈才能有始有終。馮老總匆匆南下，在海訓部大禮堂主持專校改制首任校長的布達式，聰哥責付我專校的印信大章，會後馮老總私下對我交代：「滯皮，美軍顧問嫌我們海軍不重視軍官專長術科教育，術科班隊居無定所形同棄兒，美軍擔心我們跟不上科技建軍備戰的節奏；你英語溜能力強，與顧問團江森團長又是舊識，面對美軍顧問強勢要求，你定能配合無間。目前海軍處於內外夾擊的困境，你要用心辦學，別再給我扯我後腿，好好幹。」

看來聰哥不但要承受層峰指責戰敗的壓力，還要應付美軍顧

問的刁難。替海軍打勝仗我無緣參與，配合美軍顧問的指導辦好教育，我絕對能勝任。聰哥即便對我搶接「反共義士」配合度差頗有微詞，但他遭美軍顧問步步進逼，出於無奈還是得「提拔」我幫他擋子彈。

海軍總部在1月中旬也頒布一級機關專校新的編制表，既有舊編裝、舊規矩悉數打掉重煉。編制官兵由過往的九人大幅擴充員額近三百人，含校長（編階為少將一級）、副校長（少將二級）及教育長（少將三級）。校本部轄有兩處五組一班與兩隊兩室一部一館，兩處即行政處與教育處，五組即作戰（航海）組、輪機組、兵器（槍砲）組、通信（電子）組與補給組，一班指英語班，以上各處、組、班等八個二級單位部門主管均為上校編階，其中教官工作最為吃重，也是專校的核心官員。

校本部的兩隊指學員大隊與勤務隊，勤務隊支援食勤、衛哨等任務。本校尚轄管有兩室的醫務室與聯絡官室，醫務室由少校主任醫官負責，聯絡官室主任由英語班班主任兼，負責與駐校美軍顧問對口。專校另設有一部一館，即政戰部與圖書館，政戰部由政戰主任（少將三級）綜理政戰業務，圖書館則典藏美國援贈美語原文教本與英譯本，供教官與學員閱讀。

專校的英語班，擔負全海軍推動華美聯盟作戰培育英語聯絡官之責，我指定英語教席就近從左營軍區的「內海友新村」及「外海友新村」，敦聘美軍顧問團海軍組的隨軍眷屬「夫人幫」來校授課，提升班隊學員美語讀聽說寫能力，也讓督教的美軍顧問感受到我海軍重視術科教育，由夫人幫來校醍醐灌頂。我十年前赴美受訓時，就知曉各盟國所須軍事美語教本一律由美軍顧問團提供，由淺入深，倒也免除國人纂編教材之麻煩。

　　我除請託美軍顧問的夫人幫替我張羅軍事美語教本外，還請她們爭取優先軍援專校施教美語所需裝備器材如錄放音機，包括隔音檔板施作，在當時均屬新穎設施。此外，因應大批美製陽字號 DD 與山字號 PF 作戰艦成軍，我也責成聯絡官室主任主動向美軍顧問索取兩千噸級作戰艦之航輪槍通術科教育所需原文教材，由英語班優先譯成中文教本。英語班另得接受本軍各單位之委託，負責文件之中英文翻譯工作，我亦付費請夫人幫指導，務須掌握譯作的信、雅、達原則。

　　軍校生在軍官養成教育的官校就讀畢業任官後，須接受尉官級的各類術科專長教育；海軍專校設置的教育目標，是提供初官基礎教育、進修教育及專精教育以肆應未來科技戰場的作戰需求。專校提供的術科教育班隊，概分二十二週的基礎教育「初級班」（現稱分科班），十二至十四週的進修教育「高級班」（現稱正規班），以及期程不一的各類專精教育班隊，以符合海軍戰力提升所需的特殊專長。初級班立即銜接軍官養成教育，招訓甫畢業任官的學員施教，高級班與專精教育班隊，則招訓資深中、上尉學員施教，結訓後取得學資方可晉階為校級軍官。

　　海軍專校開班情形，略述如下。作戰組、輪機組、兵器組、通信組及補給組等五個核心組，負責開設相關之初級班、高級班與專精教育班。基礎教育初級班施教海軍官校與海工院畢業任官之學員，獲得至少一種專長後方能派職。資深尉官擬升少校者，須再至本校五個核心組的進修教育高級班與專精教育班受教，然後方准佔缺待陞少校。是以專校須負責開設海軍尉級軍官各類術科專長教育班隊，以便總部人參室對結訓學員據以派職。

　　在我到職後，國防部長蔣經國一聲令下，各軍種培育功勳之

士官陞至中校的限職軍官班，晉名為兩年學制的專修學生班（專修班），生源由國軍士官擴大至民間高中畢業生。五個核心組須開設航輪槍通補給各科給專修生進修。專修班屬軍官養成教育的一環，在校專修生從 1968 至 70 年班共三個年班，合計三百餘人，包括同窗劉定邦少將的么兒劉當（海軍專修班輪機科 1970 年班）。不過，專修班於 1968 年底從專校移至官校接訓。

　　除此之外，上級對下級機關賦予任務條文中，常在法規最後附有「臨時交辦事項」；這一條很有彈性，對上對下都有正面作用。據此，上級權力則無所不及；對下級而言，可以依法申請有關支援項目。海軍專校升格後立即奉命接替海軍陸戰隊學校，續辦義務役的預備軍官（預官）暑訓與分科教育，還要支援軍事外交，培訓外籍學員（對外稱為遠朋班）等班隊，均係根據此一條文施教。

　　我奉命率海軍專校舊屬即刻由海訓部遷出，並接收一公里外海參大營址，該校已遷往臺北大直率真營區，隸屬三軍聯合參謀大學（三軍聯大，由國防大學校晉名）並隨後易名為海軍指參學院。海軍總部還發給我遷校修繕費五萬元，我覺得遷校遷得如此倉卒，而且修繕費數目不大不小，不知要如何運用。幸蒙洲哥開示：「滯皮，趕快著手搬遷吧，修繕費你可自行作主。」

　　海參大周邊眷村密集，東有復興新村、南有創造新村、西有建業新村、北有合群新村。海參大校地為正方形邊長兩百米，坐北朝南；西、南兩邊，有蛇腹型刮刀刺絲網作圍籬，東、北兩邊矮牆以外之廣大腹地，是陸戰隊營區，部分營區隨後撥交全國體育協進會（體協），作為田徑及球類國手集訓村，六年後黎老總在總統府參軍長任內兼全國體協理事長，國手紀政、楊傳廣均曾在黎

理事長的集訓村內擔任過國家教練。

　　我步出海訓部司令室後，頭腦立刻清醒，知道搬遷到占地四公頃新校址首要之務，是需要幫手；有了幫手，才談得上遷校和修繕。於是我又回海訓部專校綜辦室，召集同儕舉行人事會議。我當時的部屬，僅有八人而已，我宣布海軍專校獨立升格為海軍總部一級機關立刻遷校，如有意願繼續留在海訓部原址任職者，請馬上打報告給我轉呈李司令，以免誤人誤己。

　　不過，大家都表達願意追隨我遷校，我說既然如此，就請各位以後一秉初衷，奉公守法和睦相處，對上服從對下負責，多做事少發牢騷，僅此要求而已。這批死忠的幕僚，對我交辦事項均秉持使命必達的工作精神，使我無後顧之憂專心辦學，彼此間相處融洽，各有專責相互學習，誠可謂肝膽相照。

三、整理校區充實設施　爭取經費改善環境

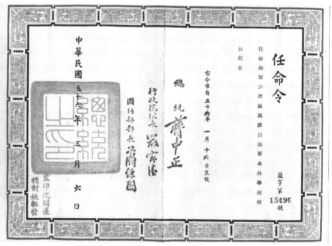

圖 15.4　1967 年蔣總統頒布作者擔任海軍總部直屬之專科學校校長少將一級主官的任命令狀，任命狀字號簡字第 15496 號（鍾漢波數位典藏）

　　本校既已奉頒組織編制表，我首先把海訓部專校隨校遷來之八名舊屬，優先佔缺呈報總部並奉准補實，他們篳路襤褸不計名分追隨我至新校區，此八名袍澤在龐大之編制員額中，是有始有終的貼身幹部。

　　這批舊屬包括主任行政官補給中校湯治平，我任命其為行政處處長占上校缺（後累功晉陞上校）、少校人事官陳力新陞任行政處副處長占中校缺（後累功晉陞中校）、上尉工程官王天芳調任行政處工程官（惜高階無缺），拔擢海參大正規班畢業的少校教官陳鴻儒調兼代教育處副處長占上校缺（後累功晉陞上校）、保舉上尉教育官張鈞陞任教育處占中校教官缺（後累功晉陞中校）、提攜上尉教官劉稔年陞任圖書館主任占少校缺（後累功晉陞少校），學員大隊大隊附陸戰隊上尉馬文彬新舊職相同但占中校缺（後累功晉陞中校）。

　　我亦任命李明達一等長為行政處事務官兼我的侍從官，李一等長不願陞階為限職軍官，因為 MCPO 一等長可獲同中校待遇，而且限齡退役較遲，因之可吃軍糧較久、退役後終身俸較高。上揭八位舊屬有好幾位早年曾遭海軍白色恐怖案誅連迫害，但均忠誠勤敏奉公守法，爾後為繼任校長所樂用，直到彼等退役為止，他們才德兼具，足以證明並非我「一人得道，雞犬升天」。

　　值得一提的是航海教官兼圖書館主任劉稔年上尉。1950 年底他當帆纜 CPO 軍士長時遭海軍白色恐怖案掃倒，被誣媾敵前逃亡而蹲軍牢，平反後因背著黑資料不受重用，即便我讓他當個小主管，爾後向上派職發展他依然受限。故他服役滿二十年符合領終身俸資格後，就義無反顧打報告申退離開海軍。我退役後轉業跑商船，竟然在地中海馬爾他國的修船廠巧遇劉稔年，那時他當

伊朗籍十萬噸級油輪的二副（Second Officer, 2/O）。

遷校由行政處處長湯中校綜理，率同儕將文件檔案打包待運；海軍專校既升格為總部一級教育機關，第一軍區汽車大隊立即撥輛威利牌（Willys）M38A1吉普車作為校長專用座車，我則令駕駛PO士官驅車帶我們前往海參大營址視察。兩年前我曾在此處研究班五期受教一整年，故對學校情形十分熟悉。

海參大的舊大門位於校區西南角上的海功路，由兩座水泥方柱鎮守，兩柱均標示校名，白底金色凸字，舊名曰「海軍指揮參謀大學」，柱旁附有影壁，外表看來，剎是富麗堂皇。入夜後衛哨在校門拉起拒馬執行交管。進入校門繞過蔣總統銅像小圓環，就抵校本部的日遺木造大型倉庫，雖然老舊但經改建頗合辦公之用；內留有海參大校長室、副校長室、教育長室、政戰部主任室、教育處辦公室及政戰部辦公室等。海參大北遷為時未久，在我驅車前往訪視時，校本部除留守勤務隊外已渺無人煙，淪為蚊子營區令人浩嘆！

校區有僅有三棟較新式水泥建物，緊鄰校區東側第一棟是聞名海軍的「鄭和兵苑」，以紀念明朝七下西洋的海將鄭和。兵苑巨大而又設施齊全，唯產權屬海軍總部，專供南部各單位作聯合兵推之用。由東至西第二棟中古水泥建築，是可容百人之學員宿舍，入內一看，有學員把肥蚊殘屍黏於牆上，血漬斑斑尤為醜陋，堪稱金玉其外。

再過去就是「嚴復館」，我曾在此館招待所住宿過一年，因該館算是新古建築，尚無瑕疵。其餘零星建物多係日遺破舊倉庫，屋齡超過三十年，計有大型倉庫四棟，除校本部外，分別改為康樂室、圖書館及大餐廳。另有兩小棟日遺兵舍，分隔為教室

四間。此外，尚有加強磚急造房舍多棟，作為教官休息室、行政辦公室、校屬勤務隊官兵宿舍。

值得一提的是海參大中央廚房。我兩年前在此受訓期間，都在嚴復館招待所開小伙，從未造訪過中央廚房，燻黑的廚房內有六隻大鍋，每鍋可煮米飯與菜餚，勉可供應海參大兩百位教職員生的三餐。過此，則是校址西邊盡頭的飼豬圈，這裡養的是海參大福利豬，豬屎尚可施肥隙地栽種的疏菜，自產副食品可增加官兵營養。

一個月前我當海訓部福委會主委曾帶領近千口豬牛，現在我只須管帶四隻福利豬，此種豬口數尚可接受，但我不准再繁殖增加。我還交代食勤 CPO 士官長今後燒飯，其鍋巴務須色白而薄，米飯是給師生食用不准餵豬。若食勤兵多撥薪柴燒飯，煮出乾厚的黃鍋巴，師生不能下嚥，就只好拿來餵豬殊為浪費；福利豬吃鍋巴雖長得肥胖，但糟蹋糧食也消耗薪柴，十分不划算。

中央廚房前面還有兩大塊寬闊泥巴地，勤務隊食勤兵在泥地上抽取旁側地下水井之清水，洗碗筷、濯蔬菜、淘白米，穿著長膠靴在爛泥上踩來踩去。食勤兵用大鋁盆盛碗筷，用籮筐盛青菜、白米，擱在稀泥中的幾塊空心磚上，隨後雙人協力將碗盤、籮筐抬進廚房，留下踩踏污泥的靴印，又須再度噴水清潔沿路污泥。我看了之後，怪怪，海參大廚房備菜已然十五個寒暑，現場又留交給海軍專校，供餐規模要擴增三倍，我要如何改善廚房衛生環境？

校址極北近矮牆處則雜草叢生，視為邊區。為免地界被侵，我遂下令將可移動除帳之廢棄物堆至牆邊，排列整齊作為阻絕工事，以保校區之完整。沿牆再往東去是開放式糞坑一座，堪稱邊防最佳堡壘；此一糞坑無壁無間隔，雖可同時容納十人蹲廁，唯

僅有拉門擋住遮蔽隱私，入內蹲坑彼此尚可對視聊天，或獨自俯瞰茅坑內白蛆蠕動。因糞坑通風良好，路過亦不聞其臭，而且離校區房舍有段距離，其間更有灌木遮蔽不致妨礙觀瞻，但終究是農業社會遺物，極為不雅。

兩年前我在海參大受教時住在嚴復館招待所，內有美式衛浴設備，故從未光顧此邊陲開放式糞坑，女性教職員亦使用嚴復館招待所專屬廁所，駐校美軍顧問辦公套房當然也在館內。倒是我曾目睹過好幾回牛拖水肥車前來扒糞。牛拉糞車進出學校，通過「親愛精誠」校訓的圓環與「復興武德」的校本部，真的不僅諷刺，且影響軍容至鉅。我站在開放式糞坑外久久思量，苦無對策可以解決。

我之所以不辭辛勞，仔細視察全校環境，目的是思考如何分配使用修繕費。新臺幣五萬元在當時相當於我兩年的薪俸，算是得來不易的數目，將之有效運用，可以發揮很大的效果，如欲將之全數投入改良糞坑衛生環境，則經費僅夠做半套，作用不大。經過反覆思量，蚊子營區首要之務是修復全校舊有紗門紗窗，以防蚊蟲叮咬，部屬方可安心伏案疾書，教官始能專心教學，熄燈後學員才可以酣然入夢。此項全校紗門紗窗修理費，木工報價就一萬五千元。

中央廚房前的兩塊泥巴地，倘遭學員投訴爆料衛生環境差致食物中毒，還能侈言教育成果？把兩塊面積共約五十坪之泥巴地，敷設成為水泥廣場，以利食勤兵平日備菜，泥作工的報價達一萬元。至於主官、幕僚長、主管辦公室早已騰空，新購傢俱裝潢工的報價超過一萬五千元。

剩下不到一萬元，則用來修改專校大門之門面。我原以為校

門柱上舊有「海軍指揮參謀大學」凸字，是在水泥上雕塑，可稱巧奪天工，豈料包商不費吹灰之力就拆卸，我方知是木製品。本來我還寄望「海、軍、學」三字可以再予利用，只添購「專、科、校」就可湊成校名；經李侍從官告知原有木刻字因長年日曬雨淋，已經腐朽不堪無法復用。於是兩座門柱「海軍專科學校」校名共十二個凸字漆金，仍委託原工匠製作，工匠報價已近五千元。門柱邊牆外須用雙磚砌尺許高的矮圍外貼綠色二丁掛，與影壁間形成一道樹槽，工匠認為修繕費根本無法支應。

　　我覺得不宜與包商們討價還價錙銖計較，遂令李侍從官以統包了結此事。不久，李侍從官來報，說工匠們公推一位領班答應把紗門紗窗、水泥廣場、傢俱裝潢與門面修整的購置款及工程款，設定總價款為五萬元，均由此領班統包，拉上補下不致賠本。

　　兩週後全校紗門紗窗、水泥廣場與傢俱裝潢整備到位，「海軍專科學校」金字招牌的大門已然落成，影壁之下的邊牆樹槽，亦蒙海軍第一軍區司令關世傑（青島海校航海科1934年班）令園林工作隊惠贈十二株中號龍柏，分兩側栽種完成，大門之光景令人耳目一新。我執意在影壁之下左右各植龍柏六株，含有專校「威武肅穆」之意。龍柏為長青樹，不斷長出綠芽含有「生生不息」內涵。威武肅穆、生生不息，均屬軍校教育機關玄機。

　　專校又須容納海訓部近六十位教官移編過來，且得收容近百位不願隨海參大北遷者，多為長居左營眷村的隊職官與約聘軍文僱員，加上海參大留交的營區勤務隊百位官兵，一下子就把行政處及教育處近三百員額塞得滿滿。但重要軍職的高級官員，則由總部調派。

　　海軍總部先後發布人令，有甫當完PF華山一級艦上校艦長

的張廣恩（海軍官校 1950 年班）接掌教育長，LST 中肅二級艦艦長調來的敖朝智（海軍官校 1951 年班，後累功陞至少將）接中校教育處長，PG 武勝二級艦艦長調來的萬青選（海軍官校 1952 年班，後累功陞至少將）接學員大隊中校大隊長，王懷中（海軍官校 1952 年班）接英語班中校班主任，LST 中強二級艦艦長調來的樊學峰（海軍官校 1951 年班，後累功陞至少將）接通信組中校主任，馬福通（海軍機校電機系 1952 年班）接輪機組中校主任。

　　三週前我在海訓部見過面的司令部政戰部上校主任劉昶隆，平調專校掌政戰部，而今我倆再度共事，彼此交情更加濃郁且合作無間。惟獨副校長一職，經馮老總決定懸缺不補。各組主任及教官陸續蒙總部人參室派定後，初級班、高級班以及專精教育班隊，隨時可由海軍總部兵監上級召訓，交本校開班施教。

　　1967 年 3 月，奉蔣總統頒發一級主官任命狀：「任命海軍少將鍾漢波為海軍專科學校校長此令。右令准自一九六七年元月十六日生效。」（任命狀字號：簡字第 15496 號）任命狀由行政院院長嚴家淦（上海聖約翰大學科學系 1926 級）與國防部部長蔣經國副署。

　　海軍專校與原海參大的教育性質完全不同。海參大召訓指參業科班隊相對單純，只有正規班及研究班，所以學官人數少不超過百位，既有教室與寢室都夠用。一旦海軍專校進駐原址，因開班頻次繁多，僅學員總人數就是海參大學官人數的四倍以上，馬上就發生教室荒與寢室荒。

　　我接訓海軍官校與海工院 1966 年班甫畢業任官的學員入初級班施教，人數就高達一七〇人；雖然暫將日遺兵舍一棟改為三間五十人座教室，另在鐵皮圖書館內放置課桌椅權充講堂調度備用，

但專校教室與寢室實在過於簡陋，而且容納量根本不敷所需，居然還有四分之一學員沒教室可用，須擠在日遺庫房迴廊站立聽課，夜晚在宿舍穿堂睡行軍床，如此折騰初級班學員迄結訓，真難為他們。因之，我必須立即向上級申請增建教學大樓與學員寢室。

我令行政處上尉工程官王天芳費盡心思規劃設計，增建 U 形教學大樓樓高三層，教室樓板面積七二〇坪，U 形開口正對「鄭和兵苑」。此外，尚需加建三百位學員寢室一棟，設計採舊宿舍放大三倍，位於舊宿舍正後方彼此前後門相連對接。我於 5 月初攜帶此兩建物圖樣，親自前往臺北大直海軍總部一行，申請工程用款。結果正如所料，一毛錢都沒有申請到。

該年度海軍公共工程款預算早經呈報核定行將批下，下年度預算之計畫重點早已核定，雖可將海軍專校規劃工程款插入撥款項目，但為數甚少，僅能建築 U 形教學大樓之半棟而已，增建寢室則免談。若要依專校規劃之增建教學大樓及一棟寢室全數撥款，必須將其編入後年度概算才有希望達陣。所謂十年樹木，百年樹人，我多等一兩年也不打緊。

海軍總部承辦撥款部門倒為我設想，指點迷津。若海軍專校要動支需求急迫的小工程，工程費在十萬元以下者，可立即打報告上簽申請，由本年度總部工程標餘款內支付。然則，必須在每年 6 月 1 日至 6 月 15 日內獲准撥款，並得立即消化完畢檢據報銷，同時上級派員在 6 月 30 日會計年度結束前，完成工程驗收。

照理說，這些工程標餘款繳回國庫不就收支平衡？其實，解繳回庫不但沒有好處，反而衍生後遺症；上頭會說海軍所編預算，給錢你反正用不完，因此可以據此核減來年預算避免浮編。但我不可昧著良心說是幫承辦部門去消化預算，實則總部底下各

單位欲求此標餘款而不得者，多矣。

因此，我返校令王天芳工程官擬妥公廁改善工程案即刻申請，順利領到海軍總部工程標餘款的小額工程費九萬六千元，赴臺北不虛此行也。為什麼不申請多一點標餘款呢？那是絕對不可以的；因為工程款在十萬元（含）以上者，依法必須公開招標，不能用比價方式發包。公開招標經公告、開標、決標、簽約、施工、驗收、付款，要在十五天內完成以消化標餘款？就算神仙也辦不到。

身為一校之長，若任由六百師生憋住屎尿、便急排隊等候入糞坑而不顧，實在有乖人道。我獲得此項建築公廁工程價款，內心無限喜慰；我在陸岸軍事單位服勤耳聞、鼻聞所有營區公廁均臭氣薰人欲嘔，為長官所詬病。營區「公廁無臭味」一語，已成為國軍的「口號」，逼使各單位主官絞盡腦汁想法子改善，頭痛不已。我申請前，由王天芳工程官事先花三個星期體察全左營軍區之公廁，找出其缺點加以改良而擬定專校公廁之興建計畫，標餘款撥下立即招商比價施作。

此一專校新建公廁有多項創新改良設施，關鍵的一招是永不停水的公廁沖洗，水源取自校區地下水井之雙馬達，隔日輪流啟動互為備援；再如透空遮雨頂棚防漏防熱、自然對流通風、公廁地面傾斜度為四趴易於沖淨、兼顧隱私與動線順暢，所有排泄物導入化糞槽由厭氧活菌分解。比價結果，得以建構一座面積為三十三坪之公廁，可同時容納三十人小解及十五人蹲廁，其位置與原來學員寢室在同一條軸線上，方便學員就近衝公廁。此外，王天芳工程官也要求包商用工程剩餘料配件，修繕翻新嚴復館內一樓既有的女廁，讓女性聘雇職員與美籍夫人幫英語教席如廁

時，有最起碼的尊嚴。

公廁落成後，永不停水的沖洗的確也做到「無臭味」的標準。其後左營海軍第一軍區有好幾個單位都派員前來觀摩，是否依樣抄襲施工則不得而知。我很在乎這棟公廁能否保持終年無臭味的標準，時間是最好之見證。往後我四年任內，在校受訓人數最多時，全校教職員生人數超過六百，而此公廁亦足敷應用，四年間公廁潔淨如新。至於保存了三十餘年之農業社會舊式糞坑，則不封自閉。

1967年初玲兒順利申請到留美獎學金，準備暑期赴美深造，家中少了位成員開始邁入空巢期，夫妻倆頗有失落感。當年玲兒申請赴美簽證時，須繳四千美元的留學生保證金，相當於少將校長月俸的四十倍，並切結在美期間不逾期停留、不違法打工、不買居留身分，才核發入美學生簽證。此外，向警總入出境管理處申請出境，還要找保證人簽字對保，連帶保證玲兒出國後依然效忠黨國，始發放出境證。我只好向同窗好友求助，陳慶堃二話不說立即解囊相挺，李北洲在出境申請書的保證人欄用力簽下去，七哥與洲哥將玲兒視為己出，讓我感動到掉淚。

堅兒讀雄中的寒暑假期間，多半隨我到專校圖書館苦讀，堅兒用自己的稿酬買了輛中古機車，我也傳授他騎乘甩尾技巧，這手絕活是抗戰後期駐防雲南楊林航空站的美軍飛官在機場跑道教會我的；堅兒每天黎明載慈母去市集買菜，還載方富捌的么女融兒送她去雄女上學。堅兒讀雄中高三時，我還教他開吉甫車，我在助手座任由他駕駛，駛經中華路到雄中上學，教官與同學見之無不側目。那時中華路是黃泥碎石道路，亦無今日的分隔島與行道樹，車子來去泥塵滾滾，開敞篷吉甫車一趟上學，全身都是塵埃。

　　到職半年後我因兩棲部隊副司令任內支援作戰、服勤努力、著有累功成績，榮獲國防部長蔣經國頒發一星海功獎章（獎章執照字號 56 冷勤字 7662 號），由參謀總長海軍一級上將黎玉璽與海軍總司令馮啟聰副署。這是我在海軍服勤以來，領受第二枚軍種勳賞層級次高的海功獎章，前不久軍種勳賞層級較低的海勛、海績與海風獎章，我都獲頒各兩枚。

　　專校新編制奉頒下來後，事務費之數目係根據編制員額計算，每月領用約兩萬元，不但足敷肆應而且綽綽有餘。至於教育經費因接近會計年度終了，所剩無多，又兼遷校百廢待舉，以致一時不免短絀。但爾後新會計年度之教育經費，數目堪稱龐大；我鑒於錢財容易導致弊端，遂下令事務費及教育經費須遵循「公款法用、專款專用」按會計科目支付，且嚴禁此兩類公款相互流用，以免滋生紕漏。

第拾陸章
重煉海軍專校再解甲退役

圖 16.1　1968 年 6 月海軍專科學校慶生會永貞以指揮刀主持切糕儀式，著海軍夏季白色丙式軍便服的作者在旁陪同（鍾漢波數位典藏）

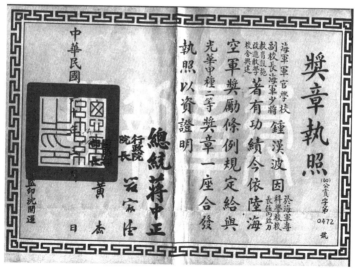

圖 16.2　1971 年 3 月作者獲頒三軍通用的光華甲種二等獎章，獎章執照字號 60公賞字 0472 號（鍾漢波數位典藏）

一、積勞成疾病危急診　向上派職機會無多

圖16.3　1970年著海軍白色甲式軍常服的作者檢閱海軍專科學校協訓非洲某陸鎖國的河防水師軍官（鍾漢波數位典藏）

　　公廁才蓋好不到一年，讒言流傳謂海軍專校有學員趁夜鑽過蛇腹型刮刀刺絲網圍籬，溜至左營後街戲院觀賞劇團脫衣舞秀。此種流言對專校校譽產生莫大之殺傷力，專校門禁已做到合情合理之管制，但鐵絲網圍籬確實未盡週全，學員趁暗夜穿進爬出亦屬可能。我身為校長責無旁貸，遂與政戰部劉主任專程赴臺北海軍總部一行，探得讒言之散播，事出有因唯查無實據。

　　為求防微杜漸，並顧及校區之警衛安全，遂申請1968會計年度總部工程標餘款，如法泡製獲得九萬五千元，用作修建南面海功路、西面軍校路一人齊高的圍牆各兩百米。王天芳工程官設計的圍牆，採用水泥空心磚砌成，每隔三米即有水泥立柱固接，圍牆砌成後其上架設原有之蛇腹型刮刀刺絲網，再依上級規定實施門禁與機動巡邏，讒言自止。由總部工程標餘款所蓋的兩面圍牆，竟有意想不到的效果，那就是圍牆外臭水溝內孑孓幼蚊起飛

後，面對高牆無力飛越遂更改航向，往校外飛去，不再像過往穿越低矮的刺絲網入校肆虐，故校內蚊蚋數驟減，可謂「正打歪著」。

　　海軍專校同時有十餘個班隊在校施教，專精教育班學員少則數人、受訓期程短則數週、初級班學員多則百數人、長則半年，學員來去週轉頻頻，平均每年接訓七百至九百位學員不等，每個月都有班隊開訓、結訓；舉行儀典的場所除了校內交誼廳，用得最多的還是四海一家。

　　各班隊的畢業舞會，就近前往鄰近的四海一家軍官俱樂部舉行，專校近三百位教職員工不時遇有部屬婚宴，都結合每月的慶生會由我福證舉行；國定節慶如教師節，邀請全校教職員生、寶眷親友、美籍夫人幫英語教席及美軍顧問齊聚一堂，堪稱海軍專校每個月的聯誼盛會。永貞貴為校長夫人，當然不會缺席，她在我駐日期間練就的外交禮儀，無論迎賓、寒暄、致詞、敬酒、切糕、開舞、送客，都落落大方拿捏恰如其分，總會搏得滿堂讚譽，讓我非常有面子。

　　有天雄中軍訓主任教官高雷飛中校求見，他拿著堅兒的軍校報名單請我審認，堅兒唯一填的志願，就是克紹箕裘的海軍官校正期班，但家長同意章是他私刻偷蓋的。我當面撕掉！理由有二，一是蔣經國部長屢屢數落眾部將不讓子弟讀軍校，就算將門虎子的堅兒考太差也會被錄取，二是堅兒的個性是據理力爭得理不饒人，不適宜在軍中發展。

　　堅兒一氣之下，大學聯招就只填兩個志願，國立清華大學的核子工程系與省立海洋學院的航海系，他進不了軍校那就去造原子彈，成績差就遠離家園當海員。他在 1968 年擁抱海洋跑商船的想法，與我轉業跑商船的念頭，在同一時段湧現，真是父子心

連心。隨後堅兒以第一志願考入清華，赴成功嶺接受為期八週的入伍教育，永貞與我從此正式進入空巢期，夫妻倆相依為命。

1968 年 7 月 1 日起的 1969 會計年度，本校終於獲得建築教學大樓工程首期款一五〇萬元，依建築款數額，此項營建工程由聯勤總部負責召標監工。由於工程款不多，原計畫建築之 U 形教學三層大樓建物，首期工程僅能施工右半邊，餘下 L 形建築，容來年再說。這右半邊之建築樓高三層；每層有五十坪大教室一間，二十坪小教室三間。

即便後續建築工程經費無著，這十二間教室共三三〇坪的課堂空間亦勉強夠用。我要求教室外牆用藍色二丁掛，使學員凝視外牆呈現藍色，可以保護雙眼而免影響視力；能有藍色外牆，是乃開軍事建築之先河，海軍爾後多項新建大樓外牆均比照貼藍色二丁掛。這項首期工程，經過聯勤總部協調、設計、繪圖、公告招標，一切手續辦理完成，開工時已是 1968 年 9 月底了。

我在專校校長任內的施政成果，當然不僅止於硬體建設，最重要的術科專長教育績效有目共睹，教育訓練成績有案可查。施教所需器材與教案，均由美軍顧問團提供，所有教官的試教，我都親自聆聽、講評，維持高品質的教學水準。專校各班隊，每年計有作戰、輪機、兵器、通信、補給各類教育班隊接訓，各班隊連年持續舉辦；英語聯絡官訓練班及限職軍官班的施教，均按教育計畫實施。

斯時蔣經國部長對屢吃敗仗的國軍底下有太多「司令」頗有微詞，馮老總遵示作了變革，認為海軍總司令麾下，最多只能再擺一位沒有「總」字頭的司令，就是艦指部晉名艦隊司令部（艦令部）的司令，其它二、三十位舊有「司令」均須降稱，如驅巡

部隊的司令部改稱指揮部，司令改稱指揮官，兩棲訓練司令部降稱兩棲訓練中心（兩訓中心），司令則降稱指揮官，登陸艦隊部的司令也降稱為登陸艦隊部的艦隊長。

　　至於各軍種總部幕僚單位，蔣經國部長也嫌名稱怪異，如海軍總部三署的作戰副參謀長室（戰參室）改回作戰署、二署的情報副參謀長室（情參室）改回情報署、一署的人事副參謀長室（人參室）改回人事署等。

　　其實，單位及主官名銜改來改去，根本與提升戰力無關。倒是我掌理的專校升格為總部直屬的一級單位新編制，竟也在國防部管編裝的衙門中延宕一年多，始於同月方定編公布。同年底，黃埔海校同窗陳慶堃在驅巡部隊指揮官任內晉陞中將，是為同窗第一位榮升兩顆星的將領，這是名至實歸意料中的喜訊。

　　我就任專校校長後，特別注重受教學員的體能訓練，軍人不可因讀書過度而荒廢鍛鍊體魄；我甚至為提高學員主動參與體育競賽的興趣，還訂定諸多獎勵辦法，學員也替專校爭取到不少競賽佳績，我自己也常放下身段與學員一齊運動，一方面激勵士氣，再方面增進袍澤情誼。

　　永貞與我結襟二十五週年的銀婚慶剛過，我血壓高左鼻內動脈破裂流血不停，遂由海軍總醫院收治打降血壓針。抗戰中期也是左鼻流鮮血不止而由四川萬縣陸軍第十醫院收治險喪命。這回事隔二十七年，我因流血過多血壓過低病危，海軍總醫院發出兩次紅色病危單緊急通知永貞與堅兒前來料理後事，幸我身體強壯終於撿回一命，這是我第四次闖鬼門關。

　　同窗李北洲高爾夫球藝精湛，是海軍球技頂尖高手；洲哥勸我病癒後打高爾夫球強身，我五年前出差金防部曾在高爾夫練習場

淺嘗過，不免心癢。海軍官員在左營軍區內要打高爾夫球非常方便，軍區內有個九洞球場，位於中興路邊的日遺機場跑道側，為美軍顧問、眷屬及我海軍高階將校專用，不製發高爾夫球證也不收入場費，尤其對海將最為禮遇。也許，練成高爾夫球球技，可讓我有個強身又高貴的休閒運動。

我蒙洲哥致贈球桿乙套及原文版《高爾夫》一書，俾便我有所遵循，從書中得知以「十指自然握桿」最為順手。既領悟門道，校務進入正軌後，我遂開始每天提早一小時離家，先至左營球場練習擊球，然後按時準點赴一公里外的專校上班。迨至球場蒙管理員告知，其實不必自備球桿，貴賓室內備有球桿多套免費挑選，用後歸還，但須自購高爾夫鞋乙雙。

我頭一天將就些穿著軍鞋練球，又蒙桿弟指點擊球姿勢，把臂力及全身旋轉之力，集中於桿端，使揮桿擊出之球能達四百呎外之果嶺上。我自問素來身體驕健，打這小白球又有何難。在「內海友新村」背後懸崖之下，有座初學練習場，我擊球一百粒，桿弟撿球費是五十元；桿弟把小白球逐一裝在球承上給我揮桿擊球，酬勞金也是五十元。於是一張百元大鈔，可以免除找零之煩，那時節千元大鈔尚未問世，出手給賞時不免心痛，但較諸前往營區外的澄清湖高爾夫球場練球，便宜了千百倍。

某天高爾夫名教練許勝三清晨光臨球場指導，眾徒弟哈腰鞠躬相迎，我亦難免隨俗，以盡受教之禮。及至許教練抽出一號球桿，姿態如同拈花，眾官長門徒無不表現微笑欽佩之狀。我自慚球技尚未練成，不敢追隨許教練前往球道，遂返回練習場默默練習擊球的基本功。

我練球毫無進步，究其原因，是屬眼高手低之輩，深覺微笑

容易擊球難。難就難在於心神不寧，拿起球桿則想起今天校務會報、明天美軍顧問視導、後天某班開訓，下週主持教學精進規劃會議……循環思索不已，如何能夠專心擊球？連桿弟也忠告要我放空來打球，勉強練球毫無好處。真是一語道破玄機，而且是當頭棒喝！

起初我以為練幾下子，就可以躋身高手之林，真是想入非非，遂抽身輟學。雖然我只學了一個月，但購買高爾夫鞋加桿弟小費已花費近三千元，是當時月俸與主官加給的六成，更是永貞每個月買菜錢的兩倍；即使練球有些許進步，個人經濟亦難以支撐下去。走筆至此，覺得當年我練球中輟，實屬高明之舉。

我一生正直耿介不搬弄是非，最痛恨逢迎拍馬屁。某日一位總部長官得知我不再練習小白球，戲曰：「老弟，你不打小白球，怎麼有機會接近高官搞好關係？不打高爾夫，怎麼升官呀？」聽了之後，我連高爾夫球場都不再去了，免得遭人誤會去球敘迎逢長官拍馬屁，其情何堪。小白球練習對我而言，幾成黃粱一夢。

此際，黃埔海校同窗凡未晉陞將軍者，人人都久佔上校階須面對屆齡退休（屆退）。例如，同窗趙幕西任職三軍聯大海軍上校主任教官多年，校長陸軍中將皮宗敢（中央軍校六期交通科）保舉力薦趙幕西入列候晉少將名單，惜關鍵時刻皮中將去職他調，人去政息，新任校長另有想法，「喝屎」又達服役最大年限須屆退，與少將軍階擦肩而過殊為可惜。其他同窗如黃思研、譚祖德、劉次乾與林洒榮，都是久佔上校階無法向上派職而屆退。

兩年一任的專校校長職務轉眼即將屆滿，人生下半場當個海員退役跑商船的想法，我向永貞反覆說明；我年歲才五十出頭，軍中向上發展機會委實有限，身體強壯未呈老態，又可增加收入，

人生有夢最美……她也認為子女均已成長，眷村左鄰右舍有眾多姐妹淘不用掛心她，既然我要圓夢，要去那就去吧。

我趁北上參加海軍總部擴大月會向馮老總告白，海軍專校在我手中兩年來打掉歸零重建，已粗具規模，我要申退跑商船。聰哥對我很淡定地實問虛答：「滯皮，你在專校幹得有聲有色，重煉海軍術科專長教育，成果蠻不錯呀，連美軍顧問都備極讚賞。只要我還當總司令，你就繼續給我好好幹！」聰哥話中有話，在他總司令任內不准我這個跟班打報告退役讓他難堪。

不准退役我就以攻為守，遂厚顏請求馮老總給我機會，任滿一任專校校長後，調我回作戰部隊服勤。我的艦艇服勤年資過短，不敢奢求回艦艇部隊，但兩棲單位我曾當過參謀長及副司令，幕僚資歷堪稱完整，希望馮老總平調我去兩訓中心擔任指揮官。馮老總揮手笑答：「滯皮，別再胡思亂想來煩我。」聰哥謹小慎微，執著於海軍慣例，須擔當過艦隊部司令或艦隊長，才有資格接掌師級單位的兩訓中心，他認為我不夠資格。

1968年底，兩訓中心指揮官出缺，繼任指揮官真的不是我，由我的同窗登二艦隊部少將艦隊長劉定邦接掌。隨後，我也在年底接奉馮老總的人令，再幹一任專校校長；我連任陸岸教育機關主官，確定在海軍是無緣向上派職了，只要馮老總高升他調，我就打報告退役跑商船。

1969年元旦，我的軍旅生涯自任官起已近三十寒暑，再度獲頒由蔣中正總統簽署的一星忠勤勳章（勳章執照字號58永容星字1667號），經馮老總召見頒發給我，再次表彰我「忠誠勤敏卓勳著勞」，證書由行政院院長嚴家淦及國防部部長蔣經國副署。對我言，這是距十一年前初次獲頒忠勤勳章後，這些年來貫徹上

級交付任務再獲層峰的肯定，是身為軍人至高無上的殊榮。一星勳賞的序號，也說明國軍建軍以來，任官服勤滿二十年著有勳勞符合資格獲頒第二枚忠勤勳章者，我排序是第一六六七名。

在我第一任校長任內，無論軟、硬體施教品質均大幅提升，美軍顧問團海軍組更把改制後專校的辦學成果，視為他們顧問團輔教成功的榜樣，在我第二任校長頭一年，本校遂成為美軍在亞太地區各盟國的軍事教育交流觀摩之示範營區。來訪的盟邦包括日、泰、菲、印尼、新加坡海軍術科教育主官，在美軍顧問團海軍組陪同下，川流不息地蒞校參訪，由聯絡官室主任依據律定的接待準據，我均親自迎送，促進雙邊軍誼與邦誼。

斯時，寄居在陸參大易名「實踐小組」的日籍教官，全數掛冠歸鄉，「白團」日籍軍事顧問在臺活動，就此譜上休止符。我於 1949 年在駐日代表團任職海軍武官時，是「白團」催生的見證人，也盡職地協助日籍教官潛渡來臺。在美軍顧問長年打壓下，「白團」在臺二十年的顧問任務有點虎頭蛇尾，他們低調策劃的反攻大陸「光作戰計畫」，更是雷聲大雨點小。

堅兒拜高中累積的人脈，救國團將他升等，大學生涯隨時可擔任寒暑假活動營隊的隊輔，只要是搭軍艦來回的外島戰鬥營隊，都有堅兒這個掛隊輔服務證的軍艦控身影，故而澎湖、馬祖、蘭嶼甚至綠島，都有堅兒的蹤跡。

我見堅兒在清華大學玩得太野，下令自大二起他每年寒暑假至少要抽一半時間回眷村，由我安排他到「內海友新村」美軍顧問團海軍組的顧問家庭當家教，教美軍眷屬與就讀海友新村美國學校（Stephen Luce Elementary School, Tsoying）的孩童學中文。堅兒教中文，讓他逼自己在理工科系內打滾不忘本；堅兒在美軍

眷舍，他的英文不好都難。就這樣，他在左營軍區的「內海友新村」美軍顧問家庭渡過六個寒暑假，美語的讀聽說寫唱，樣樣都難不倒他。

沒多久，蔣經國突然把國防部長一職，交棒給臺灣省政府主席黃杰（黃埔軍校一期步科）接任，蔣經國轉赴行政院任副院長，歷練為政之道。馮老總想辦法說服黃部長，由他陪侍專程南下左營訪察我的海軍術科教育辦學績效。當然，黃部長輕車簡從低調巡視後，對海軍專校讚不絕口，陪侍的馮老總也十分有面子。原來，馮老總期待黃部長拔擢他更上一層樓。唯事與願違，在副閣揆蔣經國主導全局下，他把馮老總仍拘限在海軍總部原地踏步。

海軍專校遠朋班的外籍學官，集中住宿嚴復館招待所樓上，方便照顧與服務遠朋。在我任內，創辦「外籍學官特殊技能培訓班」，協訓非洲某陸鎖國的河防水師軍官；每逢年節慶典，永貞皆會同我主持盛宴款待外籍學官，她以流利英語解說我國節慶之歷史掌故給非洲學官聆聽。此類學制半年的遠朋班，依外交部協請，在我任內就辦了兩期。

停辦多年的海軍官校應屆畢業生敦睦遠航出國訪問，自1966年海峽戰雲消散後，每年都編成敦支讓官校應屆畢業生隨行實施遠航訓練，複製1953年我當太湖軍艦副長納編參加首回海軍敦支訪菲的軌跡。我既然無緣在海軍向上發展，退役前希望以海軍專校資深校長的身分，爭取率領敦支及官校應屆畢業生遠航，有始有終完成我「加入海軍就可環遊世界」的宿願。

結果，在我第二任專校校長的兩年間，我的期待都落空；馮老總緊守傳統，即遠航出訪的敦支指揮官，必須幹過艦隊部的司令或艦隊長。1969年3月遠航的「五八敦支」，為期八十四天出

訪菲、泰、澳、紐等四國，由兩訓中心指揮官劉定邦率隊，同窗
定仔幹過登二艦隊部艦隊長。1970年4月遠航的「五九敦支」，
為期五十一天出訪菲、日、韓等三國，由海軍官校副校長楊松泉少
將率隊，他幹過巡防第一艦隊部（巡一艦隊部）艦隊長。我還是
被留在專校不准出國，把續任校長的兩年任期做滿。

二、六個月內調差三回　職涯到頂申請退伍

圖16.4　1970年駐臺美軍顧問團海軍組組長來海軍專科學校視導美援裝備與原文
教令使用效率，著海軍夏季黃色丙式軍便服的作者（左）率教育長張廣恩上校
（右）陪同（鍾漢波數位典藏）

　　1970年5月，海軍總部辦理第一期「年度海軍退除役資深軍
官轉業商船船長、大副講習班」（退役轉業商船班），開班招訓
退役資深將校施教，俾便結業後考取海員證照，一展專才跑商船。
此際即便我呈申退報告給馮老總，根本趕不及講習班第一期招訓，

更何況聰哥在總司令大位上不會准我離退，只得耐心等待馮老總調職後，我再轉換職涯跑道。

1970 年 7 月，馮啟聰當了近五年的總司令職，終於被行政院副院長蔣經國調離海軍讓出寶座，去國防部接掌聯合作戰訓練部的主任（今稱總督察長）職；我到臺北覲見聰哥，感受到他因降調不無失落感。

聰哥把第八任海軍總司令的職務交棒給宋長志，當年我在青島海校當少尉副官時，他是中尉教官；來臺後我率永定軍艦在浙海作戰時，宋長志兼大陳特種任務艦隊部代將司令，我在他麾下執行任務。我向宋老總打報告申退，他應該不會刻意攔阻，不過，距第二期退役轉業商船班招訓還有十個月，我就耐心等到報名直前才申退。

專校教學大樓初期工程，依進度順利完成驗收使用，1970 會計年度教學大樓末期工程款一八〇萬元亦已奉核定，另加碼一八〇萬元用於增建寢室一棟。教學大樓 L 形左半邊續建，與首期工程相接連成 U 形樓館；到了這棟 U 形教學大樓建築接龍完成，專校就擁有六間大教室共三百坪，另有小教室二十一間共四二〇坪，不但教室荒立即解決，連同行政處亟須之文具庫、被服庫與日用物料庫，教育處的教材庫與器材庫，六百位學員個人裝備置物櫃等，都有了著落。

至於增建學員寢室，連同舊有宿舍共可容納全體學員，便於接訓大批海軍義務役預官班的暑訓及分科教育施教；如預官第十八期於 1968 年 8 月 14 日結業、預官第十九期於 1969 年 9 月 20 日結業、預官第二十期於 1970 年 8 月 29 日結業，以上三屆義務役預官，每期人數約百餘名。

　　在我四年兩任的期間，總共獲得建校工程款五一〇萬元，尚未包括臨時爭取廁所和圍牆工程之總部年度標餘款在內。當年五百多萬元不是個小數目，尤其是上述大工程，由聯勤總部負責施工，校長並無監工責任，每日只率領行政處處長巡視校園工地，力求清潔整齊而已。至於校內各項經費，海軍總部年年都派員蒞校稽核，均合乎公款法用規定，待全部新建校舍落成驗收使用時，已是 1970 年深秋。

　　我任滿前，總部派督察室末代督察長兼「海軍作戰研究督察委員會」（海戰會）少將督察委員許承功（電雷學校轉青島海校五航甲 1939 年班）蒞校考評；三軍各軍種都設置作戰研究督察委員會以收納溢員，在陸軍稱為陸戰會、在空軍稱為空戰會。海戰會許委員為人耿介，我與他本是舊識又是同一眷村鄰居，但「政績驗收」公事公辦，彼此見面不便深談，以免有「瓜田李下」之嫌，當然，專校之政績驗收在美軍顧問認同肯定下，應不致出什麼錯失。

　　我督教過的海軍專校學員、門生出類拔萃者，有第十六任的海軍總司令苗永慶（海軍官校 1964 年班）與第十八任的林鎮夷（海軍官校 1969 年班）。各期受教過學員對專校的評鑑，如我所料都對我的政績十分滿意。海戰會許委員秉公處理，相信考評結果不會太差。

　　待政績驗收審認後，宋老總立即簽報層峰，頒發給我三軍通用的光華甲種二等獎章（獎章執照字號 60 公賞字 0472 號），文曰「海軍少將鍾漢波因在海軍專科學校校長任內，致力教育設施改進，教學校舍興建，著有功績，今依陸海空軍獎勵條例規定，給與獎章一座，合發執照，以資證明。」這是我服勤軍旅再次獲

頒三軍通用的光華獎章。

　　上一回獲頒光華甲種二等獎章，是二十四年前由國民政府主席蔣中正簽發無人副署，這回由蔣總統再簽發光華甲種二等獎章，行政院院長嚴家淦及國防部部長黃杰副署。上一回，是我服勤軍旅第一枚獲頒的三軍通用獎章，這回，則是退役前最後一枚獲頒的三軍通用獎章。軍旅生涯期間，我累計獲頒兩枚勳章、兩枚三軍通用光華獎章、九枚海軍軍種獎章與兩枚三軍通用紀念章。我個人的勳賞，與英雄級將校相較並不多，但我半生戎馬有此績效算是不虛此行。我領受這項賞賜時，已著手規劃退役後的職涯轉換，雖未著衣錦亦可算布衣榮歸。

　　駐臺美軍顧問團風聞我即將離退，特派海軍組組長來海軍專校視導，著重專校使用美援教學裝備與原文教令的效率與效益。顧問團海軍組組長告訴我，為確保臺海局部優勢，美軍不久將陸續軍售我海軍二十艘陽字號 DD 驅逐艦，艦上裝備有先進防空、攻潛、反制飛彈武器及鏈結的戰系。這也意味著專校的術科教育，即將接收更先進的美援武器教學設備與新穎的美援戰系教案。

　　光陰荏苒，我奉命連任海軍專校校長前後四年，忽悠已然過盡，根據準確消息，我將於 1970 年 10 月調職，我下令專校事務經費及教育經費均暫停使用，等待移交；我雖未「掛印」，然已先行實施「封金」，我能贏得「當校長不貪錢」之美譽，實非倖致。

　　1970 年 10 月 19 日，我接奉調職令，與海軍官校少將副校長楊松泉對調職務，楊學弟接充海軍專校第三任校長。他與我真是有緣，十八年前我自他手中接充太湖軍艦副長職，他調升永修二級艦艦長，十八年後的今天我又從他手中接充官校副校長職；兩次調職均從低我兩個年班的楊學弟手中接充副主官職，而他卻高

升主官大位。這次人事安排，我由專校校長平調非主官職務的官校副校長，且是接替學弟位置，明白顯示我軍旅生涯近三十七載就到此為止；長江後浪推前浪，讓出職缺給老弟們多揮灑是件好事，我該急流湧退了。

宋老總親臨海軍專校主持新舊任校長交接與印信移交儀典，在官場向以處世圓融著稱的宋老總，私下問我平調官校副校長若有委屈，他會再想法子幫我調離海軍至參謀本部占個少將缺。我向宋老總明白表示：對此次平調職務沒啥不滿意，感謝他真誠的關愛；七年前我早就在參謀本部當過聯五少將助次了，何況我已準備參加隔年第二期退役轉業商船班，招訓報名前我會打報告申退跑商船，請宋老總無須為我的職涯操心。

1970年底，同窗李北洲在兩棲部隊指揮官任內晉陞中將，接著同窗劉定邦也在驅巡部隊指揮官任內晉陞中將；繼陳慶堃兩年前晉陞中將後，黃埔海校同窗隨海軍來臺的十四位同學，迄今就這三位累功升至中將軍階，我真心祝福他們爾後軍旅生涯能更上一層樓。

斯時海軍官校校長是池孟彬中將，我與他在大陳作戰期間曾共事過，他是大陳特種任務艦隊旗艦的DE太康一級艦上校艦長，我是屬艦的AM永定二級艦中校艦長。海軍官校配置了正期班、專修班與預備班（幼校），是軍官養成教育的搖籃；正期班於1946年起在整併後的海軍官校內開設，官校新設幼校的預備班，自1965年開始招收初中畢業生，專修班則於1968年自專校移編過來。

我在官校承池校長之命辦事外，奉公守法按時上下班，無事則開卷充實自己，所以毫不心煩。我調任海軍官校副校長時，已預知這個副主官職缺行將於1971年春精簡裁撤，故心理已有準

備，職缺裁撤之日，就是我打報告申退之時。

　　在官校服勤時，我與池校長及上校教育長朱成祥（海軍官校1947年班，後累功晉陞少將），三人高矮差不多，個性也大致相同。那時鳳山的中正國防幹部預備學校（中正預校）尚未成立，各軍種的幼校是由軍種的官校承辦督教；我常到海軍幼校巡視，幼校學生心智尚未成熟，其中不少還是海軍子弟，故人情包袱壓力頗重。所幸預備班班主任及各級隊職官管教合理得體，故在我任內未發生重大事故。

　　70年代海軍官校校本部，非如當下之堂皇，早年校本部是一棟長約五十米、寬約十米的日遺老舊木造巨型房舍，四周有迴廊以防雨淋；西半邊是校長室、副校長室、教育長室、會客室、總值日官室和高勤室，東半邊是政戰部、教務處和總務處。由校長、副校長、教育長與政戰部主任輪流住宿一晚留校值高勤，我於學生晚自習前與他們閒話家常，聽聽他們的心聲。

　　官校教席們都學富五車，印象最深刻的是講授國防地理的文職教授段佑泰先生，他的尊翁就是段筱晉將軍；抗戰中期我在陸軍干城部隊待過整整八個月，段將軍時任干城部隊要塞砲兵幹訓班少將班副主任，真沒料到三十年後竟與班副主任的二公子共事。

　　1971年的第二屆「全國大專院校運動會」（全大運）輪由海軍官校承辦，有八十五所大專院校派隊進駐官校參賽；官校事先翻修運動場、搭建司令臺及添購各類比賽設備，經費由主辦機關的教育部出資。池校長派我負責監造，這份工作又使我學到許多體育設施的常識。

　　我在官校副校長半年任內，對全體師生集合講話的機會不多，大場面的訓話只有兩次。第一次是到職後不久的莒光日，校本部

軍官團請我做專題演講，我遂以當時海軍正在推行之「祥和六道」為題，針對「相見道好、拜託道請、失禮道歉、受助道謝、告辭道別、成功道賀」，引證軍人禮節祥和稱道之重要性，深獲在座官長讚許，池校長令我以同樣內容，再向官校各期、各年班全體學生作此精神教育演講。蒙池校長特許我運用國父紀念月會，行禮如儀後我立即面對近千名學生開講「祥和六道」，曾獲師生數度熱烈掌聲回應。

　　第二次是陪同池校長對全體學生實施人員及內務校閱後，到大餐廳前廣場集合講評，在沒有麥克風廣播器和烈日烤曬之下，我還能挺直腰桿，聲音宏亮地代表池校長把優、缺點詳細講完；校閱完近千名學生，我心情非常愉快，因為自覺「壯士未老，中氣猶存」。

　　在我被調離海軍專校半年後，美國顧問團海軍組建議宋老總，宜仿照美國海軍的術科教育專精化，即航輪槍通各自獨立成一個專門學校。1971 年 4 月，海軍專校果然被分拆成四所術科專長教育機關，即航海學校、輪機學校、兵器學校及通信電子學校，楊校長遂成為專校的末任校長。新設四校之際，亦同時撤銷專校、士校與海訓部編制，將級員額不變，四校除賡續辦理軍官術科專長教育，也接辦士校裁撤後專業士官進修的術科教育。但這四所新設的術科教育學校，不若專校是總部轄管的一級機關，而是隸屬總部的一級機關艦令部底下之二級機關艦訓部，故四校均降編為總部的三級機關。

　　官校副校長一職於 1971 年 5 月 1 日遭精簡裁撤，我的新職派令於 4 月 26 日發布，被調任為總部海戰會少將督察委員，追溯回 3 月 1 日生效。斯時海戰會主任委員是孫甦中將，抗戰中期

他在軍政部城塞局設計科海軍股當少校股員時，我在他底下當上尉參謀。

孫主委電話向我說明：海戰會這個冷衙門編配待退的十幾位將級督察委員及數十位上校諮議官，既無官兵僚屬可轄管，亦無公文可簽辦，更無須到班辦公，領到的薪資僅有微薄的本俸，無津貼更無加給，連他自己都是如假包換的冗員，即便呆坐在辦公桌前，也非常不自在，更沒尊嚴。

我事先在家中備妥報到文件，5月1日赴海軍總部人事署辦理到職手續，找到當值承參，我拿出人令說我是來報到的，承參請我填了幾份表格，我又把兩寸半身照片交給他。領到識別證後，我的報到手續就算完成，並立即具有海戰會督察委員的身分。我佩帶識別證到海戰會，偌大的一個海戰會沒人在辦公，孫主委當然也沒到班。

我手持申退報告，轉赴總辦室登記，請求晉見宋老總，恰逢他有空遂得立入晉見。我把申退報告呈上，他見我心意堅決，只得歎口氣立即批「可」放行，宋老總隨後面帶親切的笑容，祝福我退役轉業一帆風順，我遂敬禮稱謝退出總辦室。我拿著已蒙批准的申退報告返回人事署，在當值承參驚訝錯愕下，立即辦理退役手續。至此，我的到職與申退，於短短半小時內全部完成。

我自入學黃埔海校起，在國軍服勤的漫長歲月計有三十六年另八個月，而今半個小時就辦好退役手續，心中不無戚戚之感。但天下無不散之筵席，即便賴在總部海戰會尸位素餐當個溢員，仍須於三年後面對強制屆退。我事前與永貞商量，攜申退報告北上報到後旋即退役這個點子，蒙永貞應允，故夫妻倆事後都能釋懷，正面看待未來的轉業職涯。

　　我自抗戰勝利後出任駐日武官以來，對軍服之穿著甚為講究，勳標也經常保持亮潔，令人一看就有精神奕奕之感。而今都已退役了，這套上好軍常服的行頭，還有什麼用呢？我遂轉往總部學弟黎國炘少將的處長辦公室，換上西裝後，可以說是無官一身輕。黎學弟也看中這套上好軍常服，我連同軍帽都送給他；哥兒倆身材差不多，真是「天衣無縫」。我半生戎馬，再也不用穿軍裝、配勳標了。

　　隨後我也收到由蔣中正總統簽發的退伍令轉為備役少將，由行政院長嚴家淦與國防部長黃杰副署，退伍令證號為退字第98506號。我拿著退伍令再赴海軍總部人事署，報名本年度第二期退役轉業商船班，蒙人事署少將署長易鵰（福州海校1941年班）准我受訓。

　　回顧我側身軍旅生涯，所受頓挫遠多過順遂，命不好唯運勢不錯，幸一路走來都有貴人相挺，屢屢化險為夷。玲兒、堅兒成長後，認識多位軍中高級將校，多為我的舊屬或門生，他們眾口一致都說我毫無僚氣但缺霸氣，是位儒將；其實我哪有什麼學問，只不過喜歡讀點書寫些文案，說話有點書卷氣不爆粗口講髒話，而且穿著軍服亮潔予人良好印象，習於外交禮節待人和和氣氣，尤其是尊重並靜聽別人表達意見，彼此相處愉悅。

　　在桂永清打掉舊海軍、重塑「新海軍」後，配發我的兵籍號碼為600220，6字頭為海軍軍官專用，後面的00220，是「新海軍」航輪軍官合計的資序編號，我的資序在「新海軍」論資講輩，排名第220名，算來也真的差不多。桂老總在「新海軍」建立的人事制度及軍官個人學、經歷檔案，作為人事經管升遷調補的依據，地方海軍各軍校畢業軍官，憑真功夫努力執行任務，爬

先落後在所難免。

　　我的軍旅生涯，走過民初軍閥混戰、艱苦抗戰、國共內戰、臺海作戰、反攻準備，前前後後均擔任重要軍職；即便我回到從前，仍會投考海校、巡守海疆。我的海勤資歷不如同窗，自認在軍中無太大的發展潛力；當過艦長再陞將官固然很好，但我一向認為開卷有益，多讀書才是至要，尤其我的跨軍種教官生涯，曾在空軍官校的入伍生教育班隊及軍官養成正期班隊、海軍軍官術科專長教育班隊甚至兩棲作戰專精班隊擔任教席，最終能出任少將校長，也是適才適用的派職。

　　及至我連任術科專校校長，我依然發揮所長，完成建校工作，雖未能向上派職，但也心滿意足。連任專校校長後我平調海軍官校副校長，人生起起伏伏，哪有稱心如意的事業發展。年少時想當駐外武官，如願一去日本四年；返國後想當艦長，如願且執行浙海前線作戰任務近一年之久，率於軍艦中彈負創而回，軍旅生涯了無遺憾。

　　我退役後未幾，軍事戰略從攻勢守備的反攻復國，逐漸轉型為守勢守備的革新保臺，我參與過的「光明作業室」、「國光作業室」、「中興作業室」、「龍騰作業室」等反攻計畫作為，於1972年7月悉遭廢止。我服勤過專為反攻作戰設置的兩棲部隊，隨後也陸續轉型裁撤。我曾當過副長的太湖一級艦，在我申退後亦因艦機老化於1975年除役，功成身退。

　　當到少將會有優遇？當然有。我申退前尚有部屬或侍從官幫忙辦些公務雜事，申退後也用不著親自跑後備司令部團管區辦理退後相關手續，屆時有專人會到府協處以禮遇退將。至於家屬的眷補證，每年換新時亦由團管區專送到家；在不知不覺中，年邁

之後就因體力衰退，同眷村的將校退員間禮遇之差距，感覺上就愈來愈大。

也因為將校退員間的退後禮遇差距非常大，層峰還創設「陞退」疏處管道。凡久佔將缺又屆齡退役但無緣順利晉陞少將的優秀資深上校，總司令有權呈請總統核准在他退伍當天晉陞少將「即陞即退」（陞退）。黃埔海校同窗的方富捌，就是由馮老總力保由上校晉階少將陞退的。

我的黃埔海校第二十二期同窗，招考錄取了三十名，其中四員入伍教育時落跑退訓、三人就讀時留級、一位就學半途投共；畢業前廢校有六人潛逃遭通緝，其餘十六人熬到畢業任官，潛逃的同窗戰後有四位歸隊補回學資。抗戰期間同窗有四位往生，另有四位抗戰結束後退役定居香港及美國。十四位來臺同窗，在1971 年 5 月我申退時的狀況彙整如下，有些還擔任過二級艦以上之艦長職：

陳慶堃（七哥）

曾任永嘉二級艦、太倉與咸陽一級艦艦長，累積功勳升任艦令部中將司令。

李北洲（洲哥）

曾任中興二級艦、太昭與咸陽一級艦艦長，累積功勳升任兩棲部隊中將指揮官。

劉定邦（定仔）

曾任中勝二級艦、賀蘭特級艦、太昭一級艦艦長，累積功勳升任總部中將參謀長。

阮紹霖

曾任參謀本部聯三少將助次，外職停役轉任內政部役政司司長。

謝炳烈（炳仔）

曾任中基與中肇二級艦、太湖與咸陽一級艦艦長、金防部海軍少將副司令官，我離退兩年後調任左營第一軍區少將司令。

蔡惠強（強哥）

曾任永修二級艦艦長，累積功勳升任總部通信處少將處長。

方富捌（捌哥）

曾任海軍金門巡防處上校處長、金防部上校副參謀長、總部研發室上校主任、總部勤務處上校處長，陞退後定居臺北。

黃思研（士誇）

曾任國防部俞大維部長辦公室英文祕書、海軍駐美採購處上校處長，屆退後移居美國。

趙慕西（喝屎）

曾任三軍聯合參謀大學海軍上校主任教官，屆退後移居美國。

譚祖德

曾任海軍第一巡防艇隊中校隊長、兩訓部上校處長、海軍金門巡防處上校處長、總部譯電室上校主任，屆退後定居左營。

劉次乾

曾任海軍指參學院上校教官，屆退後定居臺北。

林迺榮

曾任海軍官校學生總隊上校總隊長，屆退後移居美國。

盧珠光（豬仔）

1956 年在總部人參室中校科長任內，因癌症病逝於基隆海軍第三醫院，享年僅四十，令人不勝哀悼。

對照黃埔海校各年班的畢業生平均每十二名僅一位升將軍，我班有學資的二十位同窗，就有三位因累積功勳升至中將、五位

升至少將；當年適逢九一八事變與一二八事變，全國青少年從軍報國抗日風潮高漲，考入黃埔海校我班的錄取率，廣東全省考生僅兩趴，本班同窗二十人當中能有八位晉陞將軍，並不意外。

三、辭官返家轉換職涯　海員講習賺搏命錢

圖 16.5　1971 年 5 月作者退役後與永貞在左營眷舍巷弄（鍾漢波數位典藏）

　　退役回家幾天後，聯勤總部留守業務署就派了一位空軍中校到我家裡來商議，由我決定選擇何種俸給待遇。我選擇了「終身俸」吃長糧，沒有挑一次全領退休金；以我年資計算，月退俸可獲得少將一級本俸四千元的九成，每半年的 7 月初及 1 月初支領一次。另有保險費約九萬元及勳獎代金兩萬六千餘元，兩者都存入臺灣銀行優利存款戶頭，每年優利十八趴，計息月領一七四○元，彌補九成薪之不足而有餘。換言之，月退俸較當個現役少將海戰會冗員的本俸，收入還多出三成，這相當於大專畢業後任職初等工程師月薪的一倍。我半生戎馬，出生入死為國效勞，國家照顧我退役的後半生，也是理所當然。

　　退將病了，有軍人保險可免費在海軍總醫院住頭等病房，但退役少將在榮總只能與病友同住二等病房，頭等病房是給中將以上的退將入住治療。不過，1995 年 3 月實施全民健康保險（健保）制度後，退將無論軍階均一視同仁，在榮民醫院與軍醫院並無特別禮遇優待。

　　我所領的月退俸雖然足夠夫妻倆生活開支，但來臺後身無恆產，誠可謂理財無方，我轉業海員可賺些錢財以紓解經濟窘境，並可環遊世界。退役時負責健檢的醫官說，我的體能實齡相當於四十歲，跑商船吃風喝浪應無問題；不過，我的心臟收縮壓與舒張壓略高於正常值，醫官囑我買個血壓計帶到商船上，每天定時自量血壓，掌握心臟健康狀態，在商船上沒醫師編制，自己的健康自己得顧好。我也找同窗方富捌長子方奕強（國防醫學院牙科二十期）中尉醫官問診，他說鍾伯伯您的牙齒很健康，唯跑船期間要勤於刷牙漱口保持牙齒清潔。

　　這年暑期剛開始，讀大三的堅兒心情鬱悶，他連擔任左營美軍顧問眷屬家教的工作都請長假，與同學登山縱走中央山脈散心去也。憑良心說，職業軍人的父親與子女並不親近，這是我的宿命，堅兒在新竹就讀大學期間，只要我南北奔波公訪，總會想法子中停新竹去探視他，唯因軍務纏身父子倆講不到幾句話就匆匆一別。年輕人有啥好鬱悶的，就隨他去征服高山吧。

　　沒想到 7 月底我正在臺北拜訪交通部航政司幫辦林良濤先生請教海上保險及共同海損之際，愛妻奪命狂撥電話四處找我，叫我快看電視新聞跑馬燈，清華登山隊出事了！震驚中，我得知堅兒參加的奇萊山攻頂隊伍中，七人有五人在娜定強颱肆虐下罹難。我打電話給學校、給堅兒所有的朋友，僅從宿舍管理員處獲

知堅兒已去奇萊山，電視播報生還者名單沒有他，內心煎熬焦急萬分。

隔天傍晚，堅兒透過警用頻道，在奇萊山山腳致電給慈母報平安，壓在我心頭的巨石終於滾離。事後，據永貞轉述，堅兒出發前一週在學校宿舍整裝之際，被系主任召去派工，說堅兒英語好且組織力強，恰有數十捲核能科技教學影帶要編譯中文字幕，這批急件須限期完工且從優付酬，下令堅兒別去登山，立刻開始著手翻譯，他受命遂放棄登山逃過死劫。

出事後堅兒人在奇萊山，是隨系上守值教授上山認屍，並護送五具大體下山分途歸鄉；罹難隊友全是堅兒的同系系友，其中四人是同班同學，內一人是同寢室的拜把弟兄，是為臺灣黑色奇萊山首次山難。山難期間，堅兒始終未直接向我報告始末，想必是懼怕嚴父的責罵與管束；親子關係的疏離，恐怕在我退役後放洋跑商船，還要持續下去。

海軍總部人事署所舉辦之第二期退役轉業商船班，因陸續退役的將校報名延宕，遲了四個多月才於 1971 年 10 月底開訓。第二期所接訓的退員較第一期倍增，從南部來的將校級退員連我在內，都寄宿臺北圓山的海軍濤園軍官宿舍並搭伙。講習班在大直的三軍聯大海軍指參學院借教室開課，每天由海軍總部派車前來宿舍接送前往率真營區，受教時倒也覺得上下課十分方便。

所謂隔行如隔山，講習課目全是為了我們轉業跑商船這個行業而設，講習時間為期一個月計堂課兩百小時，課目包括國際貿易、航政法規、航運要務、船長職掌、海員職務、船舶管理、操船學、貨物裝載、海難措置、海上保險及共同海損等。講座則由熱心資深海員、專家與教授擔任，第二期課程及十位講座教席都

和上年度第一期完全相同，意謂本期受訓學員，還算是海軍退役潮湧向海運界服務的浪頭前端。

第二期受訓學員共三十人，學員年齡層均在五、六十歲間，堪稱高齡轉業班隊。學員長是高我四個年班電雷系的馬焱衡中將，馬將軍任兩訓部少將司令時，我是他的上校參謀長。同齡的學員，還有高我一個年班的好友謝克武，他曾任後勤艦隊部少將司令。所以，又好似回到往昔軍中濟濟一堂的景象，唯彼此相聚僅一個月就散布到全球初嚐討海人生；不過，按照交通部航政司的規定，海員服務至六十五足歲就強迫屆退。

印象比較深刻的講習班課業學習有四，其一是商船的分類與軍艦不同，其二是商船噸位的計算遠較軍艦瑣碎，其三是商船進出的港埠種類與軍港有別，其四是帶領商船的海員與統御軍艦的官兵截然不同。

省立海洋學院的教授徐奎昭（福州海校航海科 1927 年班）講授商船之排水量噸位有五種：第一種是輕載噸（Light Displacement）指空船排水量，但包括輪機艙鍋爐的飼水，空船不適航，沒有條件出海航行。第二種是標準噸如前章所述，指空船加滿油水糧秣且零件備品與海員均就位的排水量，俗稱適航但空載。第三種是載重噸，專指裝載客貨的排水量。第四種是滿載噸如前章所述，是標準噸與載重噸的加總。

最後一種是登簿淨噸（Net Register Tonnage）與登簿總噸（Gross Register Tonnage），都是商船證書上的登簿數字，這些都不是排水量，登簿淨噸指貨艙積載空間容積，一百立方呎的貨艙算一個登簿淨噸；登簿總噸扣掉登簿淨噸剩餘的空間，是商船固接裝備與海員的艙室，登簿淨噸與登簿總噸兩者，都是作為商港港務機關

計算船舶空間占用碼頭、泊位租金用的噸位。

　　交通部航政司幫辦林良濤很風趣地介紹，商船載貨、載人、也載動物，固體的乾貨、液體的濕貨等商品都可裝載，人與動物不論死活也都運送，但在商言商，均得論件計酬。全球載重噸百噸以上的現役商船有五萬兩千餘艘，商船依噸位占比由多至少概分以下六類。

　　第一類是濕貨船占五成，如裝載原油與油品的油輪、天然氣的液化瓦斯船、淡水的給水船。第二類是雜貨船佔三成，裝載乾貨。第三類是散裝船（Bulk Carrier）佔不到兩成，裝載大宗散裝貨物如礦砂、穀物、砂石、煤炭，當然也可裝載乾貨。第四類是客船如大噸位的遊輪與小噸位的渡輪。第五類是特種船（Special Ship）如 YT 拖船、躉船、燈船、冷藏船、探鑽船。最後一類是剛興起的貨櫃船（Container Ship），裝載「標準化二十呎貨櫃」（Twenty- Foot Equivalent Unit, TEU）。貨櫃船、散裝船與雜貨船偶而也權充客船搭載船客。

　　若遠洋商船大到勉強可通過巴拿馬運河閘門，她就稱為「巴拿馬極限型商船」；若遠洋巨輪太重太胖，過不了巴拿馬運河閘門，必須繞道遠行如繞行非洲好望角，裝載濕貨者就稱為「好望角型商船」，裝載乾貨者就稱為「海岬型商船」。

　　基隆港港務局引水員楊璧如講授港口的特色。法規規定須要有證照的艦船引水員帶船進出特定的港口與航道，船長無故不得介入領航，但法規沒強制須由引水員帶船的港口與航道，船長則可親自領航。

　　港埠有的在岸際，有的在離岸水域，有的在大河的出海口，有的甚至在內河上游。港口概分三種型態，第一種是岸邊簡易港

口，連碼頭都沒有，甚至在離岸水域，僅有浮臺旁靠商船用吊臂裝卸貨物。第二種是工業港，顧名思義專指裝卸貨物就在貨主所屬工廠的專用碼頭。不過，海員對這兩種港口興趣缺缺，就算有機會登岸，也無人願去遊覽港埠周邊荒涼的偏鄉。第三種是商港，大型商港內通常也設有工業碼頭與軍用碼頭。海員最喜好進出的就是商港，楊引水員曖昧地說，各位都知道商港周邊不乏聲色場所，常讓海員極樂買春醉臥溫柔鄉。

　　引水員都是資深的船長，海上閱歷無數，楊引水員特別提醒，商船與軍艦處處都是忌諱，海員跟水兵一樣都很迷信且深信不疑，不管你船長迷不迷信，總之尊重討海習俗，切勿觸霉頭犯忌，別搞得海員惶恐不安，他們心神不寧更易肇生事端。

　　益祥輪船公司總船長唐哲宗講授他的經驗與帶船心法。為肆應全球各港埠不同國籍的引水員，駕駛臺上的舵令、俥令、錨令與傳話全用英國正統的英語，這與我海軍艦艇駕駛臺的命令大相逕庭。此外，船長在商船上不穿制服與工作服，著裝注重威儀以穿脫方便為宜，但服裝不能太隨便以免被航商看貶；抵埠後的商務場合，船長須著正式西服（Formal Business Suits）。

　　一船之長不用輪班守值，但職責不僅止於領船破浪航行趨吉避凶，每天都有寫不完的報告給船東、貨主、代理行、泊港國的公務單位如港務局、外事警察局、檢疫機關、移民局等等；唐總船長說，船長的英語報告連同表單繁多，如海事與海損報告，填寫航海日誌，製作餉單、零用金流水帳與庫存帳籍表，海員異動表與更換報告，申請加油、料配件及各類緊急請修電文等等。唐總船長總結行事高效的船長，航途中每日耗時約一小時處理上揭文書，泊港期間文書作業會佔用半天以上時間。

　　唐總船長說海員在航途中勤四休八，即值班四小時接著休班八小時，編成五班交錯輪值，靠港裝卸貨照樣輪班，唯一不用輪班當值的是船上唯一的報務員（Radio Officer, R/O）。船長帶領商船的海員，與率領軍艦的官兵，統御術截然不同。軍艦艦長帶兵要帶心，要與官兵打成一片；但商船船長須謹守船長份際，對航輪幹部（Seafarer Officers）與基本海員，須秉持「船長不同樂，船長不同廁」，與屬下海員惡習的吃喝嫖賭須絕對區隔開。否則，船長既沒威儀也指揮不動這些粗獷的海員。

　　唐總船長也略述不少海員年少輕狂時混幫派，不學好但講義氣，會把黑道習性帶到船上。尤其是多金的青壯海員，在枯燥的商船待太久，上岸看到花街柳巷的賣春婦無論美醜，母豬都賽貂蟬，充滿性饑渴的海員獸慾大發，萬勿攔阻，以免精力不能發洩回頭反在船上滋事。他更提到海外各港口的船務代理行為搏感情，會招待船長上岸用餐，餐後也會一同造訪有粉味的場所續攤，船長分寸拿捏就得自己看著辦，以免落人把柄；這一點，我銘記在心，奉為座右銘。

　　唐總船長語重心長地勸導我們：跑船生涯非常枯燥，有大把閒暇時間，船長一定要把正能量的嗜好帶到船上消磨時光；否則，不是悶出病就是跟著海員向下沉淪，跑船愈久就變得愈下流。我的嗜好？「船長不同樂」既不能揪眾打橋牌，更不可與他們一同吃喝嫖賭，看來只有閒來無事寫寫人生閱歷文稿了。我在海軍的老袍澤若同船共事，我也得鐵面無私，否則會被嗆拉幫結派妨礙領導。

　　財政部臺北關 A7 鴻星號緝私艦艦長邱炳昭，說明商船航行全球最常遇到的，是海關關員的抄班照章課稅與海域執法的海巡公

務船，一切依法行事就不會惹事。邱艦長還開示：當下全球石油
危機促使美國廢除施行三十年的「金本位」（Gold Standard）金融
政策，過往美國律定一盎司黃金固定兌換美金三十五元，自 1971
年起美金與黃金脫鉤，今後各位航行三洋九海就再也沒有金本位
的「美金」，只有日漸趨貶的「美元」。邱艦長也說，脫離金本
位的紙鈔只會一路貶下去，能保值的只有笨重的黃金，但萬勿隨
身攜行以免未經申報遭海關沒收。

　　復興航業公司駐埠船長周志漢解釋執全球海運牛耳者，首
推日不落的大英帝國，英國佬慣用殖民地的子民擔任基本海員，
百餘年來港籍的水手經香港海員職訓中心培育，以溫順耐操而受
航業界偏愛。全球每十位海員就有一位是港籍水手，港籍海員英
語溜者，多任商船報務員，而華餐洋食廚藝佳者，多任商船大廚
（Chief Cook, C/C）。

　　船長公會海員班副主任徐先聲說明，這十年間國人的辛勤耕
耘創造出經濟奇蹟，從鎖國內需轉型為外貿大國，海運業務也在
國貨國運的政策輔導下蓬勃發展，對海員的須求殷切。最初國輪
的海員，每年退補周轉要徵聘三百多位，供需尚稱平衡，基本海
員由省立高級水產職業學校如基水、高水、澎水與蘇水畢業生填
補，航輪幹部由省立海洋學院與私立中國海專畢業生提供。最
近，因外籍海運業主看好臺籍海員較香港海員更能吃苦、更專
業、既不搞工運、又不計較待遇等特質，開始大批挖角，優先錄
用外語能力強、有經驗的資深臺籍海員。

　　國營招商局輪船公司運務長崔重華（青島海校航海科 1931
年班）提到這兩年臺籍海員大量外放輸出勞力，造成國輪鬧水手
荒，這也是為何海軍退役官兵如潮水湧入國輪與外輪；目前近兩

萬臺籍海員之半，都是海軍退役的袍澤。全球海員大軍當下有七十五萬之眾，香港海員與臺籍海員加總就超過十萬，此無它，便宜又好用爾。

　　文學校的本科畢業生跑船，從初級航輪幹部逐階向上派職，不到四十歲就可當到近海航線商船的船長，表現傑出的，四十出頭就當到遠洋航線商船的船長。船長位高權重威勢凜然，海員都十分畏懼，故一船之長亦稱為「航海王」（Merchantman Master）。

　　最後，省政府臺灣航業基隆分公司經理陳敏提醒我們：退役將校想左手領行政院的退休俸，同時右手又想領國營事業的船長薪俸，法律禁止領取雙份官糧。我須優先保住退休俸，就別想在臺灣航業或招商局的輪船當個海員。

　　結訓一個月後的 1972 年 1 月，我參加考試院河海人員特種考試通過。此際，美國總統尼克森訪大陸與毛澤東會面，USTDC 協防司令部為配合雙方關係解凍，片面終止臺灣海峽的定偵巡邏，華盛頓想與北京建交再與我國斷交，遲早會發生，舉國上下在焦慮不安中渡過春節。

.

第拾柒章
退役初嚐商船討海生涯

圖 17.1　1972 年 3 月作者獲頒考試院乙種船長特考及格證書，證書字號台檢駕字
第 4399 號（鍾漢波數位典藏）

一、大副任內直升船長　目睹美機炸我島礁

圖 17.2　1972 年 7 月作者退役後轉業任職專跑日本線的大友號散裝船船長，靠泊基隆港東一號碼頭時永貞趕來會親（鍾漢波數位典藏）

　　特考放榜及格後，我於 3 月 13 日蒙考試院發給及格證書台檢駕字第 4399 號，上曰：「鍾漢波，民國六年九月二十日出生，廣州市人，應河海航行人員考試駕駛員乙種船長考試，該員諳習近海航線，經檢竅及格，依《考試法》第十三條之規定，合行發給及格證書，此證。院長孫科（簽署），考選部部長鍾皎光（副署）。」我的特考證書序號，說明當時臺籍航輪幹部累計四千餘之眾。同期受訓的退役將級學員，都取得遠洋甲種船長執業證書，唯獨我只領得近海乙種船長執業證書，此無他，乃是我的艦長資歷較短，在海軍僅任二級艦艦長一年之故。此係根據艦職資歷而定，非關受訓成績之高低也。

　　我拿了這張特考證書，於 3 月 28 日前往交通部，申請乙種船長執業證書，只花不到兩小時工夫，即領得效期五年的駕字第 13050 號船長執業證書，辦事效率之高，令人讚賞。我的船長執業

證書序號，反映政府播遷來臺後所核發的商船艙面航海水手總數，連同概等人數的艙內輪機工匠，當時臺籍海員總數超過兩萬六千人。黃埔海校的學長謝祝年與同窗謝炳烈，見我軍中海勤資歷不足居然也領到船長執業證書，退役後接踵加入後期講習班跑船。

　　拿到證書，就到臺北市南京東路的船長公會加入成為會員，有了公會的保障，才可正式就任海員職務。入會須找一位恰逢返臺休假的會員作為介紹人，才能填寫入會表格。我幸蒙高我四個年班的公會祕書長黃震白慨允，為我作介紹人，祕書長是我留美受訓時的總領隊，他當兩訓部司令時我也在他麾下任職參謀長；黃祕書長立馬左手充當介紹人、右手依祕書長權責批准，我就繳交昂貴的入會規費及會員年費，拿到航證字 610 號會員證，就成為船長公會六百餘位會員之一了。

　　隨後，我赴臺北市館前路國營招商局輪船公司拜見首席副總經理張恩駿，他是我讀中大附中初中部的體操老師，張副總一見到我高興萬分，立刻召機要祕書替我在麾下二十多艘商船中安排個適當職務，我搖頭說今天只是來見恩師表達弟子即將成為海員一分子，但不能在國營招商局領取第二份官糧。張老師說若我在民營航商謀職遇到困難就找他，當會替我妥善解決，我遂興辭而退。我個人的就業條件差，既不肯停領終身俸屈就省營、國營商船另取官糧，而自己的資格又僅有近海航線乙種船長執業證書，實在不夠看。

　　我原嚮往規模龐大擁有近兩百艘商船的香港東方海外航運公司，在香港船王董浩雲麾下服務，他僱用六千餘名華籍海員工作；我的眷村老鄰居唐廷襄學長，當過太平軍艦最後一任的艦長，退役後也在香港船王旗下當船長。無如我這個僅有近海航線

乙種船長資格且從無跑商船資歷的糟老頭，在遠洋航線為主的香港航運大亨處，絕對不夠資格領船，只能望梅止渴！

　　人生下半場轉業海員，真的是庸俗到萬浬航行只為財？然而我退役後，所領月退俸臺幣五千餘元，尚可維持生活，子女經濟也都暫時不用我再煩心。但自從我參加轉業受訓後，各項花費以及往返北高兩地奔波多次，又須加入船長公會繳納高額會費，應徵工作還要準備拜碼頭的紅包伴手禮致贈海運界各航商，雖未至羅掘俱窮，但積蓄耗盡已呈難以支應之窘態，在經濟上亟須即刻就業。在 70 年代海運業全盛時期，我很期盼有機會在民營航商賺取跑商船的第二份薪資。

　　我有位黃埔海校低一期學弟陳志文，抗戰期間我倆都在陸軍干城部隊隊本部見習，我在軍士隊，他在學兵一隊；見習結束我調要塞砲兵巴萬區砲指部教三總隊八隊上尉隊附，他是七隊的中尉觀測員。陳老弟天生暈船，早早離開海軍艦艇部隊，退役後在本土航運公司服務，擔任岸職內勤。

　　陳學弟是民營「大來輪船關係企業」董事長蕭百宗的特助，我去高雄市鼓山區臨海二路大來總部拜訪陳老弟，但見八層高的辦公大樓內，近百位職員人氣十足，一片興旺景象。陳學弟告訴我，大來公司擁有三十多艘商船，僅航輪幹部就超過三百人，基本海員近八百；海軍退役袍澤欲入公司跑船，全由陳學弟把關過濾，他在這棟本土航商王國內頗吃得開。

　　陳學弟見到我來訪二話不說，遂向公司推介我出任船長，立予應允安排蕭董召見。公司在商言商，所經人事、船務、工務、業務層層關節，我按陳學弟吩咐致贈現金紅包，關節都須打通；不過，在我遊走於各樓層之際，職員們看到蕭老闆的心腹人馬亦

步亦趨跟著我，幫我推門拉椅，都誤以為我是重量級謀職貴客，所以我在禮數上只須意思意思不用花大錢。

陳學弟原替我講好充任船長，及至董座親自約見詳談後，蕭董認為我毫無跑商船經驗，僅讓我這個菜鳥新手從商船大副做起，遠洋或近海航線的商船任我挑，走兩個航次之後，才考慮是否調升我任近海航線的船長。蕭董言之有理，所謂隔行如隔山，董座要先觀察我的表現，我亦沒理由說服他改變決心。

人事主任倒也很幫忙，他檢驗我的高港字 11763 號海員手冊及雄輪字 060036 號船員證後，建議我挑近海航線的商船服務較佳。目前遠洋、近海航線的商船均有大副出缺，任我選擇；遠洋航線商船大副月薪臺幣一萬元，事務費兩千元，合計一萬兩千元約三百美元等值，每月所得幾等同於近海航線的商船船長薪資，是我月退俸的一倍。至於近海航線商船大副的月薪八千元，事務費兩千元，合計一萬元。

人事主任解釋聘我先當近海航線商船大副的原因，是近海航線約一個多月即可環航一圈返臺，可不時回公司一趟打聽開缺消息，近水樓臺一有調升船長機會自不會落於人後。而遠洋航線每年休假返臺僅一次，要稱心如意換職非常難，此乃人事主任肺腑之言。

蕭董認為我在海軍曾有航行日本海域經驗，英語日語雙聲帶，是公司難得的友日達人，人事主任才建議我擔任臺日近海航線商船大副；我慶幸可重返睽違二十載的東瀛，瞬即決定恭敬不如從命，遂立即洽辦手續。正好有艘近海航線散裝船的國籍商船大友號（M/V TAYOU）之大副開缺，我遂獲得畢生首份海員工作。

這艘商船是公司第二艘同名的船，專跑臺－菲－日－臺定

期航線，每六週環航一圈。商船證書記載本船為一千兩百登簿淨噸、兩千八百載重噸，滿載吃水二十呎，油櫃可裝輕柴油兩百噸，十節航速的續航力為五千浬，相當於往返臺日航線兩個來回。各種登船手續當場辦妥，而船長公會的同意任職書隨後頒下，遂據此申辦海員護照，時為 1972 年 5 月 1 日。

我到任大友商船向船長報到，他是我任職專校校長麾下上校教育長張廣恩的同窗李延年，對我這個大學長非常照顧。本船船形與海軍在大陳補充彈藥的 AKL 南湖軍艦有些神似，同樣有三付貨艙的吊桿。

出港部署時，大副的職責是在船艏負責收錨與起錨；情況若正常，則可加快錨機的速度收妥錨具出港。當我俯身舷外觀看錨鍊回收方向時，船長在駕駛臺用低功率 UHF 無線電對講機呼叫「大副速返駕駛臺！」我遂依命跑步急奔駕駛臺。李船長命我留在駕駛臺，說大副您不必那麼辛苦，起錨的事交由三副在船艏指揮可也。

起錨時，船長在駕駛臺的指揮，是運用舵向來避免錨鍊刮壞船艏，這個收錨用舵方法，商船和軍艦是一樣的。比方說，我在永定軍艦錨泊時放下的是右錨，若錨鍊方向經海流推至艦艏左前方如十點鐘方位，就成了回收右錨時錨鍊刮壞艦艏的窘狀。艦長起錨前，就得下舵令 Hard a Port Rudder（左滿舵，即左舵三十五度），利用起錨的少量前進拉力向量，順勢使艦艏轉向左方，置錨鍊於艦艏右前方如一點鐘方位。艦長再下錨令 Starboard Anchor Aweigh（右錨離底）時，就可避免錨鍊刮船艏。這個起錨操船術，凡當過海軍艦長者無不知曉，等到 Anchor Clear（錨出水）時，就可以用俥離開泊位了。李船長叫我回駕駛臺，是不讓老艦長的我

在烈日下那麼辛苦重溫船藝，盛情厚意令我一世難忘。

　　在任何國際港口內的港池，商船的航速不可超過八節，以免在忙碌的港池內肇生海事釀禍。出港後，本船開往菲律賓呂宋島西岸的聖佛南多工業港，裝載銅礦砂，臺菲兩港間航行距離三四〇浬。本船進入菲國工業港靠泊，依國際慣例在主桅上須懸掛三種旗幟，即泊港國的菲律賓國旗（俗稱禮貌旗）、本船船旗國的我國國旗及大來輪船關係企業的公司旗。我前曾造訪呂宋島三次，首次是十九年前隨海軍敦支訪問呂宋島馬尼拉港與蘇比克灣美軍基地，另兩回是十六年前赴美受訓過境呂宋島克拉克美國空軍基地。此回重返呂宋島聖佛南多工業港，距克拉克空軍基地較近，兩地路程相隔一五〇公里，周遭都是熱帶景觀，與印象中早年的菲律賓殊無二緻。

　　商船裝運銅礦砂的運費很昂貴，每噸礦砂運費約一五〇美元，原因是影響航安至巨，風險太高。一般銅礦砂在礦區先經過水洗，洗淨後含水量都超過十二趴；銅礦砂裝在船艙內，高密度的礦砂坐底、上面則聚積低密度的洗砂水，船一搖擺，銅礦砂連同積水立即隨船之搖晃而走位。故本船貨艙內須拉蜂巢隔板，限制銅礦砂與洗砂水於一小隔之內；雖然艙內的銅礦砂都走位，但仍留在各隔間，不會聚砂成塔。就貨艙言，仍能維持商船重心和前後左右的載重均衡；所以，加裝密如蜂巢隔板的散裝船貨艙，就不會因銅礦砂的走位導致翻覆沉沒。

　　礦砂運費貴的另一原因，是菲國的 Fhilex Mining Corp 銅礦商為了海運安全設有蒸烤銅礦砂之工場，礦區送來的銅礦砂經蒸烤後，含水量就陡降至五趴以下以增進航安。銅礦砂看似有些像乾砂模樣，用履帶輸送傾倒在本船貨艙內，熱辣辣、氣騰騰；菲國

碼頭工人在蜂巢隔間內一面推平一面壓實，但仍有少許積水滲出，封艙後就開往日本銅工廠的專用碼頭替買家卸貨。

本船在李船長指揮下，由菲國北駛一三五〇浬赴日本九州大分縣佐賀之關工業港，這是我隨船進出日本第四個港口，我在海軍服勤期間曾隨艦船進出過橫濱港、佐世保軍港及橫須賀軍港。卸貨後本船空載東駛九二〇浬開往本州橫濱港，航途中把蜂巢隔間拆解以便裝載雜貨。日本橫濱港回臺一四八〇浬的雜貨運費，每噸收費四十美元，若為輕巧物件，則以四十立方呎作一噸算，約合一立方米貨物外加貨架的體積；運費加減帳收取，算來算去總之船東絕不吃虧。

裝卸貨物是大副之職責，故我在裝載雜貨時，順手繪製平面積載圖及立體積載圖。迨駛返靠泊基隆港卸貨，總公司基隆辦事處的理貨員收到我交給他的裝貨積載圖時，他非常驚訝，且從未見過方便卸貨的積載圖，讚譽我是總公司首位名符其實的大副。其實，繪製積載圖也不是什麼大學問，當年我留美受訓時，受訓科目之一就是將登陸部隊的裝備與補給品，依照先卸的須後裝、後卸的須先裝，重件置下層艙底、輕件置上層艙面，這些裝載貨物的材積衡量依序完成後，再繪製平面積載圖及立體積載圖，最後呈交給艦艇長參用。

以前本船在商港卸貨，就像垃圾車卸倒般，先把所有船貨卸在碼頭，再慢慢分別去找貨主，清運須時約一星期。現今依照我的手繪積載圖，馬上知道受貨人的領貨次序；從日本運回國的雜貨，三、四天即可從碼頭卸清運出。換言之，可縮短船舶滯港一半時間，就可以替總公司節省約一千美元的碼頭船席租賃鐘點費，約值船價的五百分之一。本船回到母港高雄，我在總公司內

真的是人人刮目相看。

　　也就是說，每位投資臺幣五百萬元的公司股東，在我當大副之下，每位股東每一航次可節省約萬把元，如何不叫高雄總公司上上下下感覺驚喜。我在總公司內所交的朋友，個個都為我叫屈，有船長資格居然屈就大副，說是蕭老闆把我大才小用。在我而言，覺得自己很有光采，我在總公司的地位遂由此奠定基礎。

　　我在基隆港碼頭督導卸貨時，曾見水手長（Boatswain, or Deck Boss, D/B）夥同基本水手（Ordinary Seaman, O/S）數人，每人都身著數件外套，不畏溽暑高溫，離船步行出港區；未幾，他們穿著原有單薄涼爽的汗衫回船，又重複同樣的行程。這回我站在梯口仔細端詳，怪怪！瘦小的基本水手外穿女用貂皮大衣，內搭著女用皮草外套，最裡頭是貼身女用連身情趣薄紗內衣；肥胖高大的二廚（Second Cook, 2/C）外穿特大號男外套，內搭大號青年裝。

　　晚餐後，我召水手長問個明白，他告訴我，臺灣本地消費群愛用日貨，偏偏奢侈品進口稅額重、進口樣式少，故基隆的委託行與日本零售商勾結，找海員當車手，將流行款式以海員自用免稅的巧門攜回，步行至基隆孝一路的「委託行一條街」，再以海員脫售水貨合法的名義寄賣，富豪世家與風塵女子排隊搶購。

　　當年屬戒嚴時期，民眾不能赴日觀光，日製奢侈品奇貨可居；我問水手長，難道海關不攔查你們課徵關稅與貨物稅？他說只要穿著不超過三件都算自用，他還說鍾大副呀，您看的還不夠仔細哪，方才我左手戴精工男錶、右手戴貴朵女錶、兩耳掛田崎珍珠耳墜，都是基隆孝一路委託行指定我專帶的；他所言不虛，竟然還穿有耳洞！我再問他當個跑貨車手的酬勞是多少，他得意地笑答，跑一個航次託帶高檔貨的佣金，相當於海員的月薪。為了生

計，海員遊走法律邊緣，他們萬浬航行，真的只為財！算了，我這個大副可別擋人財路惹禍。

本船從日本運回雜貨，在基隆港與高雄母港依序卸清，這一航次跑了四十五天。在我而言，這是第二航次的起始。本船移泊靠好高雄港三號碼頭後，立刻替臺糖公司裝粗砂糖運往日本；運糖的裝運方法有夠笨拙，用麻包袋裝好的粗砂糖，一卡車、一卡車依序排隊駛近碼頭船舷邊；每個散裝貨艙輪流掀開艙板，把貨網從卡車上一次吊起約二十袋麻包粗砂糖至艙板上，然後由碼頭工人逐一拆包，將粗砂糖傾倒在船艙蜂巢隔間裡，費時費事，歷時五天才裝滿。

本船由高雄北駛一三五〇浬直奔日本本州東京都江東區石川工業港，這是我隨船進出日本第五個港口。靠港後就把粗砂糖卸倒在明治製糖所的專用碼頭，用塑膠布蓋好防雨遮曬；日本購買臺糖公司黃色粗砂糖，仍須溶解過濾清除雜質再精煉，所以粗砂糖擱在碼頭也不怕髒，反正裝載粗砂糖，衛生方面並無顧慮。

我在軍中養成情報研析的習慣，凡與人事時地物歷練有關的非涉密資料如剪報與照片，長年來我都有收集且攜來臺灣分類存檔；故從這一航次起，我開始將資料與稿紙堆在檔案夾內隨船出海，試圖抽暇記述我的人生歷練。當大副勤四休八，不輪班時我多半望著書桌上攤開的稿紙發呆，不知從何處下筆，有很多人生經歷過的暗黑面，既不想寫也不敢寫。後來想開了，把我親身體驗、歷練過的人生，忠實地紀錄下來，日後給自己看，當作回憶總可以吧。

一週前，在高雄港開航時，傳來一則好消息：蕭董徵調本船李船長赴瑞典接購一艘兩萬噸級中古商船，命名捷輝號，回國後

加入臺美遠洋航線，本船在這一航次從日本載雜貨返抵基隆港後，李船長即啟程赴北歐接船。但李船長向蕭董提出附帶條件，堅持本船船長職缺由我升任，否則他拒絕前往北歐接船。本船裝滿雜貨回到基隆港，我就直接由大副坐升船長，終於實現夢想當個航海王，時為 1972 年 7 月 15 日。

我服務本土航商，跑商船討海職涯才兩個半月，蕭董依言實現對我的諾言，即先當大副跑兩個航次有機會就升船長。其實，我能夠在公司如期坐升本船船長，實拜李船長之賜，他若沒赴北歐接掌捷輝商船，我就繼續當大副；在商言商，如未訂立白紙黑字合約，當老闆的還會有什麼諾言？在我看來這應是巧合爾。

至於一般商船大副，很少在原船坐升船長，原因倒不是與海軍制度「副長不能直升原艦艦長」之規定相符，乃因商船大副係自三副、二副逐級在原船晉陞，長期與海員打成一片，一齊搓麻將同逛妓院；日子久了，彼此毫無忌憚，這叫大副如何擺得起莊嚴模樣去當原船船長？好在我只當了十週大副，而且我與海員從不相往來廝混，所以，我坐升船長就沒這層顧慮，當然就很嚴肅地幹起船長來了。匆忙間接替的大副則尚未派定，於是我這一航次身兼兩職，既當船長又兼大副。

本船原是日本四國高知造船所承造的一艘新船，不知何故在高雄港錨泊很久，變成一艘債務船，由法院拍賣；蕭董的四位核心職員集資投標，於 1970 年 6 月以四十萬美元標得；花了十萬美元的整備費用後，加入日本航線的營運。輪到我當第二任船長時，還是艘船齡不到八年的新古船，性能很好。我在本船服務近十八個月，輪機未曾發生過任何故障，也是本船賺錢的原因。

基隆港卸貨期間，永貞聞訊她已搖身一變升格為船長夫人，

遂由清華大學甫畢業的堅兒陪同北上，全家在基隆團聚順便暢遊雨港，也替即將入營服役的堅兒餞行，他的義務役預備軍官考上了憲兵官科。卸貨完畢，我率本船經由臺灣海峽南航返抵高雄港，新任大副始登船報到，這位 1/O 林大副倒也非常盡責，有我的身影；我把積載雜貨之方法，帶林大副認真繪圖，請他與我業務重疊一個航次，達致本船承運貨物快裝快卸的標準。

我生平首次就任商船船長的處女航，係依例開赴菲國聖佛南多工業港裝銅礦砂，滿載後駛經鵝鑾鼻、與那國島、釣魚臺列嶼、奄美大島、日本豐後水道，抵九州大分縣佐賀之關工業港卸清銅礦砂，再空船駛往橫濱港裝雜貨回臺。這趟船長我的首航，充滿兩個驚奇與兩個震撼，兩個驚奇是我親眼目睹美軍先後炸射我國在南海與東海的島礁領土，兩個震撼是我遭逢連續兩個颱風步步進逼。

在菲國聖佛南多工業港裝滿銅礦砂後，麗塔與蒂絲雙颱在呂宋島東方的菲律賓海形成，我下令先駛離呂宋島往西南航行，進入南海，避開雙颱打轉的藤原效應之外圍環流風浪。本船駛抵距我國的中沙群島邊陲民主礁五浬外時，忽見民主礁周邊海域爆炸聲隆隆不絕於耳，用望遠鏡可看見衝天的水柱此起彼落；再抬頭一看，高空雲頂有大編隊機群正通過本船，飛往呂宋島。

我想起 1953 年任太湖軍艦副長敦睦訪問菲國蘇比克灣美軍基地時，美國海軍飛官就告訴我，全掛載的軍機出擊若未及投彈轟炸敵軍目標，飛返基地時，絕不可攜彈降落以免在本場墜毀時釀大禍，降落前需先在外海拋棄掛載的炸彈。再印證當時的越戰，美軍仍然由菲國基地跨海出擊，轟炸中南半島的共軍，返程經過中沙民主礁，就將未拋投的炸彈悉數往下扔。美國向來不承

認南海諸島如民主礁屬我國行政管轄，更不理會地主國菲律賓也對中沙民主礁聲索主權，美軍真是霸氣，我也為此生悶氣！

　　雙颱的藤原效應在菲律賓海原地打轉多日後逐漸消退，我把握此契機調轉船艏朝目的港駛去；航經行政區劃轄屬宜蘭縣的釣魚臺列嶼東陲之赤尾嶼時，林大副打斷我在船長室振筆撰寫自傳稿，請我快上駕駛臺。我急奔至駕駛臺，只見戰機一架接著一架呼嘯而過，對一浬外我國領土的赤尾嶼以機砲掃射，彷彿又回到浙海戰役，俄製 MIG-15 噴射殲擊機威脅永定軍艦的場景。

　　美國把釣魚臺列嶼視為琉球的一部分，置於美國軍事管理之下，甚至將赤尾嶼周邊五浬的空域私自劃設禁航區，作為美軍機艦的靶區。美國軍管琉球結束後，已將琉球連同釣魚臺列嶼交還日本，無視我國對釣魚臺列嶼的領土主張；堅兒就讀清華大學時參加過臺北保釣運動遊行，玲兒在美國留學也都參加海外校園保釣示威，現在我卻目睹美軍蹂躪我國釣魚臺列嶼領土，叫人怎能不抓狂！

　　人的時運，有六旺三衰，哪能長年累月鴻運當頭？在我通過釣魚臺列嶼海域後，麗塔中颱尾隨本船快速撲向琉球，蒂絲輕颱在後緩慢跟進。本船隨即進入麗塔中颱的暴風圈，船上無線電天線杆在十一級暴風肆虐下遂遭吹斷，以致無法對外拍發電訊聯絡。由於風浪太大，我不得不將本船駛向沖繩縣的慶良間群島座間味村之阿嘉港避風。

　　本船抵達阿嘉港泊位時，已先有一艘商船在灣內下錨防颱，這是我領船進出日本的第六個港口，也是我造訪日本最南的海港。我與 R/O 劉姓報務員上島，在電電所（日本語指電報與電話營業據點之謂）拍發避風延宕航程的電文予總公司及日本貨主；

本船待麗塔中颱遠飆後，我遂率船離沖繩北駛。

航經九州鹿兒島縣的奄美群島附近，蒂絲輕颱又接踵快速掩至，周遭茫茫大海狂濤猛浪幾乎無處可躲，只得駛向奄美大島旁的生間港泊位，依托島上的山形擋風，抵達時已過子夜。這條航路在白天視野開闊、海象良好時，進出生間港自無問題，但在颱風侵襲下黑夜不見山形水勢，我實難把本船帶進泊位。我對此處航路不熟，幸有船上三副曾為漁船幹部，常進出奄美群島，他當即自告奮勇，在駕駛臺上領航。三副把船艏對準加計呂麻島山頂一個有左右閃光的燈標直航，在快要撞岸壁之前，一個俥令 Full Astern（全速倒俥）加 Hard a Starboard Rudder（右滿舵，即右舵三十五度），全速倒俥加右滿舵，急轉彎遂滑進生間港泊位。

我驚見此一錨區已有二十多艘商、漁船錨泊，燈火通明且擁擠不堪，灣內風平浪靜，這是我領船進出日本第七個港口。加計呂麻島的山坡陡峭，並無鄉鎮聚落，只有少數漁民陋屋，稀稀落落散布在沿岸溪流出海口旁。泊位海面甚廣水又深，故船錨不能落到海底，只能下「深水錨」，也就是把錨鍊出盡，讓全部五節七十五尋的錨鍊共四五〇呎投入深海，把錨具懸吊在深海中。

施放深水錨不能用 Anchor Let Go（錨全放）的錨令，因為水太深，錨具不能觸底，莽然下此錨令，一個錨具若快速往海裡投放，必於錨鍊盡出後為重力扯斷。除了損失了一具鐵錨外，還得賠上幾十尋的錨鍊，這種船長回到總公司必遭革職。正確下深水錨之法，其錨令只能用 Anchor Lay Down（錨緩放），船長事先囑咐並講清楚，讓水手長將錨鍊經由錨機緩放，迄放盡為止。

說也奇怪，本船在生間港泊位避風時，錨具雖未觸海底，卻因為灣內無湧無流，兩天來船位少有移動。蒂絲颱風過後，本船

遂駛離加計呂麻島，進入日本九州與四國間的豐後水道；由於天線杆柱倒塌，不能拍發電報，本船預計到港時間 ETA 只能用 VHF 無線電對話機聯繫九州大分縣引水部，告知本船的船位、航向、航速、目的港及本船 ETA，請求派引水員與 YT 拖船，帶進佐賀之關工業港卸銅礦砂。

卸貨畢，佐賀之關工業港的電訊商並無修理船舶通信設備能力，只好在本船啟航時，由大分縣引水部幫忙，代本船向本州橫濱港引水部發出本船抵達之 ETA 訊文；往後在橫濱港裝貨時，才透過船務代理行的安排，在橫濱修復無線電報通信設備。

二、日海保廳情義相挺　國籍商船低薪待遇

圖 17.3　1973 年 9 月堅兒蓋印他署名的入境章戳在作者海員護照內頁（鍾漢波數位典藏）

這一航次，本船陸續遭遇兩個颱風，幾乎被逼得無路可走，如同喪家之犬，不知何去何從。幹海員所賺的薪資，其中有血有汗，當船長不過就是出售智慧和必要時賭命而已。萬一船沉了海員都淹死了呢？船東也不心慌，因為所有海員都買了職業災害平

安險（職災險），甚至船舶本身也保了財損險，船東不會損失分文；所以，海員與船東之間的勞資關係非常淡漠，其間並無情義。

　　我當了兩個航次大副，加上當了船長的首航次，覺得跑近海航線實在不難，定期航線的卸載船貨也非常單純。對各港口代理行只須拍發電文告知 ETA、在港要求補充生鮮蔬果與主機柴油數量，這些都有過去的電文底稿可以抄用。

　　緊接著本船在颱風季節馬不停蹄，我安穩順利地領船又跑了第二個航次，在基隆港卸完貨，本船夜半又駛回母港高雄。進港前本船循例在外港下錨，排隊等候船席及聯檢中心派員登船檢驗放行入港。高雄港是個軍民共用的國際港，進出港的優先順序是先出後進、先軍後商，以免塞港；意即我海軍艦艇、協防美軍軍艦、軍差船、軍租商船依此順位優先出港，再來才輪到排班出港的商船。待出港艦船騰空碼頭與泊位後，進港的艦船依先軍後商規矩陸續入港，不可插隊。當年屬戒嚴時期，忙碌的國際商港從子夜迄凌晨 5 點間實施封港宵禁，更造成基隆、高雄兩港商船進出塞船久等之苦。

　　1972 年底，厄運再臨。那次是我當船長的第四航次，由高雄港裝載臺糖粗砂糖，前往日本本州近畿地方大阪府商港卸清，本船甫離高雄港出鵝鑾鼻駛往沖繩南方，華南的低氣壓冷鋒面，已延伸至整個臺灣東部及沖繩海域，當時浪湧高約四層樓屬狂濤等級，排山倒海撲向船舶而來。

　　本船理應頂浪以慢俥前進，唯本船滿載根本頂不動狂濤前行，在無可奈何之下，我只得把航向調頭，我下俥令將航速減至 Dead, Slow Ahead（微速進俥）約兩節左右，僅具舵效順風前行。我定好正南的航向後，遂回船長室休息。

　　豈知 1/O 林大副心急，他心想跑船哪有這樣逐漸遠離目的港之航法，就背著我私自上駕駛臺，擬把船艏調轉過來，恢復既定航線向北頂浪加俥前進，這下子在轉向時，被橫風橫浪撲打船舷，船身大幅度橫搖，幾乎翻覆！等到我飆上駕駛臺時，船又已回復我所設定之航向與航速。

　　我責問發生何事，林大副悶不作聲，我隱忍而未大發雷霆。這並非我修養好，而是我這種倒航逆駛很不合理，但也非我所創新發明；根據航海史實記載，此種「不與蒼天搏鬥」的航法每每成功，航安、人安、貨也安，我只是仿效複製而已。

　　三天後的中午，本船已順風被推至菲國民答那峨外的菲律賓海，位置接近無風的赤道海域，故風浪大減，我遂下令回頭，以 Half Ahead（半速進俥）切浪，駛向目的港。返程歷經了五天航行九○○浬，我才駛抵折返點，斯時低壓鋒面已消退，海面雖有浪湧，但對航安影響不大。

　　為了趕行程，補回耽擱的船期，我問老軌，油櫃剩餘燃料能否支撐全速駛往大阪府商港，他說綽綽有餘。耗油量與船速的三次方成正比，航速若加快，油料消耗會非常驚人，即航速增加六十趴，耗油量增加四倍，我遂下達俥令 Full Ahead（全速進俥）以十六節航速趕行程。主機以額定最大出力運轉，不但噪音大，船身還規律地隨之震動。

　　本船抵達日本大阪府商港，也是我領船進出日本第八個港口。較之公司姐妹船搏命頂浪前進的大川、玉山與金龍一號三艘商船，本船慢了約兩天，我內心直打鼓，這下蕭董臉色一定很難看。由於耽擱船期，我未敢擅離職守上岸觀光，所幸在大阪府商港卸清粗砂糖，再到橫濱港裝貨加油，期間一直都未受總公司電

文究責。返抵基隆港卸完貨後，我又回到高雄在家安渡春節假期，銷假後拜訪總公司，方知我這一航次的倒航逆駛備受推崇，大家都在傳誦鍾船長之神奇航法。

其他頂浪趕時程的三艘姐妹船，所有船欄都被風浪打壞，甚至船艏錨機也受損，堆在貨艙頂蓋裝載的船貨，全被巨浪掃落海，不但須緊急修船耗時兩至三週滯留在大阪府商港，付出可觀的修船費與每小時一百美元的船席租金外，還須辦理繁複的共同海損理賠。本船倒航逆駛，雖然較頂浪趕時程的姐妹船慢了兩天，反而因禍得福，因此我的名聲再度鵲起。

歷經雙颱肆虐避風與冷鋒罩頂逆駛兩回厄難，第三回挑戰是我當船長的第五航次，再次於日本九州大分縣佐賀之關工業港卸清銅礦砂，當天午間我閱讀氣象預報電文，知有強烈梯度之高壓及其鋒面撲向九州。但總不能因閱讀氣象報告而滯港不動；我心想，出豐後水道轉東，沿瀨戶內海航向本州近畿地方和歌山縣城商港裝貨，想也無甚大礙。

豈知一出豐後水道，空艙的本船就被風浪打得船身劇烈震盪不已，巨浪翻過船艏直撲駕駛臺，我不得不把船帶回佐賀之關的背風面，找泊位下錨避風。劉姓報務員好意說這種做法恐免不了要被炒魷魚，我一笑置之；報務員訕訕地看著我繼續下錨令，一直不停地搖頭，好似參加我的告別示。翌晨起床，但見泊位周遭，連同本船一共碇泊了七艘商船，其中多是萬噸級以上的巨輪，都受不了狂風巨浪回航下錨。從此，海員對我的決策與命令，就再也沒人說三道四了。

4月5日清明節，本船靠泊在和歌山縣城商港，這是我領船進出日本第九個港口，之後再停靠橫濱港，九天後又靠泊東京都江

東區石川工業港碼頭，爾後七個航次，都穿梭於和歌山縣與東京都之間裝載雜貨返臺。

　　茫茫大海，行船走馬三分險，第四回厄難，是為了救治本船海員一命；搶救病危海員是船長的職責，所積功德勝造七級浮屠，其實不應列為厄難。但此番搶救海員所受之折磨，卻令我身心俱疲，不亞於前揭連續遭遇驚濤駭浪之考驗。

　　在商船上，二副職掌之一為照護全船海員的健康。商船二副不像軍艦上的醫官、衛勤士與醫護兵，不管有無醫師執照，海軍醫護官兵無論診斷治療甚至開刀取出彈片，樣樣都得在敵火威脅下動手救治。商船二副只需管理醫材與隨時急救，航途中視海員病情，發放止痛、消炎藥丸、注射針劑或包紮外傷止血；更嚴重的病灶，就依《海難救助公約》呼叫岸臺安排病患後送離船。

　　時為 1973 年 7 月 27 日正值颱風季節，我當船長的第九航次。本船從橫濱港裝滿雜貨返國前夕，船上病患甚多，我特命二副洽代理行派車專送海員上岸入病院就診醫治。本船一位年長的 O/S 陳姓基本水手，症狀為腹痛如絞、高燒不退，經病院診斷為急性盲腸炎，須留院開刀；二副替陳員辦理住院收治手續時，不料陳員從病院手術臺私自偷跑回船，欲把一條已潰爛發炎的盲腸帶回臺灣。

　　在愛倫輕颱轉弱後，本船於子夜駛離橫濱港，甫航行百浬出東京灣，陳員忽然哇哇喊痛，在崗位上倒地翻滾，很明顯地盲腸潰爛已穿孔，變成不可收拾的腹膜炎，就算飆船千浬航返基隆港，計程也要三天半，陳員熬不到基隆就會喪命。無巧不巧，愛倫輕颱死灰復燃轉強，我若調頭帶船折返橫濱港，又陷入颱風第一象限最危險的扇形區；二副評估僅服消炎止痛藥救不了陳員的

老命，必須即刻後送上岸搶救。

　　我拿起 VHF 無線電對話機呼叫代理行，叫了四、五個小時都不通，這下麻煩大也。本船已駛出東京灣口，過本州中部地方靜岡縣下田外海的神子元島轉向點時，受愛倫颱風威力籠罩，航行非常顛簸；此際日本海上保安廳（海保廳）第三區的勤務指揮中心（勤指中心）插話來問，貴船連續在緊急波段呼叫代理行，四個多小時沒停歇，到底有何急事？需協助否？我用日語回報本船某海員患急性盲腸炎，已惡化變成腹膜炎，需立即送岸就醫搶救，並告知本船代理行的代號、本船目前船位、航線、航速等資料。

　　海保廳電臺隨後成立專案，賦予呼叫專碼，囑本船耐心駛過愛倫颱風第二象限次危險的扇形區，每小時正點與守值官聯絡一次，其後依照勤指中心引導，再前駛兩百浬入本州與四國間的紀伊水道。抵達指定海域準備後送時，適值愛倫颱風已登陸本州中部地方愛知縣的名古屋市，且將轉弱為溫帶氣旋，本船在颱風第三象限較安全的扇形區內航行，風浪漸歇。

　　搞到 29 日晨 5 時，本船才找到指定後送會合點的和歌山縣田邊市漁港泊位，這是我領船進出日本第十個港口。此時，眼見一艘港區拖艇（Harbor Tug Boat, YTL, 港拖）搖搖晃晃向本船打燈號接近，風雨中我下令懸掛 W 字旗，表示本船需緊急協助；我把船身打橫擋住風浪，讓 YTL 港拖位於下風，以便吊掛擔架送下陳姓病患。我酬謝來接病患之日籍船工，特贈予他們公關用的兩條萬寶路美國菸；其實，他們拿去朋分，每人也不過得到幾包菸而已，可稱禮輕情義重。

　　不過，在這連續二十九小時於愛倫暴風圈內搏浪找到會合點，後送搶救陳員，我內心最感激的，還是日本海保廳那種負責、助

人的精神，真叫人打從心底裡徹頭徹尾的佩服。這次在狂風巨浪中，本船幾乎在呼救無門的窘局下，及時後送患病海員登岸急診，若非親身經歷，真不知行船走馬三分險的真正意涵。

第十航次回到高雄港外錨區下錨，在數百艘錨泊的船舶陣列中排隊等候進港卸貨。等了幾天後，值班三副通知我，領港艇已旁靠舷梯，我在駕駛臺看見港務局的引水員、財政部的海關關員、衛生署的檢疫員、港警的警佐與警總的移民官一一登船。怎麼的？最後登船的移民官英姿煥發，走路模樣與我的相似度百分百？到了跟前，移民官立正向我行舉手禮：「船長早……把拔早！」竟是堅兒！

原來，堅兒在憲兵學校完訓後，分發到警總的高雄港檢處，任職少尉特種交通檢查官；他業務職掌之一，是輪班登船執行國境證照查驗，此業務係當時內政部入出境管理局（境管局）的工作，由警總官員代行職權。他說現在外港錨泊等候進港的商船多達二七九艘，父子相遇純屬巧合；堅兒在我海員護照內蓋印他署名的入境章戳，至今我還保存這份護照，與勳獎章擺在同一檔案夾內。

在總公司我又遇見那位曾患腹膜炎的 O/S 陳姓基本水手，他在和歌山病院收治搶救痊癒後，由代理行購買單程機票送他返臺休養；他歸建向我報到就千謝萬謝說蒙我救他一命，恩同再造。我說這是船長的責任，不必記掛。

當船長的，最怕海員在茫茫大洋航行途中突然患重病，急病重症者尤須立即送岸急診，一旦海員在船病故，遺體只好暫存食品冷凍庫內。大廚得想法子如何將大體置於食用肉品間，只是海員用餐時，總是難以下嚥。不過，大體存放在船上冰庫肉品堆內，非長久之計，須盡速請示總公司如何處置。

　　全球只有非洲海員自願在航前簽署「死後遺體處理同意書」，同意過世後將其毛髮一束及指甲一片，寄回給親屬，大體則不必驗屍任憑船長處置。船長除遵其遺願照辦外，並予以隆重海葬。海葬按國際航海通用禮儀，先由二副用白帆布或白布將其遺體併同高密度鐵板裹好，確保遺體會沉入海底不至漂浮；船上備有萬國旗，將其國籍旗覆蓋在遺體上。海葬時除值班海員外，全體海員須集合於後甲板，鳴鐘為其舉行隆重的海葬告別式。

　　在我爾後擔任船長六年餘的經驗中，屬下海員有非洲人、亞洲人與歐洲人，都不曾預立這種不祥的遺囑。所以，身為船長，還是盼望別發生這樣的衰事。我退役轉業當船長雖然航途中未曾死過人，卻也先後遭逢兩次將患重症急病的海員送岸就醫之經驗，較諸無病患在船的幸運船長，我的運氣就比較背。

　　海員在航行途中，除了當班值勤與派工，平日大把時間無所事事，要求他們熟讀操作手冊等於要他們老命，勸導他們讀好書等同緣木求魚；唯一還算聽話的是隨船實習的兩位高職應屆畢業生，航輪各一的澎水實習生（Cadet），都來自蕭董的故鄉，不當班時他倆都沒閒著，捧著教科書研讀準備考照。

　　為避免海員終日搓麻將或翻閱淫穢養眼畫冊喪志，趁靠泊橫濱港之便，我遂自作主張，由管事（Purser Officer, P/O）陪同走訪東京都千代田區的秋葉原電子一條街，購入日本電器 NEC 備天線十六吋的二手黑白電視機，價款日幣一萬円約合臺幣八百元，裝置在海員餐廳。我也替自己添購一臺手提式東芝牌十二吋二手彩色電視機置於船長室，價款日幣兩萬七千円合臺幣兩千元，對照新機那就更便宜；在撰寫自傳之餘，讓自己享受單獨觀賞電視頻道的樂趣。沿岸航行天候良好時，本船可接收日、臺、菲電視

頻道。航途中海員曾收視過臺視公司現場直播我國少棒隊在美國
威廉波特揚威海外，亦曾收視日本放送協會 NHK 電視臺紅極一
時之清五郎主持的相撲節目，在菲國則收視 KBS 電視臺的拉丁
歌舞秀。

　　我將此舉告知總公司業務處總務課許課長，他當即在保險櫃
中取出現鈔歸墊還我，而且不用繳驗收據；他還讚揚我特別為公
司著想，購買廉價娛樂器材供海員享用，是求之不得的好船長。
說實在話，當時要買一臺全新的 NEC 黑白十六吋電視機，在高
雄稅後牌價至少臺幣八千元以上；而今以一折價金購得中古堪用
機，太便宜了，故我一開口，就從總公司要回二手電視機的代墊
價款。不過話說回來，無法替總公司賺大錢的船長，對海員再
好，總公司絕對不會給你禮遇，歸還你的代墊價款？想都別想。

　　我自從充當本船大副及坐升船長以來，每航次的來回運貨均
屬滿載。據聞本船在公司服勤後這三年來，早就把投資購船加整
備的本錢加倍賺回；換言之，股東扣除三年營運成本，淨獲利是
一個股本，股東出資臺幣五百萬元者，三年就淨賺了五百萬。那
以後本船若航運虧損呢？不打緊，頂多把船拍賣，股東還可朋分
拍賣所得，先前所淨賺的一個股本，早已入袋為安了。

　　蕭董的四位在臺船長受邀齊聚臺北分公司交際時，由分公司
業務處經理接待，五十多位職員中，有位貴氣逼人的熟齡祕書恭
謹地奉茶只給我品茗，不太搭理其他在側的船長。他們問我知不知
奉茶的是誰，我茫然不知該如何答覆，他們說那位穿金戴銀奉茶的
祕書，竟是大友商船的四大股東之一，難怪全身舶來品的行頭，應
該都是船員孝敬的高檔品牌水貨，她也是蕭董的姪女！我是當紅的
船長，盡力替老闆的她賺搏命錢，喝她奉上的一杯濃茶，一點也

不為過。

　　大友商船為國籍輪船，故個人所得的薪資要扣綜所稅。近海航線船長月薪稅後只剩臺幣一萬零八百元入袋，在同業的行情，算是極低薪的船長。老軌與大副稅前月薪都是臺幣八千元另加事務費兩二千元，二副與大管輪（Second Engineer, 2/E）七千元，三副與二管輪（Third Engineer, 3/E）六千元，報務員、三管輪、機匠長、水手長、銅匠、大廚、管事及舵工（Quartermaster, Q/M）等均為四千五百元，海員如副水手長（Assistant Boatswain, A/B）、資深水手（Able Bodied Seaman, AB）與資深機匠（Machinist's Mate, MM）為四千元，資淺的海員如基本水手、二廚及清潔工（Maintenance Wiper, MW）則為三千元。

　　海員最低工資的清潔工月薪，比大專畢業生任職初等工程師還高出三成，所以，很多人都競相當海員，跑船絕對是賣身搏命賺錢的高薪行業，帶貨跑單幫賺外快的利潤頗高，相當於月薪。那我貴為一船之長的航海王，外快要怎麼賺？那就是憑功夫領引水獎金。

　　當時，在日本瀨戶內海及各水道並未強制須由日籍引水員領航，且准許商船船長自行帶船領航；二十五年前我擔任駐日海軍武官時，就曾鑽研日本瀨戶內海及各水道航法，如今自是溫故知新，得心應手親自領航。總公司三十多位在船服務的船長，只有我這個知日達人，敢在日本瀨戶內海及各水道親自領航，實拜當年駐日期間鑽研當地水道誌所賜。

　　我當船長自第三航次起，就親自領航通過瀨戶內海全程，由九州大分縣佐賀之關工業港駛過四國高知縣，再經本州近畿地方大阪灣出紀伊水道，自行引水通過瀨戶內海全程二五〇浬，安抵

和歌山縣城商港。回臺後，由總公司會計室結算我應得之全程引水獎金，雖僅為日籍引水員領航費的四分之一，但也有臺幣一萬六千九百元。如此均攤計算，平均每月連同薪資總收入約合四百美元，加上終身俸，每月稅後總收入超過五百美元，家庭經濟遂得紓困矣。堅兒的義務役預官月薪約合二十美元，我告訴他役畢出國留學的生活費與學雜費概由老爸負責，結果碰了個軟釘子，堅兒說不必，他沒申請到全額獎學金就根本不會出國。

　　我自問在總公司人際關係搞得還不錯，船務副總歐定堅對我蠻客氣，熱心幫我報支領取在日本的引水獎金。人事主任曾示明牌教導我選充近海航線商船先當大副，以近水樓臺之便，很快就調升船長。警總退役的總公司安全室主任與我是同鄉，尤其談得來；我雖未臻大牌船長的地位，卻也算是一位薄負知名度的日本通。

　　說來也是為了自己著想，非得擔任一年以上的商船船長職務，否則帶領商船的功夫尚不成氣候。古語說得好：「萬浬航行只為財」，況且討海的商船資深海員何止渡航萬浬。觀乎我擔任一艘小噸位商船的船長，也歷經四回厄難，證明我既出售勞力又出售智慧，說得難聽點，船東出錢來買你賭命，你情我願，彼此間並無情義存在，已如上述。不過，做人要憑良心，我既蒙蕭董慨允錄用為大副，他又提拔我坐升船長，所以我就決心要在公司長留久任，以報答蕭董對我的厚愛。

三、本土航商冷漠無情　船東扣剋獎金逼辭

圖 17.4　1973 年 2 月作者在大友商船自行引水航行日本瀨戶內海全程（鍾漢波數位典藏）

　　蕭董自稱高雄船王，妄想高攀香港船王董浩雲與希臘船王歐納西斯；斯時全球海運的年運量約二十億噸，臺灣各商港的年吞吐量加總都還不到全球一趴，蕭董真的是高攀了。當年航儀都非常傳統；唯造船技術發展快速，致使船身模組化、船材輕量化、船體弓型化、船機高效化、動力渦輪化、航行高速化、載重極大化、裝卸快速化且維修制度化。新船固然造價極其昂貴，但性價比也極高，商船二十五年的壽期折舊攤提下來，只要每趟滿載，購新船跑海運還是划算。故而汰換下來的新古船、中古船甚至報廢船，舊船轉讓售價都非常便宜。也因此，購買廉價的舊船與報廢船，成就了本土航商如蕭百宗的崛起。

　　不過，來自澎湖白沙的雜貨商蕭董，也的確是白手起家、苦幹實幹的企業家；他於 1958 年 5 月集資，用比廢鐵還便宜的價格，購買海軍除役的兩百噸級 YP-524 海威巡艇，改裝成國內線

雜貨船命名大來號，船旗國為我國懸掛國旗，船籍港是高雄港。
第二次臺海危機的八二三戰役，大來商船擔任高雄至金門料羅航
線之軍運，蕭董自兼公司董事長、總經理、理貨員、報關員與裝
卸員，接洽船務、工務與報關業務，一身兼數職；蕭董的業務因穩
定的軍運，生意蒸蒸日上，慢慢添購多艘報廢船、中古船與新古
船，行駛國內線、跑近海國際線與遠洋國際線，鴻圖大展。他的傳
奇故事，是以臺幣五十萬元購買報廢船命名大鵬號，再予整修跑
一個航次近海航線滿載，就賺回購船費與整備費！在高雄市鼓山
區臨海二路，蕭董自建八層樓的總公司，就是他的王國皇宮。

　　蕭氏王國全盛時期，擁有遠洋航線商船二十一艘、近海航線
商船十一艘及冷藏船三艘；麾下的大川、大豐、大富等三艘冷藏
船從臺灣載運香蕉赴日本，再裝滿日本東北地方青森縣蘋果回臺。
以上三十五艘商船中，有二十四艘不懸掛國旗，均為「權宜國籍」
商船，或稱方便旗（Flag of Convenience）商船，其中又以掛巴拿馬
旗者最多。

　　懸掛方便旗是船東考量政治現實與股東利潤，諱於國輪懸掛
國旗，有二十四個國家的港口不准去，如中國大陸、北韓、北
越、羅馬尼亞、阿爾巴尼亞、阿爾及利亞、保加利亞、緬甸、剛
果人民共和國、古巴、赤道幾內亞、幾內亞、伊拉克、茅利塔尼
亞、波蘭、南葉門、北葉門、敘利亞、坦桑尼亞、突尼西亞、阿
拉伯聯合大公國、蘇聯、南斯拉夫與東德等，冒然駛去中國大陸
港口，等同「投匪」。

　　此外，掛方便旗的船旗國如巴拿馬，船旗國政府對註冊的商
船課稅都非常低廉，故我國航商所屬船隊多懸掛方便旗，誠所謂
商人無祖國。但與全球能跨洋航行的五萬兩千餘艘商船總數相

比，蕭氏王國旗下的三十五艘商船，載重噸加總也才二十五萬噸，僅及一艘超級油輪的裝載量，故蕭董在全球海運界，連個咖都算不上。

蕭氏王國僅有大來、大友、大鵬、馬公、聯僑、高馬……等十一艘商船懸掛國旗，在一七〇艘國輪船隊中，顯得微不足道，不僅輸給國營的招商局輪船公司與省營的臺灣航業公司，就連國人私營的復興航業、益利輪船公司之國輪船隊規模，總噸位都比蕭氏王國大。不過，懸掛國旗所有的國輪，載重噸僅佔全球商船的零點五趴，如同滄海一粟，國人私營的商船隊，仍以方便旗商船為主流。

我當了本船船長後審視商船證書，方知本船隸屬大宗輪船公司，而大宗公司再將本船以光船出租給大來輪船關係企業營運，這種租賃方式，對承租的總公司言，稱為向大宗船東「乾租」（Dry Lease），總公司是乾租的承租戶（Charterer）負責商船營運，身為船東的大宗公司只收租金，無須擔心跑船的盈虧。

若承租戶不負責營運，只給付高額的租金及必要的開銷予船東去營運，對承租戶言，稱為向船東「濕租」（Wet Lease）。一般來說，承租戶對新船偏好乾租，如同旅客偏好租輛新車享受自駕兜風樂趣，無須擔心新車的車況；承租戶對舊船偏好濕租，如同旅客偏好租輛有司機駕駛的老爺車，無須擔心舊車好壞。

至於大宗輪船公司是否為「一輪公司」呢？則不得而知。什麼叫一輪公司？就是公司旗下就只有這麼孤單單的一艘商船。當時臺灣航業界很盛行這種做法，竟有四十七家這種畸形一輪公司，換言之，每四艘國籍商船，就有一艘屬於一輪公司，部分原因乃為輪船公司的資產僅夠買下一艘商船，不得不爾。但是有些

大資本的船公司明明擁有多艘商船，卻替所屬的每一艘商船成立一輪公司去營運。一輪公司倒了，就只殃及一艘船；而一艘船沉了，也只拖跨這家一輪公司，母公司別無賠累。

　　譬如一輪公司標購得一艘報廢船，馬上就替她買各種保險，如海難險、火災險、海員傷亡、失蹤、醫療、職災險等，之後又可以向銀行質押商船貸款，把標購成本先拿回來落袋。只要船貨有著落，則一切營運連同還貸均能自負盈虧。像本船跑臺日菲近海航線，每天的營運成本約為三千美元，包括銀行貸款本利償還、海員糧餉、油料費、攤提修船費及各類雜支如保險費、引水費、港口費、碼頭費、代理費等。不要緊，只要有船貨運費收入，以上每日所需營運成本統由運費收入中扣除還有得找。

　　最怕就是商船完全沒船貨可運，所投入的花費就無法撈回來。蕭董的總公司設有「事業關係室」，綜理旗下「關係企業」的大宗、大鵬、大榮、大豐……等「大」字輩輪船公司，這個「大」家族是否有畸形的「一輪公司」呢？還是單純的資金調度使然？這是蕭董的商業機密，不過，這些「大」字輩輪船公司登記的地址，都在蕭董總公司的大樓內。

　　好景不常，沒多久總公司刻意針對我，藉口有位臺籍船長在日本自行引水導致撞船出事，就廢除自行引水慣列，不再發放引水獎金給我，我只能乾領一份近海航線完稅後的船長死薪水。更有甚者，一年多來公司對我從未加薪以資獎勵，有違海運界服務滿一年調薪慣例，等同對我羞辱，讓我實在幹不下去。我當船長的第十一航次，從基隆港卸貨後回到母港高雄，就決心掛冠求去，時為 1973 年 10 月 11 日週四。

　　在各項進港聯檢手續驗結後，本船繫泊二號水鼓，我遂搭聯

檢中心港勤艇至一號碼頭登岸，該處距總公司很近，遂往見船務
處經理。總公司平日就是船務處經理坐鎮，在董座麾下日理萬
機。蒙其握手寒喧，我遂將請辭大友商船船長報告呈上，他看了
沒作聲，只收下報告而已，我自感沒趣遂告辭回船。

　　隨即我奉港務局之命，將本船移靠三十八號碼頭；用過午餐
我仍未知是否要裝船貨開航，就命全體海員不得離船。下午 14
時，有小艇來旁靠，載來兩人先後登船，其一是我認識的總公司
人事室組員，他拿了總公司的紙條，要我把船長職務交給身旁的
下任船長。

　　公司的近海航線國籍商船船長，沒有什麼文件經手管理，全
體海員的薪金統由總公司直接發放，船上既無合作社也無免稅倉
庫；艙面的裝備由船副幹部掌管，輪機艙妥善狀況有輪管幹部負
責。只有船上的管事曾向我具借副食費兩百美元且有借條，只須
叫管事來換張新的借據給新到任船長簽收，前後只花了不到十分
鐘就交接完畢，我在大友商船服務十七個月又十一天，航途計程
五一四一浬，短短幾分鐘就把船交出，心頭百感交集。

　　撿拾行李與文稿後，我就乘小艇又回到一號碼頭的高雄海關
驗關入境，我的個人行李沒什麼物品需要打稅，一下子就通關。
人事室組員替我挽著行李，回到總公司再次面見船務處經理。我
告訴他，辭掉近海航線的船長職，我還是願意繼續為蕭董服務，
不過我要充當臺美國際航線遠洋巨輪的船長；經理久久不回應，
使我倍感受辱，但總要有個了結，我遂硬著頭皮向他道別，說我
蒙蕭董的厚愛，很感謝總公司的栽培，煩請經理代向蕭董講一聲
以後我再也不進出貴公司了。

　　我在離開公司前，順道向會計室申領服務滿一年該有的工作

獎金；按公司慣例，滿一年蕭董自動給賞工作獎金，相當於一個月的月薪，唯須等待年底會計結算後方能領取。我遂寫下委託書請總公司安全室主任代領，不過，會計室始終不讓他領得，我真的從此就不再踏進大來輪船關係企業一步，誠所謂瀚海無情，資方對勞方更無情。

短短幾分鐘內我就將船長職務交出，實在令人覺得蹊蹺，想必錢多事少離家近的大友商船船長職位，早已有人覬覦；不過，我自問幹得夠久，亦沒什麼遺憾。我離開總公司後，蕭氏王國營運每況愈下，加諸投入本業外的經營，融資槓桿做太大，六年後伊朗革命引發「第二次全球石油危機」與兩伊戰爭，蕭氏王國就崩解了，蕭百宗晚年欠債官司纏訟，身敗名裂。

同樣來自澎湖漁村的張榮發，較蕭百宗晚十年起家，也集資買了艘船齡十五年的雜貨船命名長信號，成立長榮海運公司加入海運界服務。張榮發掌握標準化貨櫃 TEU 運輸的契機，陸續購買貨櫃船，經過十七年的打拼，到了貨櫃船當紅的 1985 年，長榮海運擁有百餘艘全貨櫃輪，穩坐全球貨櫃運輸的一把手，才是日後真正的臺灣船王。

蕭董曾有踏入貨櫃船營運的構想，唯全貨櫃輪須向造船廠訂造，資金的門檻高，營運技術水平更高，蕭董的資金與技術均缺，只能望洋興嘆。相較於張榮發，蕭百宗在全球航運界則名不見經傳。

蕭董的特助陳學弟聽到我離職，旋即到我家慰問，忿忿不平地數落：「皮哥，辭職就辭職，那些航商沒什麼了不起，您接掌大友商船那個月，蕭百宗開始大批進用水產職校與海專畢業生，海軍出身的航輪幹部遇缺不補，逐個汰除，我就斷然離開蕭董。目前我在鼓山區開設一家瑞華工程行，有十多位職員，專作拆船

業，臨時工上千人，資本額是一六〇萬元。」顯見陳學弟是位紮實的百萬富翁。

　　那個年代高雄港有「報廢船墳場」的渾號，臺灣也稱為拆船王國。解體、切割支解的船板、鋼材、銑鐵與機具，都可回收、分料、再販售運用，每年拆船量，多達百萬輕載噸。在高雄大仁宮拆船專區的幾十家公司旗下臨時工，日夜忙碌不停。海軍很多退役的袍澤，包括榮獲青天白日勳章的同窗陳慶堃，1979 年退役後也投資拆船業。此外，陳學弟臺幣一六〇萬元資本額，相當於我跑近海航線商船十一年累積的薪俸，陳學弟的確靠拆船發達啦。

　　陳學弟開車帶我去高雄大仁宮拆船專區，參觀他待拆的幾艘報廢船。我這個人對艦船情有獨鐘，凡登臨過的都留有深刻印象；當我瞧見一艘萬噸級鏽跡斑駁的報廢船時，眼睛一亮：這艘商船我確定此生曾登臨過！但船艉的拉法葉號（SS Lafayatte）塗漆，在腦海內卻完全沒任何印象，讓我困惑不已。回到陳學弟的公司，我在他書櫃上抽取《勞氏商船年鑑》翻找這艘報廢船的來歷，天呀，我真的登臨過她！她是艘改名又改船東的商船，本名是加拿大快遞號（SS Canada Mail），1947 年 11 月妻女自上海來日本團聚就是搭這艘美國軍差船，我登船迎接妻女的畫面，一幅幅閃過我的腦海。陳學弟見我對拆船碼頭的報廢船研究良久，就勸進說道：

　　「皮哥呀，當船長領份玩命薪資，又能積存多少財富？要賺大錢當個富豪，一定要做生意，而且要作就作大生意；只要皮哥肯拿出二十趴現金增資當股本，就由皮哥當我的總經理。」看來陳學弟不僅需要一位信得過的學長當事業夥伴，還要依我在軍中帶兵的經驗，去管理上千位橫眉豎目混跡黑道的拆船工人。

「你開我玩笑啦，我跑了十八個月的商船，累計的死薪水還不到二十萬元，除了支用之外，積存未滿十萬元，何來四十萬元的股本？我還是繼續當我的船長好了。」他說這樣也好！陳學弟就連番帶我去見許多船老闆，但見來見去，都是些小規模的輪船公司，薪資與大友船長相仿。我說如今遠洋航線的商船船長月薪八百美元起跳，而且每年發十三個月薪資，陳學弟說容他再想辦法，他馬上聯繫到同窗好友許江興。

許學弟與我同在浙海作戰，他擔任 LST 中權二級艦艦長甫四個月就遭空襲焚毀坐灘棄船，故許學弟再當中練與中治二級艦艦長把資歷補齊，役滿二十年後，他就申退早早轉換跑道，目前在海運界已幹了多年的商船船長。我離職第三天，由陳學弟陪同就近去左營瑞豐透天豪宅社區找許學弟聊，看看有無機會換跑道。他說正好將於週日啟程赴臺北辦事，邀我一齊北上。

他介紹我見香港的萬祥輪船公司董事長，一輪公司的老董查問我的底細後，說他這艘萬祥商船現在泊於香港，準備載船貨到美國，原任的港籍船長正在申辦移民澳大利亞，一旦批准就要找位船長接替。萬祥商船的船長月薪九百美元，一年領十三個月薪水，商船證書註記一萬五千登簿淨噸。一切都好像談妥了，唯這種分身騎牛的約定，老董對每位應徵者都講同樣的話，講了等於沒承諾。許學弟也覺得這位一輪公司董座太滑頭，彼此心照不宣。

許學弟再帶我到臺北市重慶南路一段以色列的奧發兄弟航運公司（Ofer Brothers Group），去見代理行趙經理；彼此寒暄後，趙經理特別測考我歐洲航線常用到的法語、葡萄牙語及粵語，認為我非常流利，遂填寫我跑商船的資歷、影印中英版乙種船長執業證書與護照。

　　許學弟因有要事待辦，就請我回家耐心等候消息。我謀事不成，遂順道拜訪我的黃埔海校同窗方富捌，聊聊他退役後這四年來的養生心得。捌哥的孩子們都青出於藍，我看著方富捌的子女自幼成長，現在都學業有成蔚為國用，躍身為社會的菁英，與有榮焉。用完晚餐後，捌哥送我到臺北火車站話別，我搭最後一班臺鐵平快車回左營自強眷舍。

　　辭職才一週，晴天霹靂的惡耗傳來，捌哥在臺北爬樓梯突然腦溢血辭世，享年五十有六！數天前我倆才在臺北火車站話別，沒料到竟是最後的告別。方富捌是繼盧珠光後，第二位來臺後往生的黃埔海校同窗。猶記得當初進黃埔海校就讀時，捌哥與我都立誓此生一定要遨遊環宇，他少將陸退後沒去跑船，遨遊環宇成了捌哥未竟的人生目標。

　　忽一日有三人前來我家拜訪，說是大來輪船關係企業臺北分公司轉介他們來的，來意是高雄港有艘南韓籍商船正在八號碼頭卸貨，船主決定要現地出售；來人之一是位土豪金主，一位是他的會計，一位是掮客，恭請我登船去鑑定，若值得買，土豪就立刻現金買下敦請我當船長。我們辦好登船證進港區抵達八號碼頭，由掮客找到韓籍船長，允許我們四人在船上四處檢視驗船，歷時約兩個鐘頭。

　　在當年，高雄港算是全球國際巨港，不但進出的商船多，港外錨區排班等候進港的船舶更多，報廢船直接被拖進港解體的更數不清，進港後有債務糾紛的商船遭查扣滯留的也不少。債務船滯港等待鑑定標售，也是高雄港的一大特色。

　　離船後他們三人都等我發表意見，我覺得碼頭周邊有人跟監我們，企圖竊聽我們的對話，我說大家須擺脫商業間諜的跟監，

到港務局辦公大樓內再談鑑定結果。當時堅兒就在港務局棧埠處樓上的警總高雄港檢處服役，於是我們四人步行至三號碼頭側，在警總會客室辦妥會見堅兒，是以跟監的商業間諜進不來。於是我對三位訪客說，這艘商船船況太爛，即使你們買下我也不願當這艘爛船的船長。

土豪露出一絲邪惡的笑意，說要請我吃午飯，我說無功不受祿就免了，就此相互道別，土豪臨行前還塞個厚實的紅包給我當鑑定費。為何土豪聽到我評定這是艘爛船，就非常高興？他們顯然心術不正，買下爛船之目的應該不是正派經營，他們保足各項保險，就開船讓她在風暴中沉沒，光是出險領回理賠費就賺翻了；至於海員傷亡，土豪沒興趣，這是當年無良一輪公司營運的暗黑面。

辭職後我寅吃卯糧，天天都忙著找頭路。斯時堅兒還在高雄港服役，可在家夜宿侍奉慈母。我在家待業才三週，忽於1973年11月2日週五，以色列船公司的趙經理十萬火急來電說，旗下有一艘商船的臺籍船長因故離職回臺，囑我立即啟程前往以色列接任船長。斯時阿拉伯世界突襲以色列，爆發三週的「贖罪日戰爭」第四次以阿衝突，阿拉伯聯軍潰敗惱羞成怒，對支持以色列的盟友實施原油禁運，剎時油價貴了三倍，是為首次「全球石油危機」。我安慰永貞，中東戰火已近尾聲，永貞說有堅兒相伴，叫我放心去跑船吧，我遂於當天搭夜快車前往臺北。

當時我不知欲聘我當船長十萬火急真正的原因，到以色列去當什麼船的船長、待遇如何、任期合約多長均不清楚。到了臺北見到趙經理後，才知道前往以色列擔任的，是一艘遠洋航線雜貨船兼客船的船長，月薪一千美元整，每年計薪十三個月，故月薪可得一〇八三美元。該輪是以色列的權宜船，掛賴比瑞亞共和國

國旗，船籍港是賴國首都蒙羅維亞，對我言薪金是海外所得，無需向我國國稅局報繳綜所稅，故薪資全歸自己所有。回想大友商船船長的月薪，稅後每月所得僅合二七〇美元，而今承蒙邀約赴以色列去當船長，月薪高出四倍之多。

　　薪資既高，又是遠洋巨輪，昔日曾被人譏笑一個退將當個近海航線小噸位的大副與船長，委實不好意思；如今外商雇我任遠洋巨輪的船長，我陶陶然喜不自勝。代理行職員下午送我至松山國際機場登機。我在市內吃了一頓豐盛的午餐後，打電話回家告知永貞，今日就得啟程赴以色列，永貞自然殷殷囑咐不在話下，到烽火中東打拼務必小心保命。

第拾捌章
非洲航行的雜陳五味

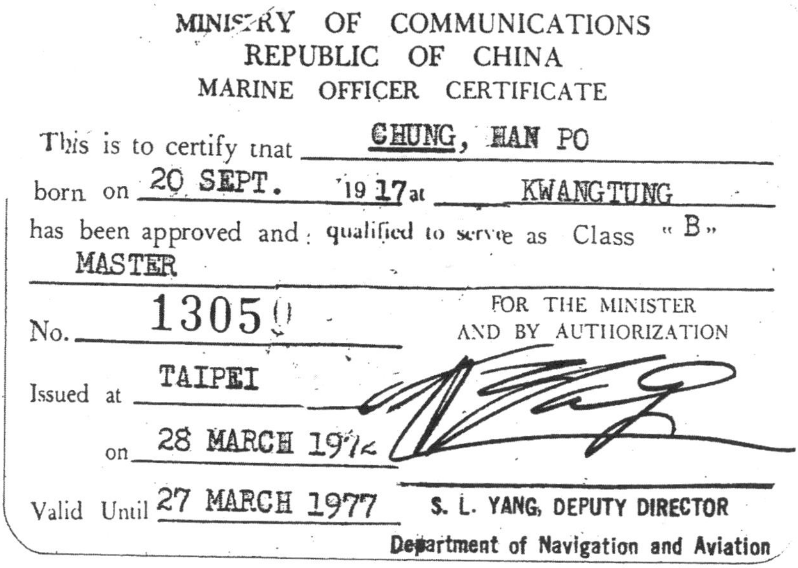

MINISTRY OF COMMUNICATIONS
REPUBLIC OF CHINA
MARINE OFFICER CERTIFICATE

This is to certify tnat ___CHUNG, HAN PO___

born on __20 SEPT.__ '19 17 at _____KWANGTUNG_____

has been approved and qualified to serve as Class "B"
MASTER

No. __13050__

FOR THE MINISTER
AND BY AUTHORIZATION

Issued at ___TAIPEI___

on __28 MARCH 197<__

Valid Until __27 MARCH 1977__　S. L. YANG, DEPUTY DIRECTOR
Department of Navigation and Aviation

圖 18.1　作者 1972~1977 五年效期之我國交通部核發的英文版乙種船長執業證書，證號第 13050 號（鍾漢波數位典藏）

一、烽火中東身赴戰地　接掌舊船專跑西非

圖 18.2　1973 年 11 月作者接掌喀瑪商船，在舵房督導航行於大西洋（鍾漢波數位典藏）

　　當日下午 16 時我著西服僅攜帶隨身行李與自傳檔卷，自松山機場搭乘泰航班機坐頭等艙離境；我在曼谷航點轉搭法航班機，中停沙烏地阿拉伯王國的達蘭市落地加油，11 月 4 日晨，飛抵以色列首都特拉維夫市的本古里昂國際機場。

　　下機後隨同乘客步行至機場航站的移民局與海關櫃臺辦理通關手續，遠遠望去在出口處有個蓄仁丹鬍鬚、頭戴猶太小帽的大漢對我用英語高喊：「是鍾船長嗎？」我點頭說是，他就用食指與姆指做個圈給通關櫃抬。移民局、海關隨即放行，連我的護照看也不看！

以色列上週才剛與埃及、敘利亞打完「贖罪日戰爭」，仍處於交戰狀態，又與阿拉伯回教世界衝突不斷，出入境通關之嚴格，舉世聞名，我怎麼就這樣輕易入境？顯然接機的大漢地位非常高，連移民局與海關的官員都買他帳。

接機的大漢自我介紹，他是奧發兄弟航運公司的協理，名片上的姓名一長串，他說不介意的話，稱他鬍鬚佬可也！鬍鬚佬替我拿行李上了一輛有公司標記的福特皮卡車，我倆坐在車前座；我瞄見後方車斗除可載貨搭人，車斗中央還有固接支架，方便架設重機槍；座位肩膀直後的防撞桿上，還掛著一隻滿彈匣的突擊步槍。鬍鬚佬還在嘀咕說，鍾船長的船過不久就要開航，是過境貴賓根本無須辦出入境通關。我倒不在乎耽擱些通關時間，但他倒在乎起來，可見以色列人戰時講求實際跳脫律法。

我倆離開特拉維夫機場，沿著國道向北奔馳，往海法市駛去。說這條路不是高速公路嘛，卻可以風馳電掣沒速限標誌，而且幾乎沒有紅綠燈；僅在幾處岔路口，皮卡車會慢下來以防來車側撞而已。說是條高速公路嘛，沿途路邊卻有攤販叫賣，不時還有阿兵哥舉手攔車欲搭便車，鬍鬚佬均置之不理。

我見路邊這些阿兵哥都全副武裝，背負野戰背包全身環繞子彈帶，胸前還掛著多枚手榴彈，步槍橫跨在後頸與背包間，雙手吊掛在槍口與槍把上，好似散兵游勇漫步前行。我問鬍鬚佬，阿兵哥們是前線敗陣下來乎？他答曰正好相反，他們是休假回鄉。

荷槍實彈攜手榴彈放假回家？真是令人匪夷所思的部隊。如非軍紀嚴明，怎麼敢對士兵如此信任，世上絕少有軍隊敢讓官兵如此攜械放假。鬍鬚佬解釋，以色列正處於戰時，邊境雖無戰事，但與國內巴勒斯坦住民還在對戰，因此，以色列分分秒秒隨

時保持應急戰備狀態。

　　鬍鬚佬解釋以色列全民皆兵、舉國皆兵、無論男女老少、四處都是猶太兵，街頭巷尾隨時會有巴勒斯坦住民狙擊我倆；鬍鬚佬邊說邊指著座位直後懸掛的突擊步槍，再指指自己鼻子說道，我這個備役召員，槍砲聲一響進入臨戰狀態時，就在現地加入部隊立即參戰。

　　他說路邊這些休假士兵的原單位，得到前批收假兵就地報到後才放他們的假，他們假期滿了後，再向休假地其他單位報到，其他單位獲得這些收假回鍋兵，又將屆期放假的官兵釋出休假，如此循環不已。下一秒若遇戰事發生，全國現役軍人立即取消休假，按其休假現地指定場所，攜帶隨身武器集合，就地候遣投入作戰。

　　路過皮靴攤，鬍鬚佬把車停下，問我要買雙俄製戰靴否。原來這些皮靴是「贖罪日戰爭」的戰利品，以色列部隊與埃及新式裝備十幾萬大軍作戰，對方兵敗如山倒，埃及兵嫌俄製新皮靴磨腳礙事，遂脫靴赤腳奔逃。以軍拾獲黑色新皮靴數目難以計數，遂交給作戰陣亡的遺族設攤販賣，顧客可以買來穿著，亦可留作紀念，猶太人生財之道可謂無奇不有。俄製皮靴戰利品乃以色列人之光榮，與我無關；我瞪著攜槍的遺族，轉身向鬍鬚佬說我不買，遂催車繼續前行。如果我購買以色列的戰利品留作紀念，無異是一種逢迎拍馬屁行為，且對埃及軍人更是褻瀆不敬；我身為退役軍人，把玩埃及軍人潰逃遺留的戰靴，人格何在哉！

　　沿大路繼續往北駛，西邊是地中海，但遭砂丘擋住視界，東邊是一望無際的橘園，橙黃的特產「雅發橘子」（Jaffa Orange）累累地掛滿了橙樹的枝椏，令人垂涎欲滴。成熟的橘子掉落，滾過鐵絲網圍籬散落在路旁，亦無人撿拾。旋轉水龍頭在橘子園不

停地噴水淋灑橘樹，土產的雅發橘子銷售率，占南歐鮮果市場之冠，雅發橘子亦從紅海端的以色列伊拉特港銷往香港。沿著橘園車行約二十公里，才離開果園農莊。沿路時常見有數株橄欖樹，樹幹特粗而枝短葉少，遠眺覺得古意盎然。

皮卡車行行重行行，於週日午前抵達海法市奧發兄弟航運公司，奧發兄弟倆是猶太民族的首富，也是以色列海運界的巨鱷；該公司旗下的商船超過五百艘，有千萬載重噸的規模，名列全球十大航運集團，我服務過的本土的大來輪船關係企業與之相較，簡直就是蝌蚪對鯊魚。

人事經理見面就對我說，幹以色列公司的船長，有臺灣的船長執業證書即可，以色列根本不管意你船長執業證書是甲種遠洋 A 級或乙種近海 B 級；我即拿出乙種 B 級船長執業證書、海員手冊與海員護照正本，由公司影印後，我的報到手續就算完成，簽約手續待明天再辦理。

人事經理說下午沒事，我可以在海法港市自由活動，鬍鬚佬遂開車送我去旅店登記入住，這是我任職海員一年半以來，首次在異國住宿陸岸旅店。鬍鬚佬又帶我到一家以色列餐廳，介紹我與攜槍的店長認識，三餐就在那家餐廳免費用膳，並可無限暢飲酒水，膳食住宿統由公司埋單。鬍鬚佬又提醒我，明晨尚須前往公司簽約，遂轉身離開；我這才注意到鬍鬚佬背後腰際鼓鼓的，想必是上膛的手槍從不離身。

午餐後回旅店休息，下午上街閒逛，海法商港內艨艟艦船忙於裝卸，但鬍鬚佬說我的船不在海法商港。海法市街景象與舊日臺灣城鎮非常相似，戰時允許販賣的糧食商號，僅備有紅豆、綠豆、黃豆、眉豆、蠶豆、包穀粒、大米、麵粉等五穀，又有鹹肉

店專賣耐久儲存的醃肉、香腸、火腿等；果攤只有土產雅發水果出售，像極臺灣的傳統市場，只是販夫走卒人人身著肩甲式防彈背心，且槍不離身。

以色列雅發橙汁酸而渣略粗，遠不及我留美受訓時天天品嚐的加州金山橙來得甜美可口。傳統市集內未見鮮肉與生鮮蔬菜販售，想必拿去支援作戰部隊官兵食用。閒逛歸來我提早用晚餐，回旅店鼾然入夢補足近一整天搭機的旅途疲累。

11 月 5 日週一我再度前往奧發兄弟航運公司，簽署船長受雇合約。這份合約很特別，我被公司派赴雜貨船喀瑪號（M/V GAMMA）當船長，商船證書記載九千八百餘登簿淨噸，兩萬八千餘載重噸，較大友商船大十倍。我肩負三重船長身分，第一重身分當然是喀瑪商船的船長，第二重身分，是克魯族船工（Krooboys）的管帶，第三重身分，是接待搭船船客的客服主管。本船特聘的克魯族船工，是由濕租本船的承租戶，即以色列國營海運公司 ZIM Lines 特聘上船裝載原木的工班；他們是西非近撒哈拉大沙漠邊區的原住民，在航經西非才接送他們登船與離船。

我當三重身分的職務只有船長一份薪水，除額外要管帶克魯族船工與服務搭船船客外，還需把各港埠代理行交來用於船工與船客的現金帳單，註明是承租戶戶頭（Charterer's Account），所幸並無其他瑣碎雜事。至於副食費，凡在船上的海員、船工與船客，不論國籍與位階，當時每人每天為二點四美元，船工與船客的副食費統由船公司向承租戶索帳，不勞船長費心。

合約中有四項條文很特別，一是保障船長薪資不得低於合約規定應得之待遇，唯船公司有權隨時撤換船長職務；受僱於人嘛，訂約方面我多少要吃點虧。另一是船長不得過問船客的行止

與動靜，以保障船客的隱私，非常神祕。再來是加發「危險獎
金」一千美元現鈔，獎勵船長我戰時接掌本船。最後，船長執行
職務須打領帶，必要場合須著正式西服，船長在外代表以色列資
方，故穿著講究以維持猶太民族尊嚴。

　　船長合約簽署後，再由鬍鬚佬駕駛那輛皮卡公務車，載我往
南行一百多公里縱貫以色列，找我的船報到。我倆沿著地中海岸際
行駛，再度經過特拉維夫市，向南駛經土產橘子的發源地雅發市，
就抵達加薩走廊北側的阿斯鐸商港，我的船就在這商港靠泊。

　　在海圖上很難找到以色列的阿斯鐸這個小港，港區僅有一條
長長的人造突堤碼頭，由岸際筆直向地中海伸出，這條突堤碼頭近
岸處，兩側只能靠泊淺水貨輪，離岸較遠的一端，則可旁靠遠洋巨
輪，喀瑪商船就靠泊在突堤盡頭的南側。這座突堤碼頭的兩側外，
左右築有防波堤各一，阿斯鐸商港是個百分百的人工港。

　　我登上喀瑪商船時已是晚餐時刻，遂在餐桌上認識既有的航
輪幹部，船上竟有我黃埔海校低兩期的學弟3/O張國源三副。
他在海軍曾任一級艦的部門主管，屆齡退役領得終身俸方由同窗
的許江興介紹他出國跑船周遊世界；張學弟艦艇資歷比我還不完
整，僅領得交通部商船三副執業證書。其他航輪幹部全來自臺灣，
用餐閒聊中，得知本船海員多係華籍，其中大部分是臺籍，少數是
港籍，另有菲籍二廚；新到職僅我與大副，他先我一日到差。

　　三副悄悄告訴我：「皮哥，這艘船曾經大鬧兵變，為首的舵
工揪眾與待人刻薄的前任臺籍船長、大副對幹，並揚言對他倆不
利，逼得他倆只好慌忙辭職回臺；當然，船公司對這些鬧事海員
都十分感冒，唯投鼠忌器並未全數撤換他們，這一航次跑完後，
一定會將鬧事者解僱。皮哥呀，濃眉綠眼的海員不好帶，要非常

小心。此外，這艘中古船的英製 T281B 舊型雷達一直修不好，夜晚低視界下開船要格外謹慎！」

對付海員兵變，我早就胸有成竹，再難應付的海員都可以調教。在海員情緒不穩的當下，我來當船長唯一正辦，就是若無其事一切歸零，我對過去發生的情節一概既往不咎，否則自己先入為主會亂了陣腳，就無法帶領海員了。至於還在檢修的雷達，即便損壞無法修復也難不倒船長，夜晚或低視界下開船，靠的是船長與值班船副的高超船藝，雷達僅為輔佐航行的裝備。

打開船長室英製保險櫃，清點船公司交接物品及一綑綑的海員薪資現鈔，順便將船客護照置入，赫然看到一把九毫米以色列製的手槍與四個滿膛的彈匣；這再度提醒我，人在烽火中東哪，我竟然來以色列接掌遠洋商船，但願永遠用不著它！公司感謝我提著腦袋來中東戰地掌船，發給我相當於一個月薪資的「危險獎金」現鈔順手置入保險櫃，我遂依永定軍艦幹艦長時保險櫃的換碼程序，耗時十分鐘就更換一組數碼以策安全。

依照船公司原定航行計畫，本船在阿斯鐸商港裝船貨，所裝雜貨與軍品累計達兩萬八千餘噸，滿載前往歐洲列強在西非的原殖民地五個商港卸貨，卸清返程時則滿載以色列所需之原木。本船是艘船齡三十年二戰期間量產的舊式商船，輪機艙在船舯，因此船上駕駛臺、廚房、海員及船客住艙都集中於船舯的船艛。船艏有第一、二號貨艙，船艉有第三、四號貨艙，我到駕駛臺上監看貨物裝載進度，六付巨型固接吊桿都在轉動；我下船在碼頭上欣賞本船高聳的船艛，翹起來真夠帥氣。

回憶昔日大友商船寒酸地靠泊在高雄港，遠眺繫水鼓的姐妹船即蕭董所屬專跑遠洋航線的捷來商船，在港中卸貨吊放在駁船

上，不勝羨慕。如今自己身為十倍大之商船船長，不禁忘形得意起來。

以色列的帶槍碼頭工人，以機械化裝載取代勞力密集的人工搬運，工作效率非常高；這兒裝貨的碼頭工人操作自走式吊臂，最多時也不過十人，機械化裝卸速度比過去我在基隆、高雄港看見上百位勞工像螻蟻般用肩膀扛貨要快得多。隔日，碼頭各地貨源愈堆愈多，本船須騰讓出船席給軍差船優先裝載，引水員登船帶出阿斯鐸商港外的泊位下左錨，這是我在地中海領船進出的第一個海港。

我於等候再入港裝貨的空檔，翻閱有關地中海東部水道誌，居然被我看出個端倪來。水道誌記載地中海東部自塞普勒斯島以南開始，迄埃及北岸之廣闊海面，風向與洋流是順時針方向流動的，這是一個很大的啟示，也是頂重要的資訊。在此種情況下，商船拋錨碇泊無論方位對準哪一邊，要讓錨鍊不致刮船艏，只能下左錨，一如引水員剛才的錨令；反之若下右錨，則因洋流與海風頂吹船艏往右偏移，錨鍊無時無刻都會跨過船艏朝左而將之刮損，導致船艏銹蝕，外觀就很不雅了，船長也會顏面無光。

我在海軍服勤時，有人問我這個兩棲特業軍官，二十多艘中字號 LST 與十多艘美字號 LSM 登陸艦艦艏，為什麼只有一隻錨而且是左錨？前半題一隻錨容易答覆，因為登陸艦主要任務是登陸搶灘，較少在海上拋錨，艦艏坐灘時艏錨根本用不著，下舭錨就可；登陸艦不用在艦艏備左右兩隻錨具，一隻錨具就夠用了。至於這隻錨具為何要設在左艏而不在右艏呢？我一直找不到答案。

這次喀瑪商船在東地中海下錨，終於給我發現了一個「非下左錨不可」的海域。其實，北半球之太平洋與大西洋順時鐘方向

的洋流，不就是放大版的東地中海嗎？美製登陸艦因地制宜，在北半球的兩大洋與地中海之登陸作戰，艦艇獨特的左錨設計其來有自。

　　本船在港外拋了一整天錨，但見以色列戰機在桅頂上低空呼嘯出海偵巡，想必是掃蕩埃及飛彈快艇，替以色列開闢安全航道。本船再回到港內繼續裝貨期間，我用整整一週才把船長管理的文檔審閱、分類、排序完畢。裝載完成後，本船方於 11 月 15 日下午從阿斯鐸商港啟航駛往西非。由於雷達損壞，我帶船職責所在，夜晚低視界下航行我多半在駕駛臺督導航安，連不當班的三位船副，都會主動上駕駛臺接替督導，讓我稍事休息；因此，我在白晝航行時就補眠，是名符其實「晝伏夜出」的航海王。

　　航行二三〇〇浬的第八天晚上，本船經橫寬僅六浬的直布羅陀海峽，就駛離波平如鏡的地中海；一進入大西洋，本船就遭遇強風巨浪，我真擔心堆在貨艙頂蓋的船貨遭風浪掃落海。隨後，本船貼近摩洛哥王國岸際航行，風浪始大減，經卡薩布蘭卡市岸邊已入夜，市內燈火通明，狀似透明玻璃世界。

　　許多懸情電影如美國華納兄弟公司的「北非諜影」（片名Casablanca），皆以卡薩布蘭卡市為故事背景，令人不禁神往。記得 1943 年永貞與我的新婚假期，是在昆明美軍軍官俱樂部觀賞此一經典的黑白片，女主角是英格麗鮑曼，男主角是韓福瑞鮑加，倆人在卡薩布蘭卡市麗池夜店邂逅。

　　11 月下旬，本船進入大西洋航行七六〇浬後，駛抵西非外海的西班牙王國屬地加那利群島的商港拉斯帕爾馬斯（Las Palmas），也是名作家陳平（筆名三毛）三年後的僑居地。此商港是個暴發戶，它原先只是個沒沒無聞的遠洋航線中停港，由北歐或地中海

各國駛赴西非的船舶，在此臨停整補。最近卻拜以埃戰爭之賜，蘇彝士運河變戰場迄今關閉了整整六年，航行於歐洲與亞洲間的船舶，必須繞過非洲好望角航經拉斯帕爾馬斯不可，因之，該港遂成為非常繁忙的遠洋航線中繼補給港。

蘇彝士運河關閉這六年多來，靠泊拉斯帕爾馬斯港的商船暴增，況且萬商雲集，商品源源進出，一切貨物因削價競爭反而比以往更便宜。以色列因處於戰爭狀態，生鮮食材買賣受管制，本船迄未添購副食，遂半途靠此商港緊急採購，但等候進港的船舶實在太多，本船抵達時已晚，遂下錨於防波堤外；由於水很深且海底為碎石易流錨，致使本船頻起錨移位再行拋錨，因而搞的我疲累不堪。

等候了一天多，才輪到本船進港靠碼頭整補，這是我造訪西非岸外領船進出的第一個海港。商船雜貨商（Ship Chandler）上船兜攬生意，片刻即成交。副食品的牛肉，則以英國鮮肉最貴、美國牛肉次之、澳州牛肉最便宜，豬肉則以無腥味的丹麥豬最暢銷。買一隻牛，牛頭免過磅贈送，買一隻豬，免費送四隻豬腳。

此港也是個觀光勝地，港市雖不大，但西班牙式的建物構形整齊且街道陡峭，可以媲美香港中環，恬靜而不喧鬧，適合休閒養生。拉斯帕爾馬斯商港的近海，盛產對蝦和龍蝦，西餐館均以此為招牌菜；主食為兩隻對蝦的套餐牌價四美元，主食為一隻龍蝦的套餐則需六美元，我曾在鬧區吃一份龍蝦套餐，大快朵頤。

值得一提而又令人難以忘懷者，是拉斯帕爾馬斯港港務臺，由女性報話員管制商船進出。我們各船離靠碼頭都在等候佳音，VHF 無線電對話機內報話員嬌聲滴滴如鶯鳴嚶嚶，令人耳道舒暢無比，如聽仙樂耳暫聰，在枯燥的航海生活中，如飲一帖清涼

劑。不知這位當值的女性報話員，外貌身材是否與「北非諜影」女主角英格麗鮑曼一樣吸睛。

同在港內有艘商船德塔號（M/V DELTA）桅杆懸掛奧發兄弟航運公司旗幟，亦在港內整補上糧加水。出港前，姐妹船德塔號已先行駛出，她慢下俥來，打燈號信文給我們，請本船開啟收發報機；港籍 R/O 佘報務員收報後，即回報德塔商船「抄收」（Copy That）遂關機。佘報務員笑著把電文拿給我看，是德塔商船船長打給我本人的，教導我把牛骨頭給即將登船的克魯族船工饗用，牛肉則留給自己海員與船客吃。

想是本公司各船一向把牛骨頭給克魯族船工吃，我剛到任不久，亦不可把牛肉與船工分享，壞了公司的規矩。我叫管事和大廚來，說船長這樣做並不是薄待克魯族船工，大廚說船長您放心，老資格的菲藉二廚與克魯族船工共事的經驗比誰都老到；他正在剁牛頭骨，準備十天後將牛骨頭分配給登船的非洲籍船工吃。德塔商船的電文是好意提醒，但簡直是教祖母如何帶孫兒。

年輕的佘報務員英文佳，家境富有且教養好，未婚但毫無紈綺子弟氣息，貌似港星狄龍，他和我講粵語很談得來；報務員職掌之一，是用電動打字機英文繕打餉單列印，華籍海員姓名須騰寫中文與英文姓名並列。外籍商船每逢月底，依例由船長親自唱名發放當月薪資現鈔予海員。我擔任本船船長，海員逢月底就會等我發薪，遲發現鈔海員就鼓譟鬧事。至於我個人的船長薪資，則由公司按月電匯到永貞的美元戶頭內。

船上的薪資現鈔從哪來呢？這有許多來源。有從公司當我的面撥來點交，像這航次公司就撥來半年薪資七萬美元現鈔，存放在船長室的保險櫃內。薪酬現鈔也可從各地分公司親手交給船長，更

有從各地代理行經換匯的墊款得來。不過，代理行的墊款，對公司言很不划算，因為歸還墊款時要加計滯納利息，最低年息為五趴，不足一年期都算整年利息；換言之，要代理行墊款一萬美元給船上發薪，事隔一天就得歸還代墊款本息一萬零五百美元。

　　航途中我發給海員整個月的薪水，總計超過一萬美元，算是很龐大的數目。本船基本海員月薪二〇〇美元，舵工、二廚及機匠領班（Engine Master, E/M）二五〇美元，機匠長、水手長、管事、大廚、三副與三管輪均為三〇〇美元，二副與二管輪五〇〇美元，報務員六五〇美元，大副與大管輪八〇〇美元，老軌與船長我都是一千美元。我按時唱名發薪點鈔，是航途中海員人人期待的美事一椿。

　　我抵以色列時，大來輪船關係企業近海航線商船的基本海員月薪仍然是臺幣三千元；跑臺美遠洋航線的基本海員月薪，亦不過才臺幣四千元僅合一百美元爾。雖說航行臺日、臺美航線的海員常返臺灣探眷，多少總跑些單幫賺外快，但說到華籍海員在西非跑船當個基本海員，月薪兩百美元起跳，收入算是高人一等，他們還要鼓譟鬧事，可謂人在福中不知福，真是令人感嘆。

二、達卡貪官吃相難看　神女霸船水手買春

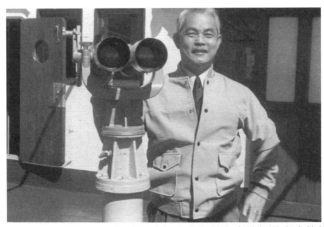

圖18.3　1973年11月作者帶領喀瑪商船在非洲外海立於駕駛臺高倍望遠鏡側（鍾漢波數位典藏）

　　西非塞內加爾共和國首府是達卡市，四年後全球聞名的跨洲萬里越野車拉力賽之終點就擇定在此。我的達卡商港經驗，很值得海員去學習，即一切要為大局著想，祥和為貴、忍讓一點、吃虧一點，就算對方強詞奪理也無妨，切勿因此而耽擱了船期導致公司嚴重損失。

　　本船在拉斯巴爾馬斯港購妥副食後，奉公司指示順向開往九五〇浬外的達卡港添加柴油，這是我造訪西非領船進出第二個海港。內燃機用的柴油在達卡港因免徵燃料附加稅，在非洲售價最為便宜，順路造訪這個依序遭葡、荷、英、法等航海列強殖民過的達卡港加油，理所當然。由於三小時內加滿油就要開船，我遂下令全體海員不得登岸，該港的檢疫、海關、港檢官員及代理行經理齊登本船聯檢，真是最好不過了，早點把聯檢手續辦好就拉管加油。這批官員都很有禮貌，一一親切和我握手，我亦很客

氣說歡迎蒞臨本船。之後，他們就分頭去辦事，我也回船長室等
候聯檢結果。

　　隔了十分鐘左右，值班船副來報，說剛到職的大副跟海關官
員吵起來了，而且吵得很激烈，請船長快去處置；我問知他們是
在菸酒庫房爭吵，遂到庫房去查個究竟。我看到大副和三個海關
官員爭執，大副的英語辯才無礙，但個性剛強，大家一見我來都
住嘴不再吵。

　　我問大副何事爭吵，他忿忿不平用華語跟我說，此地海關蠻
不講理，本船在過境僅加油、入港不裝卸、海員不登岸的情況
下，海關對船上菸酒庫房應按慣例加貼封條就可，何必在庫房內
抄班翻查！我問他結果呢？他說清點後只是短少了四小包香菸，
他們緊抓「帳料不符」要罰款。我找代理行經理緩頰，剛才他還
在船上，此刻卻一溜煙躲起來找不到人。

　　大副滿肚子飽受委屈的模樣，我請他回駕駛臺拿錄影機下來
準備現場錄影存證，事情由我出面來解決。我讓海關官員用法語
對我解釋，他們也都說庫房菸酒報表與實際庫存量不符，帳料不
符就要罰款。我用法語回說四小包香菸價值微薄，我不跟你們談
巨額罰款問題，你們剛登船與我初見面時都很有禮貌，我且說過
歡迎各位到船上來，彼此可算是朋友。這樣吧，我贈送做為朋友
的你們每人一條洋菸加一瓶高級洋酒如何？

　　奧發兄弟航運公司有個規矩，本船跑西非航線的公關小禮，
打點每位官員贈送一瓶洋酒或一條洋菸，我為了息事寧人，遂給
每人雙份禮。豈料帶頭的長官說，這點不夠啦！瞧，給你臉你不
要臉？他說不是嫌少，而是辦公室內尚有三名同事，他們本來都
要一齊前來抄班，船長您得給他們同樣的禮物。看來，穆斯林世

界的貪官百無禁忌，私下照樣酗酒。

　　既然貪官開出底價，那就好辦；於是我叫大副再去安排，總共贈予了他們六瓶紅標約翰走路和六條美國萬寶路菸，但不給貪官們任何提袋，讓大副在他們離船時，側錄下貪官兩手捧著禮品的醜態。他們很開心，貼了庫房封條之後離去，我著令大副在舷梯口側錄下每位貪官的姓名牌與手捧禮品，返回以色列後依錄影證據向公司銷帳，並檢附影帶由公司向塞內加爾共和國檢舉官員貪瀆，照市價向該國政府索賠。

　　事後，大副向我道歉處事魯莽，我說不打緊，一瓶免稅洋酒才值一點五美元，一條免稅洋菸一點二美元，總共才花不到十七美元，當地稅後市值約四十美元，幾十美元就把塞內加爾的貪官打發掉。回以色列後，你的蒐證影帶不但可據以替本船銷帳，還可以當作呈堂證據，替公司向塞內加爾政府索賠、狀告貪官違反回教戒規索取烈酒讓其入獄。我開導大副：「你要知道，本船滯港一個小時的船席租金是兩百多美元，香菸帳料不符照章罰款也是兩百多美元，兩害相權取其輕，送了十七美元的冤枉禮，本船仍可接受，更別說爾後塞內加爾政府會加倍償還，三位遭判刑坐牢的貪官，我們不會再遇到。」

　　我勸大副以後遇事要忍讓，隨時準備吃虧但要靈光，才能應急妥處；當個海員飄洋過海混口飯吃，有幾種長官千萬不能當面得罪，如國境檢疫、海關、移民局等官員。我倆傾談還未結束，代理行經理就現身走過來，他知道本船被海關官員搜刮取去不少菸酒，就大肆咆哮說他的同胞太過分了，要是他在場就一件禮品都不讓他們取走。

　　我覺得這個代理行經理講的都是幹話，哪有那麼巧，吵鬧時

遍尋他都無影無蹤，海關官員離船他就現身，表現忠於本船，妄圖免遭本船的究責，剝奪他的代理權。我心想，你們塞內加爾無論官民都從根爛起，政府海關與民營代理行狼狽為奸，經理這種咆哮，全是裝模作樣而已；於是我打個圓場說，菸酒都給貴國的貪官拿走了，你喬裝生氣於事無補。

　　本船駛離惱人的達卡港後，沿非洲岸際航行一四二〇浬，於12 月 2 日駛抵象牙海岸共和國的首府阿必尚港，此港為這航次的第一個卸貨港，也是我造訪西非領船進出第三個海港，在港期間許多趣事陸續發生，值得一記。

　　阿必尚港位於北緯四度半，地近赤道，全年氣候炎熱；本船駛入港內錨區後，頓覺清涼，因為四週岸際熱帶雨林巨樹成蔭。下錨後回首瞧來時航道，如不查閱海圖，還真不知錨區之出入口位於何處；從大西洋的海面朝岸際瞭望，亦看不出在何處可以駛入錨區，蓋因錨區的視線全為高聳的闊葉樹雨林所擋。

　　環視周遭，錨區看來應是個潟湖，高潮雖然湧進大量海水，但錨區水域卻呈淡黃色，想是內陸河水挾帶泥沙注入出海口的錨區所致，乾旱季節無河水此處海水必恢復為蔚藍色。不過，無論錨區海域的顏色如何改變，入內錨泊暑氣全消，環岸鬱林蒼翠風景如畫；環球各港錨區中，鮮有如此賞心悅目之環境，難以忘懷。

　　本船於破曉時分進入錨區後，桅桁拉起 Q 字黃旗申請檢疫，不久檢疫官員即搭艇前來登臨，全船上下均合規定，唯全體海員連我在內，每人的檢疫黃皮書所註記黃熱病疫苗（Yellow Fever Vaccine）注射均過期，大家須在阿必尚港靠好碼頭後，步行到檢疫站補行注射，方能登岸進入市區，這是兼管全船海員、船客健護的二副之疏失。

　　當地檢疫如此認真，倒不是怕海員、船客帶著黃熱病傳染給他們，而是為我們健康著想，怕海員、船客遭感染。18 世紀醫學界才認識了黃熱病，發現西非疫情已蔓延失控多年，患者暴斃，人口銳減幾至滅族。黃熱病病毒經病媒蚊蟲，在人畜間叮咬交叉傳染。病發初期症狀為高燒、腹痛、肌肉酸痛，與一般感冒類似，易遭輕忽；患者一週後出現黃疸、腎衰竭、大量內出血，死亡率高達八十趴。商船漫長的航途中若爆發黃熱病疫情，有可能全體海員交叉感染，不及治療陸續暴斃，商船變鬼船，史有記載。

　　隨後，代理行辦事員及海關抄班員亦相繼登輪，各司其責；代理行根據海員、船客名冊，填好了全體海員、船客登岸證三十八份，但代理行將所有登岸證交給船上兼理醫務的二副保管；等到各人登岸在碼頭檢疫站注射了黃熱病疫苗，「黃皮書」蓋章後再向二副領取登岸證，憑此證件進出港區。

　　海關對本船菸酒庫房並未點驗，僅再加貼封條。至於海關在住艙抄班方面，因本船是艘巨輪艙房甚多，每位海員、船客都住單人套房，海關僅選擇兩三間抽檢，但翻檢非常仔細。華籍海員跑西非航線，人生路不熟語言也不通，哪有能耐搞違法走私花樣，所以海關抄班查房就輕鬆過關了。

　　代理行辦事員說港內碼頭目前尚無船席空位，須耐心等船席卸貨。他好心告知我們三件事務必牢記。第一、象牙海岸是個邁向現代化的國家，希望海員、船客自重，別像中國籍海員隨地吐痰，當場抓到遭罰重款。第二、國都阿必尚是個三流城市——流鶯多、流氓多、流浪漢多，地痞角頭視各國海員、船客為肥貓，你們登岸切勿落單，結伴同行為宜且勿身懷鉅款錢財露白；一理通百理明，以後到非洲各國，也須謹守此一戒規。第三、若有閒

雜人等登船推銷商品，無論是兜售鑽石或賣淫，須秉持不看貨、不交談、不收受贈品等「三不原則」明哲保身。

三個聯檢單位同乘一艘港勤艇而來，驗畢亦同乘該艇離去，本船就把舷梯收起，以便隨時候命收錨移靠碼頭。聯檢官員前腳剛走，忽見又有艘小火輪吐著濃煙向本船鼓浪而來，莫非換另一批官員再來檢查？待小火輪駛近，我仔細一瞧，但見其上擠滿穿著清涼的年輕美眉；小火輪尚未旁靠，就外神通內鬼：船「外」的「神」女，早已勾結本船「內」的色「鬼」，海員迅速拋出兩付繩梯，小火輪旁靠本船後，諸神女腳蹬著高跟鞋爬繩梯登船之快，較諸海員毫不遜色，霎時這艘巨輪全為神女們所霸佔！

竟有一名媽媽桑級的熟女，膽敢衝上船長室的專用梯口，用法語撒嬌稱：「日安，卡必丹，哈尼我愛您！」我正在無名火起，隨即用法語爆粗口指著樓梯劈道：「上帝咒罵你，滾出我的視線！」這位帶隊媽媽桑遂轉身下樓梯，回頭還裂嘴一笑，意思是您不要？更多海員在排隊等她哪。對付這些神女，我猛然想起代理行辦事員「三不原則」確能明哲保身。

船上這場男女混戰，歷時約半小時，入侵者大獲全勝，偃旗息鼓鳴金收兵，神女遂手持美鈔搭乘小火輪揚長而去。事後戰場檢傷調查報告，抓對廝殺的戰費開價一刻鐘五美元，而海員經驗老到者也不是省油的燈，神女漫天開價，色鬼看貨殺價，神女多半出價就賣，誰肯入寶山空手回呀？色鬼海員中有老饕者，認為價廉物美，左擁右抱玩雙打，齊人之福樂不可支，色咪咪的海員們真是目無法紀！

有船副幹部某君合該有事，他值 4 時至 8 時之班，不當班後忙著應付檢疫抄班，諸事處理完畢遂入浴，準備再睡個回籠覺。

浴畢裸身圍著大毛巾步出浴室，斯時神女已登船逐艙敲門搜尋獵物，此君遂遭破門而入的神女逮個正著，半推半就成了好事。

玫瑰保證多刺，本船隔兩天靠好碼頭時，多位色膽包天的海員疼痛得哼哼大叫，而且還發高燒，患者都說不是黃熱病，是下體灼熱急性淋病發作。患者遂拜託二副入城時替他們在藥房買盤尼西林膠囊消炎及阿斯匹靈丸止痛，他們既能點藥自醫消炎止痛，想必都是累犯。

本船靠好碼頭一切安排就緒後，代理行已準備一輛旅行車，我率領二副及佘報務員進城購藥、洽公，藥品由二副帶回船上替眾多性病患者自行服用自療，我和佘報務員則繼續前往市區洽公。

海員編成五班交錯輪值，靠港裝卸貨照樣輪班，唯編制僅一名的報務員在航途中非常辛苦，全天候吃住都在電訊室，守值不可擅離一步，一有收發報電碼訊文或電傳的傳真信文須立即處理，還兼差繕打公文，無人能代班也沒請假的權利。但是船一靠港接上港市電話線，船上電訊收發報機與電傳機就可關機散熱，若有急電可透過岸上代理行轉交本船收受，報務員靠港後就可充分休息。本船靠港，船長要登岸公訪，最有空閒陪同者僅有報務員。

本船此一航次曾遭遇大西洋強風巨浪掃過甲板滲入貨艙，所裝貨物怕已受潮霉爛損壞，遂攜帶海事報告書一式五份，上岸找本船船旗國的賴比瑞亞共和國大使館作文書認證，此項國際通用海事報告書無須擬稿自撰，有格式可循，只要將船名、噸位、所屬輪船公司、遭遇風浪時間、地點以及船長執業證書所列各要項填妥即可，同時得攜帶整本英文書寫之航海日誌，以資佐證貨物破損經過及遭遇風浪之全部記載等檔卷，就可洽辦文書認證。

文書認證手續不到十分鐘就辦好，該國大使館將海事報告書

一份存檔及航海日誌部分抄件影印留存，其餘海事報告書四份在相關頁面加蓋該國大使館的章戳後發還，手續收費三十六美元。我隨即將已認證之海事報告書及收據騰本分別以航空掛號，郵寄給船東的奧發兄弟航運公司及承租戶的以色列國營海運公司各一份，船上自存兩份。此種文書認證作為，旨在維護船東保有先行訴訟權，一旦承運之貨物遭損必須與貨主對簿公堂時，可避免船東淪為被告。

　　賴比瑞亞共和國大使館位在市政廳左側的使館萬國大樓內，這座萬國大樓建築新穎，令人一看就覺得非常氣派。各樓層有大小不同的隔間，出租給各國的使館辦公，各國租用適量的隔間設館設處，故幾乎滿租。一樓大廳內還有專用郵局、電信局、銀行、航空公司、餐館、咖啡屋等。住在萬國大樓內套房的使館外交人員，長年生活在武裝警衛四布的維安措施下，亦十分安全；象牙海岸國都建設此種使館萬國大樓，可謂設計週詳，值得他國仿效。

　　我國駐象牙海岸共和國大使館，也設在此棟大樓內，辦公室面積相當寬闊，內有大使辦公室、參事室、祕書室、接待室及電務室等；蒙守值的三等祕書親切接待，協助我將兩年效期的海員護照延期加簽，自加簽日起可再用四年。加簽手續非常有效率，五分鐘內搞定收費僅半美元爾。本船此次海程所經各國，只有象牙海岸共和國與我國尚有邦交，誠可謂「西出陽關無故人」，所以必得專程來此辦理護照延期加簽。當天芮正皋大使及參事吳章恰好轄訪鄰邦甘比亞共和國，整個使館只有三名外交官守值辦公。

　　加簽完畢後，代理行的旅行車遂載我倆赴市區兜風，但見市內正將舊屋拆除都更，重劃區的公共設施及住宅區之新式建物，

各出心裁式樣不一，白色系列建築配紅色屋瓦非常亮眼，藉以反射赤道熾熱的陽光，以保持室內清涼。法式商店街則維持殖民風貌，雖然店面高矮有別，但面寬大小一致，倒也十分整齊。另有高聳天際的五星級大旅店，外來觀光客進出絡繹不絕。

　　據旅行車司機云，鄉下風光尤為美麗，市郊我國農耕隊駐地的農改場，值得驅車前往參觀；農耕隊的示範農場全為肥沃耕地，五穀蔬果收成豐碩，傳統土產鳳梨經育種改良後甜度大增，連司機都對臺灣高超農技讚不絕口。惜我倆船務羈身，無暇參訪殊為可惜。

　　本船在象牙海岸下卸貨物歷時三天，方將四千多噸雜貨卸完，約為裝載船貨的五分之一。12月7日本船駛離阿必尚港，沿非洲岸際向東航行一七〇浬，隔日駛抵迦納共和國。此處昔日為葡、荷、瑞典、丹麥、挪、英、德輪番殖民的領地，舊稱「黃金海岸」，本船未申請該國之塔科拉迪內港碼頭，亦未在防波堤旁泊位拋錨，僅 Stop Engine（停俥不關主機）漂蕩，拋下繩梯讓西非克魯族船工二十五人登船，這是我造訪西非第四個海港。

　　該港代理行的兩位職員，亦隨同登船辦理克魯族船工報到手續，包括遞交船工名冊，二十五本迦納護照及海員手冊。每位克魯族船工向船公司的承租戶預借（Cash Advance）二十美元共計五百美元，由薪資扣除；代理行職員點交予我的，卻是等值的迦納國幣新版之司地幣（New Cedi），這些雜幣是由職員將美元在黑市以較優之匯價換得。我在代理行之代墊款收據上，簽字收受新版司地幣，但收據上我加註須自本船的承租戶之戶頭扣款，與船東奧發兄弟公司賬務不致混淆。

　　這些克魯族船工為保障本身權益，不准本族或外族學習裝載

原木技術，即使在克魯族船工之工會組織中，技術亦僅能單傳，即父傳子、子傳孫，非嫡親的長子玄孫不得與聞也。有云克魯族船工性如獼猴，不可與之交友，一旦反目即舉爪致人於死，所以本船海員對克魯族深具戒心，莫敢與他們之接近。克魯族船工登船時，一切檔案文件經代理行的兩位職員與大副清楚交代後，不到一個小時職員倆就離船。

西非克魯族船工在船服務，月薪一百美元為期兩個月，在迦納被認為是高薪階級。不過，他們在部落要等待半年，方輪到再次充當船工。我初以為每位克魯族船工預借現鈔是作沿途零用金，真是懂得享受，事實恰好相反。代理行職員請我發放他們的借支雜幣，不僅黑市換匯較為划算，且船工隨後在沿途低買高賣民生必須品套利，打工兼跑貨又可多賺幾文。

船工在沿途各國使用借支兌換所得之當地貨幣，低價購入豆類等當地當季價廉耐久農產品，經過缺糧國家再高價出售，前後價差可獲利約兩倍左右；本船並不明文限制船工個人行李及跑貨的物件重量，船工一次用雙手加頭頂能扛多重的貨品，慣例上就是他的限重。幹海員這行一定要懂得跑貨，各國皆然；因此，借支二十美元，可獲得超過四十美元以上的淨利，可見他們精於借貸生財。

信奉回教的克魯族，原是賴比瑞亞靠近撒哈拉沙漠的邊境民族，因歐洲列強殖民版圖再三重劃，船工所屬的部落竟被劃設在迦納境內。他們數百年來均受過殖民者原木裝載技術的嚴格訓練，自 16 世紀大航海時代起，就成為殖民掠奪者御用的船工，操流利的葡萄牙語。為因應人力供需平衡，船工總人數不多，維持在三千人爾。這一航次的船工裝載長（Loading Master）是克

魯族酋長頭目，可千萬別開罪他；船工替本船裝載原木，全體海員的生命都握在裝載長手裡，原木裝不好就翻船出事。原木船經常因裝載不慎，遇風浪原木滾來滾去，導致船體重心失衡翻覆沉沒，已不是新聞。

克魯族船工限住在第四號貨艙後頭的船艉通艙內，大副還特別為他們騰出一間艙房作為回教祈禱室；除非有派工勤務，克魯族船工不准進入船舯住艙。克魯族人若有違犯公司對非洲籍船工劃地為牢的船規，船長依聘雇合約有權將其解僱，並就近在下一港口將之驅逐離船遣返，永不錄用。

克魯族船工全程伙食自辦，都吃清真料理（Halal Food），唯主副食由大廚經手撥交，防止副食費遭他們挪用藏私。信奉回教的船工不吃豬肉且嫌土雞、海鮮貴，公司就只好在牛身上打主意。所配賦儲備的牛頭骨和牛腿骨也都帶些肉，尤其是牛肋處的肋骨肉那就更多，整塊整塊地撥發給他們。須知肋骨肉在臺灣稱作牛腩，在左高鳳兵仔市場，牛腩肉比牛腱肉要貴得多。

克魯族船工拿牛骨頭來熬湯，將大廚替他們購買符合回教教規可食用的馬鈴薯、蕃茄和蔬菜等清真料理做佐料，所熬出來的牛骨湯頭，較蘇俄羅宋湯尤為美味。至於主食，則用大米及各種豆類輪流烹煮；看他們以牛骨湯頭佐料澆在主食上，吃得搖頭晃腦開心極了，膳後繼續將牛骨熬湯，把骨髓熬得乾乾淨淨方罷休。下一餐船工再煮爛牛骨頭，也啃嚼得津津有味。大廚特在本船艉艙另設廚俱，任由克魯族船工自行在艉艙開小伙。

三、霧航撒哈拉沙塵暴　風流報務員不下流

圖 18.4　1973 年 12 月非洲加彭共和國首都自由市商港港池內救生演練的穆斯林克魯族船工（鍾漢波數位典藏）

　　本船安頓好克魯族船工遂加俥開航，向東駛向三一五浬外的奈及利亞聯邦共和國；本船船上現有海員三十二人、船客六人、克魯族船工二十五人，合計六十三人好生熱鬧。本船在赤道附近航途中，無風也無浪，不旋踵海面忽地飄來一條數十呎長的巨鯨腐屍，屍上有數十隻烏鴉啄其屍肉，真是觸霉頭不吉利，我只有下達全速進俥的俥令趕快遠離腐屍。記得二十年前我接掌海軍永定二級艦艦長後，浙海偵巡途中遇過噴水巨鯨旁靠艦身，巨鯨不見容於艦船侵踏其生活海域，遇到巨鯨逼近，對艦船言是凶兆，隨後永定軍艦果爾中彈受創。

　　禍不單行，半夜航經多哥及達荷美兩國外海，果爾厄運來到！夜航中由望遠鏡看見海平線上黃沙滾滾而來，直沖天頂，點點繁星與一輪明月瞬間消失，我在海上終於見識到撒哈拉沙塵暴。由九百萬平方公里廣涵的撒哈拉大沙漠吹來黃色微塵，綿延不絕成為海上沙霧，致使視界瞬間降低。

　　商船都備有平面雷達，海上沙塵暴也奈何不得，可是本船的T281B雷達在以色列怎樣都修不好，在此能見度不到五十碼沙霧瀰漫之海上航行，有如盲公瞎闖。本船在沙塵暴中沿途每分鐘定時長鳴霧號一聲，代表「本船前行」（Ship Underway）以作警示；若來船亦無雷達，彼此只有停俥避碰一途，以免對撞。撒哈拉沙塵暴在大西洋、印度洋、地中海、紅海與阿拉伯海到處肆虐，在這些海區航行碰上的機率非常高。

　　遠古時代的航海，大都沿著海岸航行，以所見的陸岸地標如山形河口用手繪成對景圖，再輔之以文字說明，就成為早期「地文定位」的航路水道誌，如元朝揚帆南海的《更路簿》。為了方便漆黑夜航的地文定位，其後推出岸際要地的燈塔，供討海人暗夜中標定船位。唯駛入一望無際的大洋，沒有沿岸燈塔與對景圖作地文定位，就有賴前輩經驗累積的「天文定位」，來測出浩瀚大海中的船位。

　　我從以色列阿斯鐸商港啟航，一路航行過來，每日於拂曉與日出間、日沒與終昏間的兩個時段，都親自在駕駛臺測量天體與星座的相對位置以定船位；雖然在日間各船副值班時，都測太陽位置，唯太陽是單一天體，所測出來的船位在海圖上是一條位置線，線上任一點都可能是船位。而船長在晨昏兩個時段，可以測得三、四顆閃亮一等星座與海平線相對方位與仰角以準確定位。只不過拂曉與終昏的微光中，固然見到眾星與海平線，但早晚各有十多分鐘而已，且要晴朗無雲方能觀星象。所以，船長必須動作嫻熟，迅速地把三、四顆一等星座測定，加以計算後在海圖上劃出三、四條位置線。

　　通常，使用三條位置線就夠了，如果三條位置線交會於一

點，就是最佳定位；如果三條線相交形成一個小三角，它稱為「雄雞頭」（Cockhead），這也差強人意，雄雞頭的三角中心點就是船位，其誤差不超過三角形邊線之半。茫茫大海中用天文定位的誤差低於五浬就算及格；然而，海上身處於沙塵暴中或厚雲罩頂，天頂瀰漫著厚實的沙霧或密雲，哪還能目睹什麼星座？船長就技窮了。但船長仍須按時到駕駛臺在航海日誌上註記「無法觀星定位」，以明責任。

在沙霧中航行的第二天，半夜我才剛由駕駛臺回房小憩入夢，就給值班舵工電話叫醒。我翻身一看時鐘，原來早已過了寅夜，約是翌晨3時30分；步上駕駛臺仰望夜空，但見圓月西斜，顆顆繁星在漆黑的天頂明亮閃爍，如同鑽石掛在天上，使我高興得幾乎要手舞足蹈。

回憶在迦納接載克魯族船工後，迄今連續數十小時被沙霧憋得全身不自在，無法定船位我幾乎要崩潰。此際，如同瞎子重見光明心情舒暢，如不是我的船長地位與高齡位尊，早已興奮得開懷大笑了。因為我太激動，自知再也睡不著，不如在駕駛臺上守候，靜待拂曉微光，測諸星定船位，再度恢復航行中晨昏測定船位之例行工作。

有識者鑑於在低視界的惡劣海象、氣象下航行，無法實施天文、地文定位，二戰戰後無線電波運用成熟，又發展出「電波定位」的羅遠導航（Long Range Navigation, LORAN），由艦船的羅遠導航儀接收設於兩處特定陸域雙塔發射之電波，根據雙塔間距與來波的相位差，可反推船位；唯羅遠導航涵蓋海域有限，在惡劣海象下電波導航的訊雜比非常差，誤差高達數浬，未必會比海圖上手工繪製天文定位的雄雞頭船位更準確。本船從未加裝羅遠

導航儀，在沙塵暴中沒資格用電波定位。

　　當然，人造衛星科技日新月異，在我船長退休十六年後，1994 年起還有商用衛星定位導航，茫茫大海中滾動式查報船位，誤差僅有數十碼；本世紀初，還有船舶自動回報系統，航途中會遇上哪些船舶，相對的航速、方位、距離，在電子海圖上滾動展示，大幅增進航安。

　　好景不常，晴朗的天頂隨後又遭海上沙塵暴完全遮蔽。12 月 9 日午後，我計算海程，應已駛抵奈及利亞聯邦共和國海岸之南。我曾說過，當船長要拿出看家本領和真功夫；在沙塵暴中航行無法實施天文定位，雷達壞了又不能依其回跡測距，如何能夠找到奈及利亞國都拉各斯港的航道入口呢？這是船長出售智慧的時候了。

　　我已在沙塵暴中檢閱海圖多時，得知從多哥經達荷美至奈及利亞的海岸線，均與緯度的赤道線平行；離岸不遠處水夠深，巨輪貼岸航行沿途無礁石，此海域也無南風吹拂，當不致使船身受風北偏，誤闖岸灘擱淺。天明後，我下令船艉推放浮標，測得能見度約六百碼；故在沙霧中航行能辨識六百碼內的海岸，這個岸距水夠深，本船可安全航行無虞。

　　此時我從值班的二副手中，接掌駕駛臺親自領航，更改本船航向為正北朝西非岸際駛去，用 Slow Ahead（慢速進俥）逐漸駛近奈及利亞沿岸；待沙塵暴中目視確認看見海岸時，距岸五百餘碼，水深約兩百呎。我下舵令 Starboard Twenty（右舵二十度）更改航向，接著 Amidships（正舵）再平行海岸向東航行；近黃昏時分，已抵達並目視確認拉各斯港錨區在望，遂拋錨等待檢疫。船長親自帶船到港大功告成足堪自傲，這是我造訪西非領船進出第五個海港。

　　本船抵達拉各斯錨區後，為時已晚，雖拉起了 Q 字黃旗申請檢疫，但需等至翌日週一上班時間才有檢疫人員登輪。次晨檢疫人員、海關關員、引水員、代理行職員、碼頭工人領班等相繼登船，本船遂駛進港內靠好碼頭，這是本航次第二個卸貨港。碼頭工人領班屢次上下本船，將本船在同一碼頭移前挪後，令人猜不透究竟為了何事，問之答以需要騰讓空間給前檔、後檔的船席讓 YTL 港拖、駁船等港務船艇靠泊。好在移船位不需本船動俥，使用錨機、絞盤及繩纜絞動船身緩慢進退，在碼頭纜樁（Bollards）套纜、解纜、帶纜的繁重工作，就有勞值班的克魯族船工去操作了。

　　赤道地區的 12 月，屬有風無雨乾旱季節初期，又適逢沙塵暴肆虐，但迷濛的碼頭卻遭灑水車不停地噴灑水霧固著揚塵，搞得濕漉漉地非常骯髒，而各色人等上下船川流不息，將碼頭的汙穢帶上船，踏來踏去弄得本船走道間十分邋遢，這又有勞克魯族船工去清潔了。

　　船上人力有限，僅派一位值班海員看守梯口，管制閒人不准登輪；為加強守值我下令用老鳥海員搭配菜鳥克魯族船工雙人值班，無奈老鳥經常溜號，菜鳥怎有能力阻止那些碼頭上的老油條登船，因此，梯口形同任意通行之關口，船上閒雜人等來來去去，梯口守值形同虛設。

　　登船的海關官員、移民局官員等紛紛離船後，販夫走卒隨後大舉湧到，在船艙中穿梭兜售物件，我則恪遵代理行職員吩咐「三不原則」，對推銷員採取不看貨、不交談、不接受贈品措施並揮手將他們趕走，其法甚為有效。

　　果爾，有人到船長室來兜售臺港常見的滿天星勞力士錶、五兩重的金條及鑽戒。販夫走卒手上的鑽石裝在密封玻璃圓管內，

內有標價一千美元籤紙，一看品質就知是玻璃假鑽。求售者態度都很慌張狀須急售，現場僅索兩百美元，頻頻要求我就地還價，我則不予理睬，確也收到擋掉騷擾的效果。

唯獨來了一位膚色白皙、衣著光鮮的裁縫師，使我無法招架。他說是奉代理行之命前來要送船長一條熱帶地區白短褲，著令要他縫製，所以他前來量身。我拒絕量身不讓他碰觸，他說不量身無以交差，相持不下吵雜聲達室外，引來大副、三副恐我安全有顧慮，遂直奔船長室衝入看個究竟。

兩位船副同勸裁縫師離開，裁縫師死也不肯走並作承諾，保證量身不收分文就退下不會再來打擾，即使白短褲做好了也交給代理行經理由他親自送來致贈。言辭說得十分懇切，但還是沒打動我，卻打動了心軟的大副；大副反倒勸我任他量身，量完了三副就把他架出去。連自己人都這樣說，如果我仍堅持不量身，話傳出去反說船長不近人情，閒話難聽。

量身動作可算殷勤備至，臨走時裁縫師向我要菸，我說沒菸；但我辦公桌文稿夾上置有兩包美國菸準備待客用的，其中一包已經開用過，那裁縫師便說桌上兩包菸，開用過的算是他量身報酬，另一未開用過的，讓他帶回轉贈代理行經理，說是船長送的，以示禮尚往來。莫說是船長，就連基本海員對幾包價廉的香菸也不在乎，在場各人都默不作聲。他自動把那兩包香菸取走就揚長而去。

我真慶幸這場量身訂作短褲風波就此輕易結束，事後我把這件事都給淡忘了。隔幾天，代理行經理到本船來洽訪，我問他關於短褲的事，他卻說代理行人人都苦哈哈的，那有錢來送船長禮，他再三問我被騙了什麼？我說沒有呀，他要我再仔細想一想，我

憶及裁縫師只拿走了微不足道的兩包菸。代理行經理笑著說：「這就是了，莫謂兩包菸不值錢，即使他真的是個專業裁縫師，也得花三、四天薪水，才買到一包美國菸，裁縫師一進門，就盯上了你桌面兩包菸，遂鼓其如簧之舌設法詐取！」真令我啞然失笑。

海員平日在船，穿著不甚講究，在油垢之環境中做粗工，能夠將衣服經常換洗維持清潔，已算難能可貴，故海員穿著談不上能否登大雅之堂，不像我依公司合約規定，只要步出船長室就得打領帶，離船赴岸上洽商必穿西服。本船抵拉各斯港靠好碼頭後，見有某位輪管幹部率基本海員等五人，黃昏後均穿著得光鮮亮麗，衣冠楚楚登岸去也，使我心中非常納悶。

其後該位輪管幹部回報始得知，原來國都拉各斯都心鬧區內，有間頗具規模的粉味俱樂部，標示免費入場以廣招徠；但為維護「善良風俗」，俱樂部入口有人把關，搞噱頭歡迎體面的紳士攜伴參加，唯不許單身撈女入內，故俱樂部門前噴水池堤環，坐滿了艷裝女郎，等候陌生男人帶她們進場。

在沙霧瀰漫昏黃的街燈下，每位美眉遠看均似天仙；有的是翹家女或妓女待價而沽，有的是未成年少女及女學生賣身享樂，其中還不乏俱樂部派出穿著清涼的舞女，勾引路過而又富有的紳士，央求帶她們入內。也虧得本船海員初到此地，立即獲悉此一免費入場風流勝地的情報，因此，五位海員穿著整齊前往一窺究竟。

但普天下屢試不爽的鐵律：免費的往往變成最貴的，歌壇舞榭入場哪有無須花冤枉錢之理。俱樂部內，狀似情侶的一對對臨時湊合野鴛鴦，侍者殷勤招待，不時奉上飲料與酒品，哪能任你規避？都還沒佔到美眉的便宜，臨時湊對男女兩人近百美元的酒水帳單隨後送到。若想撿便宜入內無意銷金者，在彪形大漢圍事

下，莫不當面交割天價的帳單，銀貨兩訖大破慳囊消災。吃過虧的海員，從此不再於黃昏時分盛裝去粉味俱樂部當冤大頭了。

奈及利亞出口大宗的棉花運量不大，我國輪船公司偶有派商船來此攬貨，載運棉花返臺加工，但拉各斯港碼頭顯得空蕩蕩。本船在拉各斯港碼頭工人慢吞吞的卸下約五千餘噸的雜貨，包括日用品、家用五金、家電、成衣及布匹，耗時超過一星期，令我等得煩悶不已。我抽空在碼頭上散步，實則監看拉各斯港信奉回教的工人，是否趁每日五拜真主阿拉的空檔摸魚逛街。

在回教祈禱室外，我巧遇拉各斯港市的輪船雜貨商老闆，居然是我的廣州市番禺同鄉，我遂邀他登船在船長室聊天；話匣子一開，我倆就從中餐聊到晚餐。老闆說60年代他在毛澤東搞大躍進運動搞到全國大饑荒時，隨難民潮自廣州家鄉出走，翻山越嶺逃亡偷渡入香港，妻小缺糧體弱撐不下去，餓死在深圳；他獨自偷渡入港，被安置在調景嶺徙置區，後被甄選移居來英屬殖民地甫行獨立的奈及利亞。中國大陸鬧饑荒五年期間，餓斃多達四千萬人，世居廣州市番禺我自家的親戚，迄今生死不明。

拜海運業務蒸蒸日上之賜，老闆說在這裡做生意賣啥都有賺不完的錢，事業發達後，他在當地再娶妻生子。我問他這個甫獨立的新興國家到底穩不穩，我對此地的初始印象實在不太好；老闆皺皺眉頭，說問題還真不少；他的嫩妻是伊博族（Igbo）人，是境內信奉基督教、勤奮向上的人口近千萬之少數民族，有伊博語言與文字。由於伊博族世居在油田遍布的尼日河出海口，懷璧其罪，遂遭境內信奉回教的多數民族屠殺滅族。伊博族為生存爭自由，十年前宣布獨立建國，成立了「比亞法拉共和國」（Republic of Biafra）政權，奈及利亞無法容忍國內有國，雙方展開長達七

年血腥的內戰。

　　我問老闆那誰贏戰了？他說三年前獨立反抗軍名目上投降了，解散比亞法拉的獨立建國，但戰爭持續至今，變成基督徒與回教徒間的宗教聖戰。我好奇問他，老闆那你幫哪邊？老闆先回應道，想買石油的外國勢力幫政府軍，反穆斯林的國家幫獨立反抗軍。老闆接著說，搶資源的殖民宗主英國當然幫政府軍以維繫英國既有的油田殖民利益，老闆自然幫嫩妻家鄉的獨立反抗軍，替鄉親祕密向以色列買軍火自保。這就清楚了！本船有三位以色列神祕船客在拉各斯港下船，同時也有三位持以色列護照的船客登船，應該是協訓獨立反抗軍的顧問換防，抵抗穆斯林當權者的暴政。

　　好不容易才把應卸之雜貨與軍品卸完，12 月 17 日中午本船辦妥出港手續，由引水員帶出港口航向東南。第三個卸貨港是加彭共和國的首都自由市商港，航距六八○浬，計程於兩天後下午 14 時，應可駛抵到埠。

　　本船駛離拉各斯港時，海上仍是沙塵暴瀰漫，我利用隱約所見之岸標，定好準確船位，就不斷鳴霧號鼓浪前進，低視界航行令吾輩海員心情惡劣，已達到無以復加的地步。航行約五十小時，就駛入自由市的港口航道，由我親自帶船，依海圖標示，逐一找尋漆有顏色序號之浮標駛入泊位，這是我造訪西非領船進出第六個海港。

　　此時，引水員亦已蒞臨登船，遂由其下令在泊位拋錨；在我看來，一百美元的高額領港費，只須在船位原處要要嘴皮下錨令即已入袋，世界上賺錢最容易之工作，莫過於此。自由市的港內居然沒有碼頭，但錨泊的商船倒有五、六艘之多，都在排班等候駁船前來裝卸船貨。我趁等待卸貨空檔，收放本船兩艘救生艇執

行救生部署演練，讓全船六十三位海員、船客、船工穿救生衣輪流登艇，以備遭海難時能依序逃生。

本船在加彭自由市需卸下雜貨約五千餘噸，全靠駁船運至市內街旁卸貨，唯駁船往返裝卸耗時，故好幾艘駁船同時加入卸貨，每日僅能卸走船貨八百餘噸，五千多噸貨物亦須歷時一整星期方卸清。自由市是原法國殖民地的首府，有「非洲小巴黎」之美譽，雖然地近赤道，卻可時時享受海風吹拂涼爽的天氣。都心繁華又是觀光勝地，賭場與聲色場所林立，且為無稅口岸物價便宜，一年四季均不乏旅客前來消費。

自由市是個新興城市，各項建設都在蓬勃發展，但看得出都是外資外商主導建設，建築工地設施就比臺灣先進。當年我在高雄市建築工地所見，仍然是竹搭鷹架，地面裝置絞盤，用吊滑車將重物徐徐絞上。而自由市早已使用可四向迴旋的丁字型高架鐵塔長臂起重機，由地面將重物吊起送至摩天大廈各樓層建物內，牆面鷹架則採用鋁鐵製品串接疊堆而上。自由市現代化施工設備讓我一開眼界。

本船抵達自由市首夜，佘報務員向我借五十美元大鈔一張，準備翌日上岸打越洋電話回香港，向父母報平安。原來佘君如此孝順，那還有什麼話可說，我馬上借，況且時近月底，發餉時就可以把借款扣還。我遂立刻開保險櫃，拿出美元現鈔借債。翌日上午 YTL 港拖帶著駁船來卸貨，佘君遂由港拖便載前往市區登岸。再隔一天的凌晨，始見喝到茫的佘君僱舢舨划回本船，他回報說越洋電話沒有打通，而五十美元卻已花得一文不剩，讓我非常驚訝。

佘君醉言醉語地道出事情是這樣的。昨天一早登岸就到了代

理行，接待的是位代理行辦事員法裔金髮美女，她也是代理行經理的妙齡千金。電話透過電信局中繼臺打到香港，電信局接線生搞了一個多鐘頭都沒接通，於是那位金髮尤物開著自己的超跑，帶佘君逕赴電信局，折騰整個上午還是接不通。兩人乾脆去用餐、兜風、血拼。我說「最難消受美人恩……」佘君說可不是嗎？

　　金髮美女與佘君饗用過中華料理，還到海邊露天雅座喝咖啡，觀賞蔚藍海岸美景；佘君回請這位白富美去吃法式晚餐。佘君說船長呀，你知道吃法式大餐有多享受，飯前香檳酒任你暢飲，慢斟淺飲，柔語細談歷時一個鐘頭後，才上前菜沙拉，內有奇酸無比之醃黃瓜，旨在開胃。主菜樣式三道，先來大塊烤羊腿嫩肉，第二道菜是對蝦，然後再送上煎牛排附魚子醬佐餐。飯後再無限暢飲催情葡萄酒與巧克力甜食，不醉不歸。買單是四十美元加小費四美元，佘君豪爽賞給五十還免找零打賞，我說這是大亨作風嘛。佘君餐後已是夜色蒼茫，遂在餐廳附設舞池小憩，聽聽音樂，還幾度擁著金髮美女婆娑起舞，之後再去她的半山別墅香閨續攤……。

　　我聽了佘君的陳述，擺出頗不以為然的神態；佘君說船長您不要這樣嘛，一付不屑的臉神幹嘛？我花五十美元享受甜蜜蜜的一整天，買個回憶有什麼不好？要是請一位年輕貌美、自備超跑的專屬辣模當導遊，吃喝玩樂銷魂加酬勞打賞的總開銷，就算一千美元也辦不到！算來還是佘君沾了光。他還喋喋不休地說自己年輕又未娶，父母均為香港富豪，擁有不少地產無須他奉養，大有「天生我才必有用，千金散盡還復來」之意，何必苦哈哈省吃儉用。

　　本來我到以色列後，從低薪近海航線小噸位商船船長搖身一變，成為高薪遠洋航線大噸位商船船長，而且四倍薪資無須繳

稅，雖然我年齡稍長，但自覺尚存有一絲自我陶醉的傲氣。如今，聽得佘君一席話，如同當頭棒喝，傲氣全消，只覺得自己是賤價出售生命剩餘價值而已，不禁悲從中來，欲語無言，遂再借給佘君五十美元繼續打電話回家報平安。

我順便叮嚀佘君一句，勿再拿去找金髮美女隨意揮霍，若門當戶對就要認真談戀愛。他倒說金髮美女對他言，像是水流柴，流走事過境遷就算了，回頭再撈上來也燃不著火。想不到年紀輕輕的佘君，竟然是個情場老手，四處留情結交上流社會的白富美，風流但不下流，不隨意動真情，遊戲人間絕不眷念一夜激情。

本船駛抵自由市時，適逢耶誕長假前夕，雖然加彭居民多信奉回教，但自由市是個國際觀光勝地，為迎合旅客遊興，在臨海大道上豎立了幾株巨型耶誕樹，樹上裝飾有各種燈光忽明忽滅，大有火樹合銀花之意，晚上極為引人注目。曾遭法國殖民過的自由市，市容本來就很華麗，更何況在船上隔海觀景，尤為醉人可愛。耶誕夜卸貨完畢，本船就離開這個加彭共和國首府；我雖然未曾登岸觀光，但難免忍不住多看幾眼，心中唸著後會有期，風景如畫的自由市！

第拾玖章
黑暗大陸沿岸怪奇見聞

圖 19.1　1973 年底作者帶領喀瑪商船航行於西非外海（鍾漢波數位典藏）

一、克魯族世襲船工優　深入非洲內陸河港

圖 19.2　1974 年 1 月作者帶領喀瑪商船航向剛果河出海口，立於船長步臺
（鍾漢波數位典藏）

　　本船離開自由市向南航行三十浬，就跨越赤道線，是我生平
首次進入南半球；再南駛五二〇浬，就抵達非洲剛果河出海口。
本船下一個卸貨國家是薩伊共和國（今稱剛果民主共和國），目
的港是剛果河的內陸河港馬塔迪，距出海口的香蕉港八十浬。剛
果河全長兩千六百浬，四百萬平方公里水系都在薩伊境內，全匯
流入大西洋。許多狀似布袋蓮的水生浮萍，由剛果河內順流漂浮
入海，成為大西洋海面上一片奇景。

　　溯河而上的航程須內河引水員登船帶船，故剛果河口北岸薩
伊境內的香蕉港，是內河引水員登輪引水之起點。香蕉港隔河南
岸，便是葡屬安哥拉的薩伊省，從香蕉港到馬塔迪的剛果河，是
薩伊共和國與葡屬安哥拉的國境界河，聞說引水員沒有薩伊籍，
全是安哥拉來的葡裔退休船長，我在剛果河上所見到享受優厚酬
勞的引水員全是白人，是否為葡裔，探詢當事人始知。

　　本船於 12 月 27 日黃昏，駛抵香蕉港泊位下錨，等待引水員登船，這個河海交界的小港，是我領船造訪西非第七個海港，也是我生平造訪南半球第一個海港；隔天凌晨 5 時，一位老態龍鍾的資深引水員乘坐 YT 拖船前來。本船依職掌規定，應由值班舵工負責引水員登船。這位舵工就是上一航次揪眾鬧事逼走船長的首謀，他生性剛烈，看到引水員提著大包小件的行李要登船，十足旅客派頭，舵工竟也使起性子故意把舷梯僅施放上半截，下半截則不按規定全放，僅夠讓空手者攀登，那教手提重物的引水員怎麼登船？

　　引水員在拖船上開罵，愈罵情緒愈激動，這絕非本船待客之道，我正要找舵工糾正他，其他兩位休班的舵工聞聲而來，在旁委實看不下去，遂主動把舷梯按規定放滿，這就無話可說。但那位引水員仍用剛果土語罵個不停。

　　YT 拖船上的水手攙扶引水員登上舷梯踏板，這該沒問題了吧，可是他激動得愈罵愈兇，我這才看見他右手提著行李，左手高舉朝上挽著一條長與肩齊的生鮮海魚！他看到我在駕駛臺信號燈旁冷眼觀看，遂改用葡萄牙語繼續罵，數落本船無人來幫他提取行李及魚穫登船，這就使我十分反感！

　　引水員執行公務還帶個人私產登船已是非分，挾帶鮮魚更屬罕見；引水員踏上本船舷梯後在法律上係屬本船的一分子，須接受船長我按船規管理。海員與引水員都在水上謀生，誰也沒有責任去顧誰的個人私產，船長領船不是開慈善機構行善，所以我對他的處境，覺得沒協助的必要。

　　兩位旁觀的舵工遂好人做到底，將繩索經由滑車放下，繩頭尚附有掛鉤及網袋，防止所裝物件失慎掉落海中，而引水員確也可

惡至極，僅將行李放在網袋內，左手仍高舉著那條鮮魚向船上的海員招手。這時，連休班舵工都覺得他太超過了，不值得再幫忙，先後離開舷邊不願多事。引水員好不容易才爬上船來，僅有菲籍二廚非常忠厚老實，知其意思，遂接手把那條鮮魚置入廚房冰庫，代為冰存。

引水員既已登船，當班舵工就收回舷梯，我下令起錨，錨出水我再下俥令 Standby Engine（主機備便）再將領航權交給引水員帶船。此時，引水員仍然用葡萄牙語嘀咕罵人，我忍不住也用葡語對他怒喊：「引水員你給我閉嘴！」我拉長臉怒目質問他：「你到底要不要執行引水業務，如果不願意，我就立即申請撤換引水員，你給我離船！」

他臉色一陣青一陣紅，之後就默默領航駛入剛果河，沿途中彼此就很少四目對看了。本船逆流上行約六十浬，在北岸薩伊境內博馬港遇有河灣澳口，河水在河灣滯留打轉，此處引水員要換班，這是我造訪西非的第八個港口，也是我在南半球造訪的第二個港口。本船在灣中拋錨放下舷梯，約下午 15 時，葡裔資深引水員帶著他的私產離船。

翌晨，第二位引水員登船，人很健談很四海，他自稱是葡裔船長曾經到過澳門，也曾到過我的故鄉廣州市觀光，還會講幾句客套的粵語。我倆用葡語交談，我隨興說您下次來遠東，我竭誠歡迎您到臺灣來訪，我負責落地接待。他說這樣好了，他世居剛果河南岸的葡屬安哥拉，因赤禍連年全家已遷居至剛果河北岸薩伊的馬塔迪市，本船駛抵馬塔迪後，請我先到他別墅作客住宿。彼此握手，一言既定駟馬難追，我倆都很開心。

忽然 UHF 無線電對講機呼叫他顯有急事，講了一陣他不得不

離船搭乘領港艇去處理，說馬上就回來。想不到，一艘 YT 拖船隨即旁靠，送來另一位代班的引水員登船，立即開航繼續溯河上行。本船啟航時，不期看見前一位葡裔引水員站在逆向行駛的領港艇艇艏，看見本船掛著「引水員在船」的 H 字旗，我高高站在駕駛臺，俯瞰領港艇，彼此互相看得真切，不約而同一齊拍掌兩手攤平掌心朝天，表示無可奈何，雙方約定告吹了！我童心未泯，覺得非常有趣，生平首次遭遇許下諾言而瞬間蒸發的情境，至今印象猶新，令我難以忘懷。

第三位引水員還是葡裔白人，彬彬有禮認真引水，頗合我胃口。我唸黃埔海校時的課外選讀文學作品，是英國文學家塞席爾福萊斯特的小說《非洲皇后號》（*African Queen*），描述一戰期間剛果河小火輪非洲皇后號傳奇的探險故事，小說中剛果河有鱷魚群聚、河馬泅泳、獼猴奔騰、蜂群蔽天、水蛭纏身、土著遭襲，場景扣人心弦。如今，所見剛果河兩岸荒蕪至極，未見農田或牧場，僅稀稀落落幾棟高腳茅棚，上置有床板可容數人休憩，但四面通風，且無被褥炊具。據聞高腳屋是獵戶夜宿之處，棚腳繫有舢舨一艘，以備洪氾來時逃生用。航途所經各地並無野獸，亦不見頭戴羽冠、胸掛人骨項鍊的原住民擊鼓示警。

本船通過一處河谷急灘後，入夜時分安然抵達剛果河南岸的馬塔迪河港，這是我造訪西非的第九個港口，也是我在南半球造訪的第三個港口。馬塔迪是海輪溯剛果河上行的終點，再沿河往內陸是連串的瀑布與激流，連舟艇都無法航行，這也造就了馬塔迪成為薩伊內陸貨品集散中心。

抵埠手續辦妥後，代理行職員登船填發海員登岸證，我告訴代理行，本船除希望加快下卸雜貨、添加淡水、採買新鮮蔬果外，

一如過往，在中停港口請修雷達五次失敗五回，在此還須再度報
修以明職責，代理行均一一應允。

　　職員善意提醒我們登岸時，務必穿著長袖上衣和長褲，因為岸
上蚊蟲甚多，儘管海員已施打黃熱病疫苗，還是小心為上，故皮
膚曝露越少越好，若嫌熱可赴市郊高地公園納涼。職員還提示在
岸上切勿任意飲食，外來人腸胃無法習慣在地之佳餚，到此處很
容易腹瀉。口渴時最好飲用土製罐裝啤酒或進口瓶裝可口可樂。
這樣的環境怎可能繁盛得起來？所以，極少遊客前來薩伊共和國
觀光。

　　抵埠那天，佘報務員與我連袂登岸閒逛，倆人走到一家四星
級觀光大旅店，問服務臺得知咖啡雅座在頂樓，兩人遂乘電梯而
上，到達屋頂展望臺，見到本船休班海員十餘人，早已圍著一張
大桌喝飲料，我遂大方地和他們同桌。待侍者前來服務，我見大
多數海員都喝土製罐裝生啤酒，我倆也點了生啤酒，並說「船長
我今天請客了！」大家遂鼓掌叫好。

　　我喝完生啤酒覺得不宜久留，遂請佘君去吧檯代我埋單，十
餘罐的生啤酒總計花不到兩美元，因為當地土製生啤酒實在便宜，
每罐才索價十美分，找零一些薩伊硬幣，我放在桌上作為小費。

　　我和佘君散步至山頂公園，非洲柚木闊葉林遮蔭下又有一個
露天冷飲野店，涼風習習下我倆再飲。兩罐生啤酒送來了，我知
道價錢不貴，遂給他一枚二十五美分硬幣，侍者兩手一攤，表示
無法找零。我用法語說，多的當小費他始高興離去；豈知他再補了
兩罐生啤酒來，方知野店生啤酒比之四星級大旅店還便宜一半！

　　在野店中，佘君盛讚我在頂樓展望臺雅座請客甚為得體；我
說場合不同，船長態度當然要從權改變，表示我並非不近人情，

船長在船時不得不板起面孔維持威嚴爾。我倆既是同鄉就無話不
談，佘君說他父親三催四請要他回去接班，掌管家族的地產投資
事業，他能在船上躲多久就待多久；顯然佘君熱愛海洋，不想一
輩子困死在金庫內打算盤。我倆聊共黨赤禍逐漸蔓延非洲，聊到
半夜仍無法將桌上生啤酒喝完，兩人遂下山回船。

　　回想 1951 年我擔任海軍總部交際科科長時，麾下的海光國劇
隊隊長曾對我說，要演京戲扮大官，須踱方步以顯示身分。商船
船長則須有當船老大的架勢和步調，其實，當船長不比在海軍當
艦長容易。在浩瀚大洋擔任遠洋航線商船的船長，須有船長的威
儀；船長是代表資方管帶商船，而海員卻是勞方替商船工作，勞
資雙方很難共有交集。譬如說，馬塔迪港靠泊河谷碼頭時，赤道
烈日烘烤船體剎時非常悶熱，船艙內如同蒸籠；海員揮汗如雨值
班工作，而船長室專用冷氣機的涼風吹拂終日不停，令全體海員
心中很不爽。

　　但海員又能對船長怎樣？遠洋船長的權力至高無上，船長除
掌控海員薪餉，還有權隨時開革或聘僱海員。海員遭船長炒魷魚
的悲慘故事，誰沒聽過？違反船規的海員，到了下一港口船長就
請當地員警押解離船交予代理行處置，從他薪資扣款買好單程機
票立即遣送回原籍。據聞有回臺籍海員在馬塔迪港遭開革，赴
機場途中與剛果土著（Bakongo）起衝突，這些土著從大航海時代
以來就被當成黑奴販賣，非常仇外，故臺籍海員遭群毆幾乎連命
都丟了變成一等殘，好不容易帶傷輾轉返臺，即使最喜鬧事的海
員，在我掌船後絕少膽敢輕舉妄動。

　　再則，本船一天的作業費成本就高達五千美元，幾乎是全體
海員的月薪之半；船長無時無刻不想快點裝卸替資方樽節成本，

而海員則得過且過，在港多滯留一天就多爽一天，熬到月底就領薪水，勞資雙方彼此間的想法南轅北轍。遠洋航線的船長要執行資方意旨，不得不擺起架子態度嚴肅，不可與海員打成一片，不輕易與海員交談，更不能當著海員的面失格失態。

人口約十萬的馬塔迪市，是剛果河上遠洋航線巨輪進出的終點，市內的工廠污水與家庭廢水沒經處理，直接放流入剛果河，故河水已遭長期污染。本船不能汲取河水使用，因而需耗巨資從剛果河上游偏遠無污染的水廠，購入過濾的河水入船艙水櫃。本船在馬塔迪港加水，時斷時續加了兩整天才注滿淡水櫃。

馬塔迪市的果菜市場屬傳統市集，葡式建築蓋的還算不錯也很清潔整齊；我造訪市集時，才上午 10 時左右已空蕩蕩快收市了。肉品、蔬果攤販早已撤收，僅餘兩類食材出售，一是非洲特產指天椒，很小很辣，一份約四、五十粒包裝待售，另一是土產大芭蕉，蕉長有尺許，顏色淺藍帶綠，一串價格還不到五美分，我個人吃一串芭蕉一週也吃不完，足見消費水準之低。不知剛果河口的香蕉港，是否以此芭蕉得名。

馬塔迪市也是鐵路匯集的鐵道城，由此可搭乘火車深入非洲內陸；我目睹一長列客貨車停在市區火車總站內，列車的平板車皮用來載運銅錠，每錠重約兩噸，裝船後由馬塔迪港出口外銷。我對銅礦產品情有獨鍾，因為一年前初出茅廬 跑商船，就是從呂宋島運送低價銅礦砂到日本。而馬塔迪礦主將銅礦砂澆鑄成銅錠才高價賣出，似乎比菲律賓銅礦商略高明一籌。

本船原有之海員每日派工都摸魚摸慣了，但自克魯族船工登船後，原有海員慢慢換了個人似的，與克魯族船工並肩在甲板敲銹補漆，在機艙清除艙底污水並把黃銅擦得閃亮。以油膩污黑的

廚房甲板為例，不旋踵都用消毒水和清潔劑將油垢刮除，恢復其藍色烤漆原貌，凹凸防滑的塑鋼甲板也浮現既有的止滑作用，令人耳目一新。其後只要到港靠碼頭，又由本船手長督導所有華籍海員及克魯族船工在船舷並肩油漆，致使本船容光煥發；華籍海員的榮譽心和責任感等潛能，均被勤奮的克魯族船工激發出來。

本船預定 12 月 31 日前加快卸貨離港，唯人算不如天算，眼見只差一天就可將船貨卸清，適逢陽曆新年連假，依當地慣例工人休連假。為遵守該國規定，本船的海員除值班外，也跟著放假兩天。休假時本船克魯族船工頭目首度求見，我在船長步臺空曠處接見他，值班船副在駕駛臺外監控側護；頭目見到我之後，恭敬地用葡萄牙語說：「父親，新年快樂！」我也用葡語說我不是你老爹。

他堅稱船長就是他們全體克魯族船工的老爸，葡語 Paipai 一詞，在克魯族其實有多種意涵，是爸爸沒錯但也包括衣食父母的意思。這下子其語意就很明顯了，兩人彼此年齡相若，如此厚顏拍馬屁真教人受不了；於是我單刀直入，問頭目過新年克魯族船工想要什麼紅包，頭目瞎扯說請父親賜予烈酒過新年，他解釋阿拉真主賜給穆斯林船工過年可破戒規喝點小酒，我半信半疑，還是打賞頭目兩瓶紅標方樽的約翰走路威士忌，皆大歡喜。

元旦連假期間代理行也稍來好消息，讓全體海員都很歡愉。本船這臺二戰期間英國製的 T281B 型老骨董平面雷達，一路走來請修五次均未修好，途經以色列的阿斯鐸港、西班牙的拉斯巴爾馬斯港、象牙海岸的阿必尚港、奈及利亞的拉各斯港及加彭的自由市商港，每次修不好我都打電報回公司報備，以便於下一港口繼續請修。此次來到落後的內陸馬塔迪港，居然修好了！

在非洲內陸河港修雷達，我本來就不抱什麼希望，豈料此地

的電機維修商喜好蒐購電機、電子零附件，竟庫存有三十年前英
國海軍這款老式雷達的真空管備品，兩下子就把雷達給修好了，
掃瞄螢幕上顯示亮麗的迴跡，河谷地形、地貌清晰可辦，船副幹
部們皆大歡喜。為修繕此老爺雷達，我一共簽了六次請修單，衡
情度理應由公司付款，故修繕雷達的帳單上，就無須加註承租戶
的帳號了。

　　1974 年 1 月 3 日開工後，本船繼續將船貨卸清，1 月 4 日清晨
駛離馬塔迪港；本船啟航後開雷達掃瞄，有效偵搜距離二十五浬，
河上的船艇與沿岸地形清楚呈現在雷達螢幕上；沿剛果河下行無
須更換引水員，直放出海口，船速甚快中午過後不久，即回到香
蕉港，等待領港艇把引水員接走。本船出海後向北航行，實施三
天雷達耐久測試，使用情況良好亦無問題，抵達到非洲最後一
個商港卸貨前，我才拍發電文回公司，好讓船老闆付款付得心甘
情願。

　　本船駛離剛果河出海口的香蕉港，北駛七十浬就抵達非洲最
後一個卸貨站黑角港，它是剛果人民共和國最大的海港。本船
於 1 月 5 日晨駛進黑角港，港內碼頭設備完善，可以靠泊多艘巨
輪，預定三日內卸清所裝載的剩餘船貨，這是我造訪西非領船進
出第十個海港，也是我在南半球造訪的第四個港口。

　　剛果人民共和國舊稱「法屬布拉薩剛果」，與南方的鄰居薩
伊共和國舊名「比屬金夏沙剛果」有所區別。剛果河自馬塔迪下
行的下游，是薩伊與安哥拉的界河，剛果河的中游全在薩伊境內
迄國都金夏沙市，剛果河在此又成薩伊與剛果人民共和國的界河。

　　本船靠好碼頭後，環視港內商船僅有本船一艘，商業氣氛十
分蕭條；倒是另有艘剛果人民海軍的俄製 YP 巡艇在港池內往復

巡弋，艇艏機槍槍套卸下，艇員備槍。靠泊碼頭的艦船，多為蘇俄軍艦與研究船，本船碼頭旁有員警荷槍坐在豐田皮卡車車斗內四向張望，一片蕭殺之氣。

代理行的職員來了，並未發給海員登岸證，說是共黨統治下不准海員登岸帶進酗酒、賭錢、買春等資本社會壞風氣。已遭赤化四年多的剛果人民共和國，其港界保稅區廣闊，出入口集中管制，我走向碼頭倉庫，用法語詢問管制警員，可否進入市區觀光，出口大門警員看我是華人，就揮手放行。我漫步走入港市大道，卻見渺無車輛行駛亦無行人，如同進入鬼域遂趕緊返船。我將荒涼的情形告知老軌及大副，遂在布告欄貼出公告，暫時禁止全體海員進入遭共黨赤化的市區。

二、夜宿雨林群獸嘶吼　噴推艇飆行三角洲

圖 19.3　1974 年 1 月非洲加彭共和國尼揚喀河下游伐木場碼頭夕照（鍾漢波數位典藏）

不久之後，奧發兄弟航運公司駐西非代表寇蘇卡（Yusuf Kraska）先生登船；原來，多年前公司在西非唯一的辦事處就設在此地。

寇蘇卡先生事前審閱我的個資，知道我這個反共海將曾與中共解放軍正面對戰過，非常敬佩。蒙他告知，此港雖有管制閘口，但對靠港船舶的華籍海員非常友善，出入港區從不盤問，因為信奉共產主義的地主國與中共關係密切，傻傻地將所有華籍海員均視為中國籍海員給予禮遇。於是我立予取消管制本船海員離船令，海員休班後可進出港區。

寇蘇卡先生隨後與以色列籍船客闢室密談後，才開車帶我赴市區一遊，由港區至市內的大道長約六公里，極少行人，但見殘樓廢宇甚多，其中有雙層豪宅，建築華美庭園優雅，但已無門無窗，客廳柚木地板之上亦無傢俱，在屋角中堆滿紙板和寢具，屋廳內全是「被解放」的剛果黑奴，或坐或臥於地板上，他們在華麗的庭園露天舉炊，到處晾曬衣服。我問寇蘇卡先生此地曾發生何事，他說才來此不久，聽聞該國最近親共與反共勢力內戰開打之後，難民流離情形就是這樣。

途經銀行，內有行員卻無客戶，駛過火車站，見有一列火車開往首都布拉薩市，站務票房也有人售票，但候車室四面通風未見有任何旅客在站內候車。路過電影院，外牆已拉皮翻修漆新，櫥窗內掛了多張養眼海報廣告，今天放映蘇俄煽情影片，但也未見有俄國佬前往觀賞。

再往前行便是菜市場，每一攤位用大布傘遮陽防雨，農產品亦有巨大芭蕉及指天椒，剛果黑奴抱著活雞求售，頗有農村市集味道；此地農業社會想必與鄰國薩伊相似。在我看來，奉行共產主義的剛果人民共和國，政府肯定將「解放黑奴」後的異議分子送去鑽石礦場勞改。黑角商港港池內的巡艇與港區內的巡警，是防止內潛與外逃；防杜內潛當然指防範本船船客潛入搞垮共產政

權，阻止外逃專指防範剛果黑奴偷渡登上本船逃到國外。

　　遊罷歸來意興闌珊，下午找輪船雜貨商購買食米；一週前在薩伊馬塔迪港的代理行早就告知我，附近國家的食米，以剛果人民共和國所售最為便宜。我帶領大廚、管事、水手長等三人在碼頭倉庫中，找到了古巴籍輪船雜貨商。他坦言此際白米缺貨，剛果人民已陷入缺糧困境。

　　他的倉庫堆滿印有「中國大米」的空麻袋，中共運糧船抵達後，古巴商人就把空袋交回，換取滿袋經援食米，再從經援糧食中五鬼搬運，弄出一些到黑市私下賤價銷贓，可見他專作盜賣公糧的無本生意。中共近因文化大革命自身缺糧，許久未曾運來白米援贈；米糧充裕時，中國大米黑市價格每公斤賣五十五美分，較之途中的西班牙屬地拉斯帕爾馬斯港所賣白米每公斤八十美分，便宜甚多。

　　米倉內現在僅剩長條狀的暹邏米，盒裝的泰國米每公斤索價高達兩美元，管事嫌太昂貴、大廚嫌難烹煮，遂未成交。本船每星期原有兩頓早餐主食是饅頭，我遂決定今後餐餐全都改用庫存麵粉做饅頭、麵條食用，以肆應缺米窘境。

　　隔天下午，寇蘇卡先生說要帶我去城北海灘觀賞男女全裸曬太陽。我倆遠眺廣闊的海灘上只有七、八對蘇俄與古巴男女，每對情侶間隔不遠，彼此對看毫不忌諱，落落大方兩無虧欠。這位寇蘇卡先生也真頑皮，開車至灘頭猛然加速衝下海灘造浪，害得裸體日光浴之眾男女把胴體捲入毛毯之中以防濺濕；他那付洋洋得意的模樣，好像在威嚇遲早要撞死你們這些共產黨員，令我啼笑皆非。

　　在剛果人民共和國黑角商港卸清船貨，本船就變空船，故乾

舷約有三層樓的高度，返航須滿載奧克欖樹（Okoume, 又稱加彭欖樹）原木回以色列。加彭欖樹幹呈紅胡桃色，具耐海水浸泡不腐的特性，木質好價值貴，是用來製造名貴傢俱、遊艇船板的上好木材，為以色列所喜愛。裝載奧克欖樹原木就需用到克魯族船工的專技，原木裝載場所，是北行三八五浬的加彭尚蒂爾港深水碼頭。

啟航前，寇蘇卡先生突然以公司名義，令我先向北駛約百浬，停靠加彭潟湖海口的馬泳巴村裝載部分原木。我倆為此激辯，為什麼本船不直奔尚蒂爾商港裝滿原木，幹嘛先到馬泳巴村裝一部分，不足數才再駛二八五浬到尚蒂爾港補滿？他說不然，他有辦法在尼揚喀水系買到最頂級、最便宜的奧克欖樹原木，但須在產地馬泳巴村先上貨裝載。他解釋奧克欖樹產地就在加彭境內三百餘浬長的尼揚喀水系流域，他說三道四讓我疑慮更深，但無言以對，公司說了算，於是，就約定待我先駛往加彭的馬泳巴村，兩人於 1 月 8 日在馬泳巴村再碰面。

啟航時寇蘇卡先生送來一張手繪馬泳巴村口岸的對景圖，圖上無建物也無地貌、無地標更無燈塔，僅有口岸形狀。駕駛臺圖庫內英國調製的加彭海圖，根本沒明列馬泳巴村是個「海港」，本船無從入「港」，須錨泊在岸外吊掛原木入船艙。1 月 7 日黃昏，本船在黑角商港將雜貨清卸後，立即申請空船離港夜航北上，隔天午時已抵達加彭馬泳巴村附近海岸。

馬泳巴潟湖出海嘴口甚為特別，亦可藉以闡明造物者之神奇。馬泳巴村位於長近百浬的潟湖最北端，加彭與剛果的國界在潟湖最南端，潟湖幅寬從兩百碼到三千碼不等，其間有多條河流從東邊的非洲大陸注入潟湖。潟湖出海嘴口為水下巨岩所擋，潟湖湖面較均潮海平面高出四呎，此水底巨岩緩緩而斜下到海床，因而

使潟湖之湖水在低潮時，湖水向北流，從巨岩上頭緩緩流出海。

　　這塊水下巨岩與潟湖軸線平行，長約兩千碼，水頭高程與流長比約為一比一千五，故潟湖之湖水流速甚緩。但在一浬之外的船上，雷達早已將水流掃瞄出來，非常容易測定船位。但在高潮時，因海平面較均潮高出湖面五呎，海水倒灌回潟湖內，湖內水流朝南，雷達掃瞄就完全沒有迴跡！故從二十浬外雷達螢幕瞄跡，就可探知現在是高潮、低潮還是潮間，造物者實在夠奇妙。

　　我選擇湖海匯合有旋渦之南的靜水區下錨，以利裝載原木，這是我造訪西非領船進出第十一個「港口」，也是我在南半球造訪的第五個「港口」。拋錨時，我下達錨令 Pay Out the Cables（鬆出錨鍊）；鍊聲一響，位在潟湖嘴口馬泳巴村高地茅舍，有位加彭當地的威立原住民（Vili People），立即吹起牛角號聲，時為當地時區 1 月 8 日下午 13 時。

　　人口不足兩千的馬泳巴村，有條千米長的草皮飛機跑道，寇蘇卡先生是搭機前來此地會面。牛角聲後的高潮時分，伐木場的 YTL 港拖自潟湖內前來靠泊本船，寇蘇卡先生在艇艏向我揮手，本船另三位以色列神祕船客立即離船登上港拖旁的舷外機橡皮快艇，同時也有三位持以色列護照的船客登船。

　　寇蘇卡先生說，伐木場主人特邀我至尼揚喀河的主人莊園作兩天一夜之旅；我飄洋過海都住船長艙室，居然要我夜宿熱帶雨林？我緊張兮兮地從保險櫃取出手槍與全部彈匣隨身攜帶，交代大副留船守值，我離船後與寇蘇卡先生同乘 YTL 港拖，沿著海岸北航至尼揚喀河出海口再溯河上行。

　　尼揚喀河出海口經過一段彎來繞去滯洪三角洲上行，周邊原生奧克欖樹長在岸邊沼澤中，河水清澈可見樹樁，旁無雜草小

樹。當然，在水中不能復育種樹，推想是幼樹在河邊育林土地生根，成長為巨大樹林之後，每遇漲潮河水水位升高，遂造成如此奇觀。伐木工人絕不砍伐此種水中原木，以維護生態平衡。

沿河上行約五小時，終昏時分就抵達伐木場莊園棧橋登岸。低調不奢華的莊園別墅是棟水泥建物，有間大客廳兼餐廳，數間套房臥室，廚房則在宅外，旁邊蓋有一棟招待所，僅容賓客兩人留宿。另有草寮一大棟，是伐木工人與警衛住所，莊園周界有刮刀刺絲網，還有瞭望塔。

莊園內的法裔主人自備草皮跑道，飛機庫停有螺槳機一架，雖無塔臺，卻豎有指示風向的長條風袋，並有柴油發電機房、無線電臺等。莊園內常居約二十餘位職工，方圓數十公里內渺無人煙；由於尼揚喀河水系未遭污染，所以主人將清澈的河水用馬達抽水直接打上瞭望塔頂的水塔中貯存，以重力給水使用。

雖然身處在這蠻荒熱帶雨林，伐木場主人所享受的，卻像帝王般現代化的生活。他的童顏嫩妻是位法裔美女，新生嬰兒十分可愛尚在襁褓中，家中有貼身女僕兩人，男僕則不准進入屋內。一個月前，本船在這個國家首都自由市碇泊期間，我未曾登岸去享受法式大餐；今日，卻在伐木場主人家中作客體驗到了。從入夜 19 時開始用餐，先喝香檳及葡萄酒，也有多道主菜輪番奉上，吃多吃少都隨君意，並有魚子醬佐餐。

其中最特別的，是主人用法語請我務必試嚐法國臭起士，要嚼爛後用啤酒漱口攪和後吞嚥；我覺得其臭遠不如臺北市西門町的臭豆腐，遂如言咬嚼以酒吞食面不改色。主人非常訝異遂再三鼓掌大笑叫「西佩爾」（法語指您太厲害之謂）。

我用法語請教主人，他的伐木事業是否有潛在威脅？主人看

了看寇蘇卡先生頓了一下，說他這個莊園是百多年來代代相傳的祖產，加彭當地的威立原住民改信基督教後已被馴化，殖民者與被殖民者雙方和諧共處，並未因十三年前加彭脫離法國獨立而改變。他怕的是南方百浬外的剛果人民共和國，四年前已遭赤化，正向加彭百姓灌輸無產階級革命鬥爭理念。

　　主人從寇蘇卡先生處得知我曾在遠東與共黨對戰過，就指著餐桌後佇立的兩位威立女黑僕，擔心她們遲早會遭共黨洗腦，對他這類剝削掠奪的殖民富豪宣戰。這就解釋了為何殖民利益集團要想壟斷殖民地資源，就得無所不用其極防堵非洲遭全面赤化。

　　晚餐在子夜結束後，寇蘇卡先生帶我到客房。他告訴我此地雖無鱷魚巨蟒，卻有毒蛇蜈蚣伺機潛入，所幸客房結構密實毫無縫隙，故不必害怕。但他也聽聞曾有老虎與獅子，晚上突破莊園周界用屁股撞客房正門，一旦把門撞開野獸會把賓客銜回獸窟讓幼獸分享爭食，故睡前務須巡視室內將門窗栓緊。室內壁上有通風口，由細孔鋼板加兩重紗窗組合成，蚊蟲進不來大可放心入眠。寇蘇卡先生提醒：若聞得什麼風吹草動切莫開門探究，務須穿堂迅速躲入浴室中反鎖鋼門；浴室周圍都是防彈厚牆，警衛在屋外向客房內野獸轟擊，不致傷及浴室內的賓客。

　　果不其然，他還沒說完就聽到莊園外有群動物踩踏徘徊，間或連續嘶吼；寇蘇卡先生接著說若是獅虎豹豺聞槍聲即逃，最難對付就是人猿和灰熊，牠們蠻不畏死敢向警衛衝來，必須播放尖銳噪音始受驚逃離，現在外頭群聚的應是人猿聞到廚香前來覓食，過一陣子沒啥搞頭會自行散去。寇蘇卡先生諄諄叮嚀之後又回到別墅屋內。我形單影隻獨身在招待所內，我拍拍手槍壯膽，檢視室內裝置，果如其言樣樣防護裝置俱全，他所說的野獸入侵

危機想也不假。既然室內布局有夠安全，入浴後我遂安然入夢。

　　下半夜被拍門聲吵醒，嚇得我三魂不帶七魄，拔槍上彈匣開保險，手槍指著門口向浴室撤退。瞬即一想，野獸屁股怎麼可能用來拍門，遂用法語問「誰呀？」一位男僕答稱起床時間到了，一看手錶將近 4 時正，是約定起床的時間準備啟程回船，我趕忙收起手槍、盥洗穿衣。我攜槍警戒走向主人別墅客廳，餐室已是燈火通明，喝完歐蕾咖啡後，我向女主人告別。

　　寇蘇卡先生與我搭乘伐木場主人親自駕駛的噴射推進艇（Water Jet Boat, 噴推艇），以五十節航速風馳電掣順流下行；矇矓中忽然在河流前方瞧見一座白色龐然巨物狀似岩石，我深恐噴推艇迎面撞去，幾乎脫口喊：「我命休矣！」說時遲那時快，白色龐然巨物化成千百隻信天翁飛騰，自河中枯樹枝幹散去，雪白羽翼遮蔽昏暗的黎明天際，這真是永世難忘的非洲拂曉蠻荒之旅！

　　伐木場主人飆艇四十餘浬，把我倆送回船上已是晨光曦微，他遂駕駛噴推艇回莊園；我倆上得船來已天光大白，隨即見到 YTL 港拖再度現身，拖帶一連串木排前來旁靠船舷，一時海面盡都是原木。本船船舷放出鋼纜將原木排繫留，木排迤邐一望無際。此時船舯四個貨艙蓋全部打開，裝載原木的工作都由克魯族船工接手。他們六人一組負責一個貨艙之裝載，其中一人操控吊臂起重機，兩人在海面將十噸重的原木樹幹掛上吊索，三人在艙中排列原木，所有克魯族船工沒人閒著，連頭目也來往四艙之甲板上不時向艙中船工指手劃腳，有時咆哮得非常兇狠。

　　寇蘇卡先生見船工努力裝載，午後遂搭乘港拖返回莊園；離船前自詡權充買家的他向賣方的莊園搶購頂級原木，捷足先登已大獲全勝，欲購到的原木數都已如期到位了。寇蘇卡先生為何不在

此購足兩千八根頂級原木滿載直放以色列？神祕的船客不能在戒備森嚴的剛果黑角港滲透入出境，中停馬泳巴村在此上下船，深入蠻荒跨境滲透入南方的共黨剛果，才是「臨停馬泳巴村裝載頂級原木」的理由吧。我倆彼此珍重，相約在下一港口再次見面。

　　傍晚，港拖再度帶來另一批原木，用力將一排排漂浮的原木推、拖、拉、頂至正確位置而利裝載。克魯族船工在艙面照明燈下漏夜工作，效率之高令人無話可說。每一根原木長約二十米、直徑一米，用吊索吊放入貨艙，船工會把第一根較粗的一端，朝船艉方向頂住貨艙艙壁，第二根較粗的一端，則朝船艏方向頂住貨艙艙壁，兩根原木粗、細端相互交疊減少其間空隙，裝得不理想時寧願重來絕不馬虎，務使艙內原木塞得牢實，即使本船遇狂風巨浪，艙內原木也不會走位。

　　這是我生平第一次經歷裝載原木，我爬下貨艙直梯親自檢視，真沒想到本船貨艙竟然如是龐大，有四層樓高，六百餘根原木歷經兩天陸續裝上船來，所佔四個貨艙之體積還不到三分之一滿；大副報知下一個港口還要再裝載兩千一百餘根原木。1 月 10 日黃昏，所購原木全部裝載完畢，晚上駛離馬泳巴村向北航行至尚蒂爾商港。

　　我曾研究過尚蒂爾商港的航道，發覺其港池形勢很不尋常，港外航道周邊，水下處處都是淺灘砂壩，航行進出此港要格外謹慎。本船沿加彭海岸北駛於 1 月 12 日上午，抵望見港口導航燈桿，我自行領航沿著左綠右紅的浮標，避開淺灘砂壩，順利進入港內拋錨。這是我造訪西非領船進出第十二個海港，也這是我在南半球造訪的第六個港口，在此須再裝滿奧克欖樹原木。

　　寇蘇卡先生已從馬泳巴村搭乘伐木場主人的螺槳機到了尚蒂

爾市來，見面第一句話就對我說，他很抱歉事先忘了告訴我這個海港外，處處是淺灘砂壩陷阱，如今見到我安然無恙進港才放心，還讚揚我的船藝高超，他會打電報回公司給我敘獎。他說不久前公司有艘姐妹船在港嘴附近就貿然轉彎進港，結果該輪擱淺坐灘；船長蹲在甲板上痛哭。他還告訴我在港候裝原木的商船太多，一時還輪不到本船，隨後代理行職員登船告知我，他們會爭取儘快旁靠深水碼頭加快裝載，寇蘇卡先生旋即匆忙飛返剛果黑角港任所。

　　這位臨時交得的好友，彼此相處雖然僅短短一週，期間建立了深厚的友情；對他言，如何防止非洲持續遭赤化才是重點，採購原木沒那麼重要。我倆在尚蒂爾商港一別，此生就未再碰過面。以寇蘇卡先生的工作特性言，他必定使用好幾個姓名並擁有好幾本護照，方便進出動亂的非洲，我至今仍非常想念這位神祕的以色列籍友人。

　　既然要久候原木裝載，本船在港錨泊亦無要事，除由克魯族船工粉刷油漆、整理船容等派勤，晚餐後休班海員就分批放假登岸。此商港居民四萬，並不繁華，商店街道亦不多，我上岸兩天就把市街來回逛過好幾遍。由於地近赤道且時值乾旱季節，無風無雨也無雲遮陽，悶熱程度令海員難以忍受；即使本地人不論人種膚色，因天氣炎熱穿著都非常透風單薄。辦公室與商店很少有冷氣設施，全市設有冷氣的商家是唯一的一間電影院，不過全天僅在下班後放映一場，票價三美元，算是很奢侈的消費。

　　大體上來說，西非各國的電影很少動剪刀，而是毛片上映，我也順便觀賞了一場○○七系列法語二輪片「*Vivre et Laisser Mourir*」（臺譯生死關頭）；半年前堅兒在部隊服役輪休時，曾陪同慈母

一睹該片在臺的首映，但遭新聞局電檢官員刪到兩人都看不太懂。此番在加彭觀賞電影一刀都沒剪，諒係血腥殺戮、煽情養眼鏡頭太多。

　　在漆黑的戲院內，卻碰上罕見的推擠場面。有威立原住民男女數對，穿著黑色晚禮服與黑色西服前來觀賞電影；在戲院內入場，燈光昏暗下威立原住民膚色已黑，再穿上黑色衣著遂成一堆黑漆，一不小心很容易相互碰撞。坐我旁邊的白人撞到的是脾氣不好的威立黑道角頭，白人道個歉遭沒有紳士風度的角頭回嗆，白人步出戲院後就被尾隨的角頭海扁到鼻青臉腫，連趕來約會的女伴當場都認不出他。

三、匆忙接掌超齡商船　以色列神祕雜貨船

圖 19.4　1974 年 3 月作者帶領雜貨船丹戎號空艙航向地中海馬爾他國（鍾漢波數位典藏）

　　本船在尚蒂爾港透過輪船雜貨商，詢價白米每公斤價格為九十美分，貴不了多少尚覺可以接受，遂買了幾百公斤白米，食米短缺問題終告解決，饅頭就暫且擱一邊吧。隔天，雜貨商登船退

　　還購買食米的價金之半，用法語解釋他的老闆原先不知道是臺籍船長購米，事後在首府自由市電話指示半賣半送；我用法語說你們老闆我認識嗎？雜貨商聳肩不知，補充說他老闆也是臺灣人，是派駐自由市的臺灣農技團團長。懂了，他鄉遇故知嘛！我簽收現金退款交予大副，置入本船福利金帳戶內。

　　在尚蒂爾港適逢農曆春節，本船臺籍海員心知肚明鬧兵變的下場是返航以色列就遭革職，沒心情歡度佳節；倒是與克魯族船工頭目第二次見面懇談，他按農曆除夕習俗，全體克魯族船工在頭目率領下，向我下跪高喊了多次父親萬歲、萬萬歲後，我再次加碼給了他們三瓶紅標。那他們在除夕夜阿拉真主特准開酒戒，每人可以飲到多少烈酒呢？平均每人不到百西西的威士忌，諒不致於酒後亂性。

　　1月分過完，本船才把尚蒂爾港的兩千一百多根奧克欖樹原木共兩萬餘噸裝滿，在我看來這兒裝載的原木，品質不輸先前馬泳巴村的頂級原木。克魯族船工先裝滿了四個貨艙後予以封艙，收起舷梯，在甲板兩舷插豎工字型的鋼柱，又開始在甲板貨艙蓋上堆積原木，裝載得幾乎與駕駛臺齊高。

　　負責裝卸船貨的大副根據造船廠所設計積載原木之藍圖，不斷丈量吃水水深；為避免超載，絕對不可將船體滿載的水尺標線淹沒在水下，意即乾舷之上的滿載黃漆標線須露出海面。克魯族船工裝載原木確有一套，裝載得恰合乎滿載標準。開航後，向北航行四十浬後就是赤道線，回到北半球的大西洋海域；船身橫搖在七到八度間，週期為十五秒，在返程的航途中我不斷計測搖擺角度及搖擺週期，都在安全範圍內。

　　2月4日下午，航行八一○浬後駛抵迦納共和國之塔科拉迪

港，本船停俥漂航，等待 YT 拖船來接載克魯族船工返回原籍。本船甲板上因滿載原木，金屬舷梯早已收回，只有繩梯可供上下，是故二十五位船工連其所持行李加跑單幫物件，因浪湧甚大致使換乘頗費時，連等帶卸足足搞了五、六個小時才換乘完畢。

這讓我憶及 1966 年 2 月我擔任兩棲部隊少將副司令時，督導部隊自 LST 中字號艦由攀登網離艦換乘 LCVP 登陸艇，在澎湖豬母水搶灘。與今日西非同樣的惡劣海象下，僅一個陸戰排與裝備補給品，連等帶卸也是花了五、六個小時才搶灘登陸，兩棲作戰談何容易！

克魯族船工走了，我心中難免有些失落感，相處兩個月，他們沒有傳聞如兒猴那般可怕，他們反倒是替船上做了很多海員份內的工作。我近身觀察、考核克魯族船工在船期間，發現他們具有盡職工作、忠誠度高、紀律嚴明、專業程度強等特質，休班後也不嫖不賭、絕不互毆胡作非為，是全球最優秀的水手；相較於克魯族船工，華籍海員的行徑就令人不敢恭維了。

3/O 張國源在駕駛臺值班時，常與我一齊觀星測船位，但他身體欠佳；三個多月來他第一次踏入船長室，見我就問：「皮哥您終日繃著臉孔幹船長，究竟辛苦不辛苦？」我答曰還用說，原因你知我知，何必問。他說皮哥當船長真有辦法，現在海員也慢慢習慣您的領導風格了，大多數人都願意繼續追隨皮哥您幹下去，可是只有他卻希望船一回到以色列，就趕快返臺養病並侍奉雙親。父母在，不遠行。我不能不答應孝順的學弟，他便高興地退下。

其實，我何嘗不是如此，幸好永貞在左營眷舍尚有服役中的堅兒作伴，玲兒則遠赴北美留學，獲得博士學位辦妥居留當全職教授；跑船的海員，總希望儘快與家人團聚，落葉歸根。

　　本船駛離迦納後航行近兩千三百浬，又來到西班牙屬地拉斯帕爾瑪斯港。因尚須再航行三千兩百浬始能返抵以色列，不得不在拉斯帕爾瑪斯加添淡水。由於滿載原木吃水深，本船靠不了給水碼頭，只好在港外下錨，等候給水船前來旁靠加水，日夜不停足足費時一整天淡水才加滿水櫃，遂啟程回航以色列。

　　本船駛入地中海航行途中，計算海程 2 月底拂曉可抵達海法港，抵港後將會非常忙碌，沒時間發放月薪，遂決定提前一日在航途發薪。不過我超前作業，再早一天於 26 日晚間，就把海員各人薪金裝入薪餉袋內，到了 27 日晨唱名發餉，只一下子就將萬把美元的海員月薪給發完了。

　　搞兵變首謀的舵工，晚餐後未經請示就闖入船長室來，自知這回返以色列難逃被解僱的命運，竟開口請求我今後跑船帶他一齊走，這使我既錯愕又驚喜。我調教桀驁不馴的舵工，讓他變換氣質轉骨成認真負責的水手，他居然想要死忠地追隨我航遍天下？萬一他再度搞蛋，我會被他搞到垮臺呀，況且，非親非故怎有提攜他的餘地？不過，我只淡定地回應：「以後有機會再說吧！」便請他出去，我肺腑之言也沒得罪他。

　　2 月 28 日，本船於拂曉天色朦朧之際，按 ETA 準點駛抵海法商港錨區下錨，掛起「申請引水員」G 字旗，等候引水員來移船位下卸原木，這是我在地中海領船進出的第二個海港。不旋踵一艘港勤艇旁靠，公司的人事經理帶著一位隨員，隨艇前來登船到船長室，交給我從臺灣寄來家書數封；我趕緊拆閱速讀，得知家中一切平安，歷次匯薪均已收到遂放下心。

　　四個月前我初到以色列奧發兄弟航運公司簽約時，曾見過這位人事經理，他是公司財務、航運、人事三大經理之一；他絳尊

來船必有驚天大事，我連忙收起家書與他寒喧。人事經理先稱讚我這航次在非洲表現非凡，並說明就是因為我是寇蘇卡先生讚揚的優秀船長，公司急調我赴義大利共和國的威尼斯商港，去接充姐妹船丹戎號（M/V TANJONG）的船長職，而且等我等了好幾天了。

　　於是我立刻將本船四個月餉單及結餘款自保險櫃取出解繳，並請他點收櫃內槍彈；他看到海員連本月底薪資都已發放了，省了公司不少事，非常高興。他令隨員將所有餉單攜回公司銷帳，至於結存現金款不必解繳移交，叫我帶著走，將來列入丹戎商船帳目內；本船合作社菸酒雜物庫，原由大副經管，他就命大副向尚未到職的新任船長移交，這樣，我不到十分鐘就把船長一職交代完畢。

　　人事經理請我把私人物件清出來放在床上，好讓他的隨員替我裝疊。我的衣物不多，除身上一套西服與一件卡奇布防風夾克外，僅有外出長短西褲各一條，毛線背心一件，一套美國海軍制式寒冬作戰用的黑色毛織上衣與棉毛長褲，長短袖襯衣數件，兩條領帶與一頂黑色棒球帽，其餘是內衣褲與盥洗用具。當然，還有最重要的自傳文稿資料夾；此外，尚有四件平日必備的寶物，即一支竹製的「不求人」、一付聽診器、一隻體溫計和一組錶式血壓計，還有隨身的「危險獎金」一千美元現鈔，這些就是我跑船的全部家當。

　　床上的個人物件就煩隨員替我收拾，都還塞不滿我帶來的手提式軟皮箱，攜帶如此簡單的行囊，我再次準備奔波人生下一趟旅程。行前，有三件事值得一記。一是受人之託忠人之事，我向人事經理請求，本船 3/O 張國源因健康欠佳，宜把他資遣回臺灣，人事經理對我說這不成問題，但未見其交辦，亦未見其寫入

記事簿中。二是塞內加爾共和國海關官員貪瀆，經錄影存證建請公司檢舉貪官並照市價向該國政府索賠，人事經理說既然證據鑿確，當即吩咐隨員檢據告發，他還讚揚我錄影蒐證非洲官員貪污瀆職，是難得一見剛直公正的船長。三是在剛果河口香蕉港的葡裔資深引水員公器私用，劣跡已明載於航海日誌，人事經理吩咐隨員審認後不再續聘那位攜帶魚獲的引水員。

我將船長室英製保險櫃的密碼抄給隨員並督導他按碼開關，再想想沒什麼其他事要交辦，然後對人事經理說聲我準備好了，於是相偕一齊離船。他邊走邊說會陪我到威尼斯一路照顧我，叫我放心，見我個人行李箱尚有空間，還致贈我一整箱的罐裝頂級中東椰棗乾果健康食品，要我以後在公司的船上多補補身子；見鬼啦，我心想哪有那麼大面子給人事經理親自一路陪侍照料，一整箱椰棗乾果要何時才吃得完呀？人事經理肯定是強押我赴任。我們與下船的六位以色列船客共乘港勤艇，從此離開服務近四個月值得懷念的喀瑪商船。

抵達入境碼頭經移民局准以落地簽證在我護照內頁蓋了章戳，海關則免予檢查行李，使我覺得無邦交的以色列，對我國高階海員十分禮遇，令我感受到很有尊嚴。公務車載著我倆離開海法市，清晨到首都特拉維夫市在機場大道上一處露天咖啡座停下來，叫了豐盛的早點套餐，附咖啡及現榨雅發果汁。早餐店對面就是義大利大使館，側門入地下室是領務組，人事經理進地下室約十分鐘左右，拿了過境簽證申請書給我，囑我填上個資他再拿回領務組，頻頻往返多回，約在九時後才帶我下領務組，簽好證尚可趕得上赴羅馬 11 時半起飛的航班。

我和人事經理趕至本古里昂國際機場，向義大利航空公司櫃

臺繳驗機票、護照、過境簽證紙，報到後先到大廳安檢，由以色列女兵代為執行，她們素以勇猛美豔聞名於世。女兵打開我的行李，將內裝衣物一面翻查一面自言自語，低聲說她不是海關關員，毋須擔心打稅，她只是代班的安全人員，檢查有無危險品；東西翻亂了，她照原樣疊好。我看著她把行李衣物一件件查驗的非常仔細，見到我有一套美國海軍制式寒冬作戰服愣住，道個歉繼續檢查，使人無話可說。行李檢查完畢，女兵彬彬有禮向我敬禮致意，遂將之過磅直運威尼斯終點航站。

義航班機準點於近午起飛，在飛機上人事經理這才告訴我，公司因喀瑪商船上一航次臺籍海員鬧兵變，公司早已準備將船上參加兵變的臺籍海員在下卸原木後悉數撤換，並殃及其它沒搞亂的臺籍海員一併解僱，3/O張國源算是後者。首謀的舵工是以撤職名義遭遣送，返臺旅費自掏腰包；帶病的三副是由公司資遣，加發一個月的薪金當資遣費且返臺機票費由公司出帳。公司唯一留用的臺籍海員僅有大副，他是兵變後與我同時到職，故公司沒撤換他；他如港籍佘報務員、菲籍二廚，非臺籍海員均未涉及兵變鬧事也都繼續留用。

人事經理又說，透過公司寇蘇卡先生考核，回報我非常盡責，能夠壓得住頑劣海員把喀瑪商船平安地依時裝滿原木回航，且船藝精湛甚獲公司上下稱讚。現今丹戎商船上又出問題，會講華語的星籍船長和臺籍海員不對盤，公司盼我我赴威尼斯接船，行程這麼迫促無非是要我去帶領這批人心浮躁的海員。天呀！公司把我當作消防隊員在使喚，哪裡著火就送去哪裡打火。

人事經理代表資方公司出面，他先去船上把星籍船長撤換掉，原船長離職後，再陪我登船布達我接任船長，務使王不見王，以

免衍生失控的意外，不准前後任船長面對面職務交接十分違常，這是什麼意思？人事經理向我一再說明，丹戎商船您接掌後立即駛往馬爾他國，目的是進廠塢修，大修後就跟新船一樣；擔任新船船長，當然是一件愉快的事，把船由威尼斯安全帶到馬爾他國修船後再出航，就是大功一件。

　　人事經理表達致賀我接掌新船之意，鬼話連篇什麼新船騙誰呀？我立刻感受此番任務，又是運用我領導統御的能力把海員與船安全帶到馬爾他國，趁著修船的空檔，把全體臺籍海員撤換掉，與喀瑪商船之撤換臺籍海員如出一轍。海員往往視船長為資方，容易與船長對立衝突，但船東卻視船長為勞方，這使船長承上啟下時非常吃力，兩面都不討好。

　　我對船東維護公司利益撤換海員一事，無可厚非；臺籍海員在以色列商船，過去與我無冤無仇況且又是同胞，很多還是我的海軍老袍襗，在我手上離職，我多加照顧他們，盡力維護他們的權益實在義不容辭。前後任船長都在場卻不能當面職務交接，定有不可告人的暗黑布局正在推動，我不打算在丹戎商船上長留久任幹下去。

　　大約是下午 15 時，班機降落威尼斯馬可孛羅國際機場，立即有公務車來接，直駛航站的渡船場碼頭，行李暫存在公務車上。我們乘水上巴士渡輪，開航後穿過威尼斯古老大橋之下，在航道中向聖馬可廣場碼頭進發。遠眺可望見水城內有狹窄水巷，上有拱橋，下有貢朵拉舢舨與鳳尾船行進；最奇特者為狹窄水巷之兩岸民宅，在三樓架設棧橋以供鄰居相互來往，在世界各國橋樑中別具一格。抵達聖馬可廣場碼頭後，我就隨人事經理急步越過聖馬可廣場，趕在威尼斯銀行下班前洽訪。

　　人事經理在銀行的戶頭提取美元現鈔，作為丹戎商船海員的薪資，但銀行櫃姐說該行暫缺現鈔供應，人事經理稍經考慮，即向銀行兌取美元旅行支票，百元面額票值累計一萬美元。人事經理稍後在旅行支票的上下款均簽字，如此，這些旅行支票的持票人可隨時兌換美元現鈔。

　　我倆又匆匆離開銀行，路過的街巷並不繁華，卻有一排排的舊式辦公大樓；原來，奧發兄弟航運公司在其中設有南歐分公司，人事經理在這分公司裡還有他的專屬辦公室。他告訴我今天該辦的都搞定了，他把兌來之旅行支票放進他辦公室保險櫃內，同時我亦把攜來的商船結存現金款貼封籤後，亦放置在他保險櫃內，我不須身懷公款趴趴走以策安全。

　　時近黃昏，人事經理就帶我前往分公司附近旅店投宿，食宿均由公司埋單。住宿的五星級豪華旅店，位於渡船場邊。這是我生平在歐洲首次住宿旅店，感覺非常新奇；這家旅店門面裝潢極其奢華，旅店門口的人行道上，架有帆布遮陽走道，玻璃轉門後的櫃檯男女職員均穿制服，彬彬有禮。一樓大廳備有多套沙發，供來賓會客用，附設餐廳及酒吧富麗堂皇。旅店住宿費附贈早餐，每日收費十八美元，午晚兩餐則可簽帳。

　　隔日人事經理單獨前往丹戎商船解僱星籍船長並辦理繁瑣的人事手續，足足要一整天，他囑我在旅店多休息，3月2日再連袂赴船上布達我的新職。我晨起用過早餐之後，尚有睡意遂回客房再三展讀永貞信札，愈讀家書就愈思念老伴，讀累了才睡個回籠覺，竟至午時才醒，應是昨日忙著趕路過於辛勞所致。午餐後，決定再訪水城威尼斯，因為昨天跟隨人事經理到城區洽公，來去匆匆未及遊覽。

　　我從旅店回到聖馬可廣場，此次我一個人行動自由，沿水巷所見景觀與昨天相同，我向廣場之西的商店街走去。此街道寬而不長，每間商店共三層樓，大小、屋形、高矮齊一，合掌對街而建。商店牆面全用黑色大理石砌成，身在合掌街中仰首向兩邊觀看，如夢似幻邁入仙境，幾乎不相信自己的眼睛。

　　商店街陳展商品以珠寶首飾、米蘭品牌服裝、樂器及威尼斯聞名世界之玻璃藝品為主。櫥窗中最吸引我目光者，是陳列四隻不同姿態的翔鶴玻璃，標價三百美元但沒有品牌；我身上零用金綽綽有餘，有點心動立即掏錢買下打包寄送給永貞，但我還是忍下這一時的激情。我參觀此街時，見有數名穿著華麗、打扮入時的貴婦漫步其間，此街似乎專為高消費族群而設。

　　商店街盡頭就是民宅，過了民宅又是水巷，無甚可遊遂回到聖馬可廣場。前有方形鐘塔一座高聳入雲霄，廣場上有群鴿與路人甚為親近，飛鴿成千上百，一群群跟隨著遊客飛翔蔚為奇景。但滿場鴿糞臭氣燻天，難道歐洲居民不怕禽流感疫情？近年有專題報導，謂鴿糞有禽傳人疾病之病原體，不知聖馬可廣場之飛鴿這些年來是否安在。

　　過廣場向東行，就是聖馬可聖殿宗主教座堂，須購門票方得入內祈禱參拜；這棟拜占庭式教堂內有許多壁畫，教堂外圓頂下方亦置有雕像栩栩如生。我入教堂後尾隨觀光團，經禁道入地下室殿堂，見有病患多人擠坐一起，據聞彼等均為虔誠教徒，在此靜候天主的降福，堅信上帝能夠治癒他們的疾病。患者既有信心加上醫院的診療，當必事半功倍。來此觀光者見此情狀，莫不顯示同情心，盼望眾病患早日康復。離開通道步出教堂外，參觀聖殿宗主教座堂就告結束。我遊倦返回旅店一夕安睡，夢中我看到

玻璃翔鶴在永貞頭頂繞飛。

　　3月2日逢週末，在旅店享用早餐後，人事經理就來迎接，遂同赴其辦公室；我取回前天所寄存封籤的現鈔，他亦交付美元旅行支票一萬元給我簽收，以備往後一個月海員發薪之用。我心中納悶，分公司在銀行戶頭內存款豐厚，什麼原因僅撥發全體海員一個月的薪酬叫我啟航？難道一個月後就不用再發薪了嗎？我有不祥感受。

　　上午9時抵達丹戎商船，人事經理召集所有船副、輪管共八人齊集於幹部餐廳，宣布我擔任船長，到任第一件事先更換船長室英製保險櫃的密碼，第二件事立即洗艙再開赴馬爾他國，抵達修造廠後當即燻艙再修船，人事經理交待完就離船返以色列。接著大副就向我點交合作社菸酒及日用品倉庫內物品帳簿，帳料相符並無短少。

　　這艘英製雜貨船比喀瑪商船更老，船齡四十一年，是30年代全球經濟大蕭條後急造的舊船，商船證書記載僅四千兩百登簿淨噸，一萬兩千載重噸。上一航次是從以色列裝滿無機肥料前來威尼斯商港卸貨，老軌向我報怨：前任船長奉公司之命一路以緊急全速進俥（Emergency Full Ahead）飆船，機艙震動致全船抖動幾乎散裂，老軌接連請求船長減俥以維航安，船長均以趕行程回絕。老軌判斷這艘逾齡老船就算大修整備後，遲早會出事，反正大修期間所有海員都遭撤換，爾後船出不出事就不關老軌的事，他請我掌船後要小心再小心。

　　我檢視船上四個貨艙尚殘留許多白色肥料渣，遂下令洗艙，海員隨便應付三兩下就說洗完了，我不得不按規定從商船結存現金款內給付加班費共計兩百美元，由大副他去分配，皆大歡喜。

隨即解纜啟航，出了威尼斯港嘴後引水員離船，本船即駛入地中海的內海「亞德利亞海」，這是我在地中海領船進出第三個海港。本船一進入海洋，除非遭遇惡劣海象或機械故障，我用半速進俥，遲早都會平安抵達八七○浬外的馬爾他國。

第貳拾章
逾齡商船的酸甜苦辣

圖 20.1　1974 年 3 月作者帶領雜貨船丹戎號航經義大利西西里島帕塞羅角外海
（鍾漢波數位典藏）

一、爛船弄沉詐領保險　左右為難船長悲歌

圖 20.2　1974 年 4 月作者率丹戎雜貨船旁靠風景如畫的地中海馬爾他國瓦萊塔港
（鍾漢波數位典藏）

　　本船空載赴馬爾他國大修，油水僅加注單程的配額故乾舷甚
高，即便亞德利亞海風浪不大，但空載的船體橫搖幅度非常猛，
尤其用舵轉向時，橫搖的搖擺高達二十度；我在船長室填寫進塢
洽修單之際，忽聞類似火車聲在天花板上轟隆隆地開往左舷方向
去。火車隨著向右舷橫搖的船體，又轟隆隆地開往右舷。如此週
而復始，轟隆隆來又轟隆隆去，迄本船駛離亞德利亞海後風平浪
靜，火車才停駛。我判斷天花板上的不是什麼火車，是一大群暈
昏的老鼠啦！

　　老海狗般的資深水手說船上的老鼠是個寶，與船同生但不共
死；據聞船上的老鼠通靈，當牠們預知下一航次將發生海難時，
在離港前牠們會沿著纜繩紛紛離船登上碼頭避禍，我沒目睹過這
種靈異場景，但曾親眼看見鬼鬼祟祟的老鼠，沿著纜繩翻過防鼠
罩偷渡登船。

　　老鼠究竟是不是船上的吉祥物，見仁見智，唯老鼠是漢他病

毒（Hantavirus）的宿主，漢他病毒在人畜間交叉傳染，感染後潛伏期約兩週；症狀是先高燒不退、全身疼痛厭食嘔吐、最終大量內出血休克，病發死亡率高達四十趴，有可能在冗長的航途中全體海員同受感染七孔流血猝亡，故港口檢疫機關都要查驗進港船舶是否有定期燻艙滅鼠的紀錄。

本船駛過亞德利亞海全程，再經地中海的另一內海「亞奧尼亞海」，於 3 月 5 日駛抵義大利正南約六十浬之馬爾他國錨區下錨，等候進港修船。等了三天，終於來了位引水員，把本船直接帶進修造廠碼頭靠泊，這是我在地中海帶船進出第四個海港。

面積僅三百平方公里的馬爾他國原是英國海軍基地，二戰後獨立建國，島上有限的平地全是岩石開鑿劈成，故公路巷道崎嶇迂迴，島內缺乏土壤農產稀少，唯圓頂巴洛克式天主教堂四處林立。每天白晝正點，教堂鐘聲此起彼落，不絕於耳。全島工業僅有四布的修造船廠，敲敲打打極為繁忙，據聞該國最大宗的收入是修造船艇，次為觀光旅遊。

馬爾他國首府瓦萊塔與羅馬間，每日均有航班來往，以搭載觀光客為主。首府是個城堡都市，入口處尚保存有古式岩石城門，高聳而闊厚，蔚為奇觀是為地標。城門兩端石砌城牆延伸繞城，亦甚為雄偉，觀光客至此莫不拍照留念。市內五星級觀光旅店林立，亦有歐式露天咖啡雅座，晚餐還有音樂演奏以娛饗客。我趁修船空閒時刻步行逛遍首府瓦萊塔的大街小巷，當地民風保守信仰虔誠，對外來客非常友善，社會少見黃賭毒故治安無虞，我在此地前後停留約八週，對馬爾他國的印象極佳。

馬爾他國主島之西，有離島哥佐設有海水浴場。馬爾他國原與我國邦交熱絡，我國亦曾協助其興築跨海大橋，由本島直達兩

浬外的哥佐離島。本船抵達時馬爾他國已承認中共而與我國斷交，我國在此地投資頓成泡影。但該國的民性平和，因此臺籍海員在馬爾他國並未受到歧視。

當地紙鈔延用殖民宗主國的幣制，使用馬爾他磅（Maltese Pound），每磅合兩美元左右，與宗主國的英磅等值；每一美元兌換當地零錢，可搭乘公車十六次，算是相對便宜。觀光娛樂設施方面，除首都鬧區尚具規模外，修造廠附近有電影院一家，英國殖民地風俗非常保守，影片被剪得體無完膚，無甚看頭。

馬爾他國居民生活頗為困頓，當時尚未發展精緻農業，故居民覓職不易；家庭副業以飼養肉豬為主，餿水飼料來源據稱得自泊港船舶及觀光旅店，所產豬肉足供內需，但豬頭、豬腳、豬內臟遭當地居民嫌髒故乏人問津。輪船雜貨商常向在港之華籍海員兜售遭棄置之豬頭腳與內臟，蓋華籍海員對此情有獨鍾，大廚巧手製成家鄉菜滷豬耳朵、紅燒豬腳、豬舌湯、豬頰肉膜、豬肚豬肝湯等。海員對此等菜式特別喜愛，上桌時無不一掃而光，豬油滷汁亦留作拌麵條用，大快朵頤。

此地華僑很少，但有港式餐廳一間布置輝煌，店名「金鴨飯店」。據店員轉述糗事一則，略謂一艘巨型油輪在此修船，一日華籍船長筵開一桌，山珍海味大饗航輪幹部與代理行職員；宴罷船長離席，但代理行拒付帳，而船長亦否認請客。結果查出是船上二副搞怪，左手騙代理行說是船長請客，右手誆船長說是代理行請客。船長遂將矇騙餐宴的二副炒魷魚，並在其薪金內扣回餐費連同滯納生息的利金，請管事將餐費專送飯店結帳，此一糗事足見船長權力之大。

本船旁靠馬爾他國修造廠專用碼頭後，在未動工修船之前，

以色列總公司來了數人，會同廠方及權宜船籍國賴比瑞亞的驗船師，在駕駛臺閉門密談甚久。修我的船，居然不讓我知曉要如何修，想趁修船故意動手腳？我不祥的感受更強烈。他們密談完畢，旋即著手準備清理貨艙再燻艙、開工修船。

大修開始前，光是再度清乾淨艙底排水槽內已固化積存的化學肥料就費時三天之久，海員把狀如白色石塊的肥料殘渣，就近隨意傾倒在碼頭堆積如山；不久即由附近居民前來搶挖這些磷酸鈣鹽渣，將之混合砂礫當作農地填料以利栽種。同時，代理行應我之請，送來各種小面額的美元現鈔與我兌換旅行支票，方便本船 3 月底發放薪資。

緊接著就是在本船的內艙灌注劇毒的氰化鉀，燻艙滅鼠清除蟲蟻。蒸燻前我依規定在碼頭確實清點海員人數，一個都不准逗留在船上以免中毒暴斃。大副與老軌回船作燻前檢視，通風口與對外艙門須封死、內艙艙門要全打開、懸掛燻艙的 V 字旗與 E 字旗組在桅杆表示危險號誌，才開始由代理行招募的專業技士蒸燻。四個小時後，經燻艙技士清理出數百隻鼠屍及散落四處的鼠屎後，全體海員登船啟封、通風，並將個人物品、衣物、被褥抖開，才算大功告成，漢他病毒再見。問題是，窩居船內的鼠輩是吉祥物，斬草除根後本船會被帶衰嗎？

據修造廠技工透露，此一老舊商船在二戰初期曾吃了一枚德製魚雷，爆炸點在主機艙左舷，但臨戰搶修救回了這艘命非常硬的幸運船，這些年來輪機部門大問題沒有，小毛病卻始終不斷，停航待修的時段年年增長。此番大修是這艘老爺商船第十次塢修週期，本船主機及發電機不但要拆開檢修，艙面的錨機、絞盤、住艙通風機及艙內之舵機、空壓機、各種油水泵及閥門要一併檢

整修理，連船底及兩舷船殼也要鑽洞作抗力測試。

　　塢修期程預定為四十天，我問公司代表何不乾脆將逾齡舊船賣掉再買艘新船？公司代表說，集團創辦人奧發兄弟倆就是靠丹戎商船發跡，本船是公司的招財貓，二戰戰後還搶運了數不清的落難猶太人返回巴勒斯坦建國。以色列總公司代表還多嘴，不經意地說即便本船面臨汰除或沉損，新船加入公司船隊還是會銜接命名為丹戎。我心想這艘爛船既是招財貓，早就應汰舊換新，幹嘛一再進塢修船，難道公司代表洩漏口風汰除或「沉損」……修船時有什麼不可告人的暗黑面？

　　自從我本船船長後，帶領這批即將遭撤換的亡命之徒啟航，心中難免時常警惕。還好，一陸駛來他們值班都很正常，靠港後海員亦依規矩全天候輪班守值。本船進塢實施船殼、船底清除寄生物、鑽洞測試並將船殼油漆；錨鍊及錨具亦卸除置放於船塢乾底，由艙面水手除銹上漆，海員工作還算賣力。出塢後，繼續修理艙面機械裝備，輪機部門的工匠派工也還正常，海員協助修造廠做粗工，各做份內工作，到哪兒去找這些服從性高的海員呀？

　　過幾週，他們就被公司炒魷魚，情何以堪。即便我在擔任喀瑪商船船長時，海員中有調皮搗蛋、習性不良屬人格違常之輩，難以教誨者終屬極少數個案。足見在海外謀生的臺籍海員，心地其實都很善良，致使我在馬爾他國修船時，對於臺籍海員被撤換一事，心中非常納悶。

　　有一日我從修造廠搭公車進城，本船休班海員同車共乘的有六位之多；下車後他們圍繞著我傾談，表達他們的心聲。他們之所以即將被撤換，是無法接受原任星籍船長的領導模式，飆船期間兩位臺籍海員陸續輕微發悶燒病倒，星籍船長認為他倆裝病怠

勤，揚言要開革他倆。數日後在航途中，他倆發燒不退還咳出血塊，船長怕耽擱船期，也拒絕減俥讓緊急醫療網派機艦會合，將重病海員後送離船就醫；抵達威尼斯港後兩位海員已病入膏肓，船長才慌忙送他倆登岸急診，故而全體臺籍海員與船長爆發衝突，資方的總公司當然力挺船長，故全體臺籍海員都「被請辭」。我推定住院的兩位臺籍病患係罹患急性肺炎，唯醫院一旦檢驗出是漢他病毒作祟，本船麻煩可就大了。

　　海員同聲表示歡迎我來當船長，因為自己同胞當船長，離職時亦不致被公司虧待；他們一日在船就會盡海員之責，絕不會違背我的命令。他們說：「做一天和尚撞一天鐘，把份內勤務做好做完才離船。」頓時使我們彼此間，消除了船長與海員之隔閡，只覺得大家像難兄難弟般必須同舟共濟。遠洋商船的海員離鄉背井吃風喝浪賺幾文錢，養活家眷已夠辛酸，而且不知何時會罹患絕症或被炒魷魚，更是百般無奈。政府播遷來臺初期，外匯來源大部分靠出口香蕉與蔗糖；而我國當下三萬海員每年所賺薪水，近億美元匯回養家活口，就聚沙成塔將搏命辛苦錢轉用於社會活絡經濟，亦可謂盡了海員匹夫之責。

　　我與海員進城雖屬偶然相聚，但因機會無多，不忍就此話別各自遊覽；我表示欲去購買英國製之純毛織西裝料帶回臺灣，他們非常願意陪我選購。我在多家西服店看來看去，覺得各款英國西裝料的品牌均佳，都想添購難以取捨。有兩位住高雄的輪機工匠自願替我各帶一套回臺灣。海員返臺通關時每人帶一套自用西裝料免稅，但超量一定要照章課稅。於是我從善如流買了三套西裝料。我問他們這麼物超所值的西裝料，為什麼他們自己不買些帶回？他們說平時沒機會穿著西服，若買西裝料帶貨求售也沒門

路脫手，包準蝕本毫無賺頭。

　　他們又帶我到城北山崖崎嶇巷道內一間畫室，購買世界名畫複製品。畫面長約二呎寬呎餘，每五張定價一馬爾他磅。海員本以為船長品味典雅，哪知我對繪畫藝術一竅不通，如同牛嚼牡丹不知是花還是草，只好請海員代我挑選。他們說店主為方便顧客，已選有舉世聞名的珍貴複製品五幅一卷，我遂順手購之而歸。回船長室拆開來看，其中有一幅是文藝復興時期義大利名畫「蒙娜麗沙的微笑」（La Gioconda），再驢的人也能辨識，頓覺買回這些複製品沒啥價值，但眾海員引路之盛情難拂，而且所費有限；一馬爾他磅當作買個人情，那就非常值得了。

　　本船初抵修造廠之際，同一突堤有掛五星旗的廣州海運局所屬深黑色雜貨船靠泊，中國籍海員均穿灰色毛裝制服。晚餐後，他們齊集碼頭整隊散步，而本船休班海員則著便服三三兩兩結伴出遊天明始歸，形成兩種截然不同的對比。景中人物的感受，猶如飲水冷暖自知；隔日，中共雜貨船駛離。

　　接著在突堤碼頭停靠的是伊朗帝國十萬噸級油輪一艘待售，當時伊朗尚由國王巴勒維主政，全船均為華籍海員但船上幹部已移居岸上旅店，因之守值的基本海員情緒不甚穩定。我在海軍專校任少將校長時，有一舊屬劉稔年上尉，我保舉他調升圖書館館長兼航海教官，他晉陞少校滿二十年退役，拿到終身俸後跑船，恰在此油輪當二副；他請我回到油輪上吃蒸餃，昔日軍中袍襗海外相逢，可真是整夜傾談樂而忘返。

　　及後驚聞該輪發生兇案，案由開玩笑而殃及無辜令人歎息，幸好未涉及我的舊屬 2/O 劉二副。該油輪海員甲乙兩人彼此是牌搭子，案發當日甲閒來無事，在駕駛臺用小石拋擲乙的艙房圓

窗風兜，反彈入房間掉落床上，使乙不能安然酣睡。乙多次喊別一再搞我，而甲嬉戲如故，逼使乙無名火起遂提刀追殺甲，甲逃得快未被追及。有局外人海員丙，坐在通道之籐椅上納涼，乙持刀奔跑追殺嫌丙擋路，一刀捅向丙的心臟就如此枉送一命。後來兇嫌乙被馬爾他國警方羈押，不知結局如何。可見海員沉悶情緒不穩時，人人都是一枚不定時炸彈。

好景不長，我與臺籍海員融洽無間的友誼，僅維繫短短四週，他們即陸續遭撤換。頭一批新任的老軌、大管輪及二管輪等三位歐洲白人到差，唯獨年青的臺籍三管輪被留任。翌日原任臺籍老軌、大管輪、二管輪搭機回臺。三日後，又再撤換臺籍大副、二副、三副及報務員等四人，上述七名新到任的航輪幹部，均來自地中海北岸諸國，大副是西班牙人，老軌是南斯拉夫人，其他航輪幹部則有塞普勒斯人及土耳其人。

此後每隔三日，就有菲籍基本水手及輪機工匠七至八人不等前來報到，原有被撤換之臺籍水手與工匠，則於翌日搭機回臺。眼見同胞離船我百感交集，在公司任職兩艘商船船長我主要的功能，竟是穩住人心浮躁的臺籍海員，我目睹公司把同胞撤職非常難過。

每撤換一批臺籍海員，代理行就先一日將名單及機票送來；我檢視每人的單程機票，以抵達臺北松山國際機場國門那天，算作止薪日期，以維我國海員權益；這樣要比在馬爾他離船日止薪，可多發海員兩天薪水。回臺飛航的行程累計飛行時間、中停航點轉機時間與國際時差，三個時段疊加起來就差不多橫跨兩天了。若是外籍船長當家，海員會少兩天數十美元的工資，那豈不吃悶虧。

我告誡海員們，發放彼等薪酬妥密收藏，錢財千萬不可露白，

目前臺灣航業景氣看好，返臺後馬上到海運界各代理行拜個碼頭，捷足先登找好下一個職位，然後再回家團聚也不遲。每批海員離船，我必親自在梯口一一握手道別，其用意是我將海員明白點交到代理行職員手上，請他陪同至機場送行；唯世事難料，海員離船之後，行旅間所生事端已非船長責任，他們還是碰上麻煩事一樁。

當離職海員抵達瓦萊塔國際機場時，他們均拒付機場服務費，等同罷機，最後才由代理行墊付，回頭向我索還。我明白告知：海員既已離船踏上馬爾他國領土，之後沿途所發生債務，船長既沒有責任去清理，薪酬內也沒編列旅途機場服務費。代理行又要求我下批海員遣返前，請先扣下他們的機場服務費，我以預先扣剋海員薪資於法無據，你要扣就去請以色列船東下紙條我憑辦，白紙黑字註明遣返費用須由海員薪資抵扣。我當船長以來，未聽聞過有此種離譜怪事，這艘丹戎商船怪事特別多。

本船華籍海員經陸續撤換，於 4 月初大都換成新人。除航輪幹部外，基本水手與輪機工匠全是英語、西班牙語流利的菲律賓海員，此時船員組合像個小型聯合國，語言溝通需要多費些時間。我當船長不必刻意擺起架子，因為船長地位本來就高高在上，面對五方雜處的屬下，彼此都屬偶然相聚，無需搏感情。我一開口就是下達命令或吩咐做事，自然須板起臉孔當船長。

我要求所有海員遵照修造廠提出本船協修的人力配置編表照表操作外，並須清潔本船住艙、走道、廚房甲板及四壁之陳年油漬與污垢；各人艙室需自行清潔、消毒、油漆、晾曬舖蓋墊褥，旨在保持海員衛生，並促使海員忙碌不得怠惰偷懶。這使得三位船副幹部見到我就遠遠避開，生怕麻煩上身。其實，要避哪能避

得開船長？我可以派人找他前來船長室，當面下達派工指令，誰敢怠勤就當場開革以維船規，這種紀律要求並非我存心找碴。

　　公司派來的監修工程師叔赫（Ben-Tziyon Schor），總是面帶微笑向我示好，屢次提及公司對我十分器重，希望我在公司幹船長能長留久任，我當然表示感謝。其實在商言商，僱傭關係哪有什麼天長地久情義可言，我直覺叔赫先生的詭異友善，是笑裡藏刀。

　　臺籍 4/E 三管輪畢業自私立中國海專，剛調來船服務並未涉及前任船長的糾紛，是唯一留用的輪管幹部；我暗中囑咐他，要保命就隨我檢查所有救生艇與救生筏的收放功能，妥善率未達百分百就開單要求修造廠確實修繕，我倆親自驗收使用。塢修工程於 4 月 17 日上午如期準點竣工，經出海執行廠試與公試驗收後，由引水員帶出馬爾他港，我遂接手將本船航經希臘共和國的克里特島之南，駛向一一四○浬外以色列海法商港，預定四天半後抵達母港。

　　不料，第二天上午 10 時左右航行僅二十四小時，計程才跑二七○浬，約在馬爾他國與克里特島間的地中海，值班三管輪驚慌地電話向我報告：本船主機發生汽缸壓力陡降失壓跳脫，暫時失去動力緩慢減速滑行。好在拂曉曙光前我測天定船位過，喪失動力時的推定船位所在，即便在疾風猛浪中漂流，一時也不致觸礁擱淺。

　　經老軌重啟主機至額定最大出力時，本船的主機六個汽缸中，工匠發現有一個汽缸頭漏汽，慢慢的兩個汽缸頭漏，三個汽缸頭漏……最後全都漏汽，搞得整個機艙濃煙密布，我遂下令把機艙透天玻璃豎窗也豎起，俾使濃黑油煙通天溢散。此時，那位新來的艙面大副，因曾當過柴油內燃機的維護工程師，也下機艙幫忙修理。迺至全部六個柴油主機汽缸頭都漏汽，老軌建議我從自動伺服操控主機，切換成手動操控；我遂下俥令慢速進俥以三

節航速，慢慢返航馬爾他國以免主機過熱燒毀。

　　四天後，本船緩緩駛抵馬爾他國錨區，翌日靠泊修造廠碼頭，我遂下俥令 Finish with Engine（關俥停轉），等候再度入塢修理主機，但公司的監修工程師叔赫先生早已飛返以色列，無人主持洽修。我受此次痛苦經驗，覺得這艘逾齡爛船肯定被動了手腳愈修愈糟，不值得再繼續幹下去，否則遲早因本船主機再度損毀失去動力發生海難，那時就後悔莫及了，於是我鐵了心腸決定離開丹戎商船回臺。

二、再三大修堅決辭職　濕貨船當見習船長

圖 20.3　1974 年 5 月作者與永貞率堅兒首度環島旅遊攝於臺北故宮博物院（鍾堅提供）

　　一個月前，我曾拜訪海軍老袍澤 2/O 劉二副，對油輪這種海

上巨無霸，十分嚮往。為了自己未竟的航海生涯，想起舊識王亮初（海軍官校 1951 年班），他在海軍仕途不順早早退役，轉赴航商界展現他處事圓融的才幹，目前他在紐約的美國海運集團當人事專案經理。這個美國海運集團轄下有油輪百餘艘，所有大小油輪雇用的臺籍海員，均委由王經理招募。我徹夜修書請其幫忙覓一油輪職位，並將我退役轉任三艘商船船長累計海程六六七二〇浬之經歷詳列。翌晨即親自前往馬爾他國郵政總局以航空快遞投郵，三兩天後必可以寄達紐約。

　　馬爾他國修造廠廠區大門，面臨風景如畫的地中海，但我心急如焚，沒雅興欣賞；丹戎商船重返修造廠靠好碼頭已逾三天，竟無人理睬，廠方亦未派人前來查驗，必須等總公司監修工程師叔赫先生勘驗後，始能與廠方洽商翻工重修事宜。

　　在修造廠大修交船文件上簽字結案的公司代表叔赫先生，匆忙趕回來一探究竟，陰沉的臉露出訝異之色，本船在我帶領下居然沒有沉沒且平安返航；叔赫先生轉瞬間恢復笑臉，說廠方認為六個汽缸頭需要全部換新，但無庫存料件，洽詢英國原廠又說汽缸頭在二戰戰後早已停產，廠庫也沒備品，商源消失故須由本地修造廠仿製汽缸頭湊合著用。至於主機漏汽的肇因與如何檢修。未見叔赫先生對修造廠究責在先，他也沒誠意去翻工修到好在後；本船四十天工期的大修後一出海，居然搞成六個汽缸頭全都漏汽，等同白修，仍然是爛船一艘。

　　我向叔赫先生表示：公司對本船修繕的態度與修造廠不負責任的表現，令我心寒，我不願再擔任這艘爛船的船長。如果一定要我履約替公司服務滿一年，那就請將我調往公司其他姐妹船，履行當初合約未竟期程。況且，人事經理曾掛保證對我說，本船

大修完成後就跟新船一樣，如今真的見鬼啦！

　　叔赫先生極力勸慰我，務必繼續留任，他從公事包掏出全體海員下星期該發放的月薪一萬美元現金要我簽收，我說薪酬請交由下任船長吧。若這艘爛船在我任內，主機損毀又遇上地中海型風暴（Medicanes）的惡劣海象搞到沉沒，公司尚可領得高額保險理賠保金，那我們海員的生死誰來顧？本船的主機有潛在重大缺陷，我不祥的預感愈來愈強烈。

　　叔赫先生以電報多次向總公司請示，終於在 5 月初由公司派南斯拉夫籍船長前來接替，並由叔赫先生代表公司主持交接。我將船長室保險櫃的密碼告知新任船長，內有我經管本船事務費結存之美元現金款、海員薪資結餘的旅行支票和船上合作社菸酒雜貨庫存物品表單。責任歸屬交接清楚後，我頭都不回即刻離船，深恐再生變卦。

　　修造廠遣專人送我赴山頂的會館休息住宿用餐，代理行則赴機場替我訂購回臺三聯機票一本，第一張是隔天 5 月 2 日上午 10 時義航班機由馬爾他國瓦萊塔飛羅馬；第二張在羅馬航點轉機換乘法航班機飛赴曼谷，第三張是在曼谷航點換乘泰航班機，返抵終點臺北松山國際機場。

　　隔天，我在會館吃過早餐後收拾行裝，上午 8 時許代理行經理來接我赴瓦萊塔國際機場義航櫃臺報到；我不想為難他，主動繳付機場服務費五美元，他就自顧自地臉無表情離開。上午 10 時班機準時起飛，坐在頭等艙中俯瞰這個岩石島國並無依依不捨之情，反而鬆一口氣覺得脫離逐漸沉沒的牢籠，恢復自由之身。

　　回想半年前因公司在臺代理行之眷顧，邀請我到以色列來當高薪遠洋航線的船長，可謂喜不自勝，唯我絕未料到是來以色列

收喀瑪商船的爛攤子。收妥了又趕場赴威尼斯收丹戎商船另一個爛攤子，我不察就一腳就踩入煩惱的圈套中。唯明知去收拾爛攤，我還是願意去嚐試一下自己的領導統御能耐。

這兩次收拾爛攤經驗也沒啥不好，令我發揮容忍與耐力，把喀瑪商船帶出，如期卸清船貨又裝滿原木回航，讓每位海員在遭撤職前多賺四個多月薪水。而丹戎商船這批理性的臺籍海員，在我手下工作四週後順利離職亦不曾吃虧，更何況我能為同胞服務使他們平安渡過人事風暴而安全下莊，我亦引以為傲。

對以色列總公司言，我盡了船長之責且問心無愧，亦曾領情願意繼續擔任後續丹戎商船船長職務，無如這艘老爺商船的主機太爛，說來真是叫人難過。原本這艘逾齡舊船的主機大修前仍是好端端的，我帶領她從威尼斯駛回馬爾他國修造廠，歷經八百餘浬的海程主機未曾發生過絲毫問題，如今入廠塢修了四十天，出廠後才航行一天不到三百浬，主機六個汽缸頭全都漏，亡命地把船用慢速進俥駛回馬爾他國修造廠，宛如喪家之犬。

是公司與修造廠聯手利用大修惡意搞破壞，欲處理掉永遠修不好的丹戎商船讓她航途中沉沒領取高額保險理賠金？再度翻工修理主機，又怎可能修好？疑點重重啟人疑竇。對總公司言，我的辭職可謂理直，對自己言亦屬氣壯，我如願以償不再為這艘爛船收爛攤，心中十分慶幸。在永遠修不好的爛船服務，是船長的悲歌，故記述特別詳細，以誌不忘。

我在公司服務雖然僅半年，卻幹過兩艘萬噸級遠洋航線的船長。我領船在地中海內到過四個港口，在非洲到過十二個港口；全球有許多海員都進出過這些港口，但各人的遭遇則不盡相同。這兩艘商船絕大部分海員均為臺籍，航途中又加入克魯族船工

二十五人。丹戎商船海員經大洗牌後，由歐洲與亞洲各國國籍的水手混編，海員組成本來就是烏合之眾，但我所歷經的怪事似乎也特別的多。

　　我從馬爾他國搭機飛抵羅馬航點後，立即換乘法航班機前往曼谷。在羅馬過境室櫃臺辦理轉機報到，法航班機於下午 16 時起飛，準時抵達以色列特拉維夫本古里昂國際機場中停點；但銜接轉機乘客的航班大誤點，故在特拉維夫過境大廳貴賓室候機甚久，室內亦有二十多位上了年紀的貴婦等候同一班機。

　　好不容易等到廣播準備再度登上原班機，行李檢查員是位女性安檢官，見我行李箱內有一付聽診器、一個精緻的小皮包內裝有錶型血壓計及一隻體溫計。她非常高興的說：「啊！您是位醫師？」我說我是船長（Captain），她指著我的美國海軍軍官黑色毛織上衣說：「噢！您是位美國海軍上校醫官（Navy Captain, Physician）？」我鄭重地說，我是商船的船長。她接著說：「船長既然攜帶醫診儀器，您就一定會治病，機上乘客如有急病，航途中煩請照料。」一付先入為主、一廂情願、自說自話的態度，使我啼笑皆非，徒呼奈何。

　　那個年代，以色列全國仍在備戰警戒狀態，特拉維夫本古里昂國際機場尚未建構航站大廈，更無空橋連接客機的艙門；法航班機落地後停在機坪，乘客必須從過境大廳的登機門經由電扶梯，下到機場停機坪步行兩百米登機。兩年前，過境大廳曾被日本赤軍連的三名恐怖分子掃射屠殺，造成乘客二十四死八十餘傷。

　　我們這班航機中停銜接完所有轉機乘客後，全體乘客必須離開過境大廳步行登機。但為乘客安全避免群聚遭屠殺，航站廣播 Five by Five 即每批五人依序離開過境大廳；那些美國貴婦天真浪

漫嘻嘻哈哈，學著叫喊 Five by Five then Five by Five，使乘客都感染了她們愉快的氣氛，可稱得上心情開朗樂而忘危。

　　飛機從特拉維夫起飛，不久即抵達沙烏地阿拉伯達蘭機場航點，機上乘客全須離機至過境候機室，等候飛機加油；在此航點耽擱近四個小時，才繼續往東飛行，到了曼谷航點已近黃昏。我轉搭泰航班機至臺北松山國際機場落地時，已是 5 月 5 日近子夜時分，入境後立刻撥長途電話向永貞報平安。

　　當年的臺北夜半三更時分市內公車都已停駛，我遂僱計程車奔赴大直的海軍總部招待所碧海山莊投宿。碧海山莊是專為南部及外島海軍高階將校來臺北公訪時寄宿之用，內有好幾間套房特為接待將官而設。我在軍中服勤偶有公差投宿碧海山莊，而且慣住走廊盡頭邊間的套房，好像是我在臺北的私宅般。

　　我子夜過後抵達山莊，仍然透過熟識的管理員取得老房間投宿，由於房內熟稔故無生床睡不著的毛病。一覺醒來已是天光大白的週一上班日，在山莊樓下的餐廳吃過早餐，我提起簡單的行囊到山莊門前搭北市 17 路公車到臺北火車站。如此寒酸，非因曾到以色列學會猶太省錢，實在是山莊鄰近並無商店民宅，故鮮有計程車空車來往，搭乘班次密集的 17 路公車既快捷又經濟，何樂而不為。

　　到了臺北火車站，本應奔返左營與家眷團聚，但也不急在一時，把跑船要事先辦妥才回家，免得南北奔波再多跑幾回。我先購好南下火車票並將行李寄存，就步行到重慶南路一段底的以色列奧發兄弟航運公司代理行報退，找出去年 11 月我所簽署的船長受僱同意書，擬請予以當面銷毀。

　　代理行趙經理見到我後，佯裝怎麼一年合約未幹滿我就回

臺，接著寒暄說半年未見風采依舊，立即將船長受僱同意書加蓋「作廢 Cancel」章戳後仍予存檔，說這是他們的業績，依規定應該存查。代理行趙經理還告訴我，我服務過的兩艘商船臺籍海員返臺後，都說您是位好船長。趙經理還說公司一有船長開缺他會再介紹我出任，我感謝他的圓融並說聲：「拜託務必請幫忙。」

我說這話不是應付打哈哈，雖然我這次出任以色列的兩艘商船船長非常盡責但並不愉快；當我聽到我的海員稱讚我就十分開心，證明我帶領海員有方。我所說的「拜託務必請幫忙」一語是真心話，當然我不可能重作馮婦；有朝一日，我向其他公司覓職，被訪查起底時，代理行趙經理若能據實以告，則我受益不淺。

我雖然跑過太平洋與大西洋，但迄今無緣探索印度洋，三洋缺一洋，人生引以為憾；我跑過西太平洋，但從未去過東太平洋，我去過南大西洋，但從未到過北大西洋。我雖然也航經南海與地中海，但未曾造訪過加勒比海與阿拉伯海，根本還不算環遊世界。我當過散裝船與雜貨船兼客船的船長，但還沒當過油輪的船長；要填滿我的航海王生涯大夢，無論甘苦非得往復在遠洋航線的巨型油輪當船長，方有機會達標。

我再步行至南京東路二段的大西洋輪船公司，這間公司是負責美國海運集團招聘我國籍的海員前往油輪工作，從產油國運油至世界各地。探詢之下，得知紐約的集團人事專案經理王學弟已來電，指示臺北立即僱用我，大約一個月內可上船服務。此際巧遇黃埔海校低我一期的學弟梁漢超，他在海校停辦時落跑，抗戰結束後回軍加入軍官補訓班航海一隊，比敘海校航海科 1940 年班；由於戰時逃亡仕途發展受限，梁學弟晉陞上校後就辦理退役，即刻獲王經理安排上超級油輪當海員，也辦好全家移民美國定居。

　　梁學弟告訴我，集團所擁有的百餘艘油輪多為五萬載重噸以上的巨輪，其中更有二十四萬載重噸的超級油輪，所有油輪都掛權宜國賴比瑞亞的國旗，航行於產油國與購油國之間；他的超級油輪沒時間靠港整補，而是由直昇機運送海員及所需補給品登船，真是令人嚮往。待一切報到手續辦完，我回到火車站還趕得及下午的光華號特快車。

　　臺鐵提供圓形不銹鋼的飯盒販售，也是我南來北往的最愛，排骨便當收費十八元，膳畢將飯盒置於座位之下，車上服務員餐後用鐵勾收回。光華號特快車的車行甚速，四個多鐘頭就到高雄；我帶船在地中海、大西洋航行半年賺了七千美元，看到一別半年多的妻兒非常喜樂，永貞見我從烽火中東能安抵團圓，對我的討海生涯稍為放心。

　　梁學弟告訴我航運界一個行規，船長因公返臺或任滿合約回臺，船公司或在臺的船務代理行會派公司高層到松山機場接機以示尊崇，順便打理返家的交通安排與費用。皮哥您剛從以色列返臺，代理行趙經理沒親自到機場恭迎，表示以色列船東對您不夠尊重。我心想，我一年合約未滿就毀約離職，以色列船東在商言商當然對我頗有微詞，我也就沒把接機放鴿子的事放在心上。

　　我服務過的本土航商大來輪船關係企業三番兩次派人到眷舍來訪，說是總公司要找我回去當遠洋航線的捷鵬商船船長。永貞告訴來人說我已出國，但來人就是不信，竟然另派走路工前來我家門前，從早到晚坐在排洪溝的橋墩上癡等我出現。永貞見他給驅使得如此可憐，遂將以色列奧發兄弟航運公司在臺北代理行的地址抄給他，叫他去問個究竟，此後大來輪船關係企業再沒找我了。

　　我回家後得知此種情境，回想去年我離開大來輪船關係企業

前，所期盼的不算過分，只想在公司當個遠洋航線的商船船長，當時跑遠洋的船長行情月薪臺幣兩萬兩千元，合五五〇美元爾，豈知得到的竟是難堪的無言回應，等同逼我知難而退。我衡量現狀沒必要再到大來輪船關係企業轉一趟，自取其辱。

鑑於全球能跨洋航行的五萬餘艘商船中，懸掛賴比瑞亞旗者多達兩千艘以上，我趁返臺待業空檔，到臺北應考賴比瑞亞共和國的甲種船長執照，隨後於 5 月 15 日也順利領得賴國的甲種船長執業證書。我赴海外油輪工作的前提，是永貞仍有堅兒在家侍親，照料患有糖尿病體弱的慈母，讓我無後顧之憂。唯堅兒服義務役預官不久即將退伍，也申請到美國常春藤盟校頂尖大學之一的碩班獎學金，但仍須繳交學雜費且貴的驚人，我遂主動解囊支助他五千美元。

堅兒非常有肩膀說自己早已成年，不當父母的米蟲，出國深造絕不揮霍父母一文錢，他退伍後會再花一年時間申請多些知名大學，看看有沒有機會拿到全額獎學金。堅兒向我保證，退伍後一年內會在家侍奉慈母，不離左營自強眷舍；他役畢即便要謀職，也會就近在高雄周邊找工作糊口，迄全額獎學金到手再作定奪。他堅定地對我說：「把拔您請放心去油輪跑船吧，家裡有我在。」趁此候派期間，把握家人難得的團聚，全家三人遂作環島家庭旅行；我半生戎馬疏於親子互動，直到現在才偷閒首次陪家人暢遊寶島一圈。

全家返回眷舍後，我就接到大西洋輪船公司電話通知，務於 5 月 30 日午前抵達臺北報到，簽一個月見習船長（Junior Captain）加期程一整年船長的合約，隔日搭機前往美國德州聖體城工業港，向油輪大普潤號（*M/V TRINITY NAVIGATOR*）報到。

　　再度整理遠航的行囊之際，住鄰巷的張廣恩上校來拜候。我當四年專校校長期間他緊隨我擔任教育長；專校裁撤後他榮調飛彈驅逐艦（DD Guided Missile, DDG）貴陽一級艦的艦長，甫幹完兩年一任的首任艦長職。張廣恩認為自己是高齡上校，屆退前佔少將缺的機會不大，聽聞老校長轉業跑商船謀個船長職務易如反掌，遂向我請益是否緊隨校長也打報告申退當個船長。張廣恩的孩子們尚年幼，長子哲禎才讀高一，我誠懇建議他須先與莉梅嫂子商量，蒙批准後才打報告申退轉業。

　　到臺北公司報到後，尚有新到任基本海員四人隨我同行，欣見我率永定軍艦浙海作戰的槍帆一兵孫開銀在列。孫員於 1963 年退役後在益利輪船公司服務，沒想到竟能與老部屬共事，孫員開心地說，這航次在老艦長麾下當資深水手，與有榮焉。凡聘有華籍海員的商船，都會取個中文船名，方便不諳外語的華籍海員辨識；如我在以色列服務過的喀瑪商船的中文名稱是音譯，丹戎商船是新加坡華語船名，但這艘大普潤油輪的中文名稱與英文船名，完全風馬牛不相及。

　　31 日清晨我們一行五人搭乘華航班機赴美，先中停夏威夷州的檀香山機場入境美國，1956 年我曾搭美國軍機在此過境兩次，當年夏威夷還只是美國的屬地，現在已加入美國聯邦成為第五十州。因此，夏威夷州是我繼留美受訓營區所在的加州之後，造訪美國本土第二個州。華航班機加油完畢連夜繼續東飛，仍是 31 日的下午就抵達加州羅安琪，再轉國內班機同日深夜抵德州休士頓，德州也是我造訪美國本土第三個州。

　　美國海運集團的代理行卻無人來接機，我打電話給代理行辦公室也沒人接聽，一行五人進退失據，乘客人潮已然散盡，到站大

廳鴉雀無聲，我們五人唯有徹夜枯坐等候隔天再轉機。幸有機場女警前來盤問有何事需要協處，她花了約莫二十分鐘，當地巡警才把代理行負責人從家中叫醒，女警告訴我們不久就有人來接機。

果不其然代理行來人道歉後，把我們送到機場摩鐵安置住宿一宵，翌日傍晚再搭機前往聖體城入住海邊渡假旅店，這一住就是四天，等待油輪進港卸油時登船報到；轉機候船這幾天的食宿概由代理行埋單，這幾天無事可做，正好把飛航半個地球轉三趟機的疲憊恢復，是名符其實的在渡假旅店休閒養生了。十八年前我在美國西岸濱海營區受訓，現在我跑到美國南岸濱海的港口登船服務，讓我沿途增長見聞。

聖體城是墨西哥灣濱海的德州城鎮，與休士頓間的廊帶，是德州民殷物阜之區。聖體城內雖無摩天大樓，卻是風景如畫，面臨聖體灣，灣內水面橫寬二十浬，內灣與外海之間有一道天然砂壩，與高雄港潟湖的沙壩一般，潟湖內僅有一狹窄水道通往外海，叫做亞蘭薩斯水道；沙壩把聖體灣水面圍住，形成一個天然養殖海蝦的大蝦場。

當地所產海蝦與我在西非拉斯帕爾馬斯港市嚐鮮的名產龍蝦和對蝦有所不同，海蝦雖屬小蝦但也甚為肥碩。常見三、四艘蝦船，一面撈蝦一面剝下蝦頭拋入海中，引來千百隻白色水鳥，跟著蝦船後頭飛翔；一遇投棄蝦頭，小魚就爭相追食，大魚在後捕食小魚，水鳥就低飛海面叼啄大魚。水鳥啄大魚、大魚吞小魚、小魚吃蝦頭，真是難得一見的海洋食物鏈奇景。

蝦船所獲海產鮮蝦隨即在魚市場銷售，多為當地餐館購去；此地餐廳以鮮蝦大餐為號召，遊客多為啖蝦而來，渡假旅店內附設餐廳就是鮮蝦大餐名店。女店員拿來的食譜，是寫在槳葉上可

謂別具一格；鮮蝦套餐的價格尚稱公道，記得半磅蝦的套餐三美元半，蝦的吃法僅有獨沽一味清水煮蝦。饕客可用手剝除蝦皮後沾醬而嚼，當然套餐尚附有濃湯、沙拉、青豆、燉菜、麵包、牛油、果醬、甜點、霜淇淋、咖啡與茶等，就算你是饕餮大食客，吃半磅鮮蝦套餐就夠飽了。

6月5日，大普潤油輪進工業港卸油，代理行來接我們五人，途中經過岸邊一條用蠣殼堆填的突堤，方知此地亦盛產牡蠣。登船後向謝船長報到，我登船的身分是見習船長，與謝船長業務重疊一個航次後，再行交接。在兩人重疊期間，我只是個見學的海員，無須負任何管理責任，見習月支薪金一千美元，恰巧是奧發兄弟海運公司船長月薪之數，可見臺北各輪船公司及船務代理行間，是互通訊息的。我此次擔任船長，並非從油輪職務按部就班逐級晉陞，而是以雜貨船兼客船的船長經歷，先見習後任用有點空降味道，這種禮遇全拜集團人事專案經理王亮初所賜。

高薪見學後一旦接任船長，月薪就跳到一千三百美元，約合我這個老榮民月退俸的十倍。美國海運集團不採用每年十三個月的月薪計酬，而採服務每滿一年月薪加碼五趴，上限是加三次鼓勵長留久任。換言之，老船長四年內的月薪多了兩百美元。我幻想幹滿四年，最終可獲月薪一千五百美元，遂樂不可支；不過要熬整整四年呀，都超過六十歲老了啦，我看就算了吧。

三、油輪老舊裝備崩壞　艙內主機從不關俥

圖 20.4　1974 年 8 月作者在大普潤油輪船舯走道前行（鍾漢波數位典藏）

　　本船的商船證書，記載可裝原油的總量為四萬九千載重噸，約合三十六萬桶原油，排水量為六萬五千滿載噸，算是十萬噸級的油輪。本船係北歐瑞典造船廠建造，船齡十五年屬中古船齡但船體鋼板甚厚，令人覺得紮實有安全感，只是固接裝備日漸老舊、狀況連連。本船 LOA 全長為六五〇呎，BOA 舷寬為一〇六呎，DFL 滿載吃水為三十八呎，比我在南加州接受兩棲作戰訓練時搭交通艇駛過二戰日本降伏典禮的密蘇里號 BB 戰鬥艦噸位稍大，且吃水還要再深兩呎。由於本船吃水太深且船太胖，過不了巴拿馬運河閘門，故本船屬好望角型油輪，意即自中東產油國運油至美西，不能走捷徑過巴拿馬運河，須繞過南非好望角及南美合恩角跑遠路，才能抵達美西卸油。

　　本船的輪機動力是用蒸汽渦輪主機，最高航速超過二十節，油櫃可裝滿千噸重油（Heavy Oil），十六節經濟航速的續航力達兩萬浬。我於 1935 年在黃埔海校艦訓時，曾在 CL 肇和軍艦見習

過拆解的蒸汽渦輪主機，但三千噸級的 CL 肇和巡洋艦主機與十萬噸級的大普潤油輪相比，真的是小巫見大巫。

　　本船主機用過的高壓蒸汽進入海水冷凝器，冷卻成低壓熱水後，再送回鍋爐煮成蒸汽加壓循環使用。在海水冷凝器中，順帶將海水蒸發成蒸餾水，足夠本船生活用水及海員飲用而綽綽有餘，故本船無須靠港添加淡水。船艉機艙上方的船艛是海員住艙，因船艙甚大計有單人套房四十餘間，其中設備較好者由船副、輪管幹部所住，其餘為海員住宿，由於住都住不滿，故有空房多間閒置不用。此外，船艉尚有海員大餐廳、廚房、食物冷藏庫與鮮品冷凍庫。

　　我過往在軍艦服勤與在商船服務，這些艦船均使用柴油內燃機，本船卻使用蒸汽渦輪主機，聞說蒸汽主機的機艙比柴油機的機艙燠熱難耐許多；我請 C/E 張克濛帶我下輪機艙見識見識，怪怪，僅值班部位就超過攝氏四十度，主機的汽筏控制臺，更高達六十度。老軌說必須不停地用鼓風機，將外面涼爽的海風抽入輪機艙冷卻循環，否則溫度會更高；為防止工匠值班時脫水中暑，須不斷飲用加鹽片的開水，維持高溫狀態下體內足夠水分與電解質平衡。輪機艙內空間狹窄、運轉噪音吵雜、環境油膩、照明不足，可見輪機部門的工匠值班，不會比艙面部門日曬雨淋的水手輕鬆。

　　由於海員的住艙位於主機艙正上方，夏天當然很熱，不過船速甚快，打開圓窗伸出風兜，也可享受涼風習習得以入寐。海員住艙頂有個大煙囪，煙囪蒙皮漆有公司徽章，大模大樣伸向天頂很霸氣，其實煙囪本身內徑並不大，只是圍加外殼弄成龐然大物。然而這個外殼圍成的空間別有用洞天，因為在這巨殼之內空氣燥熱，洗衣後晾掛其內不到半小時就乾透。寒冬來了，把煙囪殼內的熱空氣導入通風系統的馬達送進全船各艙間及駕駛臺，就成為

免費暖氣，誠可謂廢氣利用。

　　船舯駕駛臺下，就是船長室；船長室非常寬闊，佔滿船舯的船艛全層約一二〇坪，一個人住在裡面，會令你自覺渺小無比。船長室縱深有四十呎，幅闊則與船同寬，四周均有圓窗，可以望見左舷、右舷、船艉、船艏海面。僅面朝船艏方向，就有十一個前檔圓窗，足見船長室面寬之大。船長室下一層是物料倉庫及合作社的菸酒雜貨庫房，再下一層在主甲板的艙間，是蒸餾水櫃，故船長室下面並無熱氣上騰。

　　船長室內只要將圓窗打開，伸出風兜就非常涼爽，因此，船長室的大型分離式冷氣機只是聊備一格。船長室左舷尚格出一間奢華精緻的套房，是專為船東而設，我在船見習期間就住在船東套房，非常氣派舒適。我接任船長後，晚上好想回到船東套房就寢但又不太敢，因為現金保險櫃不在船東套房，而是位於船長室臥舖的床頭，守財奴晚上奚敢離金庫他睡。

　　謝船長見我興致勃勃，他二話不說，認為在港卸油機會難得，就帶我到主甲板去看油艙卸油操作。裝卸原油是船上大副的專責，所以謝船長有暇為我詳細解說；但見各油艙主甲板縱列油管平行排列，長短不一各有活門及轉閥，一時也看不出門道，其後我找到藍圖攜至甲板現場比對油路就一清二楚了。在觀看卸油時謝船長告訴我，他是奉集團指示帶我這個油輪新手跑一個航次，回航時他一年合約亦已任滿就可離船返臺，之後由我接充船長。

　　在卸油期間，本船海員不論是艙面水手或機艙工匠，上上下下每人都非常忙碌，夜間各水手還得幫忙將所購之主、副食搬運至冷凍庫貯藏。本船海員的副食費每人每日為兩美元十美分，較諸以色列海員略少，但美國物產相對便宜許多，副食論質論量遠較

戰時以色列管制食材為佳，每天有午晚兩餐均附生鮮水果。

　　本船在聖體城工業港卸油僅費時一天，近四十萬桶原油就全部卸清。6 月 6 日晨，引水員就登輪帶領空船駛出聖體灣，出了狹窄水道，引水員就在灣口離船，本船旋即駛入墨西哥灣，這是我在美國隨船進出的第一個海港。

　　解除出港部署後，水手們又得開始忙於清洗空油艙，洗艙時須把各空艙洗得乾乾淨淨。洗艙學問很大，本船絕大部分的船體就是十三個油艙，至於輪機艙、住艙、廚房、主機燃油櫃等，位置均在船艉擠作一堆。油艙分隔成三行，船舯前方右舷為第一、二號油艙，船舯後方右舷為第三、四號油艙。船舯前方左舷為第五、六號油艙，船舯後方左舷為第七、八號油艙。油輪中線船舯前方為第九、十號油艙，中線船舯後方為第十一、十二號油艙；第十三號回收艙的位置，是緊貼在駕駛臺直下的艙底，作為廢油回收週轉之用。

　　每次卸完油後須先清洗第十三號回收艙。空置油艙的清洗，並非用人工去洗刷，而是汲取海水灌入高壓強力旋轉噴頭，在艙內由下至上往復噴洗艙壁。為防旋轉噴頭因高速轉動而閃燃靜電火花，而引發艙內油氣爆炸，故噴頭固接處必須確實接地（Grounded）；在船上當然沒有大地，所謂接地是把噴頭電線圈牢牢固接在船體上，但務必接觸良好使旋轉噴頭所產生之靜電，為船體所吸收而溢散於海洋中，就不虞有靜電閃燃產生火災問題。

　　第十三號回收艙洗完之後，汙油的比密度為〇點八六，洗滌的海水是一點〇三，汙油較輕，故會漂浮在較重的海水上層；靜待艙內汙油全部浮上海水表面後，就將油艙內下層乾淨的海水排放入海中，剩餘的汙油、殘水都匯集於內。一至十二號油艙比

照辦理，各艙清洗後剩餘的汙油與殘水，則打入事先清洗過的第十三號回收艙。如此逐艙清洗，迄各艙均清洗乾淨，全部過程需時一週。最後，泊港時就將第十三號回收艙累積的汙油與殘水，接岸管打入煉油廠回收池再處理。

清艙後水手又得下去十二個空油艙的艙底去挖污泥，這些污泥是油田汲油過程夾帶的泥砂，水手挖出污泥用吊臂兜袋吊離取出傾倒入海，連半點油花都沒有浮起來，可見洗艙的功效。每個油艙內挖污泥很辛苦費時，每航次單程頂多挖淨兩個空油艙的污泥，如此周而復始循環挖泥不息；當個油輪水手真的很累人，較之雜貨船辛苦太多了。

在墨西哥灣往東的一片淺海中，定置有很多座鑽油平臺，平臺上可以起降直昇機，平臺之腳柱常見繫有船舶一艘；晚上鑽油平臺層層燈光通明，五顏六色剎是好看。由於本船並非吃水很深的超級油輪，沒有用直昇機運補泊於外海錨區的喬段，讓我有些悵然。墨西哥灣的鑽油平臺不能當作定船位的航標，因為她經常遷徙探鑽，下次重逢已不在原先位置了。

本船駛入墨西哥灣深海區，就一路向東南行，進入加勒比海，沿著古巴、海地、多明尼加及波多黎哥諸島一線之南，與開曼及牙買加群島之北這條航路前行。加勒比海常發生可怕的颱風，當地人稱為颶風（Hurricane）向西北吹襲，最大風速高達每秒五十米以上，其破壞力之大絕不亞於西太平洋的颱風。本來這條航路就是經加勒比海非走不可的捷徑，而且都在颶風路徑南緣；走此航路離颶風肆虐的海區較遠，有足夠時間趨吉避凶駛入赤道無風帶，或進入附近港灣避難。

本船向東跑完加勒比海全程就抵達小安地列斯群島，各島像

串珍珠鍊把整個加勒比海圍住；附近小島暗礁甚多，唯有巴貝多水道最為安全，而且有燈塔及岸標可用以測定船位。駛出加勒比海，本船就進入浩瀚的大西洋。

這一航次，是赴西南非的葡屬安哥拉之魯安達工業港載原油，海程長達七九八○浬；魯安達港地近南緯九度，這是我在西非隨船進出的第十三個海港，也是我在南半球造訪的第七個港口，北距我半年前兩度造訪的薩伊共和國香蕉港有一七○浬。

在魯安達載油時，並不靠碼頭也無須下錨，而是由船艏伸出鋼纜栓住水鼓，用船艏的固接起重吊桿把水鼓上的軟油管吊上船來，與船上總油管接合好後，就開始從岸上魯安達油田的加壓站，將油田的原油直接汲送入本船各油艙。石油公司的專屬 YT 拖船，則在本船旁待命，必要時對本船推、拖、拉、頂，務使本船與岸上油田間的油管無縫接合。我們把這種無須下錨在船艏撈油管裝油（Bow Loading）的工法，暱稱做「海底撈月」。汲油期間岸上遠端油田傳來機槍聲與迫砲爆炸聲，謝船長皺皺眉頭對我說葡屬安哥拉內戰頻仍，非必要別登岸。油裝滿了，本船就跑原航路駛回美國母港，即路易斯安那州與德州交界的亞瑟工業港卸油，海程長達七九二○浬。

半年前我擔任喀瑪商船船長時，在西非剛果河出海口遙望葡屬安哥拉的薩伊省沿岸如畫之風景，惜未能登岸踏訪。當下安哥拉在葡萄牙共和國的殖民統治下鬧獨立，由蘇俄與古巴力挺的「安哥拉人民解放陣線」蠶食全境，搞得社會秩序大亂、民不聊生，故葡萄牙殖民者須出售原油祖產賺取外匯打內戰。安哥拉儲油量全球第十七、產油量全球第十六，拜地利之便美國就近向她買原油運回以煉製油品，不必老是跑到遙遠的烽火中東購油。我

國則有戰略考量，為分散風險，國營事業中油公司反倒是遠近通吃，跑到遙遠的安哥拉購油，繞經南非好望角運回臺灣。

本船來回安哥拉與美國，往返海程約一萬六千浬，連同需時各一天的裝油與卸油，每一航次耗時約三十八天。本船航程的美洲這一頭，是靠泊煉油廠碼頭卸油，但離市鎮甚遠；航程的非洲另一頭，是在近海繫水鼓，以海底撈月方式接油管裝油。航程的兩頭，巨型油輪既不靠商港且主機也從不關俥，對大多數海員來說，絕少有機緣登岸休憩。

在返航德州亞瑟工業港前，謝船長把交接要務陸續向我說明，最後將船長保管萬餘美元現金公款的帳冊與文件，包括全船海員月薪發放表及船上裝備狀況，一一交代清楚。7 月 17 日，本船靠泊美國亞瑟工業港煉油廠卸油，這是我在美國隨船進出的第二個海港。靠好碼頭隔兩天，謝船長就說掰掰任滿離船，我送他至梯口話別，從此我就擔任本船的船長了。隨同謝船長離職的，尚有合約期滿的 1/O 顏姓大副與 D/B 周姓水手長、辭職的邱姓加油匠（Pumpman, PM）與解僱的 MW 熊姓清潔工，當然，從臺灣也調來四位海員補實。

謝船長離職後，卸油期間美國海運集團的美籍駐埠船長也來監督，輪船雜貨商將本船所選購的主、副食品，用大卡車送至船邊置入集裝袋，船上用五噸起重吊桿把集裝袋吊上甲板，再由海員合力抬運入庫。副食品的蔬果入冷藏庫分格貯存，裝八分滿以利通風，讓庫內攝氏一度的冷氣有效循環，防止果菜霉爛；肉類則入冷凍庫，在攝氏零下十八度冰成硬塊，至於食米與麵粉等主食乾貨，則搬入普通庫房。代理行又送來各種小面額的美元現鈔及大小硬幣與我兌換大鈔，以利每月的月底在航途中發放海員薪水。

　　把原油卸清及回收艙的污油打入煉油廠回收池，總共費時二十六小時，全體海員都忙個不停；原油一卸完引水員隨即蒞臨本船帶出港，他在很荒涼的港嘴防波堤外離船。我接掌本船後，7月21日晨啟航，第二航次奉命開往奈及利亞的艾斯跨弗工業港（Port Escravos, 艾港）之油氣裝卸站汲油，海程七○六○浬。

　　去年底我當喀瑪商船船長沿西非岸際航行時，進出過該國首都拉各斯港，對奈及利亞的內戰印象極為深刻。從拉各斯港再向東行一二○浬，就是艾港油氣裝卸站。8月6日本船駛抵此處，也是信奉基督教的伊博族世居之尼日河出海口，不知伊博族的獨立戰爭是否持續至今？尼日河三角洲遍布油田，世居的伊博族人稱其為「油河」。艾港是我在西非岸外領船進出的第十四個海港，這裡裝載原油的方法同樣是海底撈月。奈國儲油量全球第八、產油量卻掉落到全球第十三，經年內戰打壞掉很多出售祖產的採油設施。

　　三天後本船滿載原油，駛返美國德州亞瑟工業港，海程六九○浬，這條航線非常單純，使我一上任就駕輕就熟信心十足了。8月26日本船安抵亞瑟港靠泊煉油廠卸油，順利完成我帶領油輪的處女航次。本船在煉油廠碼頭卸油，距城鎮有二十公里之遠非步行所能及，集團的駐埠船長非常熱誠，卸油當天在本船船長室與我共進中華料理晚餐後，親自開車載我駛過彩虹跨海大橋（Rainbow Bridge）去亞瑟鎮蹓躂。在小比例尺海圖上顯示的亞瑟港市，曾是二戰期間美軍油料後勤基地，沿亞瑟河岸的地勢構成棋盤式的重劃區，在海圖上閱之令人嚮往。

　　駛抵鎮內卻令我十分驚訝失望，但見街燈下開門營業的商店非常少；駐埠船長下車取外賣消夜餐點所在之購物商城，僅有一

間超市、一間餐飲酒吧與一間五金行尚在營業，酒吧霓虹燈招牌直書 BAR 三個大楷英文字母，招牌頂也標明另三個英文字母橫書 EAT，說明這是作清的，賣酒不賣笑完全沒粉味；環顧周圍，就再沒像樣的商家了。

　　看來這個亞瑟港市已經沒落多年，幾乎成為廢棄的死城。駐埠船長也說現在全鎮人口由二戰戰時的十萬腰斬，路上難得見有行人。海圖上所印列的住宅區，千篇一律是相同格局的平房，時近晚間 21 時，大多數屋內都未見點燈。這個亞瑟工業港，是荒蕪沒落的小鎮，沒有聲色場所也無夜市，所以，本船海員毫無興趣上岸逛街。過往戰時的油廠煉油係採勞力密集日以繼夜輪班煉製油品，也造就二戰期間亞瑟石油城鎮一片繁榮。如今，煉油廠以技術密集取代勞力密集，單元操作機具自動化、資訊化取代了人力，因而亞瑟鎮人去樓空市景日漸蕭條，榮景不再。

　　這個環鎮駕車巡禮的場景，給我很大的啟發。商船又何其不然？目前勞力密集的遠洋航線商船，全船的海員人數至少三、四十人以上；未來智慧型的商船連電訊收發都全自動化，人力須求大幅減少，遲早我等海員都要面臨裁員與失業。聽說全自動化的貨櫃船，無論噸位大小全船僅須十四名海員，除船長與老軌外，餘分三班日夜輪值，每班四人再分航輪兩部門，各部門值班時一位是幹部另一位是海員。

　　在亞瑟港內水道上遠眺，除了碼頭旁規模宏偉的煉油廠外，尚有一間鑽油平臺裝配廠規模亦不算小，除此之外，就未見其他工廠了。港內的岸際是淺水區城，在淺水中挖出一條水深五十呎左右的航道供巨輪航行。至於海圖航道上所稱的水深，是用「最低天文潮」（Lowest Astronomical Tide）計算，所以，即便在枯潮時

之水深，也不止五十呎。此處彩虹跨海大橋距離水面高度標明是一七七呎，若空載油輪桅高若恰好也是一七七呎，那桅頂會不會擦撞橋底？那是絕對不會的。因為橋距水面是用「最高天文潮」計算，所以，任一時段彩虹跨海大橋距海面，就絕不止一七七呎了。本船於 8 月 30 日離港，第三航次再赴非洲奈及利亞的艾港汲油，穿越彩虹跨海大橋出海，本船就駛入墨西哥灣。

　　過往我在海軍服勤擔任艦職時，每星期五皆作裝備保養校閱；若裝備保養不良，怎麼能夠作戰？所以平日我非常在意裝備保養，海軍兩年多的艦職我習慣成自然。我在本船隨前任船長見習時，巡視船上裝備就發現錨機銹蝕不堪，知是久久未曾使用。其次，錨鍊艙內有兩根鋼纜，其兩端鋼環已精工研磨嵌入鋼纜之中，準備更替生銹的舊鋼纜；但因鋼環的外徑規格稍大，無法進入舊滑車轉動，因而被閒置於錨鍊艙內。

　　此外，AB 孫開銀說船艏左右舷各一座五噸起重吊桿柱之牽引鋼索，外表生銹且有細鋼絲已折斷翹起，整條鋼索隨時有繃斷之虞，我親自勘驗的確不假；每航次的海底撈月接油管、清理吊卸油艙汙泥與主、副食材吊掛，都用得到起重吊桿，遲早都會面臨鋼索繃斷的困境。

　　另一件憾事，是船艉後甲板左右舷的兩艘救生艇起落架所用之吊索，早已銹蝕，因而 AB 孫開銀測試演練吊放小艇時，卡卡的非常不輪轉。雖然每艘救生艇額定容量為三十五人，容納本船全體海員綽綽有餘，唯裝載的易燃船貨一旦發生火災或遭逢海難，兩艘救生艇無法即時吊放的風險大增，上天保佑，總希望不會有海難發生。

　　所幸兩舷另備有救生筏共四艘，但救生艇與救生筏兩者功能

迴異；救生筏是在船舶迅速下沉未及吊放救生艇時，匆忙逃命的
海員，用消防斧斬斷救生筏的繫留繩，讓其自動滑落海中，海員
則穿救生衣跳海游向救生筏，找筏緣之小繩扣，繫在救生衣上以
免漂失。救生筏是一個長方形空心木筏內有繩網，爬入筏內照樣
浸泡在海水中；這樣的求生在夏季還可撐個兩三天，若寒冬海水
冰冷，落海人員恐怕幾分鐘內就被凍僵失溫致死。

　　船況有瑕疵當然影響航安。集團便宜行事得過且過，麾下油
輪即便靠泊碼頭時程都很短，絕少超過一天，故賭一把驗船師趕
不及登船仔細檢查；就連前任的謝船長即便對失修的船況知之甚
詳，也是睜一隻眼閉一隻，混滿服務合約期程就離船。若靠港時
碰上龜毛的驗船師無預警突檢，被抓包了不但要花大錢修理，再
三檢驗合格才准放行出海，肯定嚴重耽擱集團預劃的船期，船東
的臉色當然十分難看。

第貳壹章
中古油輪馬不停蹄運油

圖21.1　1974年9月大普潤油輪船艉後甲板舷邊的兩艘救生艇起落架所用之吊索，早已銹蝕崩壞（鍾漢波數位典藏）

一、影響航安耿耿於懷　父女分別八年重聚

圖 21.2　1974 年 11 月作者帶領大普潤油輪靠泊美國費城父女會（鍾漢波數位典藏）

　　當個船長，就有責任將船上所有的設施整備妥善，隨時處於正常堪用狀態，不能光是指望老天保佑與靠禱告。我接掌本船後，美國本土這頭離靠煉油廠專用碼頭卸油用不著下錨，在非洲油田那頭海底撈月裝油也無須下錨，錨機牢不牢靠總要測試運轉。在第三航次空載赴非洲半途中，9 月 7 日航經即將獨立建國的葡屬維德角群島（Cabo Verde）外海時，我啟動錨機測試，下錨令 Ready Both Anchors（雙錨備便）試俥。本船的錨機是往復式高壓蒸汽的機具，我特別吩咐大副暖機時，僅開啟極小的蒸汽活門，一個多小時後錨機內部還是受不了逐漸增強的蒸汽壓力，發生巨響爆炸！

　　我在駕駛臺先下令將蒸汽活門關閉，再趕到船艏爆炸現場勘察，機具連汽缸蓋都炸裂飛走無法自力修復，非得將錨機汽缸蓋

整個換新不可。這次爆炸，可說爆得妙，為什麼？因為現在試俥不爆，等到真正需要起錨時才爆，那就起不了錨，船就困死在泊位，離不了錨區也開不了船。

本船錨具與錨鍊總重六十噸，碩大的油輪絕無可能用人力起錨。起不了錨是由於裝備保養不良，當屬船長之責，難免被炒魷魚，個人聲譽受損事大，如此失職被解僱，以後什麼職位都不用去謀求了。而今錨機一炸，船長就可以理直氣壯地請求集團，立即將錨機換修。

這次爆炸，也爆得巧。為什麼？航途中錨機試俥爆炸時，現場周遭沒有任何海員逗留，所以無人傷亡，你說巧不巧？否則真正用錨時，周遭至少有五位幹部與水手當值錨更，搶救傷亡必大費一番手腳。航途中為確保機件妥善而測試錨機釀成損毀，船東雖對我頗有微詞，但揭發影響航安至巨的不良機件，我何錯之有？難不成無良的船東只顧拼命運油賺錢，船操壞了甚至沉沒還可以領回保險金而罔顧海員性命，這顯然是黑心船東的寫照。

中古船的老舊裝備，影響航安讓我耿耿於懷。本船滿載奈及利亞原油駛返美國德州休士頓工業港，海程七一○○浬；10 月 3 日週四本船到港靠泊煉油廠卸油，這是我在美國領船進出的第三個海港。我以書面正式提出請修錨機與換新船艉救生艇起落架所用之吊索，順便換新船艏主甲板起重吊桿柱之牽引鋼索，還得更換錨鍊艙內滑車的鋼環；四份請修單轉請駐埠船長呈交美國海運集團，想都知道，海運集團收到我的請修單又得耽擱船期修繕，一定對我的「找麻煩」積怨在心。

船務代理行送來一整袋郵件，每位海員都巴望著大副在全船廣播系統唱名，被點到名的海員無不興高采烈，急奔餐廳簽收家

書一解鄉愁。我展讀永貞多封來函，家中平安無事，提及堅兒役畢後無縫接軌覓得美商公司的工程師一職，就近在左高地區工作，公餘仍可陪侍慈母。展讀至此不禁老淚縱橫，愛妻體弱多病竟還要獨子陪侍照顧，我不但在她最須照護的歲月堅持遠行，還讓她日夜提心吊膽我在浪濤中的安危。

對於堅兒初入職場我特別關心，永貞來信僅提及堅兒頻頻進出中油公司煉油總廠與高雄各船舶修造廠「抽換軸封、壓縮迫緊」這些她不太懂的名詞，她也說堅兒維修薪資與銷售紅利，平均月所得約合一百美元，經濟上完全獨立自主。永貞還說，堅兒英語強故深受美籍老闆賞識，這份職場新鮮人的差事，應該可長留久任。唯堅兒依然不忘申請出國深造進修，積極鎖定加拿大名校的碩班，冀望獲得全額獎學金。

堅兒人生第一份差事，與機械軸封（Mechanical Seal）及轉軸迫緊（Shaft Packing）相關。大凡裝備內轉動的主軸，延伸至裝備外的液態環境轉動攪拌時，為防止液態流體經軸洞間隙回滲入裝備內造成裝備浸泡腐蝕，必須在主軸穿過軸洞處，加裝前揭之耗材墊料。如本船的輪機艙大軸延伸出船體外轉動俥葉，在大軸穿過船殼處，須安裝轉軸迫緊墊料防漏。大軸經年轉動磨耗迫緊，久而久之迫緊墊料因磨擦會逐漸損耗；大軸一旦出現滲漏海水現象，需不斷對迫緊墊料壓縮旋緊，迄停止滲漏。再如本船油艙內的強力旋轉噴頭，防水馬達主軸接合噴頭處，就得加裝機械軸封，阻止海水經旋轉主軸滲入浸泡馬達。要換裝這類耗材，往往在艙內弄得全身沾滿滑油污垢，非常辛勞狀極淒苦，也難為堅兒把吃苦當吃補。

郵袋中也有封玲兒的來函，玲兒八年前在臺大外文所碩班肆

業時，就離臺赴美深造，父女倆從此沒再碰面；玲兒留學期間辦妥永久居留，兩年前獲得博士學位，當即應聘到紐約州立大學任教，目前仍在美蹲坐移民監，不久即可申請成為美國公民。

10月5日2/O周崇憲、D/B汪姓水手長與兩位資深水手合約期滿離船，遞補海員報到後，10月7日本船第四航次駛出德州休士頓工業港，奔向西南非的葡屬安哥拉卡賓達（Cabinda）港汲油，海程七七八〇浬。本船錨機、錨鍊、救生艇與吊桿等保命的機件若未修妥，船長依規定可拒絕啟航，唯人事專案王經理替公司保證會儘速修復，再三懇託我要替船東賺運費才是正辦，我始勉強應允開航，但航途中加強救生部署等船藝演練，讓海員能肆應跛腳航行的未知變局。

果爾王經理說到做到。本船航途中收到電文指示：先轉向駛往賴比瑞亞共和國的首都蒙羅維亞港，接載瑞典造船廠派來的游修小組登輪換修錨機。本船遂向蒙羅維亞港引水管制站拍發電文，報知ETA是10月21日，海程因繞路故延遠一一〇浬。一年前我曾領船造訪過象牙海岸共和國首府阿必尚港，在她西邊四百浬就是賴比瑞亞共和國首都蒙羅維亞。本船抵達後，因錨機已損毀無法拋錨等候，只得慢速來回逡巡；我已擔任過三艘掛賴比瑞亞旗的商船船長，這回算是首訪船旗國的船籍港，唯徘徊在港嘴內的錨區，這是我在西非岸外領船進出的第十五個海港。

賴國在美國「解放黑奴」國策影響下，是非洲最早獨立的英語系共和國，但從本船遠眺蒙羅維亞市街，這個窮國首府岸際卻遍布貧民窟，政府機關的建物也很低矮破舊，顯見當年美國解放黑奴只是政爭的口號，政客利用販賣黑奴當藉口搞奪權謀私營利爾。

本船耐心等了幾乎一整天，方見有艘小噸位雜貨船，滿載木

箱向本船招呼靠攏。本船停俥放出舷梯，讓瑞典游修小組登船，雜貨船用吊桿把瑞典原廠帶來的十餘個木箱吊上本船甲板。兩位維修工程師遠道從瑞典首都斯德哥爾摩押運木箱，輾轉來到非洲的蒙羅維亞港登船換修，雖然僅修繕錨機系統與錨鍊艙滑車鋼纜的鋼環，其他損毀裝備仍在洽修公文旅行中，但能優先換修錨機與錨鍊艙滑車，誠屬不易。

本船係由瑞典造船廠建造，現由瑞典原廠游修小組工程師攜錨機與零組件來換修，這件繁複的工作安排，前後費時約四十六天始來修，等候不算太長，而且立刻將本船錨機系統的損毀汽缸蓋與與錨鍊艙滑車鋼環全換新，足見集團的辦事尚稱踏實。

本船由大副安排兩位瑞典籍工程師住艙食宿後，隨即轉向葡屬安哥拉卡賓達油氣裝卸站航行，10月25日抵達後，就裝載四萬多噸原油，這是我在西非領船進出的第十六個海港，也是我在南半球造訪的第八個港口，北距我半年前兩度造訪的薩伊共和國香蕉港僅三十浬。滿載原油後又接奉指示，本船駛往美國費城的煉油廠碼頭卸油，海程七二四〇浬。

本船於11月10日晨駛入美國賓州德拉瓦河，在費城煉油廠碼頭旁靠；美國東岸的賓夕法尼亞州，是我造訪美國本土第四個州。這是我首次造訪美國東岸海港，連同過往的旅歷，美東、美西、美南我都進出過商港，費城工業港也是我在美國領船進出的第四個海港。

卸油期間，該區的集團駐埠船長蒞船，會同驗收修復的錨機與錨鍊艙滑車，經我配合下錨、收錨實作後認可合格，各方在洽修檔卷文件逐一簽字驗結，就在航海日誌記上一筆，瑞典游修小組就功成身退，離船從費城飛回瑞典。

　　集團人事專案王經理輾轉得知我父女倆八年多都沒碰過面，遂熱心安排父女會；王經理將本船的船期電話告知玲兒，同時也拍發電文告知我說，父女倆將可在費城煉油廠碼頭相聚。錨機試俥完成後不久，玲兒就從紐約州趕來煉油廠碼頭船上會親，並在船上用餐，午餐後我帶她在本船各處參觀。玲兒說教學與研究工作都非常忙碌，兩年前尼克森總統與毛澤東主席會面後，美國大學校園都在瘋「中國文化」方興未艾，華府與北京不久即將建交，故她與大陸學界交流互動日漸頻繁。

　　八年沒見面，覺得玲兒的容貌沒變，在美國當專任助理教授的薪資，比我這個臺籍船長還高；她再過半年就是三十足歲的輕熟女。下午父女倆擬到費城一遊，但任憑怎樣打電話，車行就是不肯派計程車來煉油廠碼頭載客；計程車之所以拒絕來，是油廠周邊四布荒涼骯髒的汙泥沼澤地，既無住戶更無商店，大概擔心有人惡整，所以司機都不肯前來載客，避免來回七十公里血本無歸。我向煉油廠碼頭棧埠辦公室職員請求，欲搭他們下班車離開；所幸前來洽公的商人不久即準備離去，父女倆遂搭他便車進城，在費城吃了晚餐後同赴機場送玲兒返校。

　　我慣性地以為須提前一小時赴機場櫃臺報到，玲兒卻告訴我在美國國內搭短程區間民航機，如同搭公車般沒什麼手續，只要趕在起飛前十分鐘到閘口就來得及登機，就算閘口關閉脫班，班次密集到還可排下一班候補。我送玲兒進登機門後即步出機場大廈，搭乘排班計程車返回煉油廠碼頭船上；回程路上細細回味此番不到半日的會親過程，總感覺玲兒自從入籍美國後，應對舉止已全盤美國化，原本青澀的她已悄然消失。其實，她能全力融入美國社會，那也蠻不錯。但想到父女倆一別八年始會親一次，聊不到

八小時又匆匆話別，八年僅見面八小時，我一宿無語。

憶及 1962 年我擔任參謀本部聯五助次時，辦公室在臺北總統府內，時日久了因公積勞成疾，不幸染上頑固的慢性腸胃炎久醫不癒，每日早餐後必拉肚子；自認遲早會死於胃癌或是腸癌，遂萌退役養病念頭。時值玲兒甫考上大學，自覺她十七個寒暑的成長過程，我都沒對她付出太多父愛，就打算退役後在她大學宿舍外開設廣東烤鴨攤，增加父女相聚機會。沒想到碰了個軟釘子，忘了玲兒也愛面子，回應非常冷淡，反勸我留在軍中繼續向上發展。

我對抗病魔纏身的鬥志十分強烈，在參謀本部每日隱忍痼疾，不但榮升少將且膺任海軍專校主官職務，申退後還轉業跑商船。擔任千噸級大友商船船長時，船長室未設個人衛浴，我在幹部共用廁所、船長室與駕駛臺間，每天上下奔波苦不堪言；及至以色列當喀瑪、丹戎兩艘萬噸級商船船長，船長室均係套房稍可緩解衝廁所之不便，維持個人隱私。現在來到油輪當船長已然四個月，不知不覺中腸胃痼疾竟然痊癒；猜測原因，似是本船平日飲用的全是輪機艙提供無雜質高純度的蒸餾水，故可以清理腸胃。

翌日黃昏，C/E 張克濛、2/E 游聚華連同兩位輪機工匠任滿離船，補位海員登船。待 11 月 13 日卸油完畢本船空艙就駛離煉油廠碼頭，引水員離船後，第五航次由美國改去歐洲，航向英倫三島之一的愛爾蘭共和國，到賓錘灣工業港裝載煉製的油品。本船空載由美東進入大西洋後，航向東北直至北緯五十六度左右，實施大圈航行（Great Circle Voyage）。在地球上同一半球兩地間的大圈航行，海程三二一〇浬，較兩地間跑直線省了兩百浬，節省時間約半天多，節約油耗約六趴。

本船駛抵高緯度的北大西洋，恰遇暴風迎面吹襲，巨浪打在

空載的船長室舷壁鋼板上，隆隆作響，卻僅讓空船稍稍震動一點
而已，如果是幾千噸的小船就吃不消了。冬日午間的太陽，慵懶
地掛在南方海平線上的天際，如同落日。原本矯捷飛翔的海鷗，
在此海域卻顯得老態龍鍾，羽毛下垂顏色灰暗，鳥爪緊扣著甲板
上的船欄鋼索，揮之不去；行近驅散則飛棲他索，似乎不願放棄
享受主機發散出來的對流暖空氣，其衰頹之狀令人望而生厭，看
到海鷗，海員的心情就十分鬱悶。O/S 張金福在巨浪中固定救
生艇鋼索時撞傷，由 2/O 周崇憲裹傷，並建議我拍發電文給賓錘
灣工業港準備後送傷員上岸住院就醫。

　　賓錘灣在愛爾蘭西南角，也是我生平造訪北半球最北的港
口；賓錘灣內水深達四百呎，11 月 22 日本船抵達賓錘灣，我啟
用修復的錨機，下錨令 Put Seven Shackles into the Water（放出錨鍊
七節）後，錨具方達海底，我再下俥令 Dead, Slow Astern（微速倒
俥）加錨令 Until Anchor Hold（持續鬆放錨鍊使錨具繃緊抓牢海
底）而不致流錨。總計用掉八節半錨鍊才拋好錨，已是錨鍊全長
一一五〇呎的三分之二，若非錨機額定出力大，否則收錨就會極
其困難。

　　這是我造訪歐州與地中海領船進出的第五個海港，港勤艇
接載傷員上岸就醫後，本船開始在賓錘灣工業港裝載鍋爐燃料油
（Fuel Oil），供燃油電廠發電或家庭鍋爐燒水成蒸汽導入各廳室
的熱管散熱取暖；燃料油屬煉油廠煉製的下品，黏度甚稠，狀如
臭水溝中之污泥漿，見之令人作嘔。再等而下之，就是鋪道路的
瀝青，算是煉油尾料副產品了。

　　賓錘灣工業港的英籍裝載長古道熱腸，將所裝之燃料油依規
定加熱至攝氏四十度，讓燃料油變成燒燙的熱油，黏度就大幅降

低方便本船汲油；雖時值寒冬，但十多天後抵達下一個卸油港時，餘溫尚在，燃料油仍是暖油，黏度仍夠低方便下卸，其仁德之情溢於言表，實令我感佩。北大西洋的海水密度高於南大西洋，若滿載吃水必將黃漆水尺線淹沒形同違規超載；換言之，油輪跑北大西洋裝載濕貨，就得少裝一點，不能裝滿以符規定。

11月24日本船駛出賓錘灣工業港後，自愛爾蘭繼續未竟的航程，駛向西班牙的黑娃港卸油，海程一〇六〇浬。在大西洋途經英倫三島南方的比斯開灣，此處平日風浪就很大，本船滿載經過此海域，浪湧波峰超過五十呎約五層樓高屬狂濤級，浪花雖撲打到甲板之上，但本船滿載不動如山。過了葡萄牙轉向東航，11月27日在地中海入口前，本船於西班牙的黑娃工業港下錨，準備將部分燃料油的一萬六千噸卸在油庫碼頭上，這是我在歐州與地中海領船進出的第個六海港。

物運一如人運，地中海入口如同一關，關關都屬難關，如碰霉運就過不了關。本船旁靠黑娃工業港碼頭也合該有事，當AB孫開銀轉動船艏兩舷五噸吊桿要合力撈取油管接合時，左舷吊桿柱端才剛伸出甲板外，柱上牽引鋼索忽然繃斷，使起重柱端半截傾倒在左舷船體外，其彎曲情形如同將一根軟趴趴的油條泡在碗中豆漿，一節在碗內，一節在碗外倒懸。

這次起重柱的牽引鋼索繃斷，我早已向公司請修在案，該換新而至今尚未更換，勉強使用經年，鋼索本身耗損銹爛；此次經過大西洋風暴巨浪浸打使鋼索濕透，遂使鋼索霉爛，一經受力焉得不斷。好在起重柱傾倒時，並無海員受傷，亦尚未撈得岸上油管，否則還要急救傷患並對岸上設施負損害賠償之責。現在僅為本船裝備的損毀，算是不幸中的大幸。

　　油輪起重吊桿失效就無法接岸管卸油，爾後更無從海底撈月，本船就形同廢船，須緊急搶修才是正辦；我遂以閃急電文告知美國海運集團，電文往返商議決定原地優先搶修吊柱，換新牽引鋼索。本船耗時兩天始完成搶修，方得下卸一萬六千噸燃料油。本船運道帶衰，在愛爾蘭賓錘灣工業港所裝之燃料油，摸著油管溫度是燙手暖呼呼的，如今經過四天寒冰海程與兩天搶修後，燃料油已無餘溫，因此將黏稠的燃料油汲送至岸管十分困難。

　　船上各油艙壁運用主機高溫廢水的加熱管，卯足全勁對油艙加溫亦收效不彰，以致打油上岸原本預計需八小時，竟費時十倍前後耗時三天多。卸畢依照公司電文臨時急奔三五六〇浬外奈及利亞艾港，那頭的大型燃油發電廠也須要燃料油。所幸赤道地區溫度夠高，即便油艙加溫系統失效，燃料油在赤道高溫環境下黏度不稠，一萬噸油料五小時就迅速卸清。

　　卸畢後，12 月 8 日本船奉召駛返德州聖體城工業港。油艙壁的加熱管失能形同廢船，船長須負完全責任，我心頭一直打鼓。我令老軌攜油艙加熱管線藍圖，會同負責維護系統的 2/E 卓姓大管輪，到船長室一齊研究為何加熱失效，回到修造廠洽修時，才能說出個道理來。

　　我詰問大管輪，主機熱騰騰的高溫廢水在打入油艙加熱管線前，水溫、流量與流速是否正常？他說水溫正常但流量與流速過低，以致油艙壁無法加熱。我再質疑剛到任的老軌，多久沒試運轉油艙加熱管線系統，他查閱輪機維修日誌，上回塢修拆開加熱管線是三年前。塢修週期四年，近一年來也從沒試運轉，我遂請老軌下主機艙，把加熱管線系統打熱水的主馬達拆解，看看是否能找出主機高溫廢水打不過馬達管線的原因。

　　晚餐後，老軌與三管輪滿面油污，但難掩興奮之情向我說：「報告船長，問題找到了！」三管輪指著手中主馬達的濾網，上面滿布一層厚厚的銹渣，難怪主機高溫廢水被骯髒的濾網堵住，主機高溫廢水無法經馬達打入油艙加熱管線系統。我再找來躲在艙房負責運轉加熱管的大管輪，按維修手冊每一季須定期清洗濾網，你沒貫徹就是失職。

　　找到問題的癥結，解決問題就不難；我請他倆清乾淨濾網裝回，試運轉各油艙艙壁加熱是否正常。兩週後他們回報加熱一切如常，但乾淨的主馬達濾網又堆積薄薄一層銹渣，顯見這艘中古油輪的主機高溫廢水管路銹蝕嚴重；報修時該換哪些管路，大管輪逐一列出清單，把請修加熱管回報聖體城修造廠，我們心中都踏實多了，我也爭取到救生艇吊索併同油艙加熱管施工換新。

二、海嘯撲來甲級防險　逢凶化吉成就十足

圖 21.3　1975 年 4 月作者帶領大普潤郵輪航抵西非艾港汲油，油氣裝卸站的英籍經理邀訪油田（鍾漢波數位典藏）

　　12 月 25 日耶誕節本船駛返聖體城，負責油艙壁加熱的 2/E 卓姓大管輪遭我炒魷魚，靠好碼頭本船立即將兩萬噸燃料油卸清至碼頭油庫暫存，方便維修工於耶誕節後在空油艙的艙壁內將加

熱管汰舊換新，救生艇吊索亦同步換新，我所耿耿於懷的裝備，總算全都修好。12月29日，第六航次再次啟航，從母港航向南美與歐洲，將兩萬噸燃料油下卸給買家。

本船於1975年1月4日，航行二八一〇浬穿越加勒比海後，抵達委內瑞拉的拉庫魯茲工業港（Puerto La Cruz），靠泊中型燃油發電廠碼頭，這是我在南美領船進出唯一的海港。我以為全球各國儲油量最豐者首推沙烏地阿拉伯，真沒料到委內瑞拉之可採經濟價值的儲油量竟是全球第一，應是拜亞馬遜水系之賜，將南美洲古生物沖刷沉積在委內瑞拉盆地，經數億年擠壓、烘焙成化石能源。然而，不知是油田設施老舊出油太少，還是惜售祖產，委國產油量掉落至全球第五。

本船很快就將五千噸燃料油下卸給買家的委國國營電力公司，1月5日啟航赴六四五〇浬外義大利之蒙福康（Monfalcone）工業港。該工業港是義大利東北邊境的小港，靠近南斯拉夫，位置在亞德利亞海北端，威尼斯之東六十浬，距離地中海西口有五天的海程。當本船抵達時，我用VHF無線電對話機呼叫「蒙福康引水部」，呼叫了好幾次都無人回應；持續再三呼叫，回應來了說：「這是Monfalco-Ne Pilot Station，有事請講！」他把Ne音拉的特高。原來，這個港口的義大利語發音，重音節在字尾Ne，我也學著呼叫，把蒙福康－尼的尼音提高，說「Monfalco-Ne Pilot Station, this is TRINITY NAVIGATOR, over ！」他才正式回應。

我請其派引水員登船帶本船到蒙福康－尼工業港泊位，這是我在歐州與地中海領船進出的第個七海港，MW劉姓清潔工食物中毒高燒多日也要安排上岸住院就醫。我卻很在乎引水員得快點趕過來，帶領本船靠泊卸下燃料油及病號看診。待引水員蒞臨本船

在指定泊位拋錨，我目的已達，什麼尼來尼去也已煙消雲散。在這天寒地凍的深冬季節，我不知買主是否介意快點獲得燃料油取暖，但我極欲儘快將油卸下。

本船下錨後就有油駁船駛來接卸燃料油，但蒙福康－尼工業港位處北緯四十六度，受北極寒流籠罩故天氣更寒，燃料油的濃度更稠，還好油艙壁加熱管已換新，下卸一萬噸燃料油受限於油駁船裝載量有限，竟費時四天之久。卸完油後無需引水員，本船於1月26日自行起錨向西駛往威尼斯。等到相距十五浬時，我呼叫威尼斯引水部一呼就應，我告知本船一小時後可抵威尼斯商港防波堤外，不久即回覆引水員屆時在港嘴外相會。待本船駛至遙望可及威尼斯水城時，彼此再度呼叫對話，知道引水員已在港嘴外YT拖船上等候。

本船於適當位置停俥滑行，及至防波堤外本船已呈停航狀態；引水員登輪後，我很驚訝為什麼不直接駛入正前方的威尼斯港，引水員反而把本船愈帶愈遠，沿著威尼斯水城之離島，向南航行約十四浬，駛到盡頭尖端的港嘴燈標，就轉西駛向基奧賈港卸油站。引水員告訴我，由於威尼斯港至卸油站專用碼頭間，內港是有水道可通行唯水道淺窄，本船的吃水深，非繞道在亞德利亞海多走十四浬的遠路不可。

我靠好卸油站專用碼頭後，引水員就搭乘領港艇，循內港水道返回十四浬外的威尼斯商港，這是我在歐州與地中海領船進出的第個八海港；我們遇到嚴寒天氣且突降暴雪，碼頭工人停班待暴風雪過去方能下卸。

本船在卸油站要卸完剩餘之五千噸燃料油，等天氣穩定就等了足足六天。這下海員可樂歪了，油輪海員裝卸多在發電廠、煉

油廠、油田油庫或裝卸站的碼頭，甚至在外海接岸管，進出的都是警衛森嚴管制區，且停靠時間極短頂多一兩天；因此，油輪的海員終年形同坐困水牢。此番拜寒冬之賜可延宕下卸，花花世界的威尼斯水城僅十四浬之遙，全體海員都利用休班的空檔，包艇暢遊水城威尼斯。

本船一經靠好卸油站碼頭，威尼斯市政府就派專人送來市街導覽圖一大疊，供海員免費取閱，足見市政府推銷觀光之用心。一年前我在威尼斯渡船場也曾索取同一張地圖。此番適逢歐洲承租戶經理來電，詢問本船到底靠泊威尼斯何處卸油，我就以市街導覽圖權充作業紙，註明駛入航路及內港淺窄水道不能通行巨輪的困難，加以繪製並標示卸油站碼頭與經緯度，用航空快遞逕覆承租戶經理。

其後獲得謝函誇讚，副本抄送美國海運集團，想為人事專案經理王亮初所樂見，令他顏面有光。集團在歐洲沒有派遣駐埠船長前來威尼斯照料，僅由代理行遣一年青職員來船招呼，我為酬謝其辛勞，贈予美國駱駝（Camel）牌香菸一條，意思意思。這位年青帥哥認為一條美國菸的禮物意重情深，在義大利香菸本來就貴，舶來品課稅又重，故駱駝牌美國菸價值更昂，他自願帶我一遊水城，以示禮尚往來，我遂欣然與他結伴同遊。

他請我加添防寒衣帽手套後，帶我在寒風飄雪中離開卸油站碼頭，步行五分鐘進入狹長的街道，兩側是碼頭，停泊有不少商船與遊艇；基奧賈小鎮人口兩萬，運河水道像棋盤穿梭小鎮如同巷道，故有「小威尼斯」雅號，他的代理行辦公室就面對碼頭。

我倆在水岸街道漫步，他請我到一家咖啡店「品嚐」咖啡熱熱身，為什麼不叫喝咖啡而稱為品嚐呢？原來這種「義式速沖咖

啡」用宛如古代祭拜神明的奠酒小杯，杯內所盛裝的少量咖啡，是壓碎現烘咖啡豆熬成的濃汁；客人站在櫃臺前用舌頭舐著慢慢品嚐，若一飲而盡有可能燙傷唇舌與食道。那個年代，連鎖咖啡店如星巴克都尚未普及，喝這種速沖咖啡讓我大開眼界！

　　我站著覺得累，看見有桌有椅居然沒人坐，就拉一張椅子剛坐下帥哥立即拉我起身；我說為什麼？他說坐著品嚐咖啡價錢要加倍，我當然客隨主便繼續罰站。品嚐義式速沖咖啡價錢不貴，每杯只賣六十里拉約十美分，為了維持東道尊嚴，我再有錢也不能由我搶著付帳加倍買單代付。我問帥哥一天品嚐幾杯？他屈指算算大約五杯吧。品嚐咖啡後有免費開水可喝，不過大多數人都不喝開水；據云來此品嚐咖啡的客人是為了齒舌留香，捨不得將口腔內的咖啡味沖淡。

　　帥哥接著帶我搭水上巴士特急快艇到水城威尼斯一遊，多年後在電影中看到以威尼斯水城為外景者，我就知該景之所在地，如外景必拍舉世知名的嘆息拱橋（Ponte dei Sospiri）。這座拱橋究竟是古代石砌成抑或是現代水泥加固重修築成，已經看不出來，拱橋上設有頂蓋以防觀光客遭雨淋日曬，嘆息拱橋是水城重要觀光步道來往行人甚多，而橋上又被推銷紀念品的攤販佔掉大半，所以顯得十分擁擠，不少交通船艇都在嘆息拱橋下穿梭通過。

　　帥哥居住水城多年，對每條街巷都十分熟悉，他帶路過拱橋、跨水巷拾級上下，但見城內不能行駛汽車，連腳踏車也無人乘騎，故老城街巷沒有紅綠燈交通號誌。行行重行行不久就到了如夢似幻的黑色大理石建成之合掌街，在吹玻璃藝品店前，仍然擺有去年差點用力買下去的四隻沒品牌的翔鶴，標價依然是三百美元，不知是未曾賣出抑或是將備貨擺上櫥窗，我就不免多看幾眼。

　　帥哥說，這是宰殺您這樣有錢觀光客的價格，平常一件沒品牌的吹玻璃藝品，五百里拉到一千里拉就可買到，我遂掏出一張十元美鈔合六千里拉，有勞帥哥代買幾件，讓我帶回送給永貞留作紀念，也不枉此行重遊威尼斯。聖馬可廣場和聖殿宗主教座堂我上次就來過，不想頂著刺骨寒風與暴雪再回味一遍，我倆遂搭乘特急快艇離開水城回到基奧賈港卸油站碼頭。

　　帥哥回辦公室時，在大門前與我揮手相約明天見，我則步行回船。隔天，帥哥攜回用紙盒封裝的翔鶴共四隻，連同收據還找回五美元；這讓我憶及去年陳志文學弟在高雄曾對我說：「皮哥呀，要賺大錢當個富豪，一定要做生意。」四隻沒品牌的翔鶴賣五美元都還有賺頭，街上奢華商店以標價三百美元宰殺我這種冤大頭豈不是暴利？我感謝義籍帥哥的友情相挺，沒讓我這隻肥貓遭店家剝皮。可以說，我這次在帥哥陪同下重遊威尼斯，訪價購物並未白遊。

　　本船在酷寒停工六天期間，據船上資深海員稱，此次電廠卸油可稱為「威尼斯假期」，有錢都買不到，大家都非常愉快士氣大振。但集團電令本船卸完燃料油後，就趕行程赴非洲葡屬安哥拉卡賓達油氣裝卸站裝載原油，海程五八八〇浬。

　　我看到全體海員在威尼斯放縱玩得雙腿發軟、眼圈帶黑十足熊貓模樣，我遂下令水手日夜加班趕工洗艙。上航次運載黏稠的燃料油，下回赴非洲裝載的是原油，兩種油類屬性迥異，油艙非得清洗乾淨不可。

　　2月1日本船空載啟航離開基奧賈港，值此季節地中海型風暴經常肆虐，所幸沒遇上這種類似颱風的惡劣氣候；但本船一出直布羅陀海峽入大西洋，適逢冷鋒鋒面，頻遭浪掃甲板。所幸本

船甲板與油管之上，有一道沿船舯中線從船艏縱貫到船艉的天橋；天橋的走道踏板，是由中空疏鋼條焊成，兩邊欄杆高及胸部，欄杆之下另有兩條防護橫杆，以防橋上行人被浪湧掃落甲板。

縱貫全船的天橋與船艏甲板同高，天橋通至船舯與船艉的船艛下，左右舷有樓梯；風浪大時著救生衣的海員可選下風處的樓梯上天橋，到達船艏從事絞盤帶纜、離靠碼頭與收放錨等工作，如此則安全無虞矣。由於天橋踏板用中空疏鋼組成，巨浪打來毫無阻力，浪湧一沖就過，故天橋不易潮濕損壞。

航經大西洋拉斯帕爾馬斯，奉公司電文指示於 2 月 7 日在外港下錨，等待船務代理商的港勤艇補充生鮮副食品；去年我當喀瑪商船船長時，曾領船造訪此地兩回，待食品補給到船後，隔日晨就起錨繼續南行。2 月 10 日航途中恰逢除夕，海員要我執筆揮毫書寫春聯，貼在海員大餐廳艙門。在眾目睽睽之下，我想了想才動筆，上聯寫的是「今載除夕，海外盡歡同守歲」，下聯是「來冬臘月，任滿回家過肥年」，橫額補上一句「和氣致祥」，眾海員遂吹口哨鼓掌連聲叫好！坐水牢的日子，芝麻小事都成大事。這幅對聯與橫額那麼多個字中，我心中要說的只有八個字，其他都是湊句拼成的廢話。頭四個字是鼓勵他們「任滿回家」，後四個字是「和氣致祥」。

除船長外海員聘任合約一簽就是在油輪服務兩年，因為從臺灣至美國間的單程經濟艙機票價就五百美元以上，即使任滿合約往返原籍地，船公司兩張單程經濟艙機票平均每個月也要攤提四十多美元費用；所以，船公司最忌諱海員未任滿就離職，無異增加船公司對海員雇用的成本負擔，「任滿」兩字的意思就在於此。

這航次 AB 鄒姓資深水手與 PM 胡姓加油匠任滿，打報告離

職不續約，簽呈上的理由都是「任滿回家過肥年」，算是幽我船長一默，我也不以為忤。我要說的後四個字「和氣致祥」，指他們海員經年累月在海上漂泊，生活枯燥會逼使脾氣再好的人都變得躁鬱，所以，我希望他們任滿前都能和氣致祥。

2月16日再度駛抵西南非葡屬安哥拉卡賓達油氣裝卸站裝載原油，一如過往「海抵撈月」拉上油管汲原油，汲滿就起錨回德州亞瑟港。入夜後，本船尚在大西洋航途中，大副急促的拍門聲把我從騰寫自傳稿中拉回現實。他說，MM 薛姓資深機匠瘋掉了，口吐白沫直嚷著見到鬼！我和衣急奔至船艉機匠的單人住艙，但見他躲在被褥中裸身哆嗦著，指著艙壁用葡語喃喃地以女聲鬼話連篇；女鬼附身機匠肉身，用葡語說四個航次前從葡屬安哥拉之魯安達工業港潛登，現場數人只有我懂葡語，旁人根本聽不懂機匠在說啥。我令二副前來，替機匠施打鎮靜劑，請 AB 孫開銀陪他渡過下半夜。

一夜沒事白晝降臨，我問孫員下半夜薛姓機匠有無異狀，他說根據機匠甦醒後的描述，應是看多了外國淫穢鬼怪書刊產生幻覺所致。海員有女鬼附身，船長要怎麼面對？其他海員都很正常沒「見鬼」，只有可憐的機匠夜夜卡到陰慘叫不已，我還能做些什麼，不會被指摘船長也搞怪力亂神？

第一，薛姓機匠夜夜「見鬼」是自作孽，請他自備鮮果清茶入夜前膜拜體內「女鬼」。第二，有勞八字硬且正派的 AB 孫開銀看好機匠，防止他做蠢事如上吊自殺。第三，通告全體海員薛姓機匠精神異常唯健康良好，未患傳染病請安心，並記載於航海日誌。第四，解除薛姓機匠職務，並將他拘束在住艙內，三餐由廚房送至住艙，防止四處叫嚷他卡到陰，導致全船人心惶惶不安。

　　本船第六航次還沒跑完，薛姓機匠就主動向我提出辭呈，違約金再多他都願意繳清，我遂在辭呈批照准，並拍發電文請代理行協處他返鄉事宜；3月13日抵美國德州亞瑟港後，他立刻捲舖蓋收拾行李頭也不回逃離本船。機匠被遣返後，我決定依序內升，由加油匠內升機匠，輪機清潔工內升加油匠；輪機部門兩位工匠既升階又加薪，皆大歡喜。兩個航次後，才自臺灣補一位菜鳥工匠登輪，很快地，大夥兒就忘掉機匠曾在本船卡陰發瘋過。

　　3月16日，第七航次本船由德州亞瑟港再度往返西南非奈及利亞的艾港裝原油。4月6日航途中，收聽國際新聞廣播，驚悉總統蔣中正仙逝，令人不勝唏噓。本船在畫冊內找出總統肖像一幅設置靈堂祭拜，一時也張羅不到香燭冥紙，只好用鮮果清茶祭奠。大副集合不值班的海員行禮如儀後，由我恭述蔣總統行誼長達一小時；全船也只有我在軍旅服勤期間曾與蔣總統互動百餘次，這也是我轉業當商船船長以來，對海員講話最久的一次。

　　在艾港汲油期間，油氣裝卸站的英籍經理邀我搭乘他的座艇，駛往油田參訪；經理說油田每天出油約百萬桶，但見一望無際的油田遍布油井，令我眼界大開。再過三週又收聽到國際新聞廣播，南越頂不住越共的攻勢淪亡了；我在海軍服勤期間，曾接待過南越忠貞僑團返國勞軍、南越海軍高官參訪兩棲戰訓，這些僑領與將領，如今生死未卜。

　　海員經年累月在海上漂泊，坐水牢的也有他們的樂子。海員生活不講究什麼規矩，無所謂風紀與道德標準，海員休班後就揪眾打麻將，打的是臺灣麻將十六張，放砲的給錢，自摸則吃三家，這也是防範出老千的玩法，避免爭執互毆。但是生性火爆且牌品極差的 MM 尤姓資深機匠，硬是在牌局中毆打同僑，遭我管收。

有些海員出身黑道，賭癮大嫌麻將賭的太慢賭資少，偏好玩牌九；一番兩瞪眼的牌九下注四百美元起跳，較基本海員的月薪還高，令我作舌！我在海軍服勤多年絕少搓麻將玩牌九，在家中頂多代替永貞打個半圈衛生麻將讓她抽身如廁；我倒喜好打橋牌，唯船上幹部都無此雅興陪我玩，這樣也好，休班時海員忙著聚賭，我就寫文稿。

海員下賭桌後，都群聚在五十人座放映室觀看大螢幕電影。本船庫存電影有許多捲膾炙人口的美國好萊塢經典片，如「櫻花戀」、「桂河大橋」、「後窗」、「巨人」、「日正當中」等，我很喜歡，故一再重播觀賞，且百看不厭。後來我發現整個放映室祇剩下船長我，問他們原因，都說是重複觀看生厭，於是經典電影只剩船長孤獨地重複觀賞。

但有不少海員私下擁有煽情春宮片，這些沒版權的拷貝帶，彼此交換放映觀賞，樂此不疲，僅船長我不好意思看。AB 孫開銀特別送來手提放映機與幾套三級色情片，將養眼畫面投影在船長室白漆艙壁上給我獨享，但我僅看一片就不想再看了，劇情從頭到尾都是鮮肉猛男與妖嬈蕩女的大亂鬥。從此，在船上不論是大電影或小電影，我都不再觀賞，繼續寫我的自傳，任憑海員在放映室瞎搞。

4 月 27 日回到美國德州亞瑟工業港卸油，代理行攜來的郵袋內有永貞來函，提及堅兒已申請得加拿大魁北克省一流大學碩班全額獎學金且學雜費全免，兼職助教的年薪約合五千美元，加拿大移民局亦無需國際學生繳納保證金。堅兒將於 8 月中旬啟程，永貞質問我何時辭職返臺照顧她？該是時候結束我的航海王大夢了。

第八個航次於 5 月 1 日啟航，再到西非奈及利亞艾港裝油。

5月23日抵達西非奈及利亞艾港裝卸站，開始載油時已過子夜，突然間目賭兩浬外的貝寧石油城（Benin Refinery）濃煙火球竄升，滾雷般隆隆的爆炸聲傳來，火球照亮夜空如同白晝！是伊博族獨立反抗軍在搞破壞嗎？石油城釀災，並不影響本船從區隔開的油田汲取原油。

回程航途中，航經即將獨立建國的葡屬維德角群島外海時，報務員飛奔至船長室拍門，把我從刪改自傳稿拉回現實；報務員呈上美國海岸防衛隊（US Coast Guard, USCG）閃急警告電文一則，略以5月26日晨，北大西洋海床發生芮式規模八的強震，在航的艦船須防範衍生海嘯之撲襲。我詳閱電文，震央在本船北方約六百浬，海底地震約三小時前發生，我拉計算尺很快地推定海嘯浪頭約二十分鐘後自北向南撲來！

我問所有船副與輪管幹部，誰曾在航途中遭遇過海嘯，大家都搖頭等我解救本船；為避免海嘯由本船側面撲來導致空船翻覆，並防止空載船艉推進器俥葉被海嘯抬出海面高速打空轉傷到主機，我當即下達微速進俥俥令，再下令本船由向西航行調頭，朝著北方震央駛去筆直切浪，我緊接著再下令全體海員實施甲級防險加固，靜待海嘯迎面撲來。

駕駛臺瞭望員驚呼一聲：「來了！」但見前方領頭一股翻白沫的長浪，以每秒約百碼的相對速度奔來，首波海嘯通過船身僅耗時兩秒，波峰還不到兩呎的高程，這算什麼海嘯呀？眾海員失望中都回頭望著我，期盼有個解釋。我抓抓後腦杓抱歉地解釋，此處海深約六千呎，若在水深不及百呎的淺海區，海嘯高程絕對超過一層樓高，保證刺激有看頭。待連續幾十個長浪海嘯掃過恢復平靜後，「Hard a Port Rudder... Amidships... Full Speed（海上全

速）！」我連續下舵令與俥令，並解除本船海嘯防險部署，追趕被海嘯來襲所耽擱的航程。

這航次從西非載油返美抵達目地港已是 6 月中旬，船長合約遂告期滿，由公司派來的繼任船長李固根（海軍官校 1952 年班）學弟接替我的職務。公司沒徵詢我留任或轉任的意向，就逕自依合約到期把我解職，想必是因我提出請修單擱攔近一週的船期，加諸海員食物中毒、阿飄附身發瘋、賭博互毆是我領導無方而惹惱船東。李船長是個油輪老海狗，他從紐約帶來人事專案經理王亮初的口信，告訴我若本船千餘美元公款解繳不出，立張借據花掉就可以了；我無貪婪之意以欠借名義佔用公款，我做人正派，交代得清清楚楚，不差分毫如數解繳公款予李船長簽收；王經理對我寬厚，但多慮了。

我按照合約將船長職務交出，一年多跑油輪的海程累計多達一二四九六〇浬。本船的海員在我任內自始至終都沒再遇過講葡語的鬼魂，也許她黏著色咪咪的機匠離船一齊進入美國。我由亞瑟工業港離船，由代理行派車送我到四十分鐘車程外的亞瑟航空站，搭乘達美航空的螺槳小客機經休士頓換乘噴射客機抵羅安琪，再轉乘華航班機返國。同樣地，返抵國門時大西洋輪船公司沒派經理級的高層接機，明白表示我提出太多的請修單惹惱總公司，刻意不派人在松山機場迎接我這個任滿合約返鄉的船長，等同於被公司變相炒魷魚！

三、任滿返家再度獲聘　中東海上修羅墳場

圖 21.4　1975 年 8 月作者與永貞在左營自強眷舍庭院（鍾漢波數位典藏）

　　回到家中，夫妻長年分離，一旦重聚應該非常高興，但永貞見我後，淚水幾乎奪眶而出。她問我油輪的工作可辛苦？我說不會呀，而且我過往的腸胃痼疾也痊癒了，再也不拉肚子。永貞說難道你不曾照過鏡子瞧瞧自己的容貌？我趕快仔細攬鏡自照，果然面目浮腫膚色青黃，祇差未長出獠牙，不然可到《聊齋誌異》卷三第十八篇內的夜叉醜人國去當個頭目，其權威自不亞於航海王。

　　本來，在油輪上每日盥洗時都會刷牙洗臉照鏡，天天照天天看相貌慢慢在變，沒人提醒就自覺沒什麼變化；永貞對我向來順從，而今竟刻意令我攬鏡自省，豈能不仔細端詳自己？確實是一

副重病浮腫的憔悴倦容，像個肥碩的埃及法老王般醜狀。永貞令我今後不准再上油輪是為我好，使我不得不從。

返國恰好趕及參加黃埔海校同窗班慶四十週年在左營的聚餐，獲頒青天白日勳章、最有總司令緣的陳慶堃得罪經國先生，兩年前由艦令部司令任內遭打入總部海戰會屈就中將主委職，只能坐冷板凳待退。升中將的劉定邦困在海軍指參學院院長職無處可去，僅剩李北洲任艦令部中將司令掌兵權；唯洲哥曾替玲兒出國留學作保，玲兒現又與大陸學界過從甚密，洲哥繼續向上派職榮陞海軍總司令的機會渺茫。

同學與學嫂看到我浮腫暗黃的臉頰都非常震驚，紛紛勸我快去就診。經過月餘的運動鍛鍊，我的面目仍是浮腫泛黃，遂往高雄榮總（高榮）求診並詳細體檢。經抽血、大小便檢驗後均屬正常，肝腎功能無異狀，胸腔與腹腔影像醫學檢查亦無症狀。醫師診斷結果認為是平常營養美食太多而運動太少。我則認為事出有因，遂決定重覆昔日在眷舍庭院花圃栽種，騎腳踏車去內惟傳統市場買菜購物，燒飯拖地板等家務，慢慢地我的肥腫自消。

我從美國辭去油輪船長職務返家也要和堅兒聚一聚，他即將出國留學，真不知何年再碰面。8月中旬到了，全家同赴臺北夜宿旅店，翌日送堅兒出境登機赴加拿大留學。我亦囑堅兒抄下在大陸親戚二十六年前的郵政舊址，到了加拿大寄書信回大陸試試，能否與失聯多年的親戚連絡上。我提醒堅兒，大陸當局會嚴審每封航空信，他落筆務必要謹慎；堅兒收妥地址藏在行李內的化學講義夾，以免出境安檢時被搜出，弄成「通匪」罪名。

堅兒買的是留學生折扣特價單程機票離臺，這個客貨兩用廉價班機途經菲國馬尼拉等四個航點，轉往加國蒙特婁市，便宜機

票的飛航旅程非常耗時且折騰。堅兒出境通關入了候機室，夫妻倆走上航站大廈的頂樓展望臺，看著堅兒班機起飛；離場的飛機太多，不知是哪一架，最後總算看到堅兒所搭菲律賓航空的班機。除非有通天眼，才能看到機艙內的乘客；而今事過境遷多年，機場送行場景，仍歷歷如繪。

　　堅兒出國深造後，按月匯回助教薪資合一五〇美元，交予永貞作為孝親費，相當於我的月退俸額，這讓我再出海跑商船賺點家用零錢的理由，更缺乏說服力。回想這三年多來我的討海人生，累計海程近十九萬兩千浬，蠻符合心理學大師馬斯洛的需求層次論，較高的第五層次是自我實現的需求，連幹四任船長當個航海王這都達標了，但最高層次的認識人生、理解人生與審美人生的需求，則諱於我的航海生涯還不夠長尚體驗不出。因此，返家半年後我又待不住，遂藉口去臺北探視蔣緯國將軍，背著永貞順道密赴海運界各航商，探詢有無適當職缺，好讓我重返海洋的懷抱。

　　蔣總統過世後不久，蔣夫人與美國聯手，促成蔣緯國將軍調任三軍大學（由三軍聯合大學晉名）校長，並同時高陞陸軍二級上將；我到他寓所謁見以表達祝賀，他劈頭就問我：「阿皮，你的討海生涯達到你自己設定的目標了嗎？」虧他還記得八年前曾經開示過我。「報告司令官（指裝甲兵司令部），還沒哪，就差這麼最後一浬海程。」我透露發自內心的自我期許。

　　行船如騎馬，一旦上癮則技癢難耐；我多次赴臺北拜訪各航商如信友、嘉華、基業等航運公司，老闆們都熱心幫我覓職，惜薪資均不如我預期而作罷。我任永定軍艦艦長時的屬下中尉槍砲官王汝亢，退役後家住基隆在大統海運公司任職總顧問，1976

年初經他介紹，我以探視即將退役的同窗劉定邦為藉口，瞞著永貞暗地前往臺北市南京東路二段的大統海運拜訪董事長，公司恰好在大西洋輪船公司對面。

大統公司與大來輪船關係企業的「大」字輩船公司毫無關聯，該公司僅為船東的日本三光財團（Trilight Enterprise）旗下「乾租」之承租戶「東方輪船株式會社」（Eastern Shipping）在臺的代理行，負責招募臺籍海員與臺灣區的攬貨等船務營運。

在裝潢典雅的公司辦公室，葉姓經理與我寒喧後，就轉請副理林宏吉先生接待我。年青有為的林副理是董事長的長公子，曾在海軍艦訓部輪機學校任少尉預官，我倆都有共同熟悉的人與事可聊，他服役時的少將校長就是王汝亢，退役後就到臺北公司上班準備接班，是以愈談愈融洽，我體會出林副理才是大統公司的檯前、幕後真正的當家。林副理留下我的履歷與個資表，互道珍重。我本以為林副理若無適當安排，就不會再聯繫，我的臺北密訪行程就可矇騙過關，讓永貞渾然不覺。

真沒料到，剛從臺北回到左營自強眷舍，永貞當頭就劈：「你去哪了？王汝亢說早上還與你商談過，他叫你速回電！」說完就怒氣沖沖地回寢室把門用力碰聲鎖上。我先覆電總顧問王汝亢，他說早晨懇談後大統公司就將我的履歷電傳回日本，十分鐘後三光財團的人事主管就撥國際長途電話來，說財團高層久仰鍾船長威名且英文、日語都強，務請鍾船長於 2 月 24 日來日本服務云云。

我遂敲門請示永貞，久久未見回應，我再央求會多陪她一個月，過完農曆年節再出航；她開門幽幽對我說，反正攔也攔不住你，你跑船的時日也不多了，六十五足歲就被強迫退休，要去那就去吧，記得在船上務必找時間多運動。一場風暴來得快，去得

也快。

　　我過完農曆年節就搭機赴臺北夜宿碧海山莊，隔日大統公司與我訂立為期一年的船長任期合約，遂順利謀得職位。我繳驗證件後，林副理去買 2 月 20 日赴東京羽田空港的頭等艙機票，目前僅知有一艘船齡才兩年的日籍散裝船聖娜號（*M/V SANTA ELANA*），證書記載五千五百登簿淨噸，一萬三千載重噸，使用高轉速柴油主機，是艘經濟航速十五節的快船，續航力一萬五千浬，住艙與駕駛臺都是現代化的中央空調冷氣恆溫系統，兩部平面雷達互為備援；全體海員都是華籍，我一接任船長後立馬啟航赴中東。

　　船長月薪居然高達一七五〇美元，但沒有年終加薪；我幾乎不相信這是真的，我在油輪當船長月薪已是一三〇〇美元，以為薪水是很高的了，誰知三光財團的船長月薪更高。現代化的新船船況好薪水又高，自是喜不自勝。

　　辦妥出國手續後，順道拜訪信友、嘉華、基業等航運公司老闆，告知他們我再度出海，並感謝他們費心安排我職位。隔日收拾行李依時搭乘華航班機，於夜晚 20 時抵達東京都的羽田國際空港。雖然日華已無邦交，乘客須在落地後另簽「渡航證」（日本語指搭機過境旅行簽證之謂），所幸有東方輪船株式會社職員在入境櫃臺協辦快速通關；因渡航人數不多反比一般乘客通關更為快捷，兩小時後我就入住品川區高輪旅店。

　　隔日新任大副與二副同來拜候，論及這艘商船是最難賺大錢的不定期航線，沒有簽長約的固定船貨，哪邊有貨哪邊跑，攬不到貨就燒本錢，像這種跑不定期航線的聖娜散裝船，是名符其實的「野雞船」。聖娜商船第十航次攬了整個月的船貨，才由東京

都滿載千葉縣君津製鐵所的鑄鐵一萬三千噸，直放八九九〇浬外的中東約旦哈希米王國的阿奎巴商港，鑄鐵係金屬原料用以製造其他鋼材。我們三人共赴都心千代田區內幸町東方輪船株式會社討論航行計畫，夜晚在百貨公司美食街用餐。

　　24 日 11 時許，三人提前赴碼頭登聖娜散裝船，方得知隔天滿載鑄鐵後才職務交接，遂返高輪旅店休息。隔日我接掌本船後率新任大副登船到四個貨艙巡視，認為鑄鐵未加鐵索絞緊固接艙板，四個貨艙所載鑄鐵僅有頂層固定壓實，下方各層均未加固，倘遇大風浪鑄鐵勢必滑動移位，致使本船重心失衡有翻覆沉沒之虞。大副要求碼頭工人先下卸再重裝，加以確實固接。當時東方輪船株式會社運務部高級職員多人在碼頭等待啟航，一聽到我要重新裝載大為光火，我則堅持重裝，否則你們請驗船師來驗放簽字保證安全無虞，我才肯開船。

　　果不其然，貨主的驗船師下到貨艙檢視鑄鐵固接不牢，必須花兩三天卸下重裝再行驗放，財團眾職員均嚇得不知所措。運務領導幹部被眾人推向前盼他能解決啟航難題。他低聲用日語解釋連卸帶裝須時三天嚴重耽擱船期，他拉我到一旁，姿態低到不行，再用日語問我要什麼條件才願立即啟航，他都會支付；我聽了覺得十分反感，這是對我專業的不敬重。

　　當時處境勢同騎虎，若怒辭船長不屈就，如何向大統公司交待？如果立即啟航，一旦發生海難就算倖存尚有何顏面再回海運界？我再仔細一想，時值西太平洋強勁東北季風尾聲，而印度洋的颱風季節，即熱帶風暴（Tropical Cyclone）尚未開始，印太航途的風浪應該不大，我遂豪氣大發以日語說我沒有什麼條件，就依原定下午 13 時啟航趕路，出不出事我船長扛下全部責任！

　　這位運務領導幹部當即率眾同時向我九十度深深鞠躬致謝，我在日本服勤多年也深知禮節，遂九十度鞠躬答禮，久久之後雙方才直身。眾海員在旁見我們用日語交談未幾就互相鞠躬良久，不解地耳語連連，總覺得我這個新到任的船長高深莫測，且能鎮懾日籍高幹。

　　在我激於義憤豪情大發無條件接受即刻開船之前，我已查詢船上主副食早已購妥足用，但公司未及親手交來全體海員的月薪，還好依日本商船規矩是每月的 20 日才發放月薪，與歐美月底發放當月工資不同，我尚有三週以上的空檔可調頭寸。我不再耽擱，遂催請引水員蒞船，依公司指定時程於午後啟航離開東京都。我抽空更換船長室內日製保險櫃密碼鎖的數碼，即便二十多年前在海軍總部服勤時曾向鎖匠學習日製三菱重工保險櫃密碼鎖換碼程序，但此番臨陣換碼，也耗費一小時才完成。

　　夜半通過神子元島，讓東北季風一路順風相送，鼓浪駛向南海。不知是否惡運滯船，還是時運不佳，本船一離開日本，港籍 C/C 潘姓大廚就因胃潰瘍大量吐血，他整個住艙甲板上都是嘔出來的鮮血，遂不得不將他緊急後送上岸，這種航行突發危難，三年前我任大友商船船長時，由日本東京返基隆航途中曾經處置過一名患急性盲腸炎轉腹膜炎的水手，蒙日本海保廳之協助，將患病海員在大阪灣口外的紀伊水道，由 YT 拖船前來接運後送至和歌山縣田邊市上岸急救。

　　這次，我同樣不回頭返航，逕向順道經過的沖繩縣日本海保廳第十一區勤指中心拍發電文求助，將潘姓大廚在沖繩縣那霸港後送上岸急救。財團電傳指示不可進港靠碼頭下卸病患，以兼程趕路為要，財團沖繩支部派港勤艇至港口泊位接載潘姓大廚後

送。財團這個傳真信文我沒回覆，因為報支各項費用，自然就知道本船是否旁靠碼頭耽擱行程了。

　　本船轉頭航向那霸，就感受到東北季風餘威造成的橫風橫浪，船身搖擺劇烈，船長艙房內物件散落一地，我站立不穩只得坐在艙板上收拾文稿。26 日晚 21 時，在那霸港泊位伸手不見五指，我下達錨令 Switch on the Anchor Lights（船艏開錨燈）… Drop Both Anchors（下雙錨）等候。不久，港勤艇前來港口泊位，但浪湧太大的夜暗無法旁靠接載後送。

　　隔晨再試，港勤艇旁靠成功後，海保廳、三光財團沖繩支部、檢疫官與病院醫護小組接下疼痛兩天多的潘姓大廚急送那霸病院診治；下午海關送來結關證就收錨啟航，這是我帶船進出日本第十一個海港。眼見潘姓大廚痛楚地離船，想到自己的身體狀況在海上又能撐多久？我就遵照永貞指示，每天在恆溫的船長室做軍人體操、勤練莒拳道的天地型、檀君型拳術。

　　大廚離船後，航途上我並未要求公司補缺額，本船不會發生耽誤三餐的問題；依慣例，由二廚升大廚，二廚的工作由機艙工匠及艙面水手輪流來兼差替工；至於二廚那份兼差薪水怎麼分法，大副自有往例可循。當船長的就是出售急智、出售體力和甘冒危險賭上生命。如果足智多謀又勤勞耐操，加諸創機運勢得當，則所冒風險的程度也會大幅降低。當然，行船走馬，還得靠七分運氣。

　　本船經巴士海峽入南海，在海峽風口的風速達四十節，幸為順風順浪。3 月 8 日凌晨在進入新加坡水道前，我即前往駕駛臺守值指揮；在三百餘浬長的麻六甲海峽近一天的海程中，船舶多到幾乎艉舺相接，前後兩輪間距有時短到不及兩百碼，我不眠不休親自領航，沒回房睡過覺。本船沿麻六甲海峽北上，依國際海

上避碰規則，按慣例靠東邊航行，也就是靠馬來亞半島岸邊航行，但船舶實在太多，且航速快慢不一，我不得不時常加俥、減俥、用舵、鳴笛避讓，十分折騰。本船航行至海峽較開闊之海面、且來往船舶數目漸減時，我才稍事閉目養神。跑完麻六甲海峽全程，我的雙眼眼球都起了血絲紅筋，一晝夜沒休息；繞過印尼蘇門答臘島北端的棉蘭緯度正橫，進入印度洋開闊海域後，我始回船長室補眠。

隨後橫渡龍捲風肆虐的印度洋，再駛入阿拉伯海，十天的海程中僅有短湧，船身橫搖十度以下，再無巨風大浪，真是上天庇佑。從阿拉伯海駛入亞丁灣後，但見白色水鳥成群貼海飛翔啄食小魚，本船緊沿阿拉伯半島岸際航行，途經葉門人民民主共和國（亦稱南葉門），駛入紅海，就筆直駛往約旦，沿途都是個半封閉波平如鏡的海灣。

進入亞丁灣，本船所載固接拙劣的鑄鐵，航安問題就不用再掛心了，在印度洋航行時我有足夠的時間去研究剩餘航線問題。亞丁灣水夠深，但駛入紅海以迄目的港為止，逐段翻開小比例尺海圖來看，紅海中的葉門阿拉伯共和國（俗稱北葉門），其離島哈尼什有兩座燈塔，照程弧度為半圓，燈光朝向北葉門海岸掃瞄，以便其間來往船舶測定船位。這種限制燈塔照程半圓的理由，是指明紅海入口處的航道就在北葉門海岸與燈塔間，千萬別走燈塔以西沒燈光被遮蔽的海域，那會誤入險區觸礁。

經過離島哈尼什的燈塔前，阿拉伯半島北葉門境內有個摩卡商港，它從大航海時代起就出口奧圖曼帝國殖民者在山區栽種的阿拉伯咖啡豆（Coffea Arabica），且阿拉伯咖啡豆又以出口貿易港埠為品名，稱作摩卡咖啡豆（Mocha Coffee Bean）；赫赫有名的

摩卡咖啡豆，就是用來濾泡義式速沖咖啡的豆子。不過，大航海時代盛極一時的摩卡商港，如今已嚴重淤塞，僅能靠泊阿拉伯王公貴族吃水淺的豪華遊艇。高單價的北葉門摩卡咖啡豆，現在都搭乘噴射貨機送往世界各地的買家手中。

　　素聞紅海南部阿拉伯半島的吉達港（Jidda）航運繁忙，進出的船舶甚多，須特別加以注意航行避碰。過吉達港跑完紅海北部抵達西奈半島尖端時，水路分岔處的船舶就更多，西奈半島尖端之西是蘇彝士灣，尖端之東就是阿奎巴灣，灣底即約旦的阿奎巴港。

　　蘇彝士灣盡頭銜接長約百浬的蘇彝士運河，運河北口入地中海。三年前我在贖罪日戰爭甫結束後，赴以色列接任喀瑪商船船長職務時，蘇彝士運河還是戰區，故蘇彝士運河因戰爭而關閉。經過英美兩強持續調停，並出手清除沉塞運河的船艇與水雷後，蘇彝士運河於去年仲夏恢復通航。

　　阿奎巴灣海面闊約十浬，而航道緊貼著西奈半島沿岸航行；可用的航道寬不及九百碼，其餘九浬半的橫寬，多為淺水礁石，危險屬甚。要如何安全通過這條航道呢？那得靠船長的智慧了。我在印度洋航途中反覆研究阿奎巴灣入口航道，就已決定在白晝間視界良好時，謹慎駛過狹窄的航道全程，日落前入阿奎巴港。本船入紅海須航行千浬，就不斷精確測定船位與航速，於日出時分駛抵阿奎巴灣航道入口就位，也就是西奈半島尖端。

　　在航道入口處我依海圖親自帶船，緊貼西奈半島沿岸航行；西奈半島的岸壁較駕駛臺高出許多，所以看不到西奈半島地貌，但在岸壁上每隔不遠就嵌裝一盞綠色燈標。船舶緊貼岸邊行駛，就很容易看到這些綠燈指引。本船右舷百碼外，海上不時看到

紅色閃光浮標，符合一般進港左綠右紅之燈色識別，我遂下舵令Keep the Red Buoy on Starboard Side（保持紅色浮標在右舷側）。

　　浮標外方，海圖上刊印的全是淺水礁石標記，上有擱礁商船多艘。我叫來數名休班海員，他們站在駕駛臺右舷帆布天遮處，觀察擱礁商船並計數到底有多少艘。有云二十八艘，有云二十九艘；擱礁船體大多銹跡斑駁且尚未拆解成廢鐵回收，想是海面滿布礁石無法運走。由此可見船舶一經擱礁，連撤出海員都有問頭，更談不上補給糧水了。船長在此情況一定依規定最後撤離，其心急焦慮想到將來如何面對船東的那種羞愧場面，真是生不如死。稱此阿奎巴灣礁石區為「商船活地獄，海上修羅場」，實不為過。

　　擱礁船舶近三十艘，倒不是群聚集中一處，而是迤邐約八浬，其中有數艘船容油漆光潔，想是擱了才不久。所有棄置擱船，全是舷窗盡開伸出風兜，可見留守海員難耐紅海悶熱之苦。我令右舷督導瞭望的三副回報室外氣溫，3月天午時，紅海受兩岸沙漠區影響，竟高達攝氏三十六度！望著室內攝氏二十五度的溫度計，控溫控濕的現代化駕駛臺宛如天堂。

第貳貳章
海員人生充斥生命威脅

圖 22.1　1976 年 5 月作者管帶聖娜散裝船空載乾舷高，駛離印度洋亞丁灣
（鍾漢波數位典藏）

一、約旦港口卸貨延宕　野雞船兜圈等攬貨

圖 22.2　1976 年 4 月於約旦阿奎巴港作者與眾船長在船務代理行聚餐（鍾漢波數位典藏）

　　本船駛過航道盡頭進入開闊之阿奎巴灣底；東面是沙烏地半島陡峭高山，設有沙國防衛軍的碉堡，西面是西奈半島高地亦同樣陡峭，也設有以色列占領軍的碉堡，當中是阿奎巴灣深海。本船在兩軍對峙下由其間穿越，敵對雙方的火砲，都在追監本船通過，別有一番滋味。

　　本船航行百浬險礁區抵達阿奎巴港泊位時，已是 3 月 23 日夕陽西下的黃昏，引水部囑本船暫留港外待命；本船以灣之盡頭和兩邊山頂，在海圖上劃一圓圈，以圓心為泊位點，開雷達再比對海圖以定位。因無風、無湧、無流，只有漲落海潮之水位差，故本船雖在深水區不用拋錨，僅停俥在海面漂浮，船位久久都不曾移動。

阿奎巴灣的盡頭，是個半弧形的海岸，闊約三浬多。此一內縮灘岸形成的天然港口一切為二；東側是約旦阿奎巴港，西側是以色列艾拉特港。兩港的中線國界浮標，插有一支以色列國旗與一支約旦國旗，兩國商港內船舶彼此不得越界，兩港內的錨區各碇泊有三十餘艘商船非常擁擠，這是我在亞西領船進出唯一的海港。

人算終歸不如天算，從日本啟航每天都在趕行程，深怕再三延宕原本就耽擱月餘的船期，沒料到本船在港內泊位就枯等了三天，才等到引水員登船移錨位卸貨，移泊當中船身擱在海床砂壩一度動彈不得，所幸漲潮後出淺脫險。冗長等候卸貨期間，我緊急申請油駁船旁靠汲取回程所需的柴油，注滿五百噸的油櫃，並請輪船雜貨商派工作艇補充本船的生鮮蔬果與飲料，以免等候碼頭期間海員斷水斷糧。候卸期間我全身疲倦嗜睡胃口差又厭食，體力大不如前。

終於，旁靠來的卸貨駁船姍姍駛抵，但下卸四百噸鑄鐵後，就突然停卸。我問代理行原因，才知並非阿奎巴港卸載能力不足，而是貨物堆在岸上碼頭運不走，因為只有一條單軌鐵路由港區碼頭通往四百公里外的首府安曼且運量不大。由於內陸貨運塞車導致塞港，不得不作選擇性輪流下卸、雨露均沾，本船只好在阿奎巴港慢吞吞地把鑄鐵逐一卸下。

3月29日代理行的會計親交我現鈔九千美元，方延後發放海員3月分的薪資；但這位約旦籍會計央求我以免稅價格購買大批庫存菸酒套利轉售，我說這違反貴國海關稅則規定，最後我贈送他一樽約翰走路烈酒才打發他離船。

阿奎巴港的市街不大，過了港界市區再往東行，就是沙烏地阿拉伯的領土；臺灣海運界亦有數艘商船在此下卸雜貨，卸完後

再移靠阿奎巴工業碼頭，載運磷酸鈣鹽返臺充當無機肥料。在炎熱的阿奎巴港逗留日久需要淡水甚多，但港區的淡水供量不足，得遠從沙漠遠處抽運而來；給水碼頭每天上、下午僅可靠泊一艘商船添加淡水，大概要二十天才輪到一次，本船僅獲港務局分配兩回，每回僅能加添淡水兩百噸，約裝滿四分之一水櫃，唯水質還算乾淨可飲用，我遂下令開始實施淡水管制，每位海員每天限配賦十五公升淡水。

4月26日代理行的會計再借支本船現鈔八千美元發放海員月薪；他又穿針引線，介紹本船向當地輪船雜貨商購買頂級的里脊豬肉；回教徒不吃豬肉，來自歐美的海員又嫌這裡豬肉貴，故上好的里脊豬肉乏人問津，遂以友情價販售且無條件附贈雞腳。約旦人嫌雞腳髒丟棄，日日可從輪船雜貨商處免費獲取，華人稱之為鳳爪，於是買里脊豬肉附贈雞腳就順利成交了；從此，大廚每餐都供應紅燒鳳爪，當作中東加菜極品。

我兩年前入出境以色列在海法商港交出喀瑪船長職務時，移民官對我十分禮遇，無須另紙加簽，就在我的護照內加蓋入出境以色列章戳，當時覺得很有尊嚴，但持此護照來到中東回教區卻很麻煩。據阿奎巴代理行職員告知，凡與以色列有任何關係者，可能會被扣押帶走當作猶太間諜處置，嚇得我不敢登岸。

當時我國駐約旦哈希米王國的大使館設在首府安曼，大使是陳衣凡將軍，我倆當年在總統府還共事過兩年，他是參謀本部聯五空軍助次，我是海軍助次。而阿奎巴商港並未設置我國領事館，所以無法在此港市更換一本沒有以色列章戳的新護照；我告訴代理行經理我的難處，也告訴他貴國國王胡笙於1959年3月訪臺赴左營視導登陸作戰演訓時，當時我在海軍兩棲部隊參謀長

任內甫佔少將缺，曾向國王陛下當面簡報操演進度；經理眼睛一亮，說船長您登岸的小事就讓兄弟我親自來解決。

代理行的大老闆，是國王胡笙的表兄，一聽到我的約旦皇室奇緣，堅持請我到代理行小聚，並邀代理行所代理的八艘商船船長作陪聚會，我是當然主賓。經理親自登船護送我下船入境，囑我勿隨身攜護照與海員服務手冊，因內有我的以色列入出境章戳與以色列航運公司所屬商船船長資歷；我僅須帶著約旦移民局所發之海員登岸證及船長執業證書就可，由他陪伴萬無一失。

兩人下船後經移民局關口入境，經理趨前向官員指著我，說我是國王胡笙的友人，移民官當即起身向我敬禮，也沒細看我容貌比對證照相片，就恭請我過關。經理親自駕敞篷吉甫車先回家一轉，再帶我經過住宅區，但見穆斯林婦女在巷中休憩，一見有我這位著西服的外籍男士出現，眾婦女拔足狂奔躲入屋中，風俗如此見怪勿怪。又見散落在垃圾堆四周的，居然是全新的電冰箱、電視機等家電，據經理稱，約旦電網的電壓不穩，新品電器用沒多久電路板就燒毀。

我倆抵達代理行辦公室，見過大老闆，隨即與七位白人船長見面，大老闆介紹我這個主賓是打過仗的退役海將，與胡笙國王熟識；在溽熱的約旦，陪賓們均羨慕本船在港內是唯一備有中央空調系統的新式商船，我亦以此為榮。此次眾船長在代理行聚會暢飲聊天，是阿奎巴代理行少有的盛會，會後大老闆贈送每位船長半打一磅裝的摩卡咖啡豆，遂各自回船。

商船在港日夜都派海員在駕駛臺瞭望守值，及時偵獲違常事件以防意外。有一日我抽閒上駕駛臺巡視，見有五、六位海員在駕駛臺內淫穢嘻哈大笑，我十分訝異，海員見到我現身查勤，他

們立即肅靜，垂手而立。內有兩人手中尚拿著望遠鏡，我道何事，原來他們正在窺看其他商船上全裸女性海員作日光浴。

有些國家的商船男女海員並雇，船上既然有男海員，則同船的女海員日光浴還有啥看頭，可想而知早就被同船男同事看光光。商船海員並無風紀教導，我亦不掃人雅興，遂步下駕駛臺，任憑他們儘量看個夠，況且駕駛臺值班瞭望拿起望遠鏡環視掃瞄周遭，注意突發異狀並未廢弛當班勤務，不能說他們不對。

本船在阿奎巴港滯留整整三十八天，方將一萬三千噸鑄鐵卸完；卸貨的最後一艘駁船離開時，已是 5 月 2 日終昏入夜。由於夜暗視界不良，且本船碇泊於港池最內側，惟恐起錨離港時碰撞他船致生糾紛，索性等待翌日 5 時天明後，才收錨啟航以策安全。

其實，我真正的主意是算好海程，務使本船在阿奎巴灣百浬之危險海域，能在白晝良好視界下跑完全程，順利平安駛過「商船活地獄，海上修羅場」之礁石區，才符合萬全的航行計畫。我預先吩咐海員返程時計數擱礁船數，這回眾口一詞為三十一艘，較諸六週前進港時，又增加擱礁商船兩、三艘之多。我不禁多瞄一眼，不料全身像中邪般竟打多個寒顫，毛骨聳然，遂趕快收攝心神，親自領航專注於航行，以便及早離開這裡。

終於，本船於 5 月 3 日黃昏許，駛離夕照下陰森森的海上墳場，進入紅海航道，加入南來北往通過蘇彝士運河的商船行列。本船是「野雞船」，哪處有船貨可裝載還不清楚，在紅海航途中財團來電指示，先解決本船缺水困境就順道前往法屬吉布地（Djibouti）添足淡水後，才入印度洋候命攬貨；探詢諸船副與輪管幹部，竟無人造訪過吉布地港。翻閱《全球商港誌》一書，原來吉布地這個法屬殖民地，也稱為法屬索馬利蘭，位於紅海出

口不遠的亞丁灣西南端的東非，距阿奎巴港海程一三一〇浬。

　　兩年前我領船跑西非各港口卸載，今天有幸帶船赴東非加水。本船進入亞丁灣轉向西南航行，於 5 月 7 日午時進入一個海灣就抵達吉布地港，這是我在東非領船進出的第一個海港，也是我造訪非州進出第十七個港口。本船旁靠碼頭就立刻加水，海員們眼見吉布地港的淡水充沛，航途淡水管制終可解禁，無不顯現歡愉之情。但本船代班二廚很精靈，在接水管加水前，先接一壺吉布地淡水燒開試飲覺得苦澀不堪，他擔憂會不會被有心人下毒呀？我遂下令吉布地淡水與原有的約旦淡水分櫃儲存不可混合，盡量節約阿奎巴淡水餘量專作飲食之用。平日生活用水如洗衣、淋浴、盥洗，均用吉布地淡水為之。

　　我環視空蕩蕩的港區，未見有其他商船在港，僅泊有法國海軍百噸級 YP 巡艇兩艘。碼頭附近並無商店、庫房等建物，道路上既無車輛行駛亦無行人徘徊；吉布地終年乾旱一片平原也無農作物，可謂赤地千里。惟見海上 YT 拖船帶回一艘曾遭焚燒焦黑的棄置商船，還有一艘法軍 YP 巡艇在旁戒護；我推測吉布地港附近海域並不安全，莫非海盜橫行劫船不成縱火洩恨？

　　我問代理行職員火燒船是怎麼回事，他說沿岸海賊橫行，上週法國海軍出海巡邏時，發現她餘火未燼，但海員與救生艇均不在船上，成為棄置漂流的火燒船影響航安，故請 YT 拖船帶案處理。我要求代理行職員在本船加水期間，帶我入吉布地市街導覽一遊，他說市區距離碼頭五公里，且現在還是炎熱的下午，黃昏後氣溫略降市內商店才遲遲開市，稱頭的土產商品僅有既便宜又濃郁但沒有品牌的香水，待黃昏開市時本船亦已添滿淡水準備離港，欲作吉布地市街之旅只好作罷。

　　一般商船絕少有機會靠泊吉布地港，所以我對這個法屬東非殖民地特別關注；往後從資料查得吉布地疆土面積，約等於臺灣的三分之二大，人口稀少不及三十萬，但居民所得與小康的埃及不相上下。由此觀之，畜產資源豐盛的吉布地並不貧脊，以東非獸皮加工的皮革出口聞名於世；換言之，吉布地這個法屬索馬利蘭是富有的索馬利，我造訪此地的隔年，法國也甩掉這個殖民地包袱，讓他獨立建國成為吉布地共和國。

　　深夜本船從吉布地港駛出，進入波平如鏡的亞丁灣，本船依財團電文指示，航向南半球的澳大利亞，而且不用急，攬貨細節還未喬定；我遂親自指揮本船，在深夜離開吉布地，抄捷徑以節約燃料。我交代完老軌清洗主機艙立即補眠，我已連續二十四小時未瞌眼休息。

　　茫茫大海航行有賴精確定位，方知船位身處何方；有了船位，才能據以設定航向對準目的港前行，這時羅盤就非常重要。艦船在艤裝時普遍設有電羅經與磁羅經，兩者相輔相成，缺一不可。電羅經靠恆動的陀螺儀指向地理的真北，磁羅經靠指北針指向地磁的磁北，真北的地球子午線與磁北的地磁子午線間之夾角，稱為磁偏角（Declination Angle），磁偏角因時因地而變動，航海年曆均有註記。

　　一旦艦船喪失電源則電羅經形同廢品，就有賴磁羅經與航海年曆相互印證，找出真北據以航向目標。問題是你又怎麼知道本船在建造交船後或歷次週期大修出廠前，磁羅經有無校準過？自差有多嚴重？若自差一度盲駛百浬，偏離目標可達兩浬，百浬外失之兩浬很可能就駛入未知的險境！我問本船資深航輪幹部，竟無人知曉駕駛臺的磁羅經是否曾校準過。

　　本船駛出亞丁灣後，在印度洋的阿拉伯海向東南航行時，於本年 5 月分會航經一處海域，恰好處於「地磁無偏線」（Agonic Line of Zero Declination）；在此線上，地磁子午線與地球子午線完全重疊，換言之，此海域磁偏角為零。因之，此海域是測試本船磁羅經自差的最佳場所；在沒有確定攬到船貨之前，本船有大把時間可在此海域校正磁羅經自差。

　　我遂下舵令 Starboard Three, Ease to Three（右舵三度，繼續保持在三度）... Steady on Course as She Goes（穩舵於現有航速航向）。我將本船固定這個舵角，兜三六〇度繞圈航行；再令二副到駕駛臺用不同航速在海上兜數圈，用電羅經的真北，測定磁羅經的磁北，求取磁羅經的自差，方位每隔五度及增減航速一節，就分別紀錄一次。整個下午在良好視界下本船完成測試，製成磁羅經在不同航速的自差對照表張貼在駕駛臺，爾後不管誰就任船長或船副，一旦電羅經發生故障或本船電源喪失時，就有正確的磁羅經自差紀錄參用修正航向，不致於造成迷航與船難了。

　　我的海海人生，此際航行於浩瀚無際的印度洋，連同領船旅歷過的太平洋與大西洋，我已橫渡三洋串連起來算是環繞地球一圈還有找。我曾在南海、菲律賓海、安達曼海、阿拉伯海、紅海、地中海與加勒比海等，在七海領船航行多次，若能造訪從未航旅過酷寒的白令海和日本海，各海域鏈結串起，將足以自傲達致探索九海的航海王人生最高意境。

　　本船空艙駛過印度洋赤道線後，財團來電要求對準西澳大利亞的「西北岬」地標航進，財團顯然是要本船在海上候遣等待公司去兜接船貨。像本航次就因攬鑄鐵船貨而延誤船期一個多月，在約旦卸船貨也耽擱一個多月，現在於印度洋候遣，下批船貨在

哪裝載都還是個問號，野雞船怎麼會替船東賺錢呀？

鼓浪航向南緯二十二度這個西澳「西北岬」地標最大的緣由，是隨時可南可北，到八百萬平方公里的澳洲八十五個國際商港之任一港口裝載船貨。生意終於來了，5 月 16 日財團閃急電文說：南美買家向南澳大利亞穀商以市場現價（Spot Price）訂大麥七千五百噸，財團指示為撙節成本與趕行程，裝貨時不准拉隔板也不得裝麻袋，只准大宗大麥倒入貨艙，且位於北緯一度的目的港厄瓜多共和國曼塔港（Port Manta, Republic of Ecuador）之港池水深僅二十三呎，由船長決定有否航安顧慮，能否接貨承運。

本船建造時的設計，就是裝運大宗穀類，散裝船的鼓腹型貨艙，形如口窄內寬的大肚花瓶，以防穀物滑動重心偏移。本船四個貨艙容積合計可裝穀物六十三萬立方呎，這航次攬到的大麥每艙只能裝個六成左右，船一搖晃大麥會走位，船就可能重心不穩翻覆沉沒。因此，貨艙拉隔板分隔穀物成小方塊，或以麻袋裝麥，航途中就不致因風浪而使穀物走位，這才是正辦。

唯這般拉隔板或用麻袋來裝大麥，肯定費時費工把航運成本墊高，註定是賠本生意，就不如不承運了。我考慮片刻心生妙計，解決難題當然會有答案，立即拍發電文給財團：「決定接貨承運！」隨後補發電文解釋我計算裝載確實符合航安的意見具申。財團立即回電，要我駛往南澳維多利亞省的波特侖（Portland, Victoria）工業港裝載大麥。

我之所以立刻答應財團接貨，當然不是戀子，因為我計算出船艙第一艙容積為八萬八千立方呎，船艙第二艙與船艉前第四艙容積各為十四萬六千立方呎，合起來已經三十八萬立方呎的裝載量。若能向穀商加購兩趴的大麥，這三個貨艙就塞的滿滿全無航

安顧慮，賣主拒絕多賣也無妨，按原議裝個九十八趴也算及格。

　　至於船舯最大的第三艙二十四萬三千立方呎的容積就讓它空著，正下方的艙底導入淡水注滿水櫃，另在第三艙最下層的底艙，再注滿海水壓艙，加總後第三艙正下方也有一千噸的滿滿液體壓艙，這樣就四個貨艙就載重均衡。

　　即便加購載滿三個貨艙，換算大麥容積為載重量，約六千四百噸，吃水還不致在南美曼塔港坐灘擱淺，安啦！自南澳啟航前半個海程，在西風帶順風順浪前駛，後半個海程，在赤道無風帶無風無浪航行，沿途並無風險，所以我才願意接下這批貨。我也去電要求南澳波特崙港務局注滿本船柴油櫃，從南澳經南太平洋到南美的海程超過八千哩。

　　從北半球溽熱的中東地區，本船航行四週海程六千浬，始通過到南緯七度初冬寒月的英屬迪戈加西亞（British Diego Garcia）海域，一天後頂風又頂浪的空船抖動甚巨，我將船速降至六節以免損及裝備。5 月 24 日本船駛入「哮風四十」（Roaring Forties）的西風帶；由於地球自轉，南緯三十五度到四十五度間西風盛行，瞬間風速可高達五十節，海面滾滾浪湧翻吐著白沫。空船航行非常顛簸但不影響航安，唯時值南半球初冬寒風刺骨；我晨昏測定船位，沿著南緯四十二度線鼓浪向東航行，這是我討海生涯在南半球航行最南的海域。

　　進入西風帶不久，我自覺咽喉刺痛肌肉酸疼，遂請二副從醫材櫃拿些感冒藥給我服用，病情才稍事緩解。本船若誤入更南海域航行，就會遇上風高浪急南緯五十度附近的「怒濤五十」，固然愈偏南，風速愈強愈有助順風相送及早抵埠，唯沒事就別找事。

　　緊接著財團又來急電，澳大利亞檢疫對裝載穀物的查艙甚

嚴，只要發現一隻螞蟻或一隻蟑螂，就被趕出港外拋錨等待燻艙，燻艙後一週重來一次更嚴格的檢疫；財團另一艘姐妹船五天前抵達澳大利亞檢疫查艙不合格，目前錨泊達爾文港外錨區等候燻艙，這筆額外開銷就超過一萬美元，還耽擱兩週以上的船期，誠可謂因小失大。看來這筆運載大麥的生意，要賺錢真麻煩。

財團囑我先用淡水洗滌空貨艙，此正合我意，恰好可把吉布地味道詭異的淡水耗掉，海員也很用勁地洗擦貨艙。過了一天，財團公司又來電囑再三用淡水重覆洗艙，這回海員就沒勁了，就趁機把吉布地淡水隨意多噴灑幾回迄全部耗罄，輕鬆地把加發的洗艙費領走。說老實話，本船算新古船各貨艙原本就很乾淨，上一航次裝鑄鐵到約旦，艙內也未曾受沾污，如今一洗再洗實在夠潔淨了。

財團又三度來電，準沒好事。電文說南澳碼頭工人的工會勢力龐大，分配給本船的裝載日程與時段若錯過或延宕，要加收天價的誤點工資；財團另一艘姐妹船千里達號晚到澳大利亞兩週，遭碼頭工會先裁罰七千美元的誤點工資方肯卸載。財團令我務必準點進港。

本船離開約旦阿奎巴港航行八九四〇浬，航行二十九天抵達澳大利亞波特命工業港外，已是 6 月 1 日凌晨，此港位於南緯三十八度，是我造訪南半球第九個港口，也是領船造訪大洋洲唯一的海港。本船抵錨位後，在強勁的西風吹襲下放下七節共六三〇呎的錨鍊，錨爪才在九十呎深的海床勾牢，但船艏仍被強風吹的左右移位約三十度的幅度。

二、罹患急性肺炎後送　返鄉治療代班掌船

圖 22.3　1976 年 6 月作者離職聖娜商船後，在澳大利亞維多利亞省的波特侖高地
機場候機返日接掌新船（鍾漢波數位典藏）

　　次晨 9 時引水員登船，收錨後領船進港靠碼頭，天衣無縫準
時旁靠，故免遭裁罰誤點工資。岸上檢疫官員馬上登船展開檢疫
驗船，如我所料當場驗放。穀商、賣方貨主及港口裝載領班，對
華人習俗想必消息靈通，知道 6 月 2 日逢端午節，要求船長我請
客。好在當地輪船雜貨商是位潘姓港僑，廣式裏蒸粽的材料應有
盡有，連鴨肉也都買得到。唯各船副與輪管幹部都怕惹麻煩，沒
人願意陪我這個船長宴客；船長會議室十人座長桌，我可以請九
位賓客，應邀赴宴者都聞香而來。

　　吃完我的廣式粽子與港式烤鴨後，港務員就灌注淡水入水艙
並注滿柴油入油櫃；裝載領班即刻開始將大麥導入貨艙，工人使
用長臂漏斗並有長條帆布套筒直達貨艙底層，再接上集塵器以防

揚塵放電導致塵爆。裝完七千五百噸大麥，除第二艙及第四艙塞得滿滿外，第一艙尚未滿載。南美買家覆電同意再添購兩千立方呎大麥，穀商、賣方貨主及裝載領班甫饗用過我的裹蒸粽，非常樂意慨允我的加購請求，照原先議定單價多賣一百噸大麥給本船裝載，讓第一艙也塞滿，我對他們願多賣十分感謝。據賣方貨主云，裝大麥數量本來就有五趴的彈性，多裝就多賣，更何況他手邊也有餘糧待售，算不上是幫我忙。

裝貨期間，忽接三光財團兩封閃急電文，一是財團會計主任算出我承接的大麥運費高達二十四萬美元，論功行賞將另頒攬貨獎金給我分紅，二是財團人事主任奉示將承接的大麥運送居首功的我即刻調回日本，接掌新建之海岬型散裝船，不須等待繼任船長前來交接，立即返日接掌新船。這艘即將下水的新船較本船大十倍，掛賴比瑞亞旗，全財團旗下的船長像我持有賴比端亞甲種船長執業證書且敢於接瑕疵船貨的人還真不多，所以優先調我接掌即將下水的遠洋巨型散裝船。

代理行職員幫我洽購返日機票時，本船報務員再接公司第三封閃急電文，說當下難覓繼任船長，請我帶船赴南美卸下大麥後再議接掌新船。6 月 3 日裝貨完成，淡水與柴油亦添滿並購進主副食材，也撥來遲發的海員五月份薪資，預定晚上 18 時啟航赴厄瓜多共和國，報務員又接公司第四封閃急電文，略以繼任船長人事案已敲定且人正飛來南澳，隔日上午在船上職務交接，於是代理行職員再幫我延展返日機票行程；一天內四封急電攪亂我的步調，討海生涯果然風雲莫測！

同時又奉公司匯來八百美元之大麥裝載獎金，我未及處理，繼任船長即於 6 月 4 日午時在船長室與我交接，我一離船他就領

船啟航。後來船上大副將分給我應得之獎金六十美元，匯回臺北大統公司轉交給永貞。我幹這艘聖娜商船的船長，才四個月海程就累計一七九三〇浬，但從未目睹過自己的船航行樣貌；下午 14 時我目送本船啟航離港，這次看著她出港，在西風怒吼中切浪前行的姿態，真是既雄偉又賞心悅目。隨後我由代理行經理陪同，趕往波特侖機場，搭機赴兩百浬外的墨爾缽轉機回日本接新船。

我本以為波特侖機場擁有現代化航站內有貴賓室，搭乘的是巨無霸噴射客機，可坐在頭等艙享受香檳酒，抵達機場後我卻當場傻眼，想的太美啦。位於波特侖工業港南方高地闢建的「機場」，跑道原是牧場大草原，無顯著邊燈，航站由飼料庫改裝而成，鄉土氣息十足。

航站前停放的是架澳州皇家空軍除役的 PBY 飛艇，機上有十二個客位，駕駛艙與客艙相通，右舷是正駕駛座，左舷是副駕駛座，看得出來這是架二戰戰前加拿大製飛艇改裝的古董機，機翼補丁處處，她當然不會有頭等艙，沒有香檳酒，更沒有空服員。這型飛艇我既陌生又熟悉，陌生的是這架飛艇民航機機身七彩塗裝很亮眼，熟悉的是我 1947 年駐日期間往返東京橫田與佐世保軍港曾搭乘過四趟美軍 PBY 飛艇，且 1954 年我率永定軍艦在浙海偵巡期間，屢屢看著此型飛艇專送 CIA 幹員，在泊位海面走滑區起降。

起飛前，正駕駛到航站候機室來找我，問我是否就是鍾船長，我點頭稱是；他說這航次機票超賣，多收了一位乘客，所以他拉下副駕駛令他休假，請我坐在副駕駛座，由他單獨駕機。澳籍正駕駛自我介紹他曾是澳洲空軍的直昇機駕駛，派赴南越戰場打過一年仗；他認真問我可曾駕駛過飛機，我直白對他說當然有，你

找對人了，我試駕過 AT-6 雙座攻擊教練機，一桿兩舵、衝場抬頭、落地滾行我都操作過。不過，我向他說明那是二戰期間在我國空軍官校當教官的個人體驗，他擠擠眼指著漫步機場四周的候機乘客對我說：「沒關係，他們不知道就好。」在他看來，乘客中只有我懂機械，而且還是萬噸級巨輪有證照的船長。

　　澳籍正駕駛完成航前檢查後，才通知航站的乘客登機，站長就騎著腳踏車去收攏乘客，前來排隊登機。正駕駛向所有乘客介紹我這位貴賓，他說我是船長（Ship Captain）而他是機長（Aircraft Captain），我倆都是 Captain，也都在戰場出生入死過，有我坐鎮駕駛艙，就是所有乘客的安全保障；正駕駛很機靈地化解乘客對航班缺副駕駛的疑慮，眾人遂鼓掌叫好、豎起姆指向我比個讚。我倆在駕駛艙坐定後，扣好腰帶與肩帶，瞪著座前許多儀錶，我一時也看不明白，最後慢慢從記憶中找回高度表、空速表、油量表、航向儀、狀態儀……這一生，只有這回在旅途中坐在民航機駕駛艙座位上，體驗藍天飛行的樂趣。

　　正駕駛沿著海岸岸際東飛，偶而躲開濃雲，方便目視海岸山形地貌，頻頻在航圖上作地文定位。航途中有個中停航點阿波羅灣，也是個草皮土質跑道，正駕駛在此起降，要上下乘客與航空貨物，順便讓乘客在航站休憩，我在寒冬中喝杯澳洲特產現榨冰鎮莓汁，竟然全身顫抖不停。飛抵墨爾缽國際機場降落時，這架老古董除役軍機改裝的民航機，就顯得渺小了。

　　我在墨爾缽機場對面的 Travelodge 旅店住宿一宵候機，收費四十美元，無精打采地昏睡，想是印度洋航行過於疲憊。6 月 5 日黃昏搭 Ansett 國內線班機赴雪梨轉日航班機，隔日晨抵達東京都羽田國際空港，隨即轉搭日本國內的全日空班機至大阪伊丹空

港。財團派專人接我至富久屋旅店稍事休息等候下一班瀨戶內海的渡輪；這是我二度造訪大阪市都心，屬中轉旅途故未逛街。在渡輪夜宿頭等艙房，旅途從南半球來到北半球，馬不停蹄轉機、轉車又轉船，實在過於疲勞故徹夜狂咳難眠。

6月7日晨6時，渡輪旁靠四國高知縣城商港碼頭，由財團運務支部經理接至高知造船所，與大副及老軌晤面，齊登塢架上十五萬滿載噸的海岬型新船後，得知她的設計屬全現代化快船，全船海員編制因自動化而縮減三成僅二十人。當下她仍在塢內作航前整備，7月初交船典禮後，隨即由我帶船出海公試，再加入南非定期運煤航線。

造船所安排我入住貴賓室，內有辦公室、臥室、廚房與衛浴，非常豪華。我於1947年任駐日武官時訪視過這個造船所，替我海軍的日償軍艦搜尋料配件的帳籍料號與維護保養技令手冊。我在海運界服務的第一艘國籍大友商船，也是高知造船所於1964年製造下水的。

然入住貴賓室後，我當夜卻咳個不停帶有膿痰，竟夜無法入睡，遂往造船所特約大井病院掛診，駐診醫師未作影像醫學檢視就開了六天藥方，囑我勿吹冷氣多休息，孰知回造船所服藥未見療效，隔晚上還併發高燒至四十度以上幾至昏迷，造船所獲知後協助轉診急送高知縣病院入加護病房，病院發紅色病危通知單給代理行經理，告知準備接辦我的病亡身故後事。幾經檢查診斷後，確認我罹患重度急性肺炎，我的病其實已醞釀多日，最早的症狀是四十天前離開溽熱的約旦駛過海上修羅場之際，全身像中邪般打冷顫；若早兩週爆發急性肺炎，我一定死在印度洋航途，這是我第五度闖鬼門關。

　　1968 年我左鼻猛爆性大量流血由海軍總醫院收治幾乎喪命，醫院發紅色病危通知單予永貞與堅兒，準備來院收屍，幸大難不死熬過回魂。這回在日本高知縣病院被發出我人生第二份紅色病危通知單！

　　經兩日點滴加藥，病情穩定後我自加護病房遷入普通病房；我遂吵鬧著要及早出院返國，不能客死異鄉，要死也得死在臺灣。我急電臺北大統公司請求解職返臺救治，接聽電話的蘇經理非但不同意，還要我依合約繼續當船長，留在日本病院治癒後接掌新船。我的辭職要求遭拒，遂轉而電洽基隆的王汝亢總顧問，請他代我向大統公司林老董與林副理說項，方勉強允我自費返臺就醫。

　　普通病房原為一房三隔，置有病床三張，後因收治住院患者爆滿病床不敷使用，遂將衣櫃平放權充第四張病床，我就是躺在衣櫃上，航輪幹部日夜輪流探視，病院伙食每日兩千四百円但我總覺得吃不飽，航輪幹部遂帶私房菜如牛肉乾給我補充營養。住院期間蒙三光財團三度派高階幹部中瀨桑、田村桑與山本桑先後來高知縣病院探病，並雇用兩名專業日籍老嬤看護，全天陪病輪流照護我，財團來員先後致贈慰問花籃與高檔蘋果、水蜜桃給我，堆滿病房。每次我都將半數鮮果分贈同棟病房日籍病友，因此，我成為高知縣病院最受歡迎的外籍病患。

　　海員本來就投保職災險，但醫療險僅出險給付住院費及醫藥費，至於私人雇用看護概不支付；我因公積勞成疾，在病院醫療險以外的一切花費，則由財團埋單。及後我獲病院准許，可於 6 月 16 日出院返國繼續治療，三光財團又派專員前來協辦離院手續，此種優厚照料之原因無他，因為當初要我接掌聖娜船長時，

我嫌其鑄鐵貨物裝載安全堪慮，最後我鑒於財團經營困難，義氣充盈慨允無條件冒險開航。再者我接下澳洲大麥貨運淨賺高額運費，財團對我好實非無因。

我出院後，前往財團運務支部經理室接聽高層來電說明：前來造船所報到的林輝船長，只是暫時代班性質；財團央求我回臺接續治療迄痊癒後，飛返再擔任海岬型新船船長，我追船的頭等艙機票由財團埋單。

我已病到與死神擦肩而過，出院後吐痰如同嘔出鐵銹漿糊。運務支部經理對我亦甚表關懷，替我安排循渡輪海路到大阪市候機；雖然這是我三度造訪大阪市都心，但終日病歪歪的哪都不想去購物，三日後搭機由伊丹空港回臺繼續治療。海員患病中途後送返鄉，終於輪到我自己。

1976年6月19日飛返國內，一如我所料大統公司沒派人來接機慰問，想是對我毀約辭職大為光火。返家歸途中我在臺北火車站撥電話給公司總顧問王汝亢，他說老艦長龍體要緊，趕快返左營就醫吧，他寄人籬下不便前來探視，顯然大統公司對我未依合約繼續幹船長無法諒解。

回到家中，得知永貞亦曾罹患肺炎且剛出院不久，可謂夫妻同命。由於我身體非常虛弱，再赴海軍總醫院掛門診，經檢驗痰沫仍帶濃綠鐵銹色，胸腔電腦斷層掃瞄確認我的急性肺炎仍未治癒，如不徹底治療會後患無窮。我遂由海軍總醫院收治繼續未竟療程。

住院徹底治療一週後，我已無咳無痰，再休養數日遂辦理出院返家休養；期間大統公司林副理曾來電慰問，探詢是否有意願回財團再度領船，我認為這是客套話就敬謝不敏。林副理表示他

才從東京開會返臺，三光財團高層幹部一致期盼我儘快重返船隊服務。

沒料到公司王總顧問親自打電話給永貞，說三光財團視我為王牌船長，央求她准我回日本繼續掌船，永貞心軟遂應允我痊癒後今後只簽短期合約，財團若一時找不到船長真有急需，我才替財團跑一兩個航次，可是不准長久幹活，否則身體不濟倒下時又替財團惹出麻煩換人。

7月底恰逢三光財團旗下有艘跑美洲定期航線的商船，原任船長已幹滿兩年吵著要休息兩個航次，林副理請我代班；這艘商船駛抵大阪港與我交接後就啟航赴美，永貞與我約法三章，一是只准跑這兩航次代班，二是順道會晤在北美的玲兒與堅兒，三是一旦身體違和立即打包辭職走人。

初暑冰雹雖不常見，但說來就來；8月1日，臺北大統公司來了長途電話，說日本方面有交待，六天後在大阪港職務交接，囑我即刻收拾行裝儘速到臺北報到。大病初癒的我委實沒必要再度搏浪跑船，但想到當個航海王既有尊嚴又有成就，薪資遠較退休俸高太多，只是拋下老伴遠行心頭不捨。永貞淡定地說人生無常，討海職涯風險高，隨身帶本聖經有空翻閱定定心吧。

8月3日搭夜行火車去臺北，隔日先入住碧海山莊再去大統公司，總顧問王汝亢坐鎮，陪同蘇經理與林副理在門口笑臉恭迎，讓我感受到日本三光財團的器重，大統公司無奈下方勉強給我禮遇。

我交出護照由公司去購機票赴日，林副理拿出兩航次的船長任期合約給我簽，月薪調高為兩千美元。我至機場櫃臺報到時，送行的林副理致贈兩盒名片，打開一瞧，是中英文並列租方東方輪船株式會社在臺代理行大統公司的船長姓名；林副理說這是日

本方面要求大統公司替王牌船長印製以示尊崇，我拒絕收受，因為林副理把我的鍾姓印錯了，變成敲得響的「鐘」。林副理深表歉意收回，待下回我返國休假時再行更正補上名片。

1976 年 8 月 5 日午時，我由臺北飛赴日本東京羽田空港，接機的職員帶我去品川區高輪旅店住一宵。隔日轉機至大阪市伊丹國際空港，接掌散裝船海寅號（M/V ASIA BRAVERY），我登船點收船長童才亨（福州海校航海科 1942 年班）控管的事務費，釐清了現金帳目短絀的責任歸屬後，就簽字接掌領船。

我接掌的第六艘海寅商船，證書記載一萬零兩百登簿淨噸，兩萬三千載重噸，是東方輪船株式會社向三光財團「乾租」跑日美航線噸位最大的商船。童船長直言，我返臺療養期間，原先代班船長的候選人多達四位但沒有我，財團原意屬陳姓船長，唯得知我病癒後就立即召回我這個王牌船長代班。我謹守代班的「童規鍾隨」原則領船兩航次，請童船長放心休假探眷。

海寅商船的海員編制共二十九人全是臺籍，這回新到差的連我共三人，一位是 1/O 趙姓大副，原任王姓大副家眷病危辭職返臺，另一位新到任的是三副。資深二副私下向我報告，船上「麻將幫」的艙面水手與輪機工匠多為黑道出身，與童船長非常麻吉，會霸凌新到任的幹部，您要當心。我一笑置之，財團選我這個退役海將船長來代班，想必運用我在海軍陣中帶兵經驗，懾服驚桀不馴的海員。我請託離任 1/O 王大副帶些我在品川區購買的人蔘給永貞補補虛弱的身體。

代班的兩航次，都是空船開赴美國西岸裝載原木返日，第一航次，是空艙駛至美國西岸華盛頓州的他哥馬（Tacoma）港裝原木回日本。航前公司送來「航行指令」兩份給我，一份指令是

在北太平洋走大圈航線縮短海程以節省燃料，另一份指令是進出美加兩國領海，要依規定的航道前行以免遭罰。

第一份指令由日本至北美的大圈航線，無論是沿日本東岸或西岸北上，一律經蘇俄千島群島與庫頁島外海，向東北航行至高緯度穿越國際換日線，在美國阿留申群島屬島之阿圖島島東，進入北極圈的白令海。跑完白令海再從阿留申群島極東之猶尼麥島側駛入阿拉斯加灣航向美洲西岸，海程四七四〇浬。回航則反其道駛返日本，北太平洋行駛大圈航線，可縮短一天的海程約三百浬。

第二份指令是航行於北美洲西岸進入美加共管之瓊第福加海峽（瓊峽），律定航行六十三浬的程序稍為複雜些。瓊峽寬約十浬多，中線之北是加拿大領海，以南是美國領海；為保障船艦在瓊峽內之航安避碰起見，在進入瓊峽前須於查核點停航。此查核點在美國華盛頓州之諂諛角西十二浬處標明經緯度之美國領海海域，商船須停航向瓊峽管制站申請駛入，核准後方得入瓊峽分道航行。

該管制站設在華盛頓州之安吉利斯港，駛入瓊峽航路在中線以南進入，至瓊峽中途點的 J 號浮標須拍發電文再報告航向、航速；報告後須減俥航行五小時赴安吉利斯港接引水員登輪，航行安全就由引水員負責。回航出瓊峽航路，在安吉利斯港送引水員離船後，再度接受管制站之引導，跑瓊峽中線以北之航路駛出，航行過半時亦須報告航向、航速。商船駛抵諂諛角查核點時須向管制站報離，但無須停航就可逕行駛離美洲。

任何商船進出北美洲的美加兩國共管領海，若不依此規定或忽略其中任一程序，會被 USCG 依違反航安規定裁罰一萬五千美元，且採連續開罰，忘的愈多罰的愈重。三光財團就有一位白目船長帶船進出北美洲西岸走一回，遭 USCG 連開六萬美元的

罰單，白目船長遭全球海運航商聯手抵制永不錄用。

　　本船在大阪港經 1/O 趙大副督導海員將上航次由美國回運的原木卸清後，封艙蓋著手航前準備。8 月 8 日黃昏啟航經紀伊水道，再一天出野島岬於日落前駛入北太平洋。海象預報日本北海道與美國阿留申群島間有個大型低壓帶，我稍偏南再轉北駛向白令海，但還是躲不掉狂風巨浪，駕駛臺的氣壓計紀錄最低達中度颱風等級，空船縱搖加橫風航行頗吃力，連天線都被吹彎。本船駛離低壓帶後，海面因冷空氣瀰漫，溫熱的海面遂起濃霧，所幸海寅商船是艘新造的散裝船，設有羅遠導航儀，可接收五百浬外阿留申群島多處羅遠站臺發射的定位電波，故本船於 8 月 12 日安全駛入白令海。

　　在北極白令海內跑船，依大圈航線最北航經北緯五十八度，也是我在北半球航行最北之海域；航行其中兜迎著冷颼颼的北極寒風，倒也覺得頗為涼快，一般而言，白令海內兩天半的航程風平浪靜，但偶有冰風暴掃過，我遂好整以暇翻開永貞給我的聖經，從中英對照的馬太福音第一篇四的福音書開始朗讀。船上的「麻將幫」當然不會跟著我讀經，還好他們打的是衛生麻將，每圈的賭資兩百元，相當於半天的薪資，輸贏不大。

三、白令海往返共十回　船內有蛇燻艙滅蟲

圖 22.4　1976 年 8 月作者接掌海寅輪空船開赴美國西岸裝載原木返日（鍾漢波數位典藏）

　　爾後我在白令海來來去去航行總計十次，當然，我也經過猶尼麥島十次，島上高山的山窩裡白雪皚皚不知有多深，這就是所謂的冰河（Glacier）；這些一望無際的冰河或冰川，每年因暖化退縮移位約四、五米。至於白令海上漂流的冰山（Iceberg），我僅從高倍望遠鏡內隱約看到猶尼麥島岸外有浮現數座冰山，唯久久不曾移動。

　　8 月 20 日航行至加拿大岸外，按童船長規矩是海員期盼的發餉日；連日航途中 2/C 李百忠將豐盛的三餐連消夜專送至船長室給我獨自饗用，按童船長立下的船規，我用船長事務費打賞他每月小費三十美元，這相當於國內百貨公司化妝品櫃姐的月薪吶，不過，當海員冒生命危險離家漂洋過海賺的是辛苦錢呀，櫃姐打扮時髦上下班，不用搏命。

　　隔天本船駛至瓊峽，遵照管制站之規定赴安吉利斯港外接引

水員登船，本船方駛入普吉生水道，經華盛頓州西雅圖市，安抵他哥馬港裝載銀松原木，這是我在美國領船進出的第五個海港，西岸的華盛頓州也是我造訪美國本土第五個州。這一航次我近身觀察「麻將幫」海員們的表現，倒也中規中矩沒膽霸凌代班船長，更沒任何怠勤事件發生。

本船一到港的週一清晨，美籍碼頭工人裝載銀松的敬業態度真令我佩服，但與非洲克魯族船工細緻的手工裝載欖樹原木相較，美國雖以技術密集的機械化裝卸效率取勝，但裝得並不密實；以影響航行安全的觀點對裝載打分數，非洲專業船工細緻的手工裝載若得九十分，美國機械化裝載我頂多給七十分。

但有一好就沒兩好。在美國碼頭工會勢力龐大，照顧工會會員的福利，可說是無微不至。咖啡時間與用餐時段一到，碼頭工人全閃一旁準時用餐；碼頭工人按規定時間下班，聽到下班鈴大響就成群結隊去喝個小酒再回家，超工時的加班費會貴到讓貨主縮手。碼頭工人逢週末及例假日，都攜家帶眷出城旅遊露營；本船靠港最開心的是全體海員，他們按照美國行事曆作息週休兩日。

我步行到他哥馬港的代理行辦公室，安排重病的二管輪辭職返臺就醫的行程，再分別撥長途電話給玲兒與堅兒。玲兒在紐約州的居家與學校辦公室均無人接聽，撥給加拿大蒙特婁市堅兒宿舍的電話倒是接通了，但他在校擔任第二十一屆世運會選手的翻譯工讀，分身乏術故無法前來美國會親。隔天再試著與玲兒聯繫，還是無法接通；兩天後啟航前夕，總算聯繫上她，玲兒在學術圈教學、研究、開會三頭都忙，恐無法來他哥馬商港與我會面。原先夫妻倆的期盼，我跑美洲航線可與兒女經常會晤，不料子女如此忙碌，這種會親美夢我夫妻倆太過一廂情願。

　　在他哥馬港聽代理行職員提過一樁沉船悲劇。年前某船長策劃裝載廢鐵後混搭原木，以貨艙下層裝高密度的廢鐵用以代替壓艙水，廢鐵上層再裝低密度的原木，滿載後啟航以為可賺飽運費；航經瓊峽管制站報離時該船尚有聯絡，此後就在北太平洋失蹤了，亦未見有船上海員脫險歸來，諒係混搭船貨致重心不穩發生翻船海難。此後，雖然他哥馬港同時輸出原木及廢鐵，但再也沒有船長混搭裝載。

　　8月24日有位已婚的 AB 馬姓資深水手在靠港期間遇劫報案，他身懷巨款上岸尋花問柳，由於錢財露白遭人打量，將其現款八百多美元搶走；幸路人報警送醫，他從醫院回船向我報告被搶經過，警局在醫院製作完筆錄已答應追兇，到時可以由他到場指認。他說當地電視臺願出資將他的遭遇拍成新聞短片，雇他任被毆、被搶當事者的角色，片酬與被劫款數相等；他求我准他留職帶薪拍片。

　　我說這件事船長幫不上忙，頂多你現在立刻寫張辭呈，說你被搶須在他哥馬市等待警局結案，不能隨船回航請准予辭職，我立即批准並請代理行等警方結案後，由公司出資買張機票送你回臺。至於你在美國拍片能逗留多久時間要問美國移民局，我愛莫能助。

　　他聽了之後，卻又再請我替他對此事拿個主意。這就簡單了，我說凶嫌一旦被捉到了未必會認罪，但失金恐怕早被揮霍索不回；拍片只是人家電視臺一句閒話，執行起來談何容易。招募廣告商業插播、預估收視率、編劇本、找導播、請配角、現場與攝影棚的布置等等均需時甚長。你去花街柳巷被搶了錢財，嫖妓遭毆打成鼻青臉腫，運道已經夠衰，還加上嫖妓上新聞鏡頭，丟人

現眼的畫面經司法行政部調查局航業海員調查處輾轉傳回，海員
在國外行為不檢還上了傳媒，你的海員執業證書會遭交通部與調
查局立即吊銷，飯碗被你自己砸碎了，這樣滯留拍片值得嗎？

　　馬姓海員想到返國後被自己搞成失業，三姑六婆又看到他在
電視轉播嫖妓遭毆，背地裡的閒言閒語讓他身敗名裂，家眷跟著受
辱……就垂頭喪氣不知如何是好。我繼續開示：你就不如把嫖妓
遭劫當作一場教訓，本船原木裝好了你就隨船回航。照你平日輪
值安分守己工作，跟好我跑完兩個航次，即可賺回三個月薪資千
餘美元；如能節儉，此一辛苦搏命薪水不無療傷止痛之效。馬姓
資深水手聽我解惑，遂乖乖地隨船返航。

　　本船從他哥馬商港載滿銀松原木，負責督導裝載的 1/O 趙大
副居然宿醉沒現身，改由二副接替職責，我在航海日誌記上一筆
並轉請財團東方會社人事主管作為評定大副考績的依據。隔日
終昏前引水員帶船離開他哥馬商港，子夜改由我領船駛入瓊峽航
路在中線以北回航，朝九州福岡博多港駛去，返程因繞路駛入日本
海，延遠航程為四九〇〇浬。

　　本船駛入大圈航線，在西風帶頂風航行，相對風速達每秒十
六米，幾近輕颱規模，航速因吃風變慢。報務員將財團急電呈我批
示，略謂西太平洋生成第十七號芙安颱風，朝九州及四國的海域撲
去，本船須搶在颱風前進港，我遂加俥以戰速飆航。兩天後的 9 月
6 日晨，我用望遠鏡可看到北海道道東的納沙布岬，日本在望；
斯時芙安輕颱增強為中颱，中心位置在關島南方朝日本進襲。

　　本船駛抵北海道與本州間的輕津海峽東口，這是進出日本海
北方唯一的航道，別無它途；海峽幅寬僅十浬且兩邊都是高山，
強風因「峽谷效應」變得更強。猶記得 1954 年 9 月我帶領海軍

永定軍艦期間，曾冒著梅瑞中颱的侵襲，自左營兼程奔返浙海前線駐防；接著梅瑞颱風北飆，由日本海北上掃過輕津海峽。由於日本政府輕忽颱風的峽谷效應，致使北海道函館市與本州青森市間航行於輕津海峽的渡輪與商船，有五艘遇風翻覆沉沒，千餘人淪為波臣，為本世紀航海史上四大海難之一，與鐵達尼號客船撞冰山慘劇齊名。

　　二十二年後的今天，同樣是颱風季節的9月天，我捨命搏浪在颱風威脅下穿越輕津海峽，冒死全速進俥前行，所幸海峽內航行的渡輪多已避颱停駛，往來的商船稀稀落落，在全體值班海員堅守崗位下，在風高浪急中本船安然駛過輕津海峽入日本海。隔日適逢中秋佳節，為激勵士氣我用船長事務費向庫房購買啤酒與可樂各一大箱犒賞全體海員，皆大歡喜。

　　9月9日芙安中颱增大為強颱，中心位置在沖繩海域朝北撲向九州；本船沿途加俥以戰速飆航，比芙安強颱早一步於天黑前靠泊九州福岡縣博多港避颱，這是我帶船進出日本第十二個海港。接下來的兩天，貨主要求碼頭工人在颱風撲襲前加班下卸原木，用拖板車載赴儲木池。不過，戰後的日本碼頭工人散慢懶惰，除週日例假日不來，夜暗也不裝卸，連雨雪天也藉口風險高不到班。相形之下，美國工會掌理碼頭工人紀律嚴、效率高，美日兩國國力強弱一看就知。

　　9月12日，本船僅下卸少許原木，碼頭工人就停班放颱風假，芙安強颱滾滾而來登陸九州，颱風中心下午通過博多港，強颱碰觸陸地雖已轉弱為中颱，但駕駛臺的風速計仍測得每秒三十二米的暴風！本船即便泊港也不敢輕忽，切實做好甲級防颱措施。除全體海員停止休假返船守值，套纜的纜繩也從艏四、舯二、艉四共十根

纜繩加強為艏六、舯四、艉六共十六根，芙安強風吹得纜繩吱吱有聲，我下令啟動主機暖車備便，必要時緊急駛離以免碰撞碼頭及鄰船。最後，芙安中颱進入日本海繼續肆虐三日，這也是我畢生唯一的一次經驗，竟然遭遇颱風中心穿越我帶領的商船。

隔日颱風尾每秒二十六米的狂風不斷吹襲，碼頭工人依然停班，守值船員百般無聊，休班後遂糾眾搓麻將；未料艙面 O/S 郭姓基本水手藉酒裝瘋，與新到任的 3/E 李姓二管輪互毆，被 1/O 趙大副架開雙方，事態幾乎釀成輪機、航海兩部門的對峙。

本船海員龍蛇雜處，休假的唐船長運用航輪兩部門各自的幫派勢力，達致恐怖平衡故相安無事，但相互間仍處於不穩定的勢均力敵暫態，一個擦槍走火恐釀成更大的動亂。我身為代班船長只跑兩個航次，不想立威破壞海員間的暫態平衡。

原定 9 月 14 日在博多港下卸完半數原木就啟航，沒料到貨主傳回驚人的消息：原木中藏有毒蛇！由於貨主還有兩個港口要繼續下卸原木，故晚間斷然決定移船至外港錨位燻艙殺蛇。這個臨時加碼的喬段，貨主付船上留守海員每天津貼日幣一萬五千円約合五十美元，至於大部分不守值的海員，燻艙期間移往貨主木材工廠工員區，貨主提供免費食宿但無津貼。

等候燻艙排程期間，後顯性的船艙有毒蛇的衝擊，慢慢浮現在全船每一角落，人人自危，深怕蛇窩還有漏網之蛇。海員如廁時怕毒蛇從馬桶竄出咬肛門，就寢時怕遭毒蛇在棉被中咬身軀，開門時怕毒蛇從門框纏頸咬頸動脈，真是杯弓蛇影，精神緊繃。我詢問 1/O 趙大副本船上回燻艙是何時在何地執行，他再三翻閱航海日誌與大修檔案，竟然找不出燻艙檢疫紀錄，這艘船的檔卷雜亂無章，足見童船長兩年任期，也是得過且過。

待颱風遠離後，燻艙排程訂在 9 月 16 日，碼頭工人聽聞船上有毒蛇再也不到班，本船形同閒置。2/C 李百忠趁此空檔遂透過輪船雜貨商的安排，由他陪我登岸去四王寺遺址參拜祈福，返程參觀太宰府並在福岡藥妝店替永貞買了成堆她慣用的日本品牌化妝品。

三年多前，我在地中海的馬爾他國修造廠有過丹戎商船燻艙經驗，我駕輕就熟在海寅商船桅杆升起 Q 字黃旗，要求登船的專業技士加倍灌注劇毒的氰化鉀燻艙，消滅艙內的毒蛇。中午本船駛抵外港指定錨位後，就開始灌毒蒸燻，以毒攻毒。專業技士用藥毒燻後搭港勤艇離船，守值的航輪兩部門各有三人，就集中在主甲板天遮下打地鋪；為期兩天的蒸燻，七位留守海員本擬齊聚野炊燒烤開小伙，無奈航輪兩部門積怨已久，最終各自打理餐食。所幸守值的二副貼心，餐餐用瓦斯爐替我準備拉麵。

兩天後本船駛回靠泊碼頭，經燻艙技士在內艙管道間清理出三條吃飽老鼠的響尾蛇屍體及成堆的鼠屎後，全體海員按標準作業程序回船啟封、通風，並將個人雜物、衣服、被褥抖開，再三檢查有無漏網之蛇，全體海員心頭的陰霾才一掃而空。日本的檢疫機關非常慎重仔細，除約詢相關海員製作筆錄外，還派燻艙技士再三檢察本船每一個艙間，甚至要求打開主機與輔機的艙蓋，入內搜查有無偷渡殘存的美洲毒蛇。本船經檢疫機關簽准後，立刻由碼頭工人將額定原木卸清，於 9 月 18 日子夜啟航，赴二一〇浬外四國香川縣詫間港繼續卸原木。

本船凌晨由引水員帶船穿越本州山口縣下「關」與九州福岡縣「門」司間狹窄的「關門海峽」，寬度不到一浬，海底有日本國鐵的山陽線隧道；下關又名馬關，清國因甲午海戰敗北在此簽

署喪權辱國的《馬關條約》，我於 1947 年兩度自東京都搭乘國鐵穿越關門海峽的海底隧道，直奔九州佐世保軍港驗收日償軍艦以雪甲午國恥。近三十寒暑後，我領船駛過關門海峽，往事湧上心頭歷久不衰。

　　天明後本船駛抵部崎燈臺（日本語指燈塔之謂），引水員離船，換上瀨戶內海的年青引水員，我依日本慣例贈送洋酒各一瓶給交接的兩位引水員，下午靠泊詫間港碼頭後，第二位引水員離船前致贈我酬金五千円以感謝我全程的配合，禮尚往來我倒也收受的心安理得，這是我帶船進出日本第十三個海港。

　　隔日滂沱大雨故未下卸，我整日埋首將海員月薪的美元現鈔置入餉袋，以便明天唱名發餉。9 月 21 日本船四分之一的原木在詫間港卸清，預定天黑前啟航至一一〇浬外的本州神戶港繼續卸原木，塾料遍尋不著老軌，我焦急萬分，令全體海員在船艙內外與碼頭水際用探照燈搜查，過了子夜老軌才醉醺醺地搭計程車回船，想必是領了餉袋到岸上買醉耽擱船期。

　　第三位引水員精神緊繃，常修正舵令與俥令，四年前我親自帶領大友商船往返瀨戶內海多次收放自如，為確保本船航安，我三不五時望著週邊熟悉的岸際對景，建議精神緊繃的引水員用俥用舵。9 月 22 日終昏前，第三位引水員將本船帶至神戶外港錨位後，把船交還給我，看他焦急地用 UHF 無線電對講機呼叫交通艇來接駁，但交通艇回話外港錨位商船太多且日落後低視界下難以辨識本船，建議明天白晝再行接駁。我心想，神經質的引水員已顯出焦躁不安之態，留在本船過夜等同一枚不定時炸彈，我遂動俥朝雷達幕上的返港小目標駛去，果不其然就是交通艇。引水員離船前，致贈我酬金一萬円並謝謝我替他解圍。

　　神戶代理行來問，是否需要另派引水員前來帶船進港靠碼頭？老軌也建議立刻進港靠泊方便休班海員登岸休憩，均遭我一一否決。一方面是老軌有前科上岸買醉逾期不回船，再方面日本碼頭工人夜間不卸貨，故無須趕著天黑進港，三方面碼頭船席費每小時徵收一五〇美元，沒必要整夜花這筆冤枉錢。

　　隔日清晨引水員登船，帶船靠泊神戶港的神獅六號碼頭，立即下卸原木，這是我帶船進出日本第十四個海港。下午我偷閒由二副陪我去神戶電子一條街，採購自用電子產品如三洋牌收錄音機與聲寶牌彩電，花掉近兩百美元滿載回船。

　　三天後卸清所有美國銀松原木，是我帶領海寅商船第一航次的結束，也是我代班當船長第二航次的開始。下午引水員登船，空船航行四七八〇浬赴美西華盛頓州哥倫比亞河中游的河港長景（Longview）裝載原木。引水員把船帶至瀨戶內海東口，交通艇旁靠接載他離船；引水員致贈我酬金三千円。日籍引水員登船我都送一樽洋酒當公關禮，他們回贈給船長酬金的多寡，視領航的難易度與船長的配合度而定。

　　本船一駛入北太平洋，就遭遇低壓帶綿延千浬且擋在預劃航線上，無法繞行迴避；美國岸際的羅遠站臺損壞，暫停發射定位電波，天頂烏雲又密布，增加天文定位的困難度，空船在巨浪中航行異常搖晃。

　　我偶見雲縫太陽露臉，值班三副承認他不太會用六分儀畫太陽定位線，1/O 趙大副更扯，即便畫出定位線也錯的離譜，唯一靠得住的是資深二副，嫻熟的天文定位讓我放心。本船通過蘇俄千島群島海域時，側風達疾風等級，風速每秒十五米，橫搖甚劇令我無法站穩；駛過蘇俄庫頁島海域時，本船轉向朝東航行，風

速轉強達颶風等級，風速每秒三十六米，駕駛臺氣壓計紀錄最低的海面氣壓亦達強烈颱風規模，所幸颶風刮的是順風，我減俥慢行，避免空船推進器俥葉被巨浪抬出海面高速空轉傷到主機。

9 月 30 日駛入白令海之後就風平浪靜，我終於鬆了口氣。沒事了嗎？儘管海上風平浪靜，船艙內卻風起雲湧。先是 O/S 郭姓基本水手休班時酗酒鬧事，事後藉口罹患躁鬱症脫罪，打報告船一到美國就辭職不幹；再來是休班的艙面 AB 吳姓資深水手在麻將桌上毆傷輪機部門的 3/E 李姓二管輪與 MP 陳姓加油匠，釀成航輪兩部門攜械對峙！我當即拘束管收艙面吳姓水手，到港就開革永不錄用。

艙面水手長護短，要求我同時也開革先出手打人的輪機部門陳姓加油匠，我遂將吳、陳兩員都隔離拘束，發電報回臺北大統公司說明我應急處置的作為，並以領船無方我到美國目的港就請辭。經電文頻頻往返，大統林副理採納唐船長的意見，肇生事端者都是他調教過的「優秀」海員，以和為貴一個都不准開革。唐船長說導致優秀海員暴衝，該檢討的是代班鍾船長領導無方，這讓我再也幹不下去。

林副理又與乾租本船的東方輪船株式會社協商，拍發來閃急電文安排人事，略謂若我執意毀約沒跑滿兩個航次，東方會社將調我去新加坡接掌新購的光大商船，否則請我依約跑滿兩個航次。這兩個選項我雖都能接受，但為顧及自己的名聲就別一再毀約，我遂應允繼續把第二航次跑完，同時收回對吳、陳兩員的開革令，並解除他們的禁閉拘束，由 1/O 趙大副與老軌分別嚴加督導考核，一場人事風暴暫熄。

第貳參章
橫渡三洋探索九海

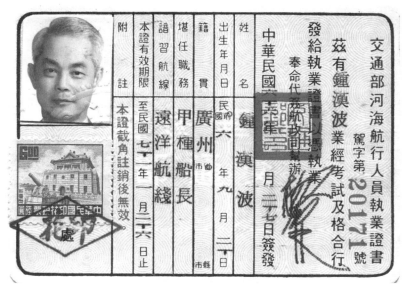

圖 23.1　作者 1977~1982 五年效期之我國交通部核發的甲種船長執照，證號
第 20171 號（鍾漢波數位典藏）

一、船長執照申報晉等　再訪香港往事如繪

圖 23.2　1976 年雙十國慶作者帶領海寅商船靠泊美國長景河港，在船長室宴請船務代理行美籍職員（鍾漢波數位典藏）

　　本船駛出白令海，朝美西駛去又遭遇另一個低壓帶，駕駛臺紀錄風速達每秒二十五米的狂風，船身橫搖加縱搖，連餐廳都無法擺桌。10 月 6 日美國西岸在望，風浪漸歇，我下令艙面水手清潔甲板鹽漬與貨艙木材遺落污垢；隔天夜航至哥倫比亞河出口的海港阿斯托里亞錨位，夜暗低視界下引水員登船帶入港靠泊，這是我在美國領船進出的第六個海港，西岸的奧立岡州，是我造訪美國本土第六個州。

　　子夜過後內河引水員登船，帶船沿河上行四十浬赴本航次目地港長景，途中為了駕駛臺是否開燈照明，方便引水員在崗位用刀叉吃義式沙拉消夜，我和他又啟爭執，我為夜航航安拒絕駕駛臺內照明，但我請 2/C 李百忠臨時準備了兩隻炸雞腿供引水員充饑，引水員不需使用餐具，用美式吃法單手緊抓雞腿入口，引水員連聲讚揚臺式炸雞腿比肯德基更好吃，他吃人嘴軟後就對我

和顏悅色了。

　　10 月 8 日凌晨三點靠好河港長景偏僻的十五號碼頭，這是我在美國領船進出的第七個港口，纜繩一套好樁，碼頭工人就摸黑開始裝載奧立岡特產黃松原木，美籍領班估計一週內可把兩萬三千噸的黃松原木裝滿。由五號碼頭須步行半小時方能找到便利商店的公用電話亭，打電話給紐約州的玲兒與加拿大的堅兒，玲兒在紐約州的居家與學校辦公室還是無人接聽，撥給堅兒的電話一下子就接通了，堅兒報告他的指導教授認定他有研究潛力，讓他跳過碩班直接入博班攻讀令我欣慰無比；不過，堅兒直攻博士壓力大，不敢請假來美會親。

　　船務代理行經理貝亭（Clay Betting）忽然自波特蘭市來電，要求船長我在啟航回日本前的週末，可否在船上宴請代理行全體職員吃中華料理？這個週末適逢雙十國慶，本船為慶祝我國國慶邀請代理行職員在船上用餐是件好事，他們在船上用餐後，爾後對本船服務會更為周到。

　　可是經理貝亭提出的請求卻有點棘手，但又不便回絕；貝亭經理要把他的妻女一併帶來船上用餐，若在內艙大餐廳任由暴走海員色咪咪地瞪著女眷，委實不妥，我不得不改在船長室的會議桌單獨設宴款待。此外，美國孩童喜歡吃零食，但本船合作社所添購的飲料與零食都是日本貨，雖然也有品牌保證，如森永牌牛奶糖與朝日牌口含糖錠，但終究不是美國製，萬一擺久了因海洋濕氣重，變質發霉吃出毛病則麻煩大也，這些日本貨不適合拿來逗美國孩童。我再度步行半小時到便利商店，選購美國製的罐裝百事可樂飲料與硬紙筒真空包裝的樂事薯條脆片，美國孩童吃美國貨，應該不會壞了肚子。

　　代理行全體職員眷屬包了一輛中巴，自八十公里外的波特蘭市開來長景碼頭，每位來賓登船時，手中都揮舞著華美兩國的小國旗，顯然是有備而來；在兩國斷交陰霾中，令人感受到華美民間穩固的友誼。同行插花者尚有 USCG 駐奧立岡州的搜救長與日本船東三光財團駐美代表石川次郎，我請 2/C 李百忠做幾道美國人偏好的糖醋排骨與炸春捲，每樣中華料理都被十三位來賓吃到光盤，令二廚面子十足。

　　來賓餐後依公司規定的參觀動線走一遭本船，貝亭經理夫人黛比年輕貌美，但長褲長袖衣著遮住全身，十分保守優雅；三歲的女兒因有零食可吃對我非常熱絡，臨走時要我抱著下舷梯。我右手抱女童左手握扶梯，母親黛比走在我前方以肉身作盾，防止我倆滑倒以策安全。我身體雖尚壯健但已年近六十，看起來不免有些巍巍顫顫的模樣。有位閒著沒事的碼頭工人，熱心爬上舷梯欲接抱女孩，但遭母親黛比將工人的手撥開，顯見黛比的觀念極為保守。我送代理行全體職員、眷屬與貴賓到碼頭後，才揮手與眾來賓惜別。

　　隔天本船讓出船席移靠近鎮區的一號碼頭，碼頭旁就有公用電話亭，我遂日夜狂打長途電話給玲兒，終於在 10 月 12 日晨接通；她抱歉地說日前交了位港籍男友，異地戀情得飛來飛去約會，且交友花費頗巨手頭緊，恐無法來長景河港與我聚會。她掛掉電話後我就去長景鎮銀行等候開門營業，立馬匯了身邊現鈔一千五百美元給玲兒帳戶。

　　兩天後本船裝滿黃松原木，日本三光財團駐美代表石川樣來船視察，當過三副的石川樣很訝異本船乾舷之上的黃漆標線沒入河床水面甚多，認為本船超載，責怪我應少裝點，讓滿載指標的黃

漆標線與河面平齊，還說你超載就輕率返航，三光財團會遭重罰吃悶虧。這位乳臭未乾的駐美代表是三光財團總會長的長子，一副盛氣凌人的姿態讓我怒火中燒。

我反唇相譏，虧你這個接班人還當過三副哩，我比滿載多裝六百噸的原木，就是因為日本海域的海水密度較長景河的河水密度高三趴，待本船駛返日本神戶港，船體滿載的黃漆標線線恰在海平面上，意即到達日本的海港本船恰好是滿載。我說石川樣呀，若按照你的指導這頭少裝六百噸原木，回到神戶港當即被財團抓包，運費都已收款項又不裝滿，恐怕三光財團重新考慮另擇接班人選。石川樣聽完深覺自己孟浪，當場向我深深九十度鞠躬道歉，不再提加裝原木。

10 月 14 日石川樣從加州羅安琪打長途電話向我再度致歉，他向三光財團本部長討論過，認位我的裝載得法恰如其分，鍾船長名不虛傳果然是財團的王牌船長，財團將發裝載獎金給我。我沒稱謝，只回敬一句你看著辦，他前倨後恭的態度令我非常不爽。果爾，日本商社行事高效的傳統很有口碑，船務代理行貝亭經理下午來電，說三光財團委託他攜裝載獎金前來頒發，要我等他下班後開車趕過來轉交，並請我入城共進晚餐。

貝亭經理天黑後登船，他代表三光財團頒發三百美元裝載獎金，表示肯定我有夠細緻避免返回日本超載受罰。我認為石川樣的獎金固然很好，但抵達神戶港是否超載尚待驗證，無功就不受祿。但貝亭經理堅持頒贈，並建議將其中一百美元分贈給負責督導裝載的大副，這樣我就不好擋人財路，只能勉為接受了。

貝亭經理開車帶我到一間陳設炫麗的中華料理餐廳，飽餐一頓川菜料理。餐後貝亭經理驅車沿哥倫比亞河南岸欣賞月光下的

河景，這邊行政區劃屬奧立岡州，接著又驅車到北岸長景陣鬧區酒館續攤，招待我觀賞脫衣舞，我深自慶幸能有老鳥導覽，不然佳境要何處尋覓。

貝亭經理向我解說市區木材工廠林立，故有此高檔粉味迪斯可舞場酒館，內有脫衣舞孃表演豔舞不收門票。及至酒館入得門來，使我不禁目瞪口呆！原來本船多數休班海員在此消費，包括在船艙打群架互毆的海員，都擠夾在迪斯可舞場與「番仔番妹」（粵語指外籍青少年男女之謂）嬉戲。海員在世界各港埠尋幽搜祕其門道之精，非其他外來人所能望其項背。我和貝亭經理由侍者領入包廂坐下，侍者就捧兩大杯啤酒前來，兩杯啤酒價格才不過半美元，貝亭經理給他十元免找，打賞侍者以客為尊主動領入包廂的豐厚小費。

據貝亭經理云，這間酒館就是以啤酒出名，而不以迪斯可舞場及脫衣舞為號召。入座時豔舞表演早已開始，舞孃年華少艾，未穿華貴彩麗之性感清涼衣裳，而是日常服裝走上舞臺，舞孃大腿套上橡筋帶，以便收納並展示酒客賞金。北美洲的脫衣豔舞，顧名思義就是把衣服隨音樂一件件慢慢脫下，在美國規定只准脫到露兩點裸呈，但也只有一剎那，隨即拾衣掩身離去入後臺。酒客看不看得清楚兩點就看你眼尖不尖，你沒看到那就是舞孃動作快了。

當時在場有三位美籍闊佬，手持大面額鈔票，逐張打賞給脫衣舞孃；給賞之一是位帥大叔持百元大鈔，荳蔻年華的性感舞孃見錢眼開，故意在帥大叔前騷首弄姿準備露點。在座酒客當然共飽眼福，屏息以待帥大叔與舞娘下一步究竟為何之際，忽有位原住民下流老人鼓噪大喊：「再加碼多給賞錢叫她脫光呀！」這有違酒館所立下輕聲細語之行規。侍者趨前勸阻糟老頭保持安靜，

但這位老翁繼續大呼小叫。侍者遂勒令原住民出場，而下流老人則反唇相譏，謂啤酒尚未喝完有權留在酒館看熱鬧。

緊接著進來了四名凶神惡煞的壯漢，每人各自扣住糟老頭手腳，把他拖出場丟在道路中央，所幸這位老翁並未受傷，自動爬起走到酒館門外咆哮大罵，我與貝亭經理觀賞脫衣舞的興緻頓失，遂與海員揮手道別先行回船，車程三分鐘就抵達一號碼頭。

原訂隔天下午啟航駛返日本，故海員在紅燈區流連到天亮打佯才醉燻燻地陸續回船；沒料到引水員子夜一過，竟於漆黑的 1 時 40 分登船，守值的二副把我喊醒到駕駛臺迎接怒氣沖天的引水員，他責備我為何當值海員不到碼頭解纜啟航？我向他解釋按航行計畫今日下午 14 時才開船，半數海員還在岸上休假，主機也沒點火；原來，1/O 趙大副心不在焉地錯把今天下午 2 點鐘啟航看成上午 2 點鐘而通知引水部。

我自知理虧遂請引水員到幹部餐廳耐心等候海員收隊，由闖禍的趙大副陪笑臉又是敬菸又斟酒給大發雷霆的引水員。好不容易等到天亮點名海員全體到齊，我立即下令準備啟航。本船駛抵長景河口的阿斯托里亞港錨位，領港艇前來旁靠接引水員離船時，他又對梯口送行的趙大副破口飆罵；原來，依規定該放的木板繩梯水手嫌太重，挑了較輕的鋁梯掛放，引水員認為鋁梯安全性較木板繩梯差。我目送引水員搭艇揚長而去，心想我這個代班船長幹得窩囊透頂！

啟航後本船沿北美西岸航行時，接獲 USCG 電文，略謂東太平洋正在發展一個強烈低壓槽向西延伸，風高浪急；我計算了展期海象預報圖中的低壓槽，槽線移動幾乎沿著預劃航線西行，若本船維持經濟航速前行，勢將全程被低壓槽籠罩。我與老軌研商

後，決定加俥以戰速跑在低壓槽前頭，倒也在北太平洋享受近一週風平浪靜的好天氣；船身因主機長期處於最大出力抖動不已，連馬克杯內的咖啡都起漣漪。

趁航行平穩的空檔，我準備海員 10 月分的現鈔餉袋以及交接的文件，10 月 19 日本船駛入白令海依然波平如鏡，低壓槽線自奧立岡州綿延至加拿大西岸，在本船後方五百浬持續向西延伸。隔天我親自發完海員月薪後，竟癱在床上如同生了重病，連翻身都十分困難，幹個代班船長行事綁手綁腳的，真的好累好累……。

10 月 25 日本船經過庫頁島外海域朝南航行時，終於被西行的低壓槽追上，風速達颶風等級且是橫風，為避免側傾翻覆，只得減俥慢速前行。兩天後接獲東方會社閃急電報，目的港由神戶改駛進入日本海去九州博多下卸原木，接下來才去神戶等四個海港卸清原木，致使返航計程延遠為四九四〇浬。

10 月 25 日，本船通過輕津海峽駛入日本海後颶風來襲，沿途冰雹拍打甲板聲宛若機槍掃射，太陽與月亮偶爾從雲隙露個臉，周邊都有一圈七彩光暈，這種天象表示高空卷層雲含大量水氣，也是暴風雪即將來到的前兆。我遂加俥前行，趕在暴風雪降臨前進入目的港博多。10 月 30 日夜晚 22 時，本船終於馳抵九州福岡縣博多港錨位。

連續值班的船副整夜用 VHF 無線電對話機聯繫博多引水部，均無人接聽，看來引水員一兩天內尚不能帶船進港，老軌鑑於連日高速奔行本船油料無多為由，請准將主機關俥停轉節省燃料。真沒料到天明後引水員竟搭交通艇不請自來，登船後解釋壞天氣致使引水站的通訊機房淹水損壞無法對外構聯。老軌只得悻悻然將主機重啟，待恢復動力靠泊內港碼頭時，已是午膳時分。

隔天下午又獲財團閃急電文，略謂童船長即將銷假回任，四天後在神戶港與我交接。我欣喜若狂，一方面下令全體海員禁止休假日夜趕工下卸原木，兩天後準時離港駛去神戶港再補休，再方面我加快整備船長交接文件，以便一交接完畢我就離日返臺。

我抽空赴船務代理行撥國際電話給永貞竟日無人接聽，讓我緊張萬分，打給我在海軍專校的侍從官李明達終算接通了，他說夫人吉祥，她頃接大統公司來報說校長將返國，一大早她就搭臺鐵北上，借住黎國炘將軍在臺北大直大通北街的眷舍，等校長航班確定後去松山機場接機。我再電黎國炘學弟確有其事，他報告皮嫂天黑前會抵臺北請皮哥安心，我遂將返國航班告知。

11月2日如期在博多港卸完四千噸原木，本船立刻趕行程赴三二〇浬外的神戶港。隔日進港與童船長交接完成我就離船。這回擔當海寅商船的代班船長，領船跑日美航線兩個航次，海程達一九六一三浬；代班職務我雖能勝任，但礙於職務代理，領船帶人限制多非常不痛快，爾後我拒絕再幹這種代班差事。

11月4日自日本飛返臺北，與永貞分別三個月又重逢自是歡愉無比，不愉快的代班往事就拋諸腦後。我帶著三個月所得四千餘美元及滿皮箱的舶來高檔禮物交給永貞時，她對高薪與禮品已經無感，老公平安歸來才是無價珍寶。

五年前我接受轉業海員訓練時，因我在海軍的艦職經歷太單薄，堂堂一個退役海將僅能考得乙種船長執照，登上小噸位國籍商船當大副跑近海航線，難以立即接掌巨輪跑遠洋航線，心中彆扭了好幾年。我遂檢具五年來海員服務手冊及歷任六艘商船船長累計近四年航海資歷，11月中旬向交通部申請甲種船長執業證書，由交通部轉呈考試院檢覈。

　　1977年1月13日，蒙考試院立即發下特種考試合格證書（臺檢駕字第 7867 號），文曰：

鍾漢波，民國六年九月二十日出生，男性，廣州市人，應河海航行人員考試駕駛員甲種船長考試；該員諳習遠洋航線，經檢覈合格，依考試法第十三條之規定，合行發給及格證書，此證。

院長楊亮功（簽署）
考選部部長鍾皎光（副署）

　　我於 1 月 27 日持考試院證書，赴臺北交通部航政司當場領取駕字第 20171 號甲種船長執業證書，一掃數年來內心陰霾；同時，原持有尚未過期的乙種船長執業證書，則須繳驗截角作廢領回。我的甲種船長執業證書序號，反映政府播遷來臺後所核發的商船艙面航海水手總數，連同概等人數的艙內輪機工匠，臺籍海員累計總數已超過四萬；我的考試院核發之船長特考合格證書序號，說明臺籍航輪幹部累計近八千之眾。

　　新領的甲種船長執業證書雖有五年效期，唯效期屆滿時，我亦快滿六十五足歲，船長職務將被強制退休。回想起過去這些年的討海生涯，歷經多個颱風、寒冬巨浪與溽暑熱浪……哀，我真的是用生命，換得這張薄薄的一紙證書。

　　永貞認定我拿到甲種船長特考合格證書掛在書房當壁紙就好，就此永遠離開海運界，卸甲歸鄉陪她終老，遂押著我到高榮掛號，來一次徹底的健檢。結果出爐，大毛病沒有但小毛病愈來愈多，四高文明病我都有：血壓高、血糖高、血脂高、尿酸更高。醫師囑我注意飲食要四低，意即低糖、低鹽、低油脂、低蛋白但

多攝食高纖維蔬果，一定要記得按時服用抗四高藥物。醫師綜觀我身體無大礙，不用擔心。

二、臨危接掌金棒凶船　登船脊椎一陣涼意

圖23.3　1977年3月作者帶領金棒商船靠泊美國華盛頓州西港，與三光財團駐美支部代表石川樣在船長步臺（鍾漢波數位典藏）

　　帶著輕鬆的心情與永貞相依相隨，不意接到玲兒自美國打來的國際電話報囍，她要嫁到香港，我倆欣然應允赴港在囍宴擔當女方主婚人。1977年2月10日，夫妻倆順利自臺北飛抵香港，週末的囍宴例由男方主持，夫唱婦就隨，玲兒婚後就緊跟著女婿全球四處趴趴走，生活更形忙碌。囍宴過後，夫妻倆在香港還有三天假期。永貞於抗戰的前期曾在香港寫字樓工作四年餘，多年未見的同事與姐妹淘川流不息來晤，大宴小酌從一早排到子夜。

　　這是永貞此生第二回造訪香港，對我言這也是繼初中廣九徒步旅行與海圻叛艦出走香港四十餘年後，三度造訪港九。1955年我擔任海軍總部第二署情報行政處處長職務時，負責港澳情報部署與敵後派遣等業務，多年未見面居留港澳的老袍澤，自是把握

良機聚會。世居港澳的黃埔海校校友，由高四期的學長徐亨召集校友與學嫂餐敘，包括我的同窗梁永煊及馮翔志。

二訪香港假期我念念不忘的，是 1935 年我經歷叛艦未喋血安然踏上香港的筲箕灣避風塘碼頭。我請亨哥派其祕書陪我去避風塘碼頭作懷舊之旅。那年 7 月 10 日，晚餐後我奉命攜個人物品，與黃埔海校全體同窗集體離開錨泊香港的海圻軍艦，不知是登岸繼續羈押還是就地槍斃？同窗搭乘小艇登避風塘碼頭時，迎接我們的不是行刑槍隊，而是黃埔海校生帶隊官，此場景歷歷在目。

同窗三人眺望著筲箕灣對面的九龍地區山形景物依舊，但眼前的避風塘碼頭全走了樣，高樓林立道路如蛛網。當年登岸後點名用力喊「有」的同窗，逐個離我們遠去，喊有的容國材遭擊斃，喊有的區祥樺失蹤，喊有的潘植梓與朱文清公殞、喊有的盧珠光癌症病逝、喊有的方富捌腦溢血辭世……想到此不禁熱淚盈眶。

夫妻倆在申請境管局入出境證赴香港時，情治機關友人得知玲兒即將成婚特別向我道賀，但也稍來她的案底令我困擾。玲兒在美國執教期間，與大陸學術界頻頻來往，被警總列為「黑名單」榜上有名，即便她持有美國護照，往返臺灣卻被列在「入出境管制」名單內，入境後會遭全程列管追監。我當即請託警總的同事明察，他說單純的學術交流嘛，且她是國際知名學者，問題不大，但情治機關對她的「忠誠考核」，也足足拖了十年，方將玲兒從監管黑名單降等，最終完全註銷不再列管。政府解除《臺灣省戒嚴令》後，玲兒得以順利應聘高雄的國立中山大學專任教職，返國任教並兼學術行政主管。

結束香港之行返臺，夫妻倆難得渡過一個平靜的農曆春節佳期。元宵節才過，臺北大統公司林副理南來親自拜個晚年，說財

團高層殷切期盼鍾船長再跑三個航次美日定期航線，月薪提升至兩千五百美元，永貞質疑林副理，就僅只跑三個航次呀？有沒有她不知道的暗黑算計？林副理恭謹地回答是奉高層指示，真的只跑三個航次為期約四個多月，擔當船長絕非代班。永貞遂勉為應允，還替我跑了幾趟藥房，兜齊了半年分降血壓的長效藥。

3月6日，我從高雄飛臺北轉機抵日本大阪市伊丹國際空港，旋即搭國內航班前往本州中國地方岡山縣桃太郎空港，赴倉敷港接任雜貨船金棒號（*M/V GOLDENROD*）船長，登船時方知原任船長已離職逾一週。我接掌第七艘商船的金棒號屬新古船，船齡不到五年，船旗國為日本，商船證書記載六千三百登簿淨噸，一萬四千載重噸，專跑美日間的定期航線；船東是三光財團，由東方會社向船東乾租五年營運。我登船時脊椎一陣涼意，直覺這艘散裝船有些不對勁兒，煞氣頗重。

我召集航輪幹部訓話，但見個個臉色凝重，很不開心的模樣；我問主副食材如白米、蔬果是否補齊、生活用品如肥皂、洗衣粉是否購足，諸幹部遂出示相關清單表示連同出港申請手續早已辦妥，唯缺船長故滯港多日，全船海員均遭管制不准登岸形同軟禁。

海員不能到港區旁燈紅酒綠的妓院尋歡，幹嘛不爽？東方會社手下多的是候用船長，缺船長到職又不是我的錯。不過，我有兩次接掌海員情緒異常的商船經驗，或許別的船長不願碰觸這種燙手山芋，但我帶領海員卻頗有經驗，所以面對這些心神緊繃的幹部，我倒處之泰然沒啥好擔心的。

本船航海日誌記載此回第三十航次因攬不到船貨輸美，只得空艙去美國華盛頓州西港（Westport）裝載原木返航。我令船副幹部申請引水員登船立即準備解纜啟航駛入瀨戶內海，倉敷港是

我領船進出日本第十五個海港，又開始我一次又一次的北太平洋大圈航行，這趟海程四八六〇浬。本船經白令海，於 3 月 21 日抵達華盛頓州西港，這是我在美國領船進出的第八個海港。這一航次的去程，我近身觀察全體海員的表現，倒也中規中矩沒有任何怠勤事件發生。

本船錨泊在內港繫水鼓，銀松原木由拖駁滿載駛至本船旁靠，我要求美籍的裝載長每吊掛一根銀松原木上船，就得讓我的水手領班仔細檢視原木內外有無異物；他起先拒絕說這沒道理，如假包換的原木何須檢視，耽擱裝載時程他不敢負責。我說去年我代班率領商船所裝載的華盛頓州銀松原木窩藏了毒蛇，船期耽不耽擱我船長負責。美籍裝載長一聽到船期耽擱我會負責，立即滿口答應，船長您願扛下責任且船東願付加班費，檢視原木需時多久我都全力配合。

美籍工人在本船用吊桿起吊拖駁上的原木置入貨艙，機械化的吊裝即便快速高效，因逐根檢視有無偷渡的長蟲，裝載一千四百根銀松原木竟也花了五整天，所裝原木已遭剝去樹皮光禿禿的，看起來非常礙眼。

船東三光財團駐美代表石川樣，風塵樸樸地登船視察，我遂在船長室招待石川樣吃碗港籍大廚的廣州炒麵。石川樣肯定我航途中帶領難以駕馭的海員有方，我說且慢，我的海員都很正常，為何說他們難以駕馭？他說原任船長在美國擬開革數位海員，他們與船長同在聲色場所爭風吃醋；原任船長在碼頭代理行辦公室打電話向石川樣說分明時，被當事者在旁知悉遂圍毆船長，船長閃避躲入職員的座車內，連該車的前檔玻璃也被海員砸破。員警趕到時，鬧事海員已聞警笛一哄而散，剩下滿頭血漬的船長躺在前

座喘息，狀極痛苦。

　　前任船長被海員圍毆住院留醫，由大副代理船長把船駛回日本，我是臨危受命來船收拾這個爛攤子，我與石川樣在船長室沉默好一陣子。老實說，當船長真的不好做，還得加一項遭屬下暴行犯上打爆頭的風險。我事後回頭向幹部查證，他們也言之鑿鑿確有其事，諒也不假；究其原因，幹部們說的很含蓄，是原任船長的領導風格，得罪了施暴者。這讓我想起船長公會印發的《海員通訊》，提及三年前益利輪船公司的李姓商船船長，在巴西里約熱內盧港因細故與 Q/M 李姓舵工及 PM 李姓加油匠發生爭執，遭同姓的屬下砍死；兩位李姓海員被判刑十年，目前還在南美吃牢飯。

　　在西港與堅兒長途電話聯繫上，講了快兩個小時。在國共內戰勢不兩立的戒嚴時期，海峽兩岸通郵禁忌視同「通匪」，失聯多年的親戚訊息，僅能透過海外第三地輾轉聯繫。堅兒出國深造前，永貞囑他抵達加拿大學校宿舍後，試著聯繫身陷竹幕親戚的近況；特別是毛澤東於 1976 年 9 月病亡，血腥的文化大革命隨之結束，大陸對海外郵件往返逐漸解禁，頓時海外通信頻密爆量。

　　累積訊息後，堅兒細列大陸親友的悲慘命運，略以永貞與我雙方的親戚，均於中共建政後歷次政治鬥爭中，以「國民黨軍屬」的罪名被打入黑五類行列；他們遭羈押勞改，不是病歿就是餓死，如我雙親與永貞諸弟。凡與我劃清界線並遊街高喊打倒我這種蔣幫餘孽的親戚，方能苟且偷生，如我兄弟、岳丈與永貞諸妹。聽完堅兒報告我心中百感交集，既然倖存的親戚視我如寇讎，人物全非，故鄉不再是家鄉，我這輩子也就不想再返大陸探親了。

　　回程本船駛往九州長崎縣的商港卸清原木，大副繪製的預劃航線，海程五三五〇浬。啟航返日前，大副向我報告清明節所須祭拜供品均已備妥，我說本船有清明祭拜習俗嗎？大副才據實報告，原任船長不知何故，霸凌一位患憂鬱症的新進基本水手，以致他上一航次由日駛美途中跳海輕生，本船救生部署未及從此失蹤；全體海員情緒激動不安，船上鬧鬼的傳聞始終不斷。我為穩住海員情緒立即下達命令，基本水手跳海輕生的船位，就在本航次的預劃航線上，我會擇吉時在駕駛臺布置簡易祭壇向好兄弟祭拜，由我主祭，不當班的海員集合陪祭。

　　祭拜典禮簡單隆重，鳴霧號數響恭送好兄弟離船歸鄉；祭拜完後，供品置入失蹤水手的住艙，由海員在值班前輪流進入捻香禱告，直到通過失蹤海員跳海的水域方止。我登船後，就再也沒有任何海員卡到陰撞見鬼，浩然正氣的我壓得住煞氣，全體海員均相信我鎮船的魄力。

　　4月12日駛回日本九州長崎市大昭和株式會社專用碼頭，這是我領船進出日本第十六個海港，一週後卸清銀松原木就是本船第三十航次的結束。本船第三十一航次的起始，是空艙東駛百浬赴福岡縣北九州港戶畑八幡製鐵所專用碼頭，裝載鋼捲，這是我領船進出日本第十七個海港。

　　本船於4月24日啟程赴美，海程四八〇〇浬，仍沿著美國華盛頓州與奧立岡州的哥倫比亞界河，溯河上行駛過長景河港，再前行二十浬抵達奧立岡州最大的波特蘭市河港（Port of Portland）卸清鋼捲。這是我領船造訪美國的第九個港口，本船滿載吃水深無碼頭可靠泊，在河中央錨區下錨，拖駁立即旁靠，吊卸鋼捲效率之高，比起去年我帶領聖娜商船在約旦阿奎巴港快速可靠的

多，在中東耗時三十八天始卸清一萬三千噸鑄鐵，這回卸清一萬四千噸鋼捲兩天就搞定。

　　本船卸清鋼捲後，順流下行回到長景河港裝載一千四百根黑松原木。這期間又發生許多趣事，茲分段記述如下。這回抵達長景河港原木碼頭，我有驚人發現，上游不到二百餘米處有個穀物碼頭裝載時灑落不少玉米，變成飛禽與魚群享用不盡的佳餚。我目睹岸上飛鴿成群，河中亦有數不盡肥碩巨鯉擠來擠去，本船海員前來垂釣無不得心應手滿載而歸。時值盛夏無人入本船澡池泡熱水浴驅寒，海員用抽水機抽乾澡池儲水，再注入哥倫比亞河的河水，近百條生猛巨鯉漫游池內，每條至少有斤把重，頓成海員專屬的生猛海鮮池庫。

　　在海員大餐廳，他們每餐都可享受鮮鯉全餐，或清蒸、紅燒、快炒、椒麻、宮保或砂鍋魚頭，美味飄來香噴噴，航輪幹部只有嚥口水的份兒。兩天後，海員再也無人前往垂釣，餐廳亦不再聞魚香；查問原因，是過往尋花問柳者，慢性淋病因大啖鯉魚導致舊疾復發，且下體紅腫流膿、痛楚莫名、舉步維艱。可見幾乎全體海員都不老實，人人都曾罹患性病，難怪海員都說「發了！發了！」慢性淋病又復發啦！

　　5月14日本船啟航後，澡池尚養著許多巨鯉，海員無人再敢問津；R/O港籍鄭姓報務員食指大動，但不便私自撈取海員的肥鯉單獨享用，敲門問我何不連袂找水手長價購大啖生猛鮮鯉？老廣凡患有花柳病前科者，均戒食鯉魚和雄雞；我說我不忌口無妨，那就聯手吃光鯉魚吧。

　　我最喜歡吃魚卵，那我就午、晚餐專吃母鯉啦，魚頭留到早上煮粥再品嚐魚頭粥，堪稱人間美味。鯉魚卵的味道鮮美，雖然

不及臺灣的烏魚子嚼後齒舌留香，更不及俄國佬用鱘魚卵製成魚
子醬的美味可口，但巨鯉的魚卵吃後全身暖洋洋，發汗如漿，這
和老廣吃狗肉有相同的暖身效果。感謝海員們垂釣豐收，我返程
中至少大啖十條母鯉，真是口福不淺，至於高榮醫囑的什麼飲食
四低一高，早就拋諸腦後啦。

　　返程四七○○浬，目的港是日本四國香川縣高松港的王子株
式會社碼頭，本船於 5 月 27 日靠港下卸黑松原木，這是我在日
本領船進出的第十八個海港，也是第三十一航次的結束。四天卸
清黑松原木後，是本船第三十二航次的起始，先西駛兩百浬再度
到福岡縣北九州港戶鈿八幡製鐵所專用碼頭，滿載鋼捲後再度開
往美國下卸。

　　本船於 6 月 1 日啟航赴美國奧立岡州，海程五四七○浬，經
日本海駛入輕津海峽西口時遭遇溫帶氣旋，雖無強風但有暴雨。
傾盆大雨中我在駕駛臺將前檔雨刷開到最大轉速，還是看不清船
艏的艏桅，所幸本船在低視界雨霧中靠雷達定船位，安然穿越海
峽。6 月 17 日本船抵達美國奧立岡州的寇斯灣（Coos Bay）工業
港，這是我在美國領船進出的第十個海港。

　　寇斯灣工業港距加州很近，是個萬餘居民的偏鄉小鎮，本船卸
清一萬四千噸鋼捲後，在原地裝載黃松原木。寇斯灣這個小鎮的
輪船雜貨商告訴本船港籍大廚，此地豬肚價廉物美，每磅僅售半
美元，且無屎臭味也無尿騷味。我最愛吃滷豬肚拌麵，我曾在臺
灣吃過許多麵攤，以臺中教師會館旁夜市之豬肚麵最為美味，但
仍帶有些許尿騷臭。今聞有潔淨豬肚出售，我私下囑管事順便幫
我購買兩磅豬肚，請大廚滷好後置入自己的專用冰箱，航途中吃的
津津有味。

　　在寇斯灣連卸帶裝靠泊十天，美籍原木裝載長開車帶我去參訪黃松原木復育的幼樹林場，得知美國之富強由來不易，讓我長知識。美國佬一方面砍樹賣原木，一方面要復種幼木樹林以生生不息。裝載長指著復育樹林說，這些高約六呎的黃松幼樹樹齡才六年多，他向我打趣道：「這批黃松幼樹你我此生都運不走。」那是當然，由播種樹苗長成高聳的原木，及至原木排序砍伐出售，需時至少五十年以上。

　　砍樹不難，而挖掘被砍原木的樹椿卻很麻煩，這些巨大樹椿在當地視為廢棄物，賤賣轉售予一般家庭，置入客廳壁爐燃耗取暖。如果賣給臺灣三義與銅鑼的雕刻商，可鑿成巨形木雕，但貿易商毫無創意，不會出資將廢棄之樹椿廉價購下挖出，遠渡重洋售予雕刻商加工再高價售出藝術木雕。

　　參觀完復育幼樹林後，裝載長又帶我轉往附近的海邊露營區，我這個具有優級童軍證書的老番巓，始終認為荒野露營就須野外求生的技能，去找水源並獵食求生存。但見美國佬露營區設備齊全，可搭營帳也可停靠休閒露營拖車，還可接電、接水、接瓦斯烹煮超市購買的生鮮或冷凍食材，現在露營簡直是奢華享受。露營區旁有一座巨大花園，種有多類悅目花卉，其中以各色鬱金香為主，真是琳瑯滿目美不勝收，而且無人看管，免費任人入園參觀，推想是入園參訪者寡，管理員工資昂貴。我對這個居民一萬的寇斯灣恬靜小鎮印象極好，非常懷念。

三、日本海引水員怪癖　驚濤駭浪天文定位

圖 23.4　1977 年 12 月作者再任金棒商船船長在駕駛臺祭拜祈福（鍾漢波數位典藏）

　　本船於寇斯灣工業港裝載黃松原木駛離美國返日本，海程四八二〇浬，於 7 月 12 日回到瀨戶內海，在紀伊水道西側的四國地方德島縣商港之日本紙張株式會社專用碼頭下卸原木，這是我領船造訪日本第十九個海港，也是本船第三十二航次的結束。

　　我帶領金棒商船三個航次，累計海程達三〇三二〇浬。這四個多月來我與金棒商船的海員相處得非常融洽，我的領導風格，任內自己不搞小圈圈，也不准海員相互內鬥，遂能完勝安全下莊，替財團淨賺百萬美元運費。

　　我將本船交給續任船長陳忠喻，在德島市的日式溫泉旅店住宿一宵，隔天搭全日空的國內班機，自軍民共用的德島飛行場抵東京羽田空港，又夜宿財團特約的品川區高輪旅店。在東京都趁轉機空檔之便，我與昔日駐日代表團的同僚晤面敘舊，自是熱絡無比。

　　聚會的東主是僑領李建武，昔日他是駐日代表團憲兵隊隊長，夫人汪來鳳與輕熟齡的長女李木蘭也到場，當年他夫妻倆的婚禮我是介紹人。蒞臨聚餐的昔日長官，以團本部少將顧問龍佐良軍階最高，他在東京都擔任省營事業臺灣航業公司的駐日代表，綜理公司旗下商船在日本港口的船務，他即將屆齡七十功成身退；龍顧問定居新宿區若葉町，家中布置樸實無華。

　　我賺進一萬美元薪餉於 7 月 16 日返抵家門，永貞看到我回國當然高興無比，家裡有男主人在她就不用再憂心白螞蟻侵蝕眷舍木造樑柱，也不用再害怕竊賊潛入劫財。颱風季節災難頻頻，我回國不到兩週，賽洛馬中颱自臺灣海峽穿心北上，庭院龍柏遭連根拔起；8 月 1 日薇拉輕颱掃過基隆西行，颱風尾的西南氣流帶來南海的濕氣，在高雄下了整整一週豪雨，屋前的排洪溝頂不住壽山山洪，漫溢至庭院淹水多日。洪澇退卻後愛美輕颱又登陸高雄，強風驟雨連巷邊電線桿也折斷倒掛在庭院內。若我還在海上跑船，永貞孤零零一個人要怎麼應付接二連三的天災人禍？

　　斯時大統林副理來電祝壽又勸進，說金棒商船非您不可，第三十四航次她就因進出美西不按規定航行遭重罰，三光財團敦請我這個王牌船長回鍋掌船，想都知道，林副理的請求當然被永貞打槍。到了 10 月底，林副理又來電無奈地說，金棒商船第三十五航次在美西釀海事糾紛、船貨又發生海損，財團損失慘重，拜託我回去掌船，月薪加碼至三千美元。

　　我將此事回報永貞，她反問我再跑人生最後一個航次替日本財團解圍，你要接手嗎？這是永貞唯一的一次主動鼓勵我跑船。她說在家這幾個月來看你勤作園藝與家事但鬱悶不樂，加諸眷舍蟻蛀樑柱屋況不佳，永貞興起在臺購新成屋入住渡過餘生的念

頭，去跑船賺多點薪資買新厝也好，斯時高雄都心公寓一樓三十坪約六十萬元，船長的月薪足可支付頭期款。

　　愛妻淡定地好言相勸：「就給你自己的討海人生最後一次任務吧，去跑船散散心也好；我當軍眷一輩子了，早已習慣自立自強；何況，左鄰右舍的眷村女兒都主動入住陪我，有人顧著我別擔心。」於是我應允大統林副理，待金棒商船這航次一回到日本，我就掌船僅一個航次，這期間給財團足夠時日去找位願長久任稱頭的船長接手。

　　11月底接獲通知：一週後在日本本州中部地方新潟縣城商港回鍋接掌金棒商船。我與新任的老軌、二副及三位海員會合，一齊去衛生所打防疫針，欣見老袍澤孫開銀又在列，沒想到我人生最後一航次竟能與孫員再度共事，他已由AB資深水手晉等為A/B副水手長。我與林副理討論金棒商船衍生的困境與紓解對策後，當日下午16時我們六人由松山機場搭國泰航空的班機直飛東京羽田空港，再次夜宿財團特約的品川區高輪旅店。

　　隔天改搭全日空國內線飛抵新潟空港，大雪紛飛中等候交通打結的計程車竟足足等了五十分鐘才姍姍來遲，這航次就先碰上塞車，不是個好兆頭。登船時，前任船長陳忠喻在梯口迎接我，半年前我離任時也在同一梯口迎接他交班，回到熟悉的船長室與陳船長先做文件檔案交接，他才兀自默默離船住在岸上旅店。老幹部如D/B王老養、AB羅財勳、Q/M林國治及PM馬中慶看到我回鍋掌船，高興到開香檳慶祝。他們醉醺醺地來船長室覲見，訴苦被陳船長霸凌，紛紛打報告辭職不幹，我回鍋他們都撤回簽呈。

　　12月6日上午10時半陳船長回船，在東方輪船株式會社代表山本樣的監交下，陳船長正式將本船交給我帶領，我當即在駕駛

臺率航輪幹部祭拜祈福，祝念船運昌隆。在新潟港卸完部分原木後，引水員於下午 16 時半登船，把船一帶離碼頭，就藉口天快黑日本海又有暴雪，就棄職離船，竟有如此不負責任的引水員，我只得在低視界下帶船駛出港嘴，這是我帶船進出日本第二十個海港，繼續本船第三十五航次未竟的行程。

本船在日本海駛向一四○浬外的本州中部地方富山縣伏木港外錨區，報務員暈船暈得兇，但仍堅守電務室崗位收發電文；隔日拂曉引水員登船，將本船駛過外港淺灘魚柵區，晨七時靠泊伏木港碼頭繼續下卸原木，這是我帶船進出日本第二十一個海港。

財團代表山本樣又以電話追船，抱怨前任陳船長始亂終棄，要我把他帶領前兩個航次的海事報告代為撰寫，用快遞掛號郵寄結案。我依據航海日誌，約詢航輪幹部把責任歸屬釐清，替陳船長釀禍收尾的報告撰寫，讓我心煩氣燥整整兩晚沒嗑眼休息；加諸寒風暴雪我著涼猛咳不止，左臂打防疫針處紅腫脹痛，金棒商船對我自體免疫系統的殺傷力強，她真的是艘凶船！

伏木港是個偏鄉工業港，碼頭外一片白雪皚皚，荒蕪至極渺無人居，12 月 10 日卸完部分原木後，引水員於下午 17 時登船，同樣的場景再度發生。他把船一帶離碼頭，又藉口天快黑日本海又有暴雪，就棄職離船，難道日本海的港口引水員都有此怪癖？我將他的行徑在航海日誌內詳加記述。我在低視界下又一次帶船駛出港嘴，繼續在日本海駛向二三○浬外的本州近畿地方京都府舞鶴港。中午過後，引水員把船帶入工業碼頭靠泊，舞鶴港是我領船進出日本的第二十二個海港。今天逢週日，新到職的老軌抽閒陪我去舞鶴天空塔展望臺，盡覽舞鶴雪景。

週一東方會社財務長高橋樣登船拜訪，說乾租這艘金棒商船

是十足的賠錢貨，他奉命想法子替東方會社樽節開支。高橋樣高興地說，理貨部門攬到臺韓去美加的船貨，先去南韓仁川裝雜貨，再去臺灣高雄上雜貨才去美加卸貨。又說美國的船用柴油較日本每噸便宜六美元，因此，他擬議兩種購買船用柴油方式要我二擇一，一是僅裝單程柴油到底要裝多少才夠，另一是依規定把柴油櫃裝到滿。

我心底納悶，本船不是專跑美日定期航線嗎？現在怎麼忽悠冒出要赴臺韓裝載運費低廉的雜貨，一付野雞船的經營樣式？這讓我直覺東方會社乾租本船，跑美日定期航線虧損累累。大副與我很快將兩種購油方式的耗量解算出，相互驗證僅裝單程柴油較省錢無誤後，高橋樣十分滿意，我在船長室宴請他飽餐一頓主廚烹飪的廣式料理，他才搭機回東京。大副將返臺裝載船貨告知全體海員，大家都認為有機會路過臺灣可省親而雀躍不已，我幻想著既可探視在仁川拍片的玲兒和女婿，又可途經高雄與永貞相聚。

真沒料到，下班時三光財團來電指示：不准租方的東方會社把本船當野雞船操弄去賺低廉的雜貨運費，赴美航線依然是空船駛美加兩國，我路過臺韓省親頓成泡影，也讓我體會到船東的三光財團對乾租本船的東方會社營運模式相當不滿。隔日三光財團又追加來電指示：再度打臉東方會社並強勢介入營運的攬貨業務，跳過乾租本船的東方會社直接下令本船在舞鶴港卸清原木後，候命裝載高單價運費的鋼材赴美，這是船東的三光財團收回本船攬貨權的第一戰。

我向承租的東方會社申請緊急搶修，啟航赴美前務須將霉爛的貨艙蓋吊索更換，東方會社遭船東收回本船攬貨權後，對我的要求絲毫不敢怠慢，立刻請來修船所木下師父，把四個貨艙蓋吊

索全換新，木下師父還附贈清洗原木污垢的洗艙耗材，以便水手洗艙接載鋼材，東方會社主動積極的乾租營運效率，給船東逼出來了。

下午我在代理行打電話給永貞問安，她正與姐妹淘在客廳搓麻將，通話完我抽空登岸赴舞鶴水無月神社遊覽，到一旁的藝品店花了日幣四千円，買了幅五尺仿鹿皮的財運掛飾，掛在眷舍客廳一定可替搓麻將的永貞帶來招財好運。幾位海員休班前向我預借薪水購物，老同事了我當然借支，發餉時扣下借支歸墊就好。

晚上三光財團又追加來電指示：下一目的港為大阪，載滿建材用的鋼筋一萬四千噸後直駛美加兩國卸貨。船東攬到高單價鋼筋的運費可賺飽飽，較租方攬到低單價臺韓雜貨的運費高兩倍；在我看來，這是乾租本船東方輪船株式會社疏忽運費盈虧的喪鐘已被敲響。我遂寄了封航空信給在加國求學的堅兒，若有空可在溫哥華港相聚。

12月15日凌晨接獲東方會社急電，日本檢疫官一早自神戶趕來抽查本船貨艙是否清洗潔淨，查驗的標準須符合返程裝載大麥的門檻。我急召大副研商對策，前三個貨艙原木昨日已卸清，大副叫醒水手漏夜加班清洗，船艉的四號貨艙原木天亮趕卸，應可在午前卸清再清洗候檢。

果不其然，檢疫官清晨搭首班國鐵急行車前來登船，立刻由大副陪同開艙檢查；檢疫官非常仔細，查看有無鼠屎、蟻蟲痕跡，每個貨艙耗時約一小時還作筆記。中午我在船長室宴請檢疫官飽餐一頓主廚的中華餃子手藝，他話不多，看得出來雖一板一眼仔細檢驗但不找麻煩。

餐後檢疫官繼續查驗剛清潔過的四號空貨艙，及格後他簽發

運載大麥食材核准證明，海員就忙著用新換的吊索把艙蓋吊放密合並著手航前準備。下午 17 時引水員登船，摸黑在低視界下把船帶出港嘴才離船，他是我在日本海各港口遇到過最盡責的引水員。

離開舞鶴港就是本船第三十五航次的結束，也是第三十六航次的開始，更是我當航海王生涯的最後一個航次；這航次預劃先由日本海駛經關門海峽，入瀨戶內海的本州近畿地方大阪府商港載鋼筋，航距四九○浬。隔日下午 13 時，本船準點駛抵山口縣六連島接載引水員登船，由他帶船駛過關門海峽；這位引水員體力差脾氣更差糟，登駕駛臺氣喘如牛癱在船長座椅上良久，方能站立執行勤務。他連番罵舵工與輪機工匠笨拙，其實是引水員胡亂用舵用俥，多耗一倍的時間通過海峽，導致本船延宕至天黑後方駛抵部崎燈臺，引水員悻悻然離船後，換上瀨戶內海引水員登船，帶領本船駛向大阪港。

12 月 17 日下午，引水員帶船至大阪港內，14 時在三號水鼓繫泊等待碼頭船席騰空；由於東北季風旺盛，領港艇接載海關、檢疫官員與代理行來船洽公，在狂風巨浪下無法旁靠，我遂動俥微速轉彎讓領港艇在下風處旁靠，他們順利登船執行聯檢再會同引水員安全離船。隨即交通艇前來旁靠，休班海員為及早登岸遊樂，爭先恐後顧不得生命危險，在浪高十呎中跳入顛簸的艇內，A/B 孫開銀左腿陷入船艇間隙差點遭夾碎，幸好孫員身手敏捷躲過一劫。晚上守值的航輪幹部查舖點名，竟有四位海員逾假未歸。

隔天逢週日且風平浪靜，老軌得知我造訪大阪達七次，居然從未登岸遊憩，遂主動當我的地陪，帶我搭交通艇登岸觀光。他問我想去哪？我指著碼頭上寶塚少女歌劇團公演的巨幅廣告，倆人遂搭計程車去趕早場觀劇。三十年前我當駐日武官時曾帶妻女

觀賞過她們的演出，現在的寶塚少女更活潑開放、戲裝更華麗、身段也更妖嬈。觀賞後兩人去梅田商圈用餐血拼，我替永貞買了她常用的內衣與化妝品，還添購她喜歡的新款星辰女錶，一共耗資日幣三萬六千円約合一五〇美元，老軌笑說我替夫人買禮品十足大亨模樣；他還贈送我一把折疊式精工鋼鋸，方便我返臺修剪庭院植被，趁起風前，我倆趕搭交通艇回船。

本船週一清晨移靠碼頭開始裝載鋼筋，然貨主的鋼筋庫存不足，正商請同業湊足，只好滯留碼頭耐心等船貨，每小時多花一五〇美元的船席租金，難怪海員都說本船帶衰。此際，報務員因胃病又暈船已辭職獲准離船，我替永貞購買的禮品就託他帶返。新到任的 R/O 徐姓報務員登船報到，我交付他第一份工作是繕打 12 月分的海員餉單。三副則攜帶本船將到期共四本海員護照，登岸赴我國亞東關係協會駐大阪辦事處申辦延期加簽。夜間寒流來襲，我開足暖氣縮在被窩裡還是抖個不停，顯然是要發病了。

週二報務員來船長室遞交給我繕打的海員餉單，我批閱後轉身開保險櫃取出美元現鈔分裝入餉袋發薪之際，回頭一瞧報務員竟還佇立在那兒偷窺我開密碼鎖的全程！我喝令他退出，立刻找來本船最資深的老海狗 D/B 王老養，問他船長室的保險櫃是否安全可靠？他悄悄對我說去年保險櫃遭不肖海員解碼開鎖把現鈔偷個精光，迄今尚未破案；他說船長呀這艘船帶衰，您還是找鎖匠來更換密碼吧。我環視一圈這個床底日製保險櫃，與我二十二年前在海軍總部二署情報計畫處當處長時的古董保險櫃系出同門，都是三菱重工的招牌產品。這就好辦了，我憑記憶三兩下就更換一組新密碼。

週三貨主繼續裝載鋼筋才不久，就坦承尚短少六千噸只能說

聲抱歉；這證明負責本船營運的東方輪船株式會社攬貨能力大有問題。隨後船東三光財團來電文知會本船，年底乾租的東方會社五年租約到期後就不再續約，剩餘兩週的攬貨合約，船東也收回自行攬貨，終結東方會社的攬貨權。

　　今天報務員又給我出狀況，我交付他繕打離、到任海員名冊，他卻推諉前任報務員交接職掌時沒有這項業務；我責備他須服從並貫徹船長臨時交辦業務，他居然頂撞說不會製做海員名冊！這下惹惱我，喝令他晚餐前交卷，否則我立馬撤他職，子夜前離船，我另請一位懂繕打海員名冊的報務員來船補位。果爾，徐姓報務員按時呈交繕打完整的離、到任海員名冊。

第貳肆章
討海跑船生涯最終回

圖 24.1　1978 年元旦總統嚴家淦簽發給作者的除役令隨後郵寄到家，令號備將除字第 2445 號（鍾漢波數位典藏）

圖 24.2　1978 年 1 月底在美國佑瑞卡鎮憑此名片作者搭計程車簽帳即可（鍾漢波數位典藏）

一、冰山漂流北太平洋　首訪加國父子會面

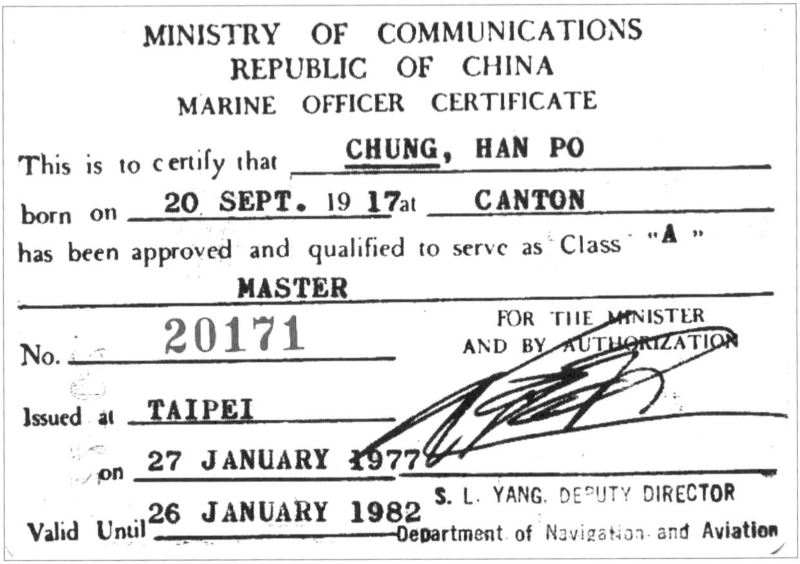

MINISTRY OF COMMUNICATIONS
REPUBLIC OF CHINA
MARINE OFFICER CERTIFICATE

This is to certify that　**CHUNG, HAN PO**

born on　**20 SEPT. 19 17**at　**CANTON**

has been approved and qualified to serve as Class **"A"**

MASTER

FOR THE MINISTER
AND BY AUTHORIZATION

No.　**20171**

Issued at　**TAIPEI**

on　**27 JANUARY 1977**

Valid Until　**26 JANUARY 1982**

S. L. YANG, DEPUTY DIRECTOR
Department of Navigation and Aviation

圖 24.3　作者英文版的交通部甲種船長 A 級執照，證號 20171 號效期至 1982 年 1 月（鍾漢波數位典藏）

　　週四我在船長室本擬用電鍋煮熟雞蛋釀製茶葉蛋，怎料一個踉蹌九粒生雞蛋落地摔碎，我跪下擦拭良久都還有腥味，今天帶衰。果不其然禍不單行，三管輪守值時跌落主機蓋上，門牙撞裂，接著基本水手裝載鋼筋時，鐵屑入眼搞成眼球紅腫，兩位病號由二副專送特約病院急診，貨主也因鐵屑飛揚被勒令停工先改善船貨包裝。晚餐後伙委連袂求見，申領日幣現鈔支付輪船雜貨商，航前採買半個月分航途所需的生鮮副食品，我打開保險櫃點鈔後發現不足，無奈地對伙委說明天我再想辦法籌措。哀，今天本船諸事都帶衰。

　　二副在病院陪病回報，急診掛眼科的基本水手清洗眼球、移出鐵屑後並無大礙，但急診掛齒科（日本語指牙科之謂）的三管

輪須將撞裂的門牙拔掉。洗眼球與拔門牙，海員職災險都可出險支付醫藥費，但二副說拔掉門牙會導致三管輪攝食咀嚼不良，間接影響健康須裝臨時牙套，等永久牙套做好固接方為正辦，唯須自費支付，現場的二副無法做主。

　　海員職災險涵蓋拔牙但不保牙套的出險，我電詢代理行如何處置，不久回話說：財團指示只要船長出具證明海員確屬因公受傷，承諾支付額外的牙套費用。於是，我又花一個小時撰寫報告，證明三管輪因公撞傷，交給報務員拍發閃急電文給財團；經審認願支付額外的牙套費用，電文正本給病院齒科收受，下午三管輪高興地去病院按齒模後裝了臨時牙套回船，返航後再固接永久牙套。額外的牙套費用？貴鬆鬆居然高達日幣七萬円約合三〇〇美元，幾近三管輪的月薪！

　　東方會社攬貨能力真的很差，歷經整整一週才拖拖拉拉將貨主僅有的八千噸鋼筋上貨。12月26日週一，三光財團令本船晚上20時啟航，我遂下令全體海員停止休假進行航前準備。財團本部長斷然指示本船由瀨戶內海東口經豐後水道赴北九州港八幡製鐵所碼頭，裝載造船用的高張力鋼板六千噸。我向代理行借支的兩週副食費日幣二十四萬円約合一千美元現鈔航前始送達，伙委催請輪船雜貨商生鮮副食品緊急上貨。

　　啟航前東北季風突然轉強，大副盡責地令守值水手雙錨備便，隨時應處疾風中斷纜漂流。墊料財團再度來閃急電文，為安全起見令本船延後至隔日天明後再啟航，報務員收文後把話傳開，揪眾央求我允許休班者登岸冶遊至天明收假，我嚴加斥退要求全體海員隨時應處突發狀況。

　　如我所料，財團三度傳來閃急電文，依原訂時間啟碇夜航趕

行程；這並非我有先見之明，本航次因攬貨出包再三延宕裝載，當老闆的在商言商，時間就是金錢，不能被四天後元旦連假再三耽擱裝載，當然會下令搏命夜航趕行程。引水員知道我曾多次自行領航瀨戶內海全程，他把本船帶離大阪港碼頭就放心地把船交還給我，還致贈我日幣一萬円酬金提前離船。

我掌船後，在瀨戶內海的大阪灣朝二六〇浬外的日本海北九州港航進，夜航三十浬於子夜前駛抵友島峽，出瀨戶內海東口入太平洋。這趟僅裝半滿，算是跑賠錢的回頭路，現在由三光財團從承租本船的東方會社強行收回攬貨權，回駛日本海另找貨主裝滿。隔日午時，本船駛入我非常熟悉的豐後水道，抵部崎燈臺接載引水員登船，由他帶船經關門海峽入日本海，於 12 月 28 日週三晨在北九州港戶鈿八幡製鐵所先繫泊一號浮桶。上午十時靠碼頭就開始裝高張力鋼板，務期於週六碼頭工人放元旦連假前滿載啟航。

代理行經理邀請我參加他們會社二十週年慶酒會，我換著西服隨經理至北九州總會社，先撥國際長途電話給永貞，互訴親情真開心呀，接著入週年慶會場上臺接受禮讚，返回本船已是日暮，碼頭工人正趕工裝載鋼板。

三光財團給我的指令是滿載後經日本海駛往五千浬外的美國西雅圖，代理行經理也真夠朋友，他說暴雪低壓帶刻正肆虐西岸的日本海，本船的安全他也非常關心，遂建議我帶船經關門海峽出豐後水道，駛入日本東岸的太平洋，背向暴雪低壓帶，繞遠路駛向美洲。沒料到代理行遭三光財團打槍，說多繞三百浬耗油又耗時，堅持按原訂航行計畫駛入日本海的暴雪低壓帶。

滿載一萬四千噸的鋼筋與鋼板，本船預定週五日落前啟航；我由大副及水手長陪同入貨艙，仔細檢視貨品的固接索是否鎖

緊，我在貨艙內五個鐘頭的爬上爬下，縱使外面溫度在零下，我的防寒衣還是被汗水浸濕，濕了又被寒風吹乾。17時引水員登船帶離戶鈿八幡製鐵所碼頭，半小時後我掌船出北九州港，水手忙著在大雪紛飛下檢視四個貨艙蓋的帆布罩是否綁緊。老軌用慢俥航行以便檢查主機，畢竟主機得牢靠穩妥，方能在驚濤駭浪中航行兩週赴美，子夜前本船通過六連島燈臺，再次進入日本海。

　　1977年的最後一天，本船遭遇北極南下的暴雪，主甲板瞬間堆滿厚厚一層雪花，所幸在零下十度的靜浪中前行，浪濤沒撲上甲板，否則會凝結成冰塊增加重量失衡，導致船身傾斜那就麻煩也。隔天是元旦，這一年是我航海生涯的終點年，我跪在床前雙手緊握永貞給我的聖經默禱，請蒼天賜我力量帶領這艘凶船平安航行。

　　夜間通過輕津海峽後，本船駛入北太平洋，強盛的西風達疾風等級，從船身正橫吹來橫搖甚劇，我再令大副陪同一齊下艙巡視鋼材船貨是否綁牢，爬上爬下再次滿身汗漬；不久我口腔潰爛塗抹消炎西藥也無效，這是免疫力下降的警訊。我在床上躺了四天，A/B孫開銀烹煮藥膳綠豆湯送來，對我說：「老艦長您火氣大，這是我家傳的藥膳綠豆湯，可以降火氣。」老部屬的情誼豈能推辭，再苦的中藥湯水都得吞下。湯物果然有效，本船航經千島群島外海時，我的口腔疵癒已無潰爛。

　　A/B孫開銀怕我受寒，把船長室所有通風舷窗蓋栓緊，造成室內循環乾燥的主機熱風無法經濕冷的海風經舷窗灌入調節，我也因過於乾燥導致微血管破裂常流鼻血。我服勤軍旅曾兩度因流鼻血險些喪命，此番在茫茫北太平洋跑船，萬一鼻腔大量出血肯定難以送醫急診，本船帶凶我一點都不懷疑。

於焉我再度打開舷窗蓋，調節船長室的濕度與溫度，竟然發現 A/B 孫開銀栓上的四個舷窗蓋都沒栓緊，且每個舷窗蓋的三個螺絲帽栓上的圈數都不一致！孫員這個老海狗退役跑商船已然十五年，怎麼沒用我率永定軍艦調教官兵恪遵技令的標準作業程序，栓緊所有螺帽的圈數要一致方能堵漏的海軍好習慣帶上商船？足見商船船長對海員的要求，其嚴格程度應與軍艦同，海員方不致怠勤。

報務員急促拍門，送來 USCG 閃急海事警報電文一則，略謂白令海內有冰山群往南漂入北太平洋，指示本船勿駛入大圈航線的白令海，改駛警報區南的北緯四十四度正橫航進，這使我失去目賭猙獰冰山的機會。

然而我審視北太平洋的海象預報電文，內有範圍六百浬的低壓帶橫跨在北緯四十四度，中心風速高達狂風等級，因此我採取更偏南的安全航道，沿北緯四十一度軸線東駛，改駛這條偏南一八○浬航線至目的港，海程延遠多達六千浬，會多跑三天半，航安擺第一，船期耽擱會導致船東虧損？就別在意吧。我將此航線以急電拍發回報三光財團核批，這樣繞遠道航行當然會使財團成本增加；沒多久公司即覆電，同意航安第一最重要，財團照准我擬的航線，我即刻調轉船頭駛向西雅圖。

1 月 6 日晨喜見太陽撥雲露臉，我跑上駕駛臺親自用六分儀定船位，即便航行在美國阿留申群島羅遠臺的電波定位範圍外，我對自己的天文定位仍有十足的把握。不過，沿途還是被低壓帶邊緣掃到，浪湧太大甚至撲打到駕駛臺，我下令減俥以免船艏吃浪。風浪中緩慢航行通過國際換日線後，我回船長室休息，栓緊舷窗蓋時，因船身搖擺過劇，我右手中指竟脫臼紅腫劇痛不已！

我召來二副替我包紮夾板，按時服消炎止痛西藥，這艘船真的專找我作對！

接下來一週的航行，本船雖躲過低壓帶，前方接二連三的小低壓就得正面對決，氣壓一度低到輕颱規模；遇到側風我就轉向頂風航行，遇到橫湧撲來我就轉向減俥直角切浪，海象轉佳時我就加俥趕行程。終於，本船駛經瓊峽安抵美國華盛頓州西雅圖港錨泊，這是我在美國領船進出第十一個海港。隔天下午 15 時移靠一一五號碼頭卸鋼板，我在碼頭旁的公用電話亭打長途給永貞，互訴思親之情。這裡距都心有八公里之遙，船東代表石川樣專程趕來拜訪，對我再次帶領三光財團的商船零出錯到港，表達敬意。

代理行送來本船郵袋，永貞飛鴻說我去年六十歲生日那天，備役少將的身分也結束，總統嚴家淦令頒給我的除役令於元旦簽發隨後郵寄到家，除役令由行政院長蔣經國與國防部長高魁元（黃埔軍校四期工兵科）副署，文號為備將除字第 2445 號。除役令序號也說明了政府遷臺後，每年有近百位退將除役；從此，我永遠離開熱愛的海軍。

週日貨主要求碼頭工人加班，仍無法將額定鋼板全數卸清；我在船長室宴請代理行美籍經理全家飽餐一頓主廚調製的中華料理，賓主盡歡。隔晨大副回報，運抵西雅圖的鋼板終於卸清了，但碼頭工人吊收鋼板時，卻將吊索的活動吊環不慎脫勾落海，且碼頭工人藉口沒付額外津貼，拒絕將貨艙蓋板復位，這兩個衍生問題若不解決，本船就不能啟杭。我找回代理行美籍經理與貨主協調，幾經斡旋，最後貨主同意理賠活動吊環料金予本船，代理行經理先墊款讓碼頭工人將貨艙蓋板復位，再向碼頭工會興訟索回代墊款。宴請經理全家一餐本船中華料理果然有效，遇到困擾

他立即出手協助妥處。

週一本船夜航北駛一五〇浬，赴加拿大卑詩省的溫哥華港卸鋼筋，隔晨靠泊碼頭，這是我在加拿大領船進出唯一的海港，加拿大是我造訪北美洲第三個國家。驗船師查驗甚為嚴格，但也只抽換了一根起重機快繃斷的導引鋼索就算合格，本船遂開始卸下鋼筋建材。

值班的三副來報，說有位華籍青年要登船拜候船長，我從駕駛臺伸頭探望，那不就是兩年多未見面的堅兒嗎？陪他前來的是輪船雜貨商胡葉祖先生。胡先生替堅兒辦妥的登船證是單次有效，故今天才有登船的親子會。

吾兒處事圓融，一週前接獲我的航空郵簡，就動用社會關係四處打聽本船靠泊何處、停靠多久、誰會登船洽公、如何申辦登船證等等，最後聯繫上胡先生應允安排親子會。吾兒為了省錢，購買長途巴士廉價來回套票，風塵僕僕自四千公里外的蒙特婁市趕路，歷經三天兩夜橫越美洲大陸抵達溫哥華市，借住胡先生在高貴林區的別墅客房，等候本船靠港。

吾兒向我報告，暑假時已順利通過博士學位資格考，目前的在學身分是博士候選人，刻正撰寫論文多篇；吾兒預定在一年內陸續發表三篇論文，刊載於頂級科技期刊後，博士學位就指日可待。夫妻倆培育的一對子女，到頭來終歸都是留學美加的洋博士。

四十出頭的輪船雜貨商胡先生是廣州市人，他年少時在廣州陷共前隨父母移民來此；抗戰勝利後胡先生曾就讀中大附中初中部，算起來還是我的後輩校友，誠可謂他鄉遇故知。我令大廚加菜，招待吾兒及胡先生與航輪幹部共進晚餐；飯後改由胡先生安排父子在市區繼續夜遊，他親自駕車導覽，老軌隨行作陪。百萬居民

的溫哥華港市，華埠唐人街區域很大，華人經營事業亦多，我在華埠買了花旗參與維他命補品給永貞，店家是講道地的廣府話，所有店員似乎都自港澳或廣州市移民過來，如同回到故鄉一般。

　　胡先生的轎車駛過溫哥華獅門跨海鐵橋，到彼岸北溫區景點喝酒賞景聊天，再回到溫哥華這頭橋墩斜坡引道前，停在橋墩旁地勢較高廣闊的史坦利公園停車場。此處專供遊客免費停車，隔海觀看大溫哥華的夜景。時近子夜為安全起見，遂驅車返回市區。我們遊興未盡遂前往都心五星級的帝景旅店（Empire Landmark Hotel）第四十二層樓之「九霄雲外」（Cloud Niner）旋轉酒館吃宵夜；旋轉塔轉一圈費時一小時左右，轉了兩圈溫哥華全市夜景就盡收眼底。胡先生拂曉送我與老軌回船後，他帶領吾兒返別墅休息。隔三天本船四千噸鋼筋卸清，啟航前胡先生陪同堅兒亦來碼頭揮手送行，雖曰聚散匆匆莫牽掛，但人生苦短，此次親子聚會印象深刻難以忘懷。

　　週五凌晨本船啟航，南駛四一〇浬赴美國華盛頓州的溫可華（Vancouver, Washington）河港卸清鋼筋。這條航路須先經瓊峽駛入東太平洋，沿美國華盛頓州岸際南下，抵哥倫比亞河口後由內河引水員帶船上溯河上行。

　　跑北美航線每天兩美元半的伙食費，由薪資扣抵以便本船伙委下單採買生鮮副食品；若靠港時日冗長，海員登岸休憩不回船搭伙就可退費歸墊入飽袋。本航次過往一個月有十六天靠港，故每位海員可退還的月伙費達二十六美元。這天是發飽日並退還伙食費結餘款，發完飽保險櫃內尚餘一萬三千多美元，足夠支應下個月的發薪。1 月 22 日，本船沿哥倫比亞河駛過長景河港，再前行二十浬抵達溫可華工業港。這是我領船造訪美國第十二個港

口，卸清鋼筋後須順流下行出海到加州裝載原木。

　　本船靠泊北岸華盛頓州的溫可華河港，跨越大河對面就是奧立岡州波特蘭市，當然有設施完備之特約醫院，我遂請二副洽船務代理行派車前來載海員去問診治病，我亦因航途中的血壓頻頻飆高順道看診，代理行經理貝亭老友適逢休假出國。廂型車駛經跨河鐵橋後抵達特約醫院，其中八人居然沒去掛號治病，就溜進市區花街柳巷去買春，足見海員既精打細算搭便車，又性好尋歡入溫柔鄉。

　　海員僅銅匠一人因咳嗽掛診胸腔科，我患有高血壓症掛診心臟科。我因航行求醫不便，獲美籍醫師特許給我四百天藥量，每天一粒降血壓藥丸共四百粒；我又因患顏面與全身皮膚白斑，遂加掛皮膚科的診。美籍皮膚科主治醫師診視我顏面長有白斑部位，搖頭愰腦地喃喃自語一陣後，遂把他左手衣袖捲起，給我看他的左臂，也有一塊同色白斑。

　　醫師說這種痼疾是無法醫好的，好在我倆的白斑無痛、無癢、無分泌物，白斑與正常皮膚連接處，平滑無明顯界限，不會變成惡性皮膚癌。醫師又解釋，造成此種白斑的原因，是由於患部皮膚細胞對陽光紫外線的照射無曝曬效應，以致顏色不同。因此，我長年盼望前來先進的美國求診治癒白斑症，到此算是落空了。

　　返程廂型車內只剩下正牌病患兩人，司機先送我倆至最近的藥局，我拿了特約醫院處方簽，可到市內任何一間藥局去取藥，我領完處方藥，另申領自費收據以憑辦保險公司出帳，足見美國早就實施醫藥分流了。司機臨時接案要提前駛離，就送我倆去公車轉運站，教我們逛完街在此等候免費公車，行車頻度每半小時一班，至「造船廠站」下車，就可以步行兩分鐘回船，若叫計程

車趕路須耗資二十美元，感謝司機善意提醒。

　　下午意猶未盡，與老軌相約由我帶路，搭免費公車至波特蘭都心血拼，大包小包滿載而歸；惜在造船廠站下車後，實在沒力氣扛著購物過兩個街口回船，只好硬著頭皮招呼計程車回碼頭。短短兩百米距離車資高達三點二美元，貴得令我倆作舌。

二、碼頭工人罷工維權　大副瞎搞差點沉船

圖 24.4　1978 年 2 月作者率金棒商船緊急應處用海水回灌壓艙逃過死劫，也是時年六十二航海王最後一個航次（鍾漢波數位典藏）

　　1 月 24 日週二，有宗教團體登船傳播福音，還贈送一卡車教堂募得的堪用舊衣物贈予本船，我代表全體海員接受訪賓善意的贈品。也許美國認為來自亞洲的海員都很貧困，更因美軍在中南半島濫殺亞裔平民，美國充盈內疚而致贈舊衣物贖罪，總之美國對亞洲有非常天真的誤解。待訪賓離船後，海員頃刻搶光舊衣物，

是否為其所需只有當事人內心自知；A/B 孫開銀對我說，教會的美國佬行事細緻，舊衣物都洗滌漿燙過如新，從清洗細節，可觀察到美國宗教團體的貼心善舉令人敬佩。

兩天後，碼頭工人於拂曉前把鋼筋卸清，本船空艙沿河下行，駛向加州的佑瑞卡（Eureka）港裝載原木，航距四七〇浬。墊料本船駛出河口就遇到濃霧，所幸現代化的航儀可確保本船以十六節航速鼓浪前行避碰，海員忙著在貨艙內清除鋼材船貨的殘渣。1 月 27 日我終於遠眺望見了美國北加州海岸，難得一見的陽光也在濃霧中露臉。

我首訪美國，是 1956 年赴南加州留美受訓，二十二年後的今天，我帶船來美國北加州，這次是駛入佑瑞卡港載運加州紅杉回日本，佑瑞卡是我領船造訪美國第十三個海港。抵港後，船務代理行帶來一則壞消息，佑瑞卡商港碼頭工會正醞釀要罷工。二十多年前我在南加州美軍營區受訓三個月，未曾聽聞過有人敢罷工；我滿臉狐疑問道，罷工在美國是常態嗎？美籍職員想了一下回應道：

「自從美國打輸越戰後，國力大不如前，石油危機又打擊原已停滯的經濟，去年民主黨新當選的總統，是與船長您一樣的海軍退役軍官，也是轉業務農種花生的。新總統過往在海軍服勤完全不懂經濟，為了廣大選票任由勞方的工會拉高姿態，對抗資方財團的壓榨。工會最常用的手段，就是有秩序的短暫罷工，這位新總統當選以來，罷工就愈來愈頻繁。」

我翻找新聞報導，這位美國總統曾在 1949 年初駐防過上海，當年他是美軍潛艦海軍少尉卡特（ENS J. E. Carter, 美國海軍官校 1946 年班），那年初我奉命至上海押解日軍戰犯歸鄉，曾在碼頭

目睹過駐防的美軍潛艦。

　　到底是美籍職員烏鴉嘴，還是本船一年前海員跳海輕生失蹤，總之本船才靠好碼頭不到一小時，碼頭工會宣布開始罷工。我立即拍發電文回報公司，公司也當即覆電：耐心等候罷工結束再裝載紅杉原木。罷工期間天候冷熱無常、雨雪交替，艙內暖氣與冷氣交替切換，致使老軌、A/B 孫副水手長、AB 羅財勳、實習生等八位海員陸續染病發燒緊急送醫收治，所幸他們留觀一夜後，除實習生外餘均從醫院返船調養。

　　輪機工匠休班時，在船艉垂吊王蟹斬獲頗豐；二十二年前我赴加州受訓途經舊金山的漁人碼頭，曾品嚐過這種美洲鱟魚，原來產地就在這兒。老軌痊癒後要補補身子，邀我共進王蟹大餐，二廚的手藝比漁人碼頭的義大利廚師高明，我連吃三隻以肯定他的廚藝。餐後口乾舌噪，二廚要我多喝濃茶中和胃酸，茶葉內的咖啡因反而害的我徹夜難眠，只好到碼頭上慢跑。

　　碼頭工人復工後開始趕工裝載加州紅杉原木，我趁空檔趕緊執筆寫家書給永貞，保證這是人生最後一航次的跑船討海，寫完立即到碼頭外的佑瑞卡鎮郵政總局寄出。該鎮的街廓不大人口兩萬不到，所有鎮內計程車同屬一間派車行；財團駐西雅圖支部代表石川樣早有交待鎮內派車行，本船到埠後鍾船長搭計程車，有專屬的計程車司機湯姆待命。只要我出示英文名片在其上寫下車資消費額度、註明時間日期，湯姆就可以過帳請款歸墊，我航遍世界各地，享受此種優遇僅美國佑瑞卡鎮爾。

　　佑瑞卡鎮地近美國紅木國家暨州立公園，1 月 29 日逢星期天，湯姆駕車帶我前往一遊。湯姆先帶我赴教堂望彌撒，揪了三對夫妻共四輛車一齊出遊，這三位夫妻都是退伍軍人與軍眷，且都

曾駐防過臺灣，世界真小。我們僅至公園邊的露營區即回頭，因公園面積約六百平方公里，不能盡窺全貌。不過，所見美國西岸著名的一〇一號公路，一路都很寬闊；到了穿越紅木林區時，道路變得很狹窄，僅有雙向來往車道，而且為了避開大樹，路況遂成彎彎曲曲腸道狀。我在南加州受訓時，曾在聖地牙哥市都心步行橫跨一〇一號公路無數次，這回在北加州公園再度走訪此公路，特別有感。

湯姆的車停在紅木巨樹旁，拍照出來覺得四輛車太渺小了，可見參天紅木巨樹之大。回程我在佑瑞卡鎮唐人餐館宴請同遊夫妻飽餐一頓中華料理，其中一位美籍友人是退伍的海軍中尉預官歐希瑞（LTJG W. J. O'Heren, Retired USNR），他得知我是退役海將後，激動地娓娓道出他曾駐華且遭共軍擊墜，與死神擦肩而過。

歐希瑞差點為守護我國安全而作戰陣亡的事件是這樣的：我離開永定軍艦調升海軍總部二署情報行政處處長不久，1955 年 2 月 9 日他擔任 CV 胡蜂號航空母艦海航十一大隊 AD-5W 預警機中尉機長，是雙機偵巡大陳島群的領隊。他飛經浙江省白岩山地區共軍雷達站上空時，歐希瑞遭解放軍高射機槍擊中，墜落在大陳島西南積穀山島外三浬，歐希瑞及兩名機組組員，由我海軍 TF85 大陳撤運特遣部隊的 PC 資江軍艦馳赴敵前撈救起。原來，與我年歲相若的歐希瑞是守護臺灣的真英雄！

餐敘聊天時，美籍友人紛紛抱怨卡特總統壓不住局面，經濟益形蕭條、通膨嚴重，總統居然想出歪點子轉移焦點，擬與貴國斷交換取承認中共來討好選民，替未來年競選連任鋪路。他們都很擔心臺美斷交後我國的安全，餐後我陪他們參觀本船才互道珍重。

1 月底船東代表石川樣忽然傳來閃急電文，下令在佑瑞卡港

裝載加州紅杉原木緊急喊停，原因是日本貨主四國香川縣高松的王子株式會社剛攬到又好又便宜之奧立岡州黃松原木。我嗆石川樣哪有這種見利忘義片面撕毀採購合約的違常作法，西雅圖那頭石川樣婉轉下令：「三光財團會面對違約官司，財團自會收拾爛攤，不用船長您操心；您務必於2月1日駛抵美國奧立岡州荔枝埠工業港，三天內裝滿黃松原木返日。」佑瑞卡港代理行亦接獲三光財團指示協助理賠作業，我無奈地向該鎮交得的美籍好友——道別，隨即實施航前整備，北駛二五○浬至奧立岡州荔枝埠（Reeds Port）工業港。

此際又發生煩惱事端，隨船的基水畢業實習生又被醫院收治隔離治療，且無法回船，聞說是罹患第三類法定傳染病的梅毒性病，病菌具接觸傳染散播力。我請醫院電傳一份診治證明給報務員收受，據此證明，我把實習生依行為不檢的船規開除，實習生留院治癒後須自掏腰包付醫療費與單程機票，由美國移民局派員遞解出境返臺。我被實習生染病氣的七竅生煙，導致氣喘呼吸困難須臥床休息。

美國奧立岡州荔枝埠工業港位於巫瓜河出海口，人口僅四千的荔枝埠是個原住民伐木工人聚落非常蕭條。本船準點於2月1日到埠，這是我領船造訪美國第十四個海港，由於碼頭水淺故本船在巫瓜河出海口泊位下錨，有吊臂的駁船旁靠，開始裝載順流漂至船舷邊的黃松原木排筏，預計三天後的小年夜裝滿。

兩年前我管帶海寅商船期間，曾款待代理行職員眷屬登船參訪並享用國慶餐宴，貝亭經理休假返美後，得知我帶領本船再度光臨他的轄區，遂親自駕車來拜早年，問我可否登岸與他全家前往巫瓜河谷低地野餐遊覽？裝卸貨物乃大副之責，我遂抽空登岸。

　　他女兒已長大，撒嬌向我索取春節紅包，但不再讓我抱抱，而是拉著我去河邊抓泥鰍，是位人來瘋的過動兒。谷地常有山洪為患，以致河谷成為荒原，只有河邊一處臺地，原住民前來河川地耕作，種植短期可收成之蔬菜，但也常被洪水沖走作物。谷地當然沒有房舍，臨時來耕種者住在拖車內，一聞洪訊立刻開車落跑，一場辛苦耕作往往因田園遭淹沒而徒勞無功。此河谷雨季之最大洪峰高程，達兩層樓樓高，在崖腳邊有塊巨岩以白漆標示歷次洪峰水線高程與日期。

　　我們在河邊舉炊野餐，高貴美麗的經理夫人黛比廚藝尚待改進，我專注沙拉蔬菜吃個不停，以免看到焦黑牛排就作嘔。貝亭經理世居奧立岡州，他知道我親身經歷過二戰又在戰後駐日，遂問我可曾聽聞過太平洋戰爭期間，日軍拋擲近萬枚炸彈轟炸過這邊的巫瓜河谷？

　　我嚇一跳，連嘴邊番茄都掉入烤爐內，日軍斗膽橫渡太平洋大舉轟炸美國西岸？我從未聽聞過！抗戰末期我在軍令部二廳當海軍參謀，曾翻查國際情報檔卷，知曉日軍自本土出擊最遠的轟炸行動，是在太平洋戰爭初期由潛艦裝載一架雙座水上機，臨空突襲奧立岡州森林，日機也不過僅拋擲四枚炸彈，沒造成任何生命財產損失，更沒有投擲萬枚炸彈這個數目。

　　夫人黛比專注於日本轟炸奧立岡州的往事，又煎黑掉兩份牛排。貝亭經理指著巫瓜河谷說，二戰末期，日軍空飄「氣球燃燒彈」從天而降，企圖在易燃的松林引發大火，搞得大後方的北美洲西岸人心惶惶，深怕舉家遭烈焰濃煙所困。

　　夫人黛比煎黑掉牛排的濃煙瀰漫周遭，貝亭經理又補充道，他在松林別墅出生時，在旁待命的是消防車而非救護車，隨時救

火順便載產婦與新生嬰兒撤走，所幸不久日軍敗亡降伏。我問貝亭經理傷亡慘重嗎？他說還好，但他的嬸嬸一家連同親友共六人，於 1945 年 5 月在奧立岡州深山松林中遭氣球燃燒彈燒死。

經理說日軍自本土陸續施放氣球燃燒彈，能順風飄進北美的不多，在松林區降落的就更少，氣球落地後能引爆的燃燒彈寥寥無幾，引發松林大火有報案的不到四百件。倒是經理雙親帶著襁褓中的他，從深山松林別墅遷至都會區落戶避難，戰後就一直住在市區迄今，他再也沒回到深山松林內的出生地。

我在抗戰末期任職軍令部二廳參謀時，確曾注意到亞太戰略情報註記，日軍大本營有個直屬「氣球聯隊」，該單位早於昭和十一年（1936 年），就在日本本州的千葉縣編成，氣球派遣隊駐地遍布亞太戰區。我還以為這個神密兮兮的日軍大本營直屬聯隊，頂多灌個氫氣球將探空儀送到高空量測大氣數值，據以進行滾動式的高空氣象預報。沒想到日軍竟在二戰末期敗相初顯之際還奮力一搏，氣球聯隊將氫氣球吊掛燃燒彈，送上對流層頂的噴射流，順風相送往東飄行五千浬至北美，定時洩氣將萬枚「氣球燃燒彈」擲落爆炸。

荔枝埠外有一株奧立岡州最高的冷杉巨樹，高約三十層樓，直徑有三米多，冷杉也是奧立岡州的州徽標誌；側邊另有一株神木，樹腳還挖有樹洞，可行駛驕車穿心而過。我與貝亭經理全家玩了一整天才遊罷，他們開車沿著蜿蜒的巫瓜河谷送我回船。

我媳婦凱西與永貞同屬客家人，永貞鼓勵她出國留學增長見聞；數年後，她赴美國奧立岡州攻讀研究所碩班，媳婦備受經理夫人黛比熱誠又貼心的接待，迄獲得碩士學位返國在竹科創業，足見人世間的緣分真是跨越時空，萬浬一線牽。

我當船長這六年來都養成習慣，就是每次離開商船，回船後第一件要事一定到駕駛臺翻閱航海日誌，看看我離開期間船上曾發生了什麼要事，非得由值班幹部登簿紀錄。當我從荔枝埠遊罷回到船上駕駛臺查閱航海日誌，當班的 A/B 孫開銀就大聲告狀說：「報告老艦長，這樣瞎搞下去本船會沉沒⋯⋯」看到大副進來他就把話嚥回。

原來，大副興高采烈地來向我邀功，他已把原木裝妥並在退潮時將船底的壓艙海水打出，換裝巫瓜河中順流而下的河水，在航海日誌記上一筆，一付自鳴得意的模樣。經他這樣一說，我如同晴天霹靂遭雷擊質問說：「瞎！大副你想把我的船搞沉？」他自以為是亂掰說：「船長您不懂啦，改用淡水來壓艙好處多多，艙壁既可以抗鹽化又延長水艙的壽命，用淡水壓艙的機會難得呀。」我火冒三丈：「大副你居然連水的性質都弄不懂，你還有什麼資格談壓艙水？這次寒冬返航日本，途中恐怕大家都命喪大海！」

時值北半球酷寒二月，用海水壓艙，船外的洋流湧浪恆在移動，則船內壓水艙內的海水就不會結冰；寒冬降溫後液狀壓艙海水體積會增大，過多的液態海水仍可由溢流管排出。若壓水艙內改灌淡水，北太平洋氣溫恆在攝氏零下，寒冰海水接近攝氏零度，足以將淡水凍成冰石。淡水的物理性質，在水溫攝氏四度時，密度最大唯體積最小，淡水在攝氏零度結冰後體積會膨脹。塑膠瓶裝的礦泉水若置入冷凍櫃，結冰的礦泉水膨脹，塑膠瓶就會鼓起變形，就是這個道理。

本船壓艙用淡水凍成冰石的體積膨脹，會將鐵殼壓水艙壁擠裂；等到結冰的淡水遇溫暖洋流融化成水，就從裂損的水艙壁漏光，水艙就成空艙。本船滿載時若壓水艙變空艙，重心會變高，一

個微浪造成橫搖，足以使船身翻覆瞬間沉沒，大家都淪為波臣。

　　同理，在駕駛臺要清洗前檔窗外塵埃或結霜時，有條小銅管導來淡水沖洗，沖洗後必須將小銅管內淡水洩盡，以免天寒地凍時餘水在銅管內結冰導致爆管；為養成此一餘水洩盡習慣，已列入標準作業程序。不然在寒冬餘水結冰而崩裂銅管，駕駛臺前檔玻璃窗就無法清洗，天寒地凍玻璃旋即結霜終至阻礙瞭望，嚴重影響航安。這些救命小撇步，可問資深 Q/M 林國治便知不假。

　　老軌奉召上駕駛臺，與我共商如何解決此一危機，我和他意見完全相同，啟航出海後，採用海水注入壓水艙擠出淡水溢放，保持壓水艙內總水量不變，可逐時稀釋淡水比例。開船駛離巫瓜河出海後，全體不值班的海員，都在舷邊看熱鬧，瞪著我要如何搶救本船。

三、航海夢碎興辭歸鄉　夫妻相依共渡晚年

圖 24.5　1978 年 6 月作者退休後與永貞相依相隨暢遊澄清湖（鍾漢波數位典藏）

　　輪機部門機匠長到主甲板接消防水龍帶下海，用抽水馬達將海水打入壓水艙，逼使原有河水從上甲板溢流管排出。開始換水時，但見巫瓜河水挾帶著黃色泥漿，在甲板上裝妥的原木縫隙中流入大海。本船一面航行一面抽換壓艙水，我心神不安如同大難將臨，兇惡緊繃的神色表露無遺。

　　這次烏龍事件讓我身心俱疲，從荔枝埠工業港啟航後，天空竟飄著極為罕見的霰，表示極端氣候已悄然來到北太平洋肆虐，這也不是什麼好兆頭。我在駕駛臺備鮮花酒品祭拜，期盼媽祖賜福本船免遭厄難。斯時報務員拍門又送來 USCG 閃急海事警報電文一則，略謂白令海內有冰山群持續往南漂入北太平洋，指示本船勿駛入大圈航線的白令海，改沿警報區之南的北緯四十四度正橫朝西航進，這正中下懷，我不必駛入攝氏零下十度冰寒的阿拉斯加灣入白令海，只是返程至東京都港區川崎碼頭延遠為五〇八〇浬，十五節航速趕行程需時十四天。

　　回航途中 2 月 5 日逢大年夜，不當班的海員圍爐吃年夜飯，每桌十人席開兩桌，大廚端出八菜一湯豐盛的佳餚，惜眾海員因壓艙水搞的氣氛凝重食之無味，毫無圍爐喜氣。休班 A/B 孫開銀遂登高一呼：「有老艦長帶領，本船一定可逢凶化吉，乾杯！」眾海員始打破沉默，紛紛舉杯高喊「乾！」我為了激勵士氣我也站起來說：「有我鍾船長在，金棒商船絕對不會出事！保證會帶各位安全回到日本！」眾部屬始釋懷暢飲。

　　隔日為大年初一，Q/M 林國治恭請我揮篆寫新春對聯，貼在海員餐廳門口。三年前我曾帶領大普潤油輪穿梭大西洋時寫過春聯，我駕輕就熟提筆揮篆，右聯是「今歲新正　大夥圍坐享春宴　來冬臘月　合約期滿過肥年」，左聯是「恭喜發財　多福多壽人

嚮往 開航大吉 加薪加餉眾所盼」，好讓本船海員沖喜忘憂。

年初三，壓艙內的淡水從上甲板溢流管排出，依然夾帶著巫瓜河黃色泥漿，本船駛入帝王級的極地南下寒流，浪高約三層樓，風速達五十節，我下舵令正面迎暴風頂狂浪前行，主機減俥至每分鐘一百轉以減少船身縱搖。浪花從船艏撲向駕駛臺，零下二十度的低溫讓甲板尚未溢放積存的海水迅速結冰，D/B王老養概估甲板冰層約達三百噸，致使航速變慢。所幸抽換淡水溢出的高功率馬達賣力運轉，巫瓜河的淡水自壓艙溢出後始在甲板冷凍結冰，並未堵塞溢流管。

帝王級寒流提前來到，頂風航行在烏雲密布的北太平洋，攝氏零下五度的氣溫加上風寒效應，體感溫度宛如身處冰凍的極地；撲打在桅杆與吊架的海浪，不旋踵就凍成順著風勢的扇狀冰柱。駕駛臺的前檔玻璃窗雨刷，不時得噴灑熱水除霧，否則瞬間結霜會遮住瞭望員的視線。本船終日處於白浪滔滔的惡劣海象內，幹部餐廳搖晃到不能擺桌用膳。

如此折騰近一週，2月13日駛過國際換日線後，西風回暖甲板冰層漸融僅剩百噸，我下俥令加速至每分鐘一三〇轉趕行程。到了日本北海道道東的根室外海，所經洋面因赤道湧來的溫暖黑潮，海水溫度高達攝氏十五度；喜見溫暖的海水自壓水艙的溢流管飆出，等同壓水艙內已無淡水，此刻才放心露出一絲笑意，心緒得以平復。

歷經此烏龍事件，我終因憂心過度心緒厭煩，自覺再當航海王跑船只會浪費餘生；2月19日下午16時，本船駛抵日本東京都港區川崎王子株式會社的專用碼頭，我飛奔至代理行打電話給永貞，說我的航海王大夢已醒，自覺再跑船的好運總有用盡的一

天，十天後這航次一結束我就歸鄉。

隔天是週一開始下卸黃松原木，東方輪船株式會社的本部長長谷川樣登船，攜來檔卷要我副署會簽，正式結束東方會社向三光財團乾租的業務；在成堆的法律文件內，我這才弄清楚金棒商船的股東婆家，不只三光與東方，按出資高低竟還有臺北的大統、美國駐冊的 Regent Inc. 與一輪公司的金棒海運株式會社！

週三東京都千代田區有樂町的三光財團總會社航運部長武見樣，就近登船視察，對我應急處置壓艙水表示肯定，當場致贈我一千美元酬金以資獎勵，並期盼我能在財團久任長留；我無愧收受酬金，至於長留久任就不必了。武見樣離船後，本船卸清黃松原木僅剩紅衫原木，於夜暗 18 時駛向七二〇浬外的九州福岡縣博多港，也是本船第三十六航次的終點港。

離開東京灣後，本船主機過熱時好時壞，無法以額定出力運轉，我遂減俥至每分鐘四十五轉的慢速緩緩前行，主機方不致過燙燒毀，原訂兩天的航程拖成六天，其間在四國南岸外北風強勁，所幸被四萬十山擋掉大部分風勢，但船速過慢船身搖擺甚劇，令人沮喪。

終於，1978 年 2 月 27 日晨本船通過豐後水道與關門海峽，夜暗後安抵九州福岡博多港王子株式會社的專用碼頭，準備在此卸清加州紅衫原木。本船第三十六航次的合約已滿，累計海程一四〇〇浬，我終於如願以償交接職務予新到任的船長，隔天我離船時頭也不回，在大雪紛飛中帶著三個月的薪餉與財團致贈的酬金共一萬美元，自福岡空港轉機飛返臺北。

在我約定中最後一個航次，本船凶戾非常的煞氣，竟瘋狂地作最後逆襲；不知是神差還是鬼使，令本船大副懵懵懂懂地在荔

枝埠工業港，擅自將船底壓水艙的海水放流出，再裝滿巫瓜河淡水。如果我不察，本船駛至北太平洋，時值帝王級寒流罩頂，艙內淡水勢必結冰擠裂艙殼，待航行至溫暖洋面時冰石解凍，壓水艙內冰融的淡水會從裂縫流失變空艙，全體海員在重心抬高下，豈不瞬間翻覆冤沉海底？幸我心細明察航海日誌，當機立斷應急處置，遂於出海後逐漸抽換海水注入船底壓艙，而倖免於難。

　　我一年內先後兩次接任金棒商船船長職務，至今仍覺得這艘船煞氣太重，凶戾非常專和船長作對；這艘凶船趕走了歷任船長，卻單單不能犯我，讓我任滿合約安全下莊。我船上的死忠海員，合約期滿後亦紛紛求去，遠離這艘凶船。我確信這並非是後見之明，我勸某君切勿接任金棒商船船長，但某君最後還是接了。果然金棒商船在某君帶領下於南海翻覆沉沒，被救起的海員中沒有船長，至於沉沒原因迄今眾說紛紜；總之，此一凶船煞氣騰騰可斷言論定。

　　我兩度擔任金棒商船船長，亦難尋出此船凶戾之原因，莫非是取錯了中文船名，把「GOLDENROD」譯成「金棒」而犯忌，觸怒了海龍王？我曾在日本九州福岡縣門司與本州山口縣下關兩處，與引水部通聯，兩個引水部都先後詢問我同一問題：本船船名到底是一個字的 GOLDENROD 還是兩個字的 GOLDEN ROD？我答覆說一個字，因為本船的商船證書上，登記的英文船名確為一個字。

　　說實在話，「GOLDENROD」一字的字義，並非「金棒」而是「秋麒麟草」，以軟弱之草視為金棒，而賦予秋麒麟草重荷，自是凶惡無比哪堪負重？我心想，如果把原先的中譯船名「金棒」改正為「秋麒麟草」或俗名「秋草」，或將金棒的英文船名分開

成為「*GOLDEN ROD*」兩字，俾使中英文船名相互吻合，或可使本船暴戾之煞氣大幅降低。「一命二運三風水，四積功德五讀書，六名七相八敬神。」此乃老祖宗風水八卦命名的「六名」傳世箴言，但行船走馬本來就有三分險，傳統上跑船的風水忌諱又特別多，能趨吉就避凶吧。

我亂世逐夢航海王的心願總算實現達陣，航海筆記已詳述於各章節中，但尚有值得綜合記述者，謹將記事補述如下。20世紀的70年代，我國還算是個海運大咖，擁有商船近千艘，在船服務的臺籍海員，高峰期超過六萬五千之眾，進出口的國貨，悉數由國輪承運。當前，我國仍為經貿立國的海島型國家，但少有人體驗到海上交通線對我國國家安全的重要性與敏感性。例如國內每一滴耗用的石油，幾乎都靠油輪運送進口提煉，每一批國產商品，也幾乎都靠商船裝載出口；然則海運之戰略意涵，甚少人能深切體認。

為感念明初鄭和下西洋的功績，我國於1955年訂定三寶太監鄭和首航啟碇的7月11日為「航海節」；但一般民眾又有多少人每年在此節慶，去感念商船上臺籍海員艱辛的討海生涯？

我一直關注全球海運景況。到了21世紀初，全球衛星導航、衛星電話與船位自動回報系統已成為商船的標配，全球能跨洋航行的現代化商船約四萬餘艘，在航商船上服務的海員近一二〇萬，每年全球海運載貨量高達六十多億噸；然而，船旗國為我國的商船卻萎縮到只剩兩百艘不到，排名遠遠落在全球三十名之外。具有證照的臺籍海員，在船服務者已萎縮到不及六千人。當下商船海員艱辛的討海職涯與相對低薪的待遇，少有國人願投身參與，經年漂泊在外的商船海員，亦甚少受國人敬重，目前已不

復見大批臺籍海員縱橫三洋，取而代之的是英語流利的菲籍與南亞水手。

從小我就嚮往海洋，讀中學時就立志征服大海。在抗戰前如願考入黃埔海校就讀，然而人生第一次艦訓，竟逢叛艦出逃！畢業後因逢抗戰中期，海軍艦艇戰損沉毀殆盡，我面臨無艦職可派的窘境。及至抗日勝利後重建海軍，可是我先奉派駐日擔任武官，後又轉習兩棲作戰；真正的海上資歷，除了親自押運兩批日償軍艦返國外，僅有太湖一級艦副長職和永定二級艦艦長職，累計海上年資也只不過兩年多。我此生最大的遺憾，就是沒在海軍較大噸位的一級艦當艦長；雖然僅經歷短短兩年多的艦職，我也參與了浙海作戰，但與多數海校同學相較，海上年資總嫌不足。

我退役後轉業到海運界往復在雜貨船、散裝船、油輪服務，我從大友商船的大副歷練起，先後八次接充船長，其中四次是常態交接，另四次是在海員情緒極度不穩時去掌船壓陣。雖不至於被抓交替當替死鬼，但說是「受命不辭當箭靶，英雄本色收爛攤」卻一點也不為過。

我在以色列先後接任兩艘萬噸級商船的船長，把爛攤收拾好，我也就辭職不幹了，我在日本也兩度接任金棒商船的船長，把爛攤整頓後我也依合約安全下莊，但自覺歷次面對爛攤子一點兒都不吃虧。雖然爛攤收尾要耗費許多心力，但卻也因此而累積船長任內帶領這批亡命海員之寶貴經驗，甚至可稱獲益匪淺。

當商船船長是出賣勞力、出售智慧與賭上生命，除了分分秒秒必須付出勞力與智慧外，所謂賭命乃因行船的風險並非是個定數，能否保命多少靠些運氣。無論在軍艦及商船服勤，我其實並不喜樂，因為航前要規劃、預想厄難與應處對策，航行期間分分秒秒

面對無情大海的撲打，精神處於極度緊繃狀態，返航後歸詢檢討執勤的挫折與無奈，然後周而復始又得面對下一航次的挑戰。

我由經驗累積的心得，自覺萬噸級以上的巨輪因噸位較大船較穩，相對比較安全，而千噸級的軍艦與商船，在驚濤駭浪中耐久航行，橫搖加縱搖非常折騰且危險。我初任小噸位的大友商船船長時，幾乎命喪於狂濤與颱風中，尤其行駛於三大洋的航線，免不了遭濤天巨浪撲襲，風險相對高出許多。

我在十萬噸級油輪服務時，於大西洋的加勒比海往返多次，僥幸未曾遭遇過大西洋的颶風；我在萬噸級快船服務航行於印度洋時，也沒碰過熱帶風暴。我的萬噸級雜貨船曾在非洲外海頂著暴風航行任由狂濤拍打，商船切浪前行亦絲毫不讓。至於我的萬噸級商船在易生事端之亞洲麻六甲海峽、難以航行的非洲尚蒂爾港嘴、北太平洋航程常遭遇的冰風暴，只要船長有擔當肯負責，事先研究海圖航路與海象預報，航途由船長親自帶船駕駛，航安就可確保無虞。

我從海軍退役後，終如我年幼時的抱負，當起商船的航海王，乘長風破萬浬浪。海軍服勤三十七載加上退役後六年的八任船長期間，我走遍亞、歐、非、澳、南美、北美等六大洲，造訪過三十一個國家，隨艦船出入上揭大江大海共一○二個港口，在全球三十八個機場起降過追船報到，在商船服務海程累計高達二七四一二○浬，連同在海軍服勤押運、帶領軍艦航行的海程，總浬程已超過三十萬浬，若沿著赤道串成一航線，可繞地球十三圈。我的航跡從北緯五十八度跨越赤道至南緯四十二度，曾旅歷太平洋、大西洋、印度洋等三洋，以及白令海、日本海、地中海、紅海、加勒比海、南海、阿拉伯海、安達曼海和菲律賓海等

九海。三洋九海與陸岸烙印的場景不論苦澀、厄難或驚奇、驚痛，就成了我餘生最常回味的亂世逐夢航海王之討海經歷。

　　自從 1976 年我夫妻倆雙雙罹患急性肺炎後，我遂決定不再簽署長期的船長合約，只願偶而應船公司之急需，出面跑幾個航次。其實我也不全是因為自己健康欠佳，真正離職的原因，是不捨年邁多病的永貞獨處無助。我零零星星蒙日本三光財團安排，在轄下之東方輪船株式會社擔任短期船長共三回。三光財團對我看似厚愛，實則任何航商老闆均保有各種資歷的船長當活棋，以備不時之需，航商願打且船長願挨，尚有何話可說。

　　但我總覺得久不久又撇下永貞一個人遠渡重洋，家不像個家。說得好聽是賺錢養家，其實我家經濟困頓的難關早已渡過，實在沒必要擔任危險職務賺搏命錢。說得難聽點是我技癢難耐，妄圖明天在海上搏鬥的我，會超越昨天我這個航海王。唯每每想到六年來船長交接的前後任，都比我年輕一、二十歲，他們檯面上都尊稱我為「翁」或「公」字級老船長，私下總嫌我廉頗已老，不如儘快急流勇退別擋他們年輕一輩職涯的正常升遷。

　　就心理學大師馬斯洛的需求層次論，我的人生下半場歷經六年討海生涯，已逐步達致自我實現、認識人生、理解人生與審美人生的最高意境，我了無遺憾。如今決心不幹航海王，我餘生就絕不再出海。返國隔週，我主動向交通部申請註銷海員資格，交出甲種船長執業證書截角作廢。當時，永貞已六十一歲，此時我決計離開討海玩命職涯，告老還鄉，把餘生交還給永貞，老伴倆相依相隨，誠可謂兩不分離共渡晚年。

第貳伍章
晴天霹靂老伴離去

圖 25.1　1993 年 6 月作者與永貞逢五十週年的金婚婚慶（鍾漢波數位典藏）

圖 25.2　1997 年 3 月作者與同窗劉定邦謁見蔣緯國將軍（鍾漢波數位典藏）

一、練外丹功健身養氣　解嚴老伴返鄉掃墓

圖 25.3　1991 年清明節堅兒與長媳凱西陪同慈母回廣州市探親掃墓攝於黃花崗紀功坊（鍾堅提供）

　　1978 年底，傳聞多年的美中建交終成事實，該年最後一天美臺斷交，敵人與朋友角色互換在外交界是常態，利字當頭才是正辦。外交戰場唯利是圖，商場亦如戰場，航商為了錢財卯足全勁拼業績，同業競爭雙方既攜手也較勁，時敵時友，非敵非友，可敵可友，這是我六年跑船生涯的切身體驗。

　　辭退船長後，或許是年邁加諸久病纏身，發覺自己的身體狀況愈來愈差。我本盼望與永貞皆能長命百歲、白首偕老，但她的身體健康情況比我還糟。為了能顧好永貞，我一方面定期作柔軟體操，慢走或快步健行，再方面想讓永貞有點被動收入。當海員跑船六年，我賺了八萬餘美元的搏命薪資，遂向理財有方的陳慶

堃請益,如何投資用錢滾錢達致財富自由。

　　行將屆齡退役的七哥開示:「滯皮,定存的利息會被通膨吃掉,不如購置可保值的房地產,是你這種懶人投資錢滾錢的最佳方式。」七哥說的有道理,三十年前他來臺定居後當即獵地購屋,從臺北都心到屏東偏鄉,七哥置產抗通膨保值還不斷增值,更可出租形同孝順的啞巴兒女。我遂前往鹽埕區銀樓一條街附近熟悉的地段,買下三十坪透天公寓一樓招租,讓永貞享受當收租婆的飽足感。

　　我勤練體操與健行兩年下來都無多大效果,體況日漸衰退,遂有練氣功健身的想法。報載高雄市鹽埕區民眾服社在區公所擇日開班免費傳授外丹功,有意學習者可前往報名。當時報紙常刊登各種健身班招募學員,探詢之下均須繳交學費方能完訓,但可免費習外丹功健身當然最好不過,遂前往報名。為隱藏過往特殊身分,在學經歷欄內我僅填「海校畢業,退役軍人」八個字。從此,每週三前往練功一次,像我這種老番巔,在班上當然不起眼。

　　學外丹功算得上是我退休生活的重心,故略述如下。練功如無明師指導,非但無益而且傷身;外丹功是隻身來臺避赤禍的張志通創立推行,他於1976年開班授徒,兩年後設立「中華外丹功研究學會」於臺北市自任理事長,他另聘金主即當時的省議會議員黃國展擔任副理事長。

　　高雄市鹽埕區外丹功首期初級班,於1980年4月16日在區公所二樓大禮堂開班授課,由何進修先生擔任教練。他是臺大法律系畢業,時任高雄市政府公務員,乃張大師的入門弟子。何教練在開班典禮訓話後,由外丹功臺南市支會派助教示範外丹功第一境十二式。

　　我觀看之後，覺得練習外丹功第一境不致走火入魔，於是決心學下去。練外丹功須做到心無雜念，呼吸均勻自然，講究「水源清濁」，如不能廓清身心，就不要匆匆入禪。所以，我都提早抵達練功場所，課前花點時間讓身心平靜，全身肌肉放鬆，方開始練功。何教練地位高，教學態度從容莊重，廣為學員所敬重；初級班施教要求不多，練就外丹功第一境達標就可結業。

　　外丹功開班授徒總得花錢，錢從何來這個不用操心。一個社團中必有熱心公益的闊佬，不論動機為何總會解囊相助，後來證明我的想法不假。黃副理事長就斥資千餘萬元買下臺北市林森北路整棟大樓，免費提供外丹功研究學會作為會址及練功場所。黃副理事長還在臺中市購入雙層樓透天厝，供張大師到臺中市居停教學之用；黃副理事長更在臺南縣鹿耳門捐助魚塭四甲，作為外丹功道館建築基地。本班學員中也有不少高雄在地金主，捐點小錢作為初級班日常支出的零用金。

　　鹽埕區首期初級班開授後約兩個月，我以年老破漏之身練習外丹功，雖未能治癒慢性疾病，但每日練功後精神抖擻體力充盈，當作健身活動，籬破竹補倒也無妨。斯時中華外丹功研究學會在高雄名人大飯店舉行會員大會，會中決議成立高雄市支會，選出曾任高雄市議會議長的殷實富商陳銀櫃為支會理事長。會中有多人即席認捐支會經費，凡認捐者隨即被提名為理監事，捐贈者人人有頭銜且搏得會員鼓掌通過。

　　我因恐過去身分曝光，所以未親自參加支會成立盛典，故會員大會的選舉理監事我能置身事外，但我過往的經歷，隨後還是被起底了。高雄市支會成立印製的會員名冊，內有姓名、籍貫、學歷與住址；會員中有位劉師姐把名冊攜回家，他先生軍職外調至

中鋼公司服務，一翻名冊馬上就說這裡有我的校長呀！

劉先生於中正理工學院的海工院畢業任官後，曾至海軍專校術科專長教育班隊受教，他對劉師姐說鍾某人是海校畢業，廣州市人，又住左營自強新村那還有假，就是海軍專校鍾校長！於是劉師姐就向何教練秉告，從此我的經歷就曝光了。有退役海將願來學習外丹功，對學會言是可遇不可求的活廣告，以後我的麻煩就接踵而至。

適逢屏東縣也成立外丹功支會，成立大會那天，我這個退將被指定緊隨張大師同往道賀，成為大典的座上賓，遂結識屏東縣支會理事長徐升高，其弟徐升平在海軍知名度甚高。抗戰中期我在四川萬縣青島海校當少尉副官時，蒙時任軍事委員會交際科兼辦黨務的科員徐升平中尉推薦入黨。

因此我得徐理事長之禮遇獲益匪淺，他多次邀我到屏東縣觀摩外丹功第二境，惜我無慧根致無法更進一步學習其奧妙。我亦被張大師欽點隨他參加外丹功高雄縣支會成立典禮，在高雄漢王飯店舉行高高屏外丹功同道的聯誼會上，以退將之尊當眾表演外丹功第一境基本各式；我亦奉命率隊赴高雄縣運會開幕儀式中，表演外丹功第一境，我被牽著鼻子走當人形立牌，煩瑣雜事難以計數。

鹽埕區外丹功首期初級班學程本應半年就可結業，不知何故竟拖延十一個月始行結業。結業後，我被張大師指定負責在左營區推廣外丹功初級班，於左營區公所民眾服務社開班授徒，每期報名踴躍均秒殺額滿。劉師姐結業後派赴新興區民眾服務社開辦初級班，何教練則開設每週四的高級班教導第二境，開班時限定只有鹽埕區首期初級班結業者如我，才有資格入學高級班受教。

　　1981 年 3 月 31 日週二，我於左營區公所民眾服社開班授徒，高雄市各區初級班的負責人僅稱為「指導員」，不是功力高強的「教練」。但上頭沒編配助教給指導員，我一人施教須撐到底，講解把式後我還得親自示範，教導初學者依式摹習。我須走下講壇矯正學員姿勢，像猴子般跑上跑下，好在每週僅講課一次，不然累都累壞了。

　　是年 5 月，我赴臺中市接受全民外丹功集訓一週，由張大師親自執教，各地前來集訓的指導員三百餘人住在臺中市體育館宿舍。同年 6 月，所有外丹功指導員在臺北市會址練功場正式拜張志通為師，禮畢筵開三十餘席，足見練功場之大。

　　同年 9 月，在臺南市體育場舉行全民外丹功總集合練功示範，參加人數多達兩萬餘人，高雄市支會派代表九十人，擠乘兩輛遊覽車前往加入萬人團隊示範，會後辦桌萬人流水席餐宴，場面盛大令人難忘。餐後驅車前往外丹功鹿耳門道館建築預定地參訪，黃副理事長現身講解道館建築配置圖。最特別的是道館內有一座清真寺，專供信奉回教的張大師膜拜。高雄市同道返程順便赴臺南縣官田烏山頭水庫一遊，大夥覺得綠水青山靈秀之地難逢，遂由我帶頭在水庫壩頂練外丹功，引起遊客圍觀鼓掌叫好。

　　一週後我的左營區外丹功首期初級班半年學程如期結訓，所教導的師弟有半數進入外丹功高級班學第二境。其中有六名志願兼任指導員推廣外丹功，計有馮新岩赴中油煉油總廠眷區開班，王維新赴鼓山區民眾服務社開班，李文慶赴楠梓區民眾服務社開班，孫德雯赴左營海軍明建活動中心開班，陳棟赴海軍果貿社區開班，張吉安赴左營區自助社區開班。另有師妹三人因不擅口才，僅願擔任助教站臺示範，或在場矯正學員姿勢。他們在破曉

時分傳授外丹功第一境，是為早覺班。

1982 年 4 月 8 日，我收到教育部臺字第 10810 號函，略以半個世紀前我就讀黃埔海校的學資，同等學歷比敘大學理學士學位。這份遲來的學位證明函，倒也很公道，我當年就讀五年制的黃埔海校，相當於現在的五專，但在海校每週六天修讀的堂課就有六二〇〇小時，若再加上入伍教育、艦訓及校內軍事操課加總的二八〇〇小時，與現在三學年高中加四學年大學共七年的課程總時數不相上下。

黃埔海校教學內容尤其是專業學科，均採用英美軍校的原文教本，獲得比敘大學理學士學位的證明函，我領的心安理得。在鍾氏家族族譜上，我是第一位具大學畢業學歷的成員，與有榮焉。

1982 年 9 月，在高雄市體育場舉行外丹功團隊演練，參加之同道包括我教過的弟子，亦達萬餘人，可以算得上盛況震憾人心。此外，每週一我在左營區公所第二期初級班授課後，也應海軍崇實社區之請再開設另一初級班傳授外丹功。1983 年初，我又應行政院國軍退除役官兵輔導委員會（退輔會）海洋漁業開發處華紹武處長之請，赴前鎮區漁港的處部傳授初級班外丹功，每星期一次；華處長係我的海參大研究班五期同學，累功晉陞至金防部海軍中將副司令官始外職停役轉任該處處長，誼屬同窗，故我欣然應承。他還派處長座車接送，我蒙王維新師弟應允當助教，同赴前鎮漁港授課。

我在外丹功的義務兼差教學愈來愈多，並有不斷增加的趨勢，同時在三個場所負責開授初級班，體力亦愈來愈無法負荷，有失我練功健身之初衷。加諸投資透天公寓的租客投訴漏水滲牆、馬桶阻塞，夜半急叩我緊急修繕，委實不堪其擾，收租婆永貞時時

遭兇惡租客投訴又拒付房租，焦慮煩噪致使她健康狀況更不如前，故我萌淡出外丹功教學之念。

首先，我授完退輔會遠洋漁業開發處半年學程即興辭意，以免有違同窗之託；繼而，我將崇實社區初級班託付二期結訓的趙調鼎師弟負責，他是我留美受訓時的陸戰隊同學，也是我在兩訓部服勤的同儕。我僅留下左營區民眾服務社創立之外丹功初級班，繼續講授第三期。此外，我與永貞認真檢討煩不勝煩的置產出租，遂平轉脫售透天公寓，拿回本金落袋為安，惡房客就留給繼任屋主去傷腦筋吧。

1983 年 8 月，堅兒海外學成並在研發機構歷練後，歸國獲聘在新竹國立清華大學母校為專任副教授，月俸合六百美元不算多，僅為五年前我任商船船長月薪的五分之一，我特出資將左營眷舍加建，以便容納兒孫南來短暫居停。玲兒出書著作等身，國立中山大學敦聘她回高雄任短期客座教授。這一年，也是永貞與我結襟四十年，子女加孫輩特為我倆的紅寶石結婚紀念隆重慶祝。

我創設的左營區民眾服務社外丹功初級班，在連續講授兩年後，至第四期結業為止，我興辭商請馮新岩師弟接掌。我功成身退但毫不藏私，將課程進度計畫、堂課講稿及圖表、講授經過與缺點改正等筆記，一併交給馮師弟。我毅然辭去外丹功研究學會賦予兼任指導員之職，同時辦理高級班退訓手續，練究第二境就此半途而廢。1984 年我終於恢復自由之身，從此僅在家練功達致強身之本意。

練外丹功是否如宣教所言有奇驗見效？我愚魯不靈毫無奇驗感受。我自己有否奇驗呢？可以說若有似無，因為我的奇驗不表彰於外，而是行於體內，說出來無法讓人目睹，當然就無法取信於

人。我練外丹功五個月後，雙腳底就有一股熱氣環繞，以順時針方向水平而轉；以後時時來天天來，有時卻數天不來。不久，我在睡夢中感覺腹內熱氣滾動隆隆有聲，如怒潮澎湃、激浪拍岸！驚醒後胸中鼓盪之氣悠然停止。有次醒後腹內滾滾之氣，依然繼續催動不止，我遂慢慢離床自量血壓心跳，亦在正常範圍遂也安心。

還記得我曾在高雄市新樂街與房客為租賃溝通不成後，鬱悶返家。怎料真氣突在我體內循環澎湃，經過瀨南街金城電影院前，我踏步行走那瞬間，真氣在胸腹內如同打鼓咚咚有聲，一路行經大仁路、土地銀行至舊市府公車總站，仍是每步咚咚聲不止。坐公車返家到站下車後步行，胸腹內的真氣效應才漸失。此種感應就僅此一次，不復再來。不過，熱氣繞雙腳底的效應則陪伴我達十六年之久始消失，之後大概年紀衰老，澎湃之氣就再也不來。

1987 年政府解除《臺灣省戒嚴令》後，玲兒終於被警總解除管制，得以順利應聘國立中山大學的專任教職長期任教，並兼學術行政主管，全家終能團聚，樂也融融。蔣經國總統解除戒嚴令，我等升斗小民得以用觀光名義自由進出臺灣國門，更可用探親名義赴分隔四十年的神州大陸訪視；永貞思鄉情切，再三逼問我是否作伴同行返鄉探親，我委婉說明曾與共軍對戰多年，且宗親遭滅族清算，有不共戴天之仇，我不想也不敢去大陸。愛妻眼見麻將牌友陸續赴陸探親訪友、掃墓祭祖又平安返回，遂日夜碎碎唸著她還能旅行，要返鄉探望倖存的近親，彼等均因我服勤軍旅而遭共黨整肅。

我最後放棄階段性抗拒永貞的步步進逼，著令子、媳陪同慈母於 1991 年清明節回廣州市探親掃墓，攜帶我身邊僅有的養老本錢四千美元分送倖存的親戚，表達慰問與表示歉意，補償因我間

接釀成親戚的精神折磨。永貞還領著子、媳赴法租界的沙面大街紅樓懷舊，歷歷如繪地述說這裡是我夫妻倆於 1933 年初次約會的場所，那年愛妻才年方十五哪。探親之旅結束後，永貞眼見宗親生生死死悲慘的人生旅程，傷透了心也嚎啕大哭了多次，從此她未再提及任何大陸親友事宜。

二、白髮袍澤凋零老兵　貞體衰沉睡辭世

圖25.4　1995 年 6 月作者與長媳凱西攝於陽明山國家公園（鍾漢波數位典藏）

　　不再當航海王未幾，生老病死的惡耗不斷傳到。1978 年初驚聞海軍梁老總在臺北病逝，享壽七十有五，我親赴告別式送行，感謝他在總司令任內對我不次拔擢，讓我從中校艦長、處長到上校參謀長一路向上派職歷練。緊接著日本方面傳來消息，旅居日本的商震團長 5 月中旬病逝，享耆壽九十有四，我曾在駐日代表團他的麾下當過兩年的海軍武官。依商震公開的年齡是生於清光

緒十五年，傳聞他的真實年齡是早四年出生，可算是克享遐齡之
耄耋。他的骨灰由年近半百的日籍如夫人安田作子依商將軍遺
願，攜回大陸安置於北京市「八寶山革命公墓」骨灰堂。

　　同年 11 月，我的的陸軍老長官段筱晉將軍也在臺北病亡，享壽
八十有三；抗戰中期我在陸軍干城部隊要塞砲兵幹訓班受訓時，
段筱晉是少將班副主任，誤聽讒言對我管教嚴厲，迄今我都印象
深刻。

　　同窗好友陳慶堃罹患肺癌久病纏身，竟於 1983 年溽暑期間在
臺北榮總離開，享壽六十有五，安厝於五指山國軍示範公墓。我
夫妻倆參加七哥的告別式，慰問七嫂穎儀與眾子女，長女國寧在
文化大學華崗博物館任職，長子永嘉、次子永鏗與么兒永忠均創
業有成，七哥必定感到驕傲；希望他帶著青天白日勳章的榮耀，
一路好走。送行後返家的我，心有戚戚，不知何時輪到我倒下。

　　1984 年底日本再渡傳來惡耗，昔日我在駐日代表團服勤的
貴人龍佐良顧問，在東京寓所病逝，享壽七十有六；我夫妻倆身
體都很虛弱，否則一定要飛赴日本參加貴人的告別示，送龍將軍
最後一程。1987 年 10 月黨國元老何應欽將軍心肺衰竭辭世，享
耄耋之壽九十有八。我在抗戰期間連續四張任官人令，就是由軍
事委員會軍政部部長何應欽上將賜頒的，1951 年何敬公來高雄壽
山獵羌，我有幸全程陪侍。我拖著破漏之身，親赴臺北榮總送他一
程，期盼何敬公一路好走，魂歸黔省故鄉。

　　1989 年 5 月，抗戰中期我的老長官李青中將在臺北病世，享
嵩壽百歲有三；我在軍政部城塞局李局長麾下曾當過上尉參謀，
蒙其教誨我這個廣東小同鄉，獲益良多。李將軍隨政府撤臺，後
半生即便等到了解嚴，因年邁體衰未再回梅縣客家原籍探親。

　　1991 年 5 月下旬惡耗又傳來，我的老長官海軍總司令劉廣凱辭世了，享壽七十有八。抗戰中期劉廣凱任職青島海校上尉航海教官時，我是少尉代理教官；我在太湖、永定軍艦服勤時，他是我的艦隊部少將司令，他接掌海軍上將總司令時，我在他麾下兩棲部隊任少將副司令。我很想參加劉老總的告別式送他一程，無奈持續頭痛欲裂，只好作罷。

　　我一生被疾病纏繞，童年病痛不斷幾乎病歿，算是初闖鬼門關。讀初中與海校我均住校，生活規律才把身體養好；但日後在四川要塞砲兵幹訓班就讀時，因左鼻流鮮血不止，幾乎命喪陸軍第十醫院是為二闖鬼門關。我率永定軍艦在浙海作戰時遭砲擊，中彈之際左膝被震傷，爆炸破片幾乎削掉我下半身，是為三闖鬼門關。

　　我當海軍專校校長時，左鼻再度大量噴血，海軍總醫院兩度開紅色病危通知單，所幸急救挽回一命，此為四闖鬼門關。1976 年我在日本接掌新造散裝船船長時，罹患急性肺炎命在旦夕，由四國高知病院收治，也曾收過紅色病危通知；若早兩週在航途中爆發，我一定客死在印度洋船上，這是五闖鬼門關。

　　我六闖鬼門關是 1984 年底，再度因風邪罹患急性肺炎，由左營海軍總醫院收治，住院三週始治癒返家休養，從此體力大幅衰退元氣大傷，顯然練就外丹功對我健康幫助有限。

　　我跑船賺取的搏命錢，投資房地產變賣取回本金後，永貞見擺在銀行本利互滾終究抵不過通膨侵蝕，遂苦思如何以錢賺錢，追求懶人理財術。永貞的眷村牌友遊說再三，說有個「鴻源投顧集團」，投資可獲四分利，換言之投入萬元本金，每月配息四百元落袋，擺在鴻源兩年多就回本。永貞見獵心喜欲將積蓄梭哈全數

投入鴻源集團，但遭我勸阻，理由是鴻源看不出有實際產出商品，可銷售獲暴利發息予股東，故永貞僅將積蓄三成押在鴻源投顧。

斯時好友洪師兄亦鼓其蓮花之舌，略謂投資理財須選股市內的績優股，產銷獲利配息、股價飆漲、配股豐厚者方為正辦。這位洪師兄還以股市投資佳績為憑，讓他從領薪族昇華為億元戶，非常歡迎我倆跟緊他在股海進出，保證比鴻源集團四分利還穩當且賺更多、更快。永貞與我遂把七成積蓄匯入這位股神洪師兄帳戶，幻想不出十年也可錢滾錢，同樣可翻身為億元戶。果不其然，懶人理財躺著幹，還真的能賺大錢！僅 1986 年全年投入鴻源，就賺半個本金，隨後一年投入臺股隨大盤指數飆升居然賺三個股本，永貞認定當個億元戶指日可待。

1990 年 1 月鴻源投顧集團突然惡性倒閉，我夫妻倆投入百餘萬元本金連同獲利血本無歸！隨後臺股泡沫吹爆，八個月內大盤指數從一萬三跌回兩千四，洪師兄的股市融資槓桿作太大，連同我夫妻倆投入的兩百餘萬元本金及獲利全遭斷頭！我搏命跑船六年掙得的薪資，積蓄幾近敗光。

1991 年 3 月，我因投資失敗心神不寧，不經意頭顱重碰牆壁，當時覺得劇痛但無異狀，遂未放在心頭。我頭暈又頭痛、知覺異常的病癥愈來愈嚴重，幸當時玲兒在國立中山大學任教尚未兼行政主管職，故可抽空於 6 月初陪我到高榮各科門診求醫；神經外科宋主任叫我走兩步給他看，宋主任認為我腦部有問頭，排定一個月後作影像醫學電腦斷層掃描檢查。但 6 月 23 日我還沒等到檢查，在家已昏迷不醒，遂由玲兒急召救護車送我至高榮搶救，緊急插隊提前檢查。

影像圖片沖印出來，醫師發現我顱內充滿了血塊，診斷為腦

硬膜因撞擊受傷出血，遂決定立即排刀於隔日進行腦部手術取出血塊，子、媳亦由新竹宿舍趕來探視。事後據護士轉述：我當晚即由她剃頭、打點滴全身麻醉，隔晨用刀，在頭頂兩耳上方腦殼各鑽一個約十元硬幣大的導流孔，腦中積血遂得飆射出來，開刀床上都被鮮血染成紅色。

頭上兩個洞各裝上一條透明塑膠導管，把腦內未流盡的淤血經由導管溢出。我在麻藥漸退半夢半醒時，下意識地看到共軍在駕駛臺打碎我的腦袋，我因此而發狂自衛反擊，子、媳倆從等待室衝進開刀房把我雙手雙腳按住，我在幻覺中錯認他倆幫共軍凌虐我，這幻覺真是荒誕！

等到麻醉藥效全退，人清醒了發狂也平息了，我手腳被綁在病床上不得動彈，遂送入加護病房留觀。開刀後腸氣未通也不准飲食，亦毋須解大便，但人不許亂動且排尿只能由導管流入尿袋。全身麻醉腦袋開刀插管那倒也不痛，但麻醉藥效全消後，小便時尿道卻奇痛無比。

到了第三天護士准我進食，也替我拆了尿袋，我如獲大赦但腹氣如雷。第七天拆腦部導血膠管，第十天拆腦洞縫線；接著各科會診，診斷高血壓及哮喘須繼讀掛門診，心臟內科及胸腔內科則追蹤治療。開刀後第十二日出院，因為我係榮民，榮總收治不費一文，僅須繳交餐費；但雇用私人陪病看護照料則收費奇昂，當時每半天九百元，十二整天下來，費用高達兩萬餘元，夫妻倆投資受挫經濟困頓，住院額外自費金額概由玲兒、堅兒與長媳凱西分擔。這次腦殼鑽洞開刀，是我七闖鬼門關，此後健康狀況形同崩壞。

不過，每年的黃埔海校同窗班慶，我都有參加，唯來臺定居

的退役同儕日漸凋零，每次歡聚都徒增感傷。尤其我七闖鬼門關僅以身免，同窗都為我的九死一生而慶幸，祝福我爾後年年班慶都不准缺席，大家集氣共同見證一甲子的班慶。

1993年永貞返粵清明掃墓安全返回，6月底夫妻倆逢五十週年的金婚婚慶，我倆在抗戰期間的婚禮因陋就簡當然沒有像樣的婚紗照，金婚婚慶就補拍一張吧。然而，永貞自大陸探親歸來後鬱鬱寡歡，又受糖尿病長年之累，開始陸續截掉四級潰瘍壞死的腳趾保命。

1993年馮啟聰八十大壽，在臺北富都大飯店舉行壽宴，我專程北上替聰哥暖壽；不料隔年6月，驚聞聰哥腸癌病逝，享壽八十有一。永貞堅持要參加聰哥的告別式送他一路好走，怎奈永貞糖尿症截趾病情惡化，身體比我還要虛弱不能出門遠行，最後我夫妻倆都沒參加聰哥的葬禮，殊為遺憾，僅遣堅兒代表全家奔赴喪宅，替長輩捻香祭拜致意。

1994年初，報載軍閥「南天王」陳濟棠的遺族內鬨，後代變賣南天王在北投黃金地段的私有墓園謀利，混亂中陳濟棠遺骸竟不知所終！我從學童成長迄就讀海校的年代，逢南天王主政廣東，渡過「黃金十年」的盛世。每念及陳濟棠對廣東省的奉獻，如今落此下場，那我這個大時代的無名小卒，過身後會面對什麼樣更糟的境遇，想到此不禁悲從中來。

永貞不幸於1994年12月31日晨心臟病突發，急送高榮搶救，在加護病房彌留三日，於隔年1月3日上午6時25分與世長辭，我與子、女、媳均隨侍在病床側。永貞生於1918年農曆九月二十七日，享壽七十有七；我夫妻倆是初中同學，認識十年後方結成連理，前後相依相隨達六十二年之久。愛妻離我遠行的當晚，我

親自含淚執筆書寫吾妻行狀，可謂臨書悽愴、錐瀝成文；雖文體粗糙，卻十足表達我哀傷之情意。謹將附於訃聞後的「妻范永貞女士行狀」一文，節略抄錄如下，以誌不忘：

妻范永貞女士，乃北宋教育家范仲淹之後，小字烈子，系出名門為粵東名紳范公方甫長女；岳丈經綸滿腹，自一九二一年起掌管廣州市政府稅務廳凡十五年。永貞出生於山明水秀之廣東大埔青溪鎮桃林村光裕樓，岳母江氏宜人，亦屬大埔望族，兩家均俱世代書香；永貞下有弟妹十一人，可謂一門慈俊。永貞自幼離鄉負笈羊城，一九三二年考入白雲山高、珠江水長之國立中山大學附屬中學，翌年結識高班學長漢波，情如兄妹。

一九三五年永貞畢業後，入廣東省省營工商總會任職。不料抗戰亂局中，與漢波散失多年。一九四三年永貞從廣東大埔跋涉兩千餘公里，經粵桂黔滇四省，找尋漢波幸得團聚，遂於是年六月二十八日在昆明冠生園結婚。一九四五年漢波調返中樞任職，而後長女於重慶南溫泉出世，當時生活艱苦，永貞賢慧，克儉持家。

抗戰勝利後，漢波奉派駐日代表團任海軍少校首席參謀兼盟軍總部連絡官，永貞隨赴日本東京都任所，當時我國乃世界四強之一，故我駐日代表團國際友好活動頻密，永貞深切體認國際禮儀之重要，乃國民外交之根本，故悉心研習歐美日等國風土人情，並在國際友人間，以儀態及穿著高雅著稱。

一九五〇年韓戰初啟，長子出生並蒙麥帥送花籃致賀；翌年舉家遷回臺灣後，永貞與美國顧問團海軍組眷屬時相往還。一九五二年美國第七艦隊司令史樞波中將率艦訪臺，我海軍總司令在臺北大直舉行盛大晚宴歡迎，總司令特請永貞北上協助統籌

招待外賓事宜。及至漢波擔任海軍專科學校校長，校內先後培訓遠朋班外籍學員兩期；每逢除夕，永貞皆盛情款待外籍學員，並講解闔家團圓民俗之意義。凡此種種，有助於我國的軍誼與邦誼事項，永貞皆欣然不辭、志願盡心辦妥。

六〇年代軍中薪資微薄，永貞克勤克儉，教育兒女且皆有成。長女赴美留學獲文學博士，曾任教美、港，臺各大學，為知名小說家及詩人。長男赴加留學獲化學博士，返新竹母校任教，為國內知名學者。兒女皆成就斐然，鄰里稱羨；而永貞則謙虛自處，不敢居功。

永貞個性溫和，從不與人為忤；正當安享晚年之際，心疾突發不省人事，雖經名醫緊急醫治，仍回天乏術。嗚呼！天人頓隔，生者何堪。唯望永貞安息瑤池，庇蔭後世子孫，嗚呼哀哉！尚饗。

老年喪伴，悲痛之情實難自已；倉促間我決定將永貞從高榮移靈至左營海軍總醫院附設殯儀館，隨即在館內布置靈堂，每日早晚拜祭，並急往壽山元亨寺，下訂相連兩座靈骨罈位，其一安放永貞火葬後之骨罈，另一給自己預留，俾能於我過身後，夫妻能左右長相伴。

永貞過世後之頭七，在高雄市鼓山龍泉寺做法事；農曆十二月十五日（1月15日）星期天，於海軍總醫院殯儀館大禮堂舉行告別式。上午7時半，永貞靈體從冰櫃移出淨身，穿換壽衣舉行大殮，全程我均在場，見此情景不禁嚎啕大哭。靈堂懸掛百幅以上高官政要及社會賢達致送之輓額輓帳、花圈花籃，場面甚為哀榮，歿榮存感。8時正，龍泉寺比丘尼誦經超渡，8時半家祭，9時公祭，10時出殯。

　　友人戴文清對婚喪禮節甚為通曉，出殯程序由他安排，他陪次孫小羽乘車開路，鮮花靈車跟進，由次孫在交通要津發聲道出：「過橋、過十字路口、紅綠燈、穿過地下平交道、進殯儀館覆鼎金火葬場」等語以免祖母靈體受驚。長孫小明則坐在靈車駕駛座旁護靈，兒女在靈車之後尾隨，我則由長媳凱西隨侍乘車跟進，其餘車輛則搭載親朋好友送殯。靈柩進入火葬場大廳後，先由比丘尼誦經，許多棺木排列在大廳依次入爐。永貞靈柩等候兩小時左右始入爐；火化歷程一小時半左右，方出爐散熱檢拾骨灰入罈。

　　家屬向骨罈祭拜後，由堅兒恭捧骨罈，返回高雄市安厝於壽山元亨寺。自清晨大殮開始，至下午 17 時安厝為止，歷經一整天，出殯至此遂告一段落。頭七後的二七至六七，在家中誦經祭奠燒紙錢，七七則由永貞生前友好邀請前金區的佛光山普賢寺十餘位在家眾，攜帶法器前來我家為亡妻超渡，有勞她們忙了整個上午；諸位在家眾是義工，非但不收費用更不接受招待，連飲水都自帶，真是感激。七七過後，每逢農曆初一、十五、生辰、忌日均供鮮花、水果、素齋、白飯與清茶，由家人祭拜、燒紙錢；中午我就以祭拜後的齋飯作為午餐，如是祭拜一年才改為早晚捻香。

　　長媳凱西見我失去老伴終日鬱鬱寡歡，休假時駕車赴陽明山國家公園作觀山賞海一日遊；我說去趟北投奇岩丹鳳山，憑弔南天王陳濟棠的墓園吧；及至廣東軍閥墓園，僅見雜草叢生，墳頭遭開挖，旌表石柱棄置一旁，哀！長媳再驅車赴同窗七哥埋骨的五指山國軍示範公墓，找到他的墳墓祭拜；奇怪哩，有戰功獲頒青天白日勳章的陳慶堃，理應按規定靈體厚葬於特勳區，為何僅安葬於中將區？我好生納悶。

三、隨子遷離左營眷舍　帶病延年撰稿苟活

圖 25.5　1998 年 7 月作者主持新書發表會，玲兒、堅兒列席，唯讀者對民國文史無感新書滯銷很快下架（鍾漢波數位典藏）

　　自永貞過世後，玲兒主動遷返左營自強眷舍陪我同住以盡孝道，我因生活失衡屢生重病，玲兒再度送我進高榮就診，病兆是後頸、喉嚨、兩耳下的三條頸動脈強烈跳動，直衝太陽穴致頭暈，不時全身虛寒顫抖，診斷結果是血壓過高及嚴重糖尿病，我被高榮收治住院留醫兩週，高血壓和糖尿症病情始稍為穩定，高榮向來一床難求，我遂帶病出院。

　　我住院時也感覺自己精神異常，在清醒中偶有幻覺，那不是做夢。一般人夢醒了後，夢境記憶模糊，而幻覺事後卻清楚記得過程。當時有三件重覆出現的幻覺，一是我的病床靠窗，可以看到近處的一翼大樓向我身上慢慢壓來，我心中唸說荒唐荒唐，大樓怎麼可能移動。二是美國西部拓荒時期蓬車的棄置車輪，約有二、三十個躺平在荒野中，突然一個個會自動垂直，向我滾衝而來！我心中唸說別怕別怕，我閃躲得過。三是我有兩位已過世的

長輩，兩人爭坐馬桶，他們都不是因便急而爭，而是玩大風吹的遊戲。

　　這些幻覺在我極度疲憊而又欲睡之時，不斷地重現，使我精神上受到非常大的折磨。我遂請求精神科醫師來病房會診，蒙精神科主任鄧光銳醫師親自診治。鄧主任是廣東同鄉，彼此以粵語對答，他知道非常多的家鄉典故，傾談之下使我心緒為之一振。談到我的幻覺時，鄧主任認為我敘述幻覺十分清楚，他說這個症狀的學名為「思覺失調症」，是腦部生化物質受到刺激如喪妻之慟而失衡，衍生重覆出現的幻覺。

　　鄧主任要他團隊的住院醫師來病房聽我陳述幻覺經歷，推定我常用的安眠藥會刺激腦部生化物質加重失衡，致使病情更形嚴重；住院醫師在鄧主任指導下改換處方，服新藥幾天後，我的幻覺漸漸消失。如果我沒求診鄧主任，我遲早會因幻覺這枚不定時炸彈隨時爆炸，造成感知錯亂身陷險境，如墜樓造成生命危險，這是我八闖鬼門關。

　　出院後我自覺身體依然虛弱飄渺，子、媳南來探視商量，見我在左營眷舍鬱鬱寡歡，遂敦請我北遷清華大學校園職務宿舍，與兒孫同住，一方面我可含飴弄孫，再方面闔家相互照應，三方面堅兒的醫師同學劉瓊林（國防醫學院醫科六十八期）時任竹東榮民醫院（竹東榮院）內科主任，方便我就近掛他的診。我欣然應允，帶著行李與手稿，從此永遠離開居住四十餘年的左營自強眷舍。

　　竹東榮院這個地區醫院遠離市區在偏鄉，住院病患少不愁沒有病床。我繼續治療高血壓及糖尿病半個月，病情始告和緩，出院後留在新竹清華宿舍養病。我因浙海作戰左膝蓋受創，後顯

性的關節劇烈疼痛，每走一步都會痛澈心肺，須持拐仗始能行進，但上下樓梯就顯得十分困難。

蟄居新竹期間，昔日故舊接踵來探視，帶來的壞消息多過喜訊，外丹功的許教練告知祖師爺張志通大師因食道癌於 1996 年 3 月仙逝，享壽七十有六；這個惡耗明白告訴我，練外丹功只能當作健身運動，想靠它消除百病絕無可能。隨後外丹功研究學會所有掛在張大師個人名下的房地產，因沒有法定繼承人，遭國有財產局（國產局）充公，如北、中、南都會區的練功場與鹿耳門道館。

此際，外丹功研究學會幕後金主黃副理事長跳出來，主張這些張大師名下的房地產都是他「信託捐贈」給學會，張過逝後產權理應歸還給他這個捐贈人，但國產局以「信託捐贈無據」拒絕發還，遂有黃副理事長按鈴申告國產局侵占民產。這齣告官大戲，造成外丹功研究學會、黃副理事長與國產局三輸的結局，讓我這個永久會員錯愕不已。

永貞辭世那年暑期，堅兒探知我曾居停過的臺北圓山同德眷村與濤園軍官宿舍即將拆除，他問我願否舊地重遊？我悶在新竹校園多日，想想也好，就出去散散心吧。堅兒驅車前往臺北圓山探索，老舊的同德新村因眷改正在鏟平，移交國產局轉用它途，1955 年全家在此眷村曾住過一整年，夜夜都聽到困居圓山動物園獅子、大象的哀號。

至於一牆之隔的濤園海軍軍官宿舍，我來來回回居停過十餘年，晚近的一次住宿，是二十四年前參加為期一個月的退役轉業商船班。待拆的軍官宿舍早已閒置多年，我走訪每一間曾住過的房間，惜門窗均腐朽傾倒、雜草叢生、牆壁霉爛，走廊穿堂依舊

窄到無法擦肩對過。中山北路三段對面的美軍協防臺灣司令部人去樓空，營區也在剷平，轉作臺北市立美術館用地。在返回新竹路上，我內心澎湃不已，覺得自己就像一艘逾齡待報廢除籍的艦船，說再見的時候到了。

我回到新竹，雖然僅搭車作半日遊，但晚上膝蓋疼痛難耐，非常辛苦；之後左膝蓋的軟骨磨損殆盡，行動時僅能坐輪椅，垂老之年病魔纏身老伴又去，如此度日簡直是帶病延年。能夠撐著，靠的是意志力和堅兒與長媳凱西的孝心。

我曾在海軍專校擔任四年兩任少將校長，在我離任半年後，由美軍顧問主導分拆成三級機關的航海學校、輪機學校、兵器學校及通信電子學校，仿照美國海軍的術科教育專精化。不過，分久必合。我國海軍規模不能和制霸全球海洋的美國比，在國軍推動「精實案」下，1996 年 8 月海軍大幅瘦身，四所術科專長教育機關經過二十五年後又整合成一所，名曰「海軍技術學校」，隸屬艦訓部精實後的「教育訓練暨準則發展指揮部」（教準部）。

我年過八十，閒來無事遂承續商船上的習慣，伏案記述往事以消磨時光，並可轉移痛楚折磨，勤練腦力以防老人痴呆症。1997 年 4 月 2 日在新竹，我突然中風，至今清楚記得當時場景。是日寫稿累了小睡片刻，睡醒時覺得頭痛異常，在右眉內疼痛如被尖錐刺入，難以忍耐，遂而自量血壓。收縮壓為一七〇，舒張壓為九〇，我立刻服一粒長效降血壓藥，又斷續昏睡到晚餐時分，我無力起床，甚至連話都說不出來，次孫小羽急電一一九，救護車送我到竹東榮院，由內科劉主任親自診治，經過電腦斷層掃描、打點滴、量血壓，判定為輕度中風，這是我九闖鬼門關。

這時節天氣還很冷，竹東榮院的棉被厚實，我覆蓋棉被捲得

很貼，但仍不敵像箭一般的寒風穿入我左大腿和腰胯；我右手觸摸病床不鏽鋼的床欄，感覺是正常的冰冷，用左手去觸摸，則是反常溫暖的，這就是半身不遂的徵兆。玲兒聞訊星夜由高雄奔來竹東榮院陪病，子與媳在美國公訪亦兼程返國探視。治療一星期後，我才能坐起來吃飯，但身體會向右傾倒在病床上；三週後這種情形慢慢改善，我尚可自己端夜壺坐著小解。

5月2日出院後，堅兒已在清華宿舍內四處裝好不鏽鋼扶手，我扶著可從臥室走到餐廳吃飯，淋浴如廁均無需家人照護；不過，爾後狀況也未再進步，只是麻痺過的聲帶稍有改善，發聲也清楚很多，唯痰液太多常須嘔痰，非常辛苦。堅兒遂申請外籍看護全天顧我，先後輪換過兩位菲籍、一位印尼籍看護。

有天深夜，我還坐在輪椅上伏案整理自傳文稿，吾兒帶著滿臉倦容自研究室回房探視我問道：「把拔您住新竹怎麼每天都一直忙到深夜？」我指著散落桌面的文稿。吾兒撿起兩三張稿紙翻了翻再說：「我有認得的出版社朋友，把拔您要否試試出書？」

我想想也好，不刊印出書，世界上就沒人知道我的故事。我開始著手先整理軍中服勤筆記，謹慎又保守地逐字逐句推敲拿捏再三，把會得罪人的章節大幅刪除，折騰了近一年，才把刪減的軍中服勤文稿交給吾兒寄出，本來我就沒抱任何指望書商會關注我的文稿，很快地，就淡忘掉癡想出版我的陣中筆記。

我的莫逆之交蔣緯國將軍，早在1961年時他就訪視我督導的兩棲登陸演訓，之後常與我保持書信往返。我也把刪減過的文稿影印全份，分批郵寄給緯國先生雅正，他也正經八百地常來電，與我反覆討論陣中筆記內容，特別針對文稿中有關蔣家與政府高層間的人事時地物。

　　有天我的同窗好友劉定邦通知我，他的老闆緯國先生約我聚餐，聊聊天敘舊，談談我們共有記憶的往事。定仔屆退前是三軍大學校長蔣緯國上將麾下的海軍指揮參謀學院的中將院長。是夜我與定仔謁見緯國先生，三人開懷暢飲，臨別時緯國先生打趣說：「阿皮，你的文稿內容精彩呀，如果能出書又暢銷，記得向出版社推薦我寫的蔣家宮廷祕辛文稿，我也要學老弟，當個既能拿槍桿又能動筆桿的退伍老兵。」我真的讓緯國先生失望極了，我刪減的文稿都還沒出書，半年後他就辭世。

　　我第十次闖鬼門關是 1998 年 4 月 13 日，因病重又由竹東榮院收治，經三天檢查判明還是肺炎反覆發病，內科主任劉醫師告訴我，這次病況很危險；肺炎本來不難治，難在我年齡大了怕有併發症，那就很難善了，他吩咐我小心保養身體。劉主任的醫術高明，兩星期後治癒我肺炎，但我吐痰仍帶血，恐怕肺有纖維白化的問題，這是此生我十闖鬼門關的經過，每次我都從死亡邊緣被拉回。

　　緯國先生離開後又過了半年，出版社來電說可將我的陣中筆記文稿出三本書，不過書商耽心，這種民國史文稿現在的讀者不太看，更少有人願掏腰包買書，書商最多每冊刊印千本，試試水溫再說。黃埔海校在臺的八位同窗摯友，兩週後還在年度班慶當晚，擺桌慶祝我們在海圻叛艦遭綁架六十三週年，用我的書當祭品，贈予盧珠光、方富捌、陳慶塗等八位人在天國的同窗展讀。1998 年 7 月中旬，我的陣中筆記出書還辦了新書發表會。

　　這一年我的老長官惡耗陸續傳來，四月底海軍馬老總病逝，享壽八十有六，馬紀壯在總司令任內我追隨他的敦睦艦隊訪菲後，他調我任永定二級艦中校艦長職，馬老總還赴浙海大陳替我打氣

激勵，真是體恤部屬的好長官。7月底駐日代表團末任團長何世禮將軍病逝於香港，享耆壽九十有三，我在他麾下當海軍武官達半年之久；10月底空軍一級上將王叔銘病逝於臺北，享壽九十有四，抗戰末期他在空軍官校任上校教育長時，我是他麾下的上尉教官。

1999年的清明節，同窗的阮紹霖將軍也走了，享壽八十有三，黃埔海校同窗仍健在者剩不到一半。雙十節剛過，連空軍的雷炎均也辭世，享壽八十有六，我當駐日海軍武官時雷大哥是空軍武官。原先還請書商把我出刊的新書寄贈給他們雅閱，他們均未及展讀我的陣中筆記了，兩位同僑的辭世，代表我這一代的戰場老兵，隨著電腦手機資訊時代的來臨而凋零。

很遺憾地，誠如書商預估，我的書銷路奇慘，九二一大地震後，我的著作遭書店下架，書被當廢品棄置在舊書攤，一折價讓售都沒人要。唯一讓我驚喜的是，有位購買我著作的讀者，輾轉在美澳傳閱，竟有失聯半個世紀以上的故人，在海外無意中展讀我的陣中筆記。

某夜，接到澳洲打到新竹職務宿舍的國際長途電話，竟是抗戰期間遷校撤退時，路途中巧遇的越南僑生何月娥，她們僑生都熬過抗戰及中南半島赤化戰亂的歲月，歷經三十餘年的烽火亂世，先後移居澳紐，她已改名為何毅敏。時空相隔一甲子，靠一本著作居然又能聯繫上愛國華僑，這還得感謝書商的佛心，讓我間接獲知故人無恙。

我自評文稿內容的最高潮，應算尚未付梓的商船討海人生，堅兒問我是否要接力出刊，我自認文筆拙劣、詞不達意語焉不詳，就算刊出也不再會有人耐心閱讀；書商更是潑冷水，直白說這類

回憶錄，出版社碰到都虧錢，除非您自費印刷出書，自己買下留存。我向堅兒表明：自取其辱再出書就不必了，我自娛寫給自己看總可以吧，堅兒聽完沉默地回研究室。

2000 年 1 月 15 日，李登輝總統主政期的立法院，三讀通過《國防法》及《國防部組織法》，貫徹《憲法》律定的「軍隊國家化」，從此國民黨永久退出國軍；我這一代的戰場老兵，目睹新一代的國軍，是一個「主義、領袖」核心信念遭剝離的武裝部隊。我也親歷本世紀初政黨輪替，執政長達九十年獨大的國民黨淪為在野黨，朝野角色互換，軍隊成為政客們玩弄軍權的棋子。2001 年 7 月國軍完成「精實案」，兵力從六十萬縮減為四十萬，軍事戰略也以保臺至上；喊了半個世紀的反攻大陸、光復神州，從此沒人再提。

我晚年未中風之前，雖因永定軍艦駕駛臺遭砲擊的後顯性創傷造成左膝不良於行，但仍覺破漏之身仍須多動活血，故在家做些輕度家務，也振筆疾書自傳記事。我病魔纏身老伴又去，下一次能否再度安闖鬼門關，年邁體弱的我，自知成功機率非常低。

民國時期陸海空軍人物（軍種或軍校期別年班）索引

田敬一　（電雷學校輪機科轉青島海校五輪乙 1940 年班）
田樾曾　（青島海校航海科 1931 年班）
白崇禧　（保定軍校三期步科）
白　環　（陸軍）
皮宗敢　（中央軍校六期交通科）
伍大成　（陸軍）
吉星文　（陸軍，中央軍校高級教育班九期）
朱文清　（黃埔海校航海科 1938 年班）
朱世明　（美國 Norwich 威爾猛軍校 1927 年班工兵科）
朱成祥　（海軍官校 1947 年班）
朱保釐　（汪偽中央海校 1945 年班）
朱祝堯　（黃埔海校航海科 1936 年班）
朱崇信　（電雷學校轉青島海校五輪乙 1940 年班）
朱嘉賓　（中央軍校十期砲科）
江叔安　（福州海校航海科 1933 年班）
江肇棠　（黃埔海校輪機科 1936 年班）
池孟彬　（福州海校航海科 1937 年班）
年秉釗　（青島海校航海科 1937 年班）
衣復恩　（中央航校五期）
何世禮　（英國 Woolwich 烏烈芝皇家軍事學院 1927 年班）
何以鳴　（陸軍）
何逕渭　（廣東航校三期甲班）
何　健　（保定軍校三期步科）
何應欽　（日本陸士支那留學生十一期步科）
何寶森　（陸軍）
余伯泉　（比敘中央軍校八期砲科）
余易麟　（中央軍校七期步科）
余華沐　（廣東海校駕駛 1919 年班）
余開國　（海軍官校 1950 年班）
余誠敏　（日本陸士支那留學生二十一期野砲科）
余漢謀　（保定軍校六期步科）
利錦忠　（黃埔海校航海科 1938 年班）
吳支甫　（烟臺海校駕駛科 1924 年班）
吳文彬　（黃埔海校輪機科肄，軍官補訓班航海二隊比敘海校 1940 年班）
吳奇偉　（保定軍校六期步科）
吳家荀　（電雷學校航海科 1937 年班）
吳恩惠　（海軍官校 1951 年班）
吳國禎　（保定軍校三期）
吳興泉　（中央航校二期偵察班）
宋季晃　（福州海校航海科 1940 年班）
宋長志　（青島海校航海科 1937 年班）
宋哲生　（陸軍）
宋　達　（比敘中央軍校九期）

宋　鍔　（烟臺海校駕駛甲 1924 年班）
巫劍雄　（欽州講武學堂九期工兵科）
李大同　（黃埔海校輪機科 1936 年班）
李北洲　（黃埔海校航海科 1938 年班）
李立柏　（日本陸士支那留學生二十一期野砲科）
李固根　（海軍官校 1952 年班）
李宗仁　（廣西陸軍速成學堂六期）
李定強　（黃埔海校航海科 1936 年班）
李延年　（海軍官校 1950 年班）
李明達　（海軍）
李秉惕　（電雷學校航海科 1937 年班）
李長浩　（黃埔海校航海科轉陸軍砲校十六期砲科）
李　青　（保定軍校一期騎科）
李建武　（憲兵）
李振良　（西江陸軍講武學堂十七期）
李振歐　（中央航校洛陽分校五期乙班）
李培松　（軍官訓練班輪機七隊一組比敘海軍官校 1950 年班）
李連墀　（青島海校航海科 1934 年班）
李善明　（廣東航校七期甲班）
李揚敬　（廣東陸軍速成學校三期步科）
李華幹　（黃埔海校軍事科肄）
李榮安　（黃埔海校軍事科肄，軍官補訓班航海三隊比敘海校 1940 年班）
李漢魂　（保定軍校六期步科）
李福侒　（電雷學校航海科 1937 年班）
李鳳台　（青島海校航海科 1931 年班）
李慶文　（廣東海校駕駛科 1916 年班）
李學炎　（中央航校三期）
李學靈　（黃埔海校輪機科轉青島海校五輪乙 1940 年班）
李樹正　（中央軍校七期工兵科）
李錫熙　（廣東海校航海科 1919 年班）
李濟深　（清國兩廣將弁學堂二期）
李藍田　（黃埔海校航海科 1932 年班）
李鎮靖　（黃埔海校軍事科肄）
李麓英　（空軍官校十八期）
杜益謙　（保定軍校六期）
杜福新　（海軍官校 1950 年班）
汪子清　（陸軍）
汪潤身　（陸軍）
汪　濟　（中央軍校八期步科轉電雷學校航海科 1934 年班）
沈邦寧　（陸軍砲兵學校十六期砲科）
沈樞弟　（海軍官校 1950 年班）
阮紹霖　（黃埔海校航海科 1938 年班）
阮維新　（中央軍校十期）

卓達群　（陸軍）
周一塵　（美國加州屋崙航校，比敘廣東航校五期）
周大利　（陸軍）
周幼良　（海軍官校 1950 年班）
周至柔　（保定軍校八期步科）
周念祖　（陸軍）
周　非　（電雷學校航海科 1937 年班）
周家聰　（青島海校航海科 1937 年班）
周超杰　（黃埔海校航海科 1935 年班）
周嵩祿　（軍醫）
周學本　（中央軍校十四期）
孟　甦　（政工）
招德培　（黃埔海校航海科 1935 年班）
易國瑞　（中央軍校六期轉中央航校一期）
易越超　（陸軍）
易　鶚　（福州海校 1941 年班）
林可勝　（軍醫，英國愛丁堡大學醫學系 1919 級）
林永裕　（黃埔海校航海科 1938 年班）
林同和　（陸軍）
林春炘　（廣東海校駕駛科 1916 年班）
林迺榮　（黃埔海校軍事科肆）
林植基　（青島海校五航乙 1940 年班）
林廉藩　（福州海校航海科 1937 年班）
林蔭屏　（福州海校航海科 1941 年班）
林學良　（福州海校航海科 1933 年班）
林鴻炳　（福州海校航海科 1937 年班）
林鴻容　（黃埔海校輪機科 1936 年班）
林鎮夷　（海軍官校 1969 年班）
邱永安　（海軍官校 1951 年班）
邱崇明　（青島海校輪機科 1929 年班）
邵　沖　（陸軍）
金恩心　（東北航校一期）
俞　平　（福州海校航海科 1941 年班）
俞柏生　（青島海校航海科 1934 年班）
俞　謙　（廣東海校駕駛科 1916 年班）
姚汝鈺　（烟臺海校駕駛甲 1924 年班）
姚君武　（黃埔海校航海科 1935 年班）
姚家訓　（軍官補訓班航海二隊比敘海校航海科 1940 年班）
姚　璜　（烟臺海校航海科 1925 年班）
姚耀書　（黃埔海校航海科肆，軍官補訓班航海一隊比敘海校 1940 年班）
姜西園　（烟臺海校駕駛科 1924 年班）
姜　瑜　（中央軍校八期步科轉電雷學校航海科 1934 年班）
施　治　（海軍官校 1950 年班）

柴建煌　（中央軍校十八期）
桂永清　（黃埔軍校一期）
桂宗炎　（黃埔海校航海科轉青島海校五航乙 1940 年班）
烏　鋮　（中央航校八期）
翁克傑　（廣東航校轉中央航校七期）
袁式謙　（海軍）
袁鐵忱　（電雷學校輪機科 1935 年班）
馬文彬　（陸戰隊）
馬占山　（陸軍）
馬青坡　（軍官補訓班航海一隊比敘海校 1940 年班）
馬紀壯　（青島海校航海科 1934 年班）
馬焱衡　（電雷學校航海科 1934 年班）
馬順義　（海軍官校 1951 年班）
馬福通　（海軍機校電機系 1952 年班）
馬德建　（福州海校輪機科 1920 年班）
高人俊　（青島海校航海科 1937 年班）
高雷飛　（陸軍）
高魁元　（黃埔軍校四期工兵科）
區祥驊　（黃埔海校軍事科肄）
商　震　（清國保定陸軍速成武備學堂三期步科肄）
崔之道　（電雷學校航海科 1934 年班）
崔重華　（青島海校航海科 1931 年班）
康健樂　（福州海校航海科 1937 年班）
張中民　（中央軍校十九期步科）
張之英　（清國廣東陸軍速成學堂四期步科）
張四喜　（海軍）
張立成　（陸軍）
張偉華　（中央航校三期）
張國源　（黃埔海校輪機科肄，軍官補訓班航海二隊比敘海校 1940 年班）
張惠長　（美國紐約寇蒂斯航校一期）
張　鈞　（海軍）
張瑞貴　（清國欽防軍官講習所肄）
張　達　（保定軍校六期步科）
張鳳仁　（青島海校航海科 1926 年班）
張廣恩　（海軍官校 1950 年班）
張德爵　（中央航校洛陽分校五期二班）
張靈甫　（黃埔軍校四期步科）
敖朝智　（海軍官校 1951 年班）
曹士澂　（日本陸士支那留學生二十二期步科）
曹正樑　（中央軍校十四期）
曹仲周　（青島海校航海科 1931 年班）
曹朝覺　（廣東航校六期丙班）
曹開諫　（中央軍校八期轉電雷學校航海科 1934 年班）

曹壽和 （政工）
梁天价 （軍官訓練班航海四隊比敘海軍官校 1949 年班）
梁永煊 （黃埔海校軍事科肄）
梁序昭 （烟臺海校駕駛科 1925 年班）
梁茂宣 （黃埔海校輪機科 1936 年班）
梁康年 （烟臺海校駕駛科 1924 年班）
梁　暄 （廣東海校駕駛科 1916 年班）
梁漢超 （黃埔海校航海科肄，軍官補訓班航海一隊比敘海校 1940 年班）
莫希德 （保定軍校六期步科）
莫浩仁 （廣西航校二期）
許世鈞 （青島海校航海科 1926 年班）
許江興 （黃埔海校輪機科肄，軍官補訓班航海二隊比敘海校 1940 年班）
許承功 （電雷學校轉青島海校五航甲 1939 年班）
郭李殷 （黃埔海校輪機科肄，軍官補訓班航海一隊比敘海校 1940 年班）
郭發鰲 （中央軍校八期轉電雷學校航海科 1934 年班）
陳力新 （海軍）
陳公勸 （海軍）
陳天德 （廣東海校駕駛科 1916 年班）
陳玉書 （廣東海校駕駛科 1916 年班）
陳立芬 （烟臺海校駕駛科 1916 年班）
陳仲同 （海軍）
陳宇鈿 （黃埔海校航海科 1932 年班）
陳守仁 （黃埔海校航海科 1935 年班）
陳安華 （黃埔海校航海科 1936 年班）
陳衣凡 （中央航校五期）
陳作炎 （中央軍校八期）
陳志文 （黃埔海校航海科肄，軍官補訓班航海二隊比敘海校 1940 年班）
陳念愚 （黃埔海校輪機科轉青島海校五輪乙 1940 年班）
陳秉銳 （空軍官校二十九期）
陳長炳 （軍官訓練班航海七隊二組比敘海軍官校 1951 年班）
陳厚立 （黃埔海校航海科 1936 年班）
陳昭凱 （日本陸士支那留學生二十八期）
陳家遜 （海軍）
陳振夫 （電雷學校轉青島海校五航甲 1939 年班）
陳振民 （電雷學校轉青島海校五航甲 1939 年班）
陳祖達 （烟臺海校駕駛科 1923 年班）
陳啟鵬 （烟臺海校航海科 1924 年班）
陳　章 （廣東陸軍講武學堂十五期砲科）
陳紹寬 （清國江南水師學堂駕駛科 1908 年班）
陳　策 （廣東海校駕駛科 1916 年班）
陳祺永 （廣東海校駕駛科 1916 年班）
陳　誠 （保定軍校八期砲科）
陳嘉尚 （中央航校一期）

陳漢光　（清國廣東護國第二軍講武學堂）
陳碧華　（青島海校輪機科 1929 年班）
陳銘樞　（保定軍校二期肄）
陳慶甲　（福州海校航海科 1932 年班）
陳慶堃　（黃埔海校航海科 1938 年班）
陳學平　（政工）
陳濟棠　（廣東陸軍速成學堂六期）
陳濟湘　（清國欽廉警察講習所肄）
陳鴻儒　（海軍）
陳鴻寶　（陸軍）
陳贊湯　（烟臺海校航海科 1928 年班）
陶鞠似　（中央軍校十期）
麥炳坤　（黃埔海校輪機科肄，軍官補訓班航海一隊比敘海校 1940 年班）
傅瑞瑗　（中央航校三期）
單德森　（空軍）
彭大雄　（黃埔海校輪機科轉青島海校五輪乙 1940 年班）
彭孟緝　（黃埔軍校五期砲科）
曾妙錦　（黃埔海校輪機科肄，軍官補訓班航海二隊比敘海校 1940 年班）
曾慶集　（美國陸軍騎兵學校 1931 年班）
曾耀華　（福州海校航海科 1937 年班）
游天翔　（軍醫）
湯治平　（軍官訓練班補給七期比敘海軍官校 1956 年班）
湯恩伯　（日本陸士支那留學生十八期步科）
程敦榮　（空軍官校十二期）
程慕頤　（陸軍）
童才亨　（福州海校航海科 1942 年班）
華紹武　（軍官訓練班航海四隊比敘海軍官校 1949 年班）
賀人鎮　（陸軍砲兵學校十六期砲科）
賀海潮　（海軍官校 1950 年班）
賀　銓　（中央軍校十三期步科）
馮俊忠　（廣東航校轉中央航校七期）
馮迪佳　（黃埔海校輪機科肄，軍官補訓班航海一隊比敘海校 1940 年班）
馮啟聰　（黃埔海校航海科 1935 年班）
馮　庸　（北洋陸軍講武學堂一期砲科）
馮翊志　（黃埔海校航海科 1938 年班）
馮焯勛　（保定軍校一期砲科）
黃文田　（烟臺海校駕駛科 1923 年班）
黃任寰　（清國廣東武備學堂）
黃光銳　（美國紐約寇蒂斯航校一期）
黃克榮　（電雷學校航海科 1937 年班）
黃宏宜　（空軍官校三十一期）
黃志剛　（廣東航校六期甲班）
黃志潔　（電雷學校轉青島海校五航甲 1939 年班）

廖更生　（陸軍）
廖振威　（陸軍）
廖運琰　（空軍官校三十七期）
熊德樹　（青島海校五航乙 1940 年班）
裴毓荼　（電雷學校轉青島海校五航甲 1939 年班）
褚廉方　（電雷學校航海科 1937 年班）
趙以煇　（福州海校輪機科 1936 年班）
趙梅卿　（福州海校航海科 1930 年班）
趙敦序　（中央航校六期）
趙慕西　（黃埔海校航海科 1938 年班）
趙慶吉　（青島海校航海科 1937 年班）
趙調鼎　（陸戰隊）
趙龍文　（政工，南京東南大學地學系 1923 級）
趙鴻福　（日本陸士支那留學生二十八期）
齊鴻章　（電雷學校航海科 1934 年班）
劉士毅　（清國陸軍講武學堂三期砲科）
劉子傑　（日本陸士支那留學生二十八期）
劉永誥　（清國烟臺海校駕駛科 1905 年班）
劉田甫　（日本橫須賀帝國海軍砲術學校 1912 年班）
劉立根　（黃埔海校航海科轉青島海校五航乙 1940 年班）
劉光年　（電雷學校轉青島海校五輪甲 1939 年班）
劉次乾　（黃埔海校航海科 1938 年班）
劉作柄　（青島海校五航乙 1940 年班）
劉定邦　（黃埔海校航海科 1938 年班）
劉宜敏　（青島海校航海科 1931 年班）
劉東來　（陸軍）
劉　俊　（廣東航校轉中央航校七期）
劉咸一　（陸軍）
劉昶隆　（政戰）
劉桂馥　（軍官訓練班航海七隊一組比敘海軍官校 1950 年班）
劉廉一　（中央軍校六期步科）
劉殿章　（電雷學校轉青島海校五航甲 1939 年班）
劉煥乾　（清國烟臺海軍學堂駕駛科 1911 年班）
劉稔年　（海軍）
劉義銳　（黃埔海校輪機科 1936 年班）
劉　當　（海軍專修班輪機科 1970 年班）
劉廣凱　（青島海校航海科 1934 年班）
劉德凱　（青島海校航海科 1937 年班）
劉醒華　（海軍官校 1950 年班）
劉　襄　（烟臺海校駕駛甲 1924 年班）
劉瓊林　（軍醫，國防醫學院醫科六十八期）
劉鐵桑　（黃埔海校輪機科轉青島海校五輪乙 1940 年班）
樂以純　（中央航校八期）

龍佐良　（日本陸士支那留學生二十八期）
龍　雲　（雲南陸軍講武堂四期步科）
戴　笠　（中央軍校六期騎科）
繆士閑　（軍官訓練班航海六隊比敘海軍官校 1949 年班）
繆培南　（保定軍校六期步科）
謝永涾　（黃埔海校轉陸軍砲兵學校十六期）
謝克武　（電雷學校航海科 1937 年班）
謝法揚　（黃埔海校輪機科 1936 年班）
謝建東　（陸軍官校三十六期步科）
謝炳烈　（黃埔海校航海科 1938 年班）
謝祝年　（黃埔海校航海科 1935 年班）
鍾俊民　（黃埔海校輪機科 1936 年班）
鍾漢威　（陸軍、空軍）
韓健發　（海軍，國防醫學院衛生勤務學科業訓班）
韓國鋒　（空軍官校三十六期）
薩福疇　（清國烟臺海軍學堂駕駛科 1908 年班）
鄺民光　（黃埔海校航海科 1932 年班）
鄺勁亞　（軍官訓練班航海七隊二組比敘海軍官校 1951 年班）
魏源容　（黃埔海校航海科 1935 年班）
魏濟民　（福州海校航海科 1936 年班）
羅永湘　（軍官訓練班輪機五隊比敘海軍官校 1949 年班）
羅揚鞭　（中央軍校十一期工兵科）
羅德馨　（廣東航校三期乙班）
羅樹勳　（海軍官校 1956 年班）
譚祖德　（黃埔海校軍事科肄，補訓比敘航海科 1938 年班）
譚學衡　（清國黃埔水陸師學堂駕駛科 1890 年班）
關世傑　（青島海校航海科 1934 年班）
關　儀　（黃埔海校航海科肄，軍官補訓班航海一隊比敘海校 1940 年班）
嚴　復　（清國福建船政後學堂駕駛科 1871 年班）
黨連俊　（中央軍校二十一期）
顧　錚　（青島海校五航甲 1939 年班）
龔定成　（軍官訓練班航海七隊二組比敘海軍官校 1951 年班）
龔　愚　（中央軍校六期交通科）

艦船類型、裝備諸元與船員職稱縮寫英文索引

- 1/M　First Motorman, 商船機匠長
- 2/C　Second Cook, 商船二廚
- 2/E　Second Engineer, 商船大管輪
- 2/O　Second Officer, 商船二副
- 3/E　Third Engineer, 商船二管輪
- 3/O　Third Officer, 商船三副
- 4/E　Fourth Engineer, 艦船三管輪
- A/B　Assistant Boatswain, 商船副水手長
- AB　Able Bodied Seaman, 商船資深水手
- ADM　Admiral, 海軍四星上將
- AGC　Amphibious Force Flagship, 兩棲指揮艦
- AGS　Survey Ship, 測量艦
- AK　Cargo Ship, 重運輸艦
- AKL　Light Cargo Ship, 運輸艦
- AM　Minesweeper, Admirable Class, 優級掃雷艦
- Amidships　舵令：正舵
- AN　Net Layer, 設網艦
- Anchor Aweigh　錨令：錨離底
- Anchor Clear　錨令：錨出水
- Anchor Lay Down　錨令：錨緩放
- Anchor Let Go　錨令：錨全放
- AO　Oiler, 運油艦
- APA　Amphibious Attack Transport, 兩棲攻擊艦
- APD　High Speed Transport, 高速運輸艦
- AVP　Speaplane Tender, 水上機母艦
- BB　Battleship, 戰鬥艦
- BOA　Overall Breadth, 船身舷寬
- BOQ　Bachelor Officer Quarters, 美軍單身軍官招待所
- Bulk Carrier　散裝船
- C/C　Chief Cook, 商船大廚
- C/E　Chief Engineer, 艦船輪機長
- C/F　Copper Fitter, 商船銅匠
- C/O　Chief Officer, 商船大副
- CA　Heavy Cruiser, 重巡洋艦
- Cadet　商船實習生
- CAPT　Captain, 海軍上校
- Captain　艦船長
- CDR　Commander, 海軍中校
- CDRE　Commodore, 海軍一星代將
- CIC　Combat Information Center, 軍艦戰情中心
- CL　Light Cruiser, 輕巡洋艦

- Container Ship　貨櫃船
- CPO　Chief Petty Officer, 海軍士官長
- CV　Aircraft Carrier, 航空母艦
- CVHE　Helicopter Escort Carrier, 直昇機母艦
- D/B　Boatswain, or Deck Boss, 商船水手長
- DD　Destroyer, 驅逐艦
- DDG　DD Guided Missile, 飛彈驅逐艦
- DE　Destroyer Escort, 護航驅逐艦
- Dead, Slow Ahead　俥令：微速進俥
- Dead, Slow Astern　俥令：微速倒俥
- Deadweight Tonnage　載重噸
- DFL　Full Load Draft, 滿載吃水
- Diesel Machinery　船用柴油主機
- Drop Both Anchors　錨令：下雙錨
- E/M　Engine Master, 商船機匠領班
- Emergency Full Ahead　俥令：緊急全速進俥
- ENS　Ensign, 海軍少尉
- ETA　Estimated Time of Arrival, 到港預告時間
- Fathom　水深單位尋
- Finish with Engine　俥令：關俥停轉
- Flag State　船旗國
- Flank Speed　艦船戰速
- Freeboard　艦船乾舷
- FS　Freight Supplier, 補給艦
- Full Ahead　俥令：全速進俥
- Full Astern　俥令：全速倒俥
- Full Load　艦船滿載噸
- Full Speed　俥令：海上全速
- General Cargo Ship　雜貨船
- General Quarters　軍艦備戰部署
- Gross Register Tonnage　商船登簿總噸
- GYSGT　Gunnery Sergeant, 陸戰隊三等士官長
- Half Ahead　俥令：半速進俥
- Hard a Port Rudder　舵令：左滿舵
- Hard a Starboard Rudder　舵令：右滿舵
- IC　Internal Communication, 艦內通信系統
- Jack　艦艏旗
- Junior Captain　見習船長
- Keep the Red Buoy on Starboard Side　舵令：保持紅色浮標在右舷側
- LCDR　Lieutenant Commander, 海軍少校
- LCI　Landing Craft, Infantry, 步兵登陸艇
- LCM　Landing Craft, Mechanized, 機械登陸艇
- LCU　Landing Craft, Utility, 通用登陸艇
- LCVP　Landing Craft, Vehicle and Personnel, 車輛人員登陸艇

- Light Displacement　輕載噸
- LOA　Overall Length, 船身全長
- Loading Master　船工裝載長
- Log Book　航海日誌
- LORAN　Long Range Navigation, 羅遠導航
- Low Boom　船舷勞伴
- LSD　Landing Ship, Dock, 船塢登陸艦
- LSM　Landing Ship, Medium, 中型登陸艦
- LST　Landing Ship, Tank, 戰車登陸艦
- LT　Lieutenant, 海軍上尉
- LTJG　Lieutenant Junior Grade, 海軍中尉
- LVT　Landing Vehicle, Tracked, 登陸運輸車
- LVTA　LVT Armoured, 水陸兩用砲車
- LVTR　LVT Retriever, 兩棲救濟車
- M/V　Merchant Vessel, 商船
- Marine Pilot　艦船引水員
- MCPO　Master CPO, 一等士官長
- Merchantman Master　商船船長
- Midshipman　海校生
- Minesweeping Buoy　掃雷浮標
- MM　Machinist's Mate, 商船資深機匠
- MW　Maintenance Wiper, 商船清潔工
- Net Register Tonnage　商船登簿淨噸
- O/S　Ordinary Seaman, 商船基本水手
- P/O　Purser Officer, 商船管事
- Passenger Ship　客船
- Pay Out the Cables　錨令：鬆出錨鍊
- PC　Patrol Craft, 巡邏艦
- PF　Frigate, 巡防艦
- PFG　Guided Missile PF, 飛彈巡防艦
- PG　Patrol Gunboat, 砲艦
- Pilot Station　商船引水部
- PM　Pumpman, 商船加油匠
- PO　Petty Officer, 海軍士官
- PO1　Petty Officer 1st Class, 海軍上士
- Pontoon Dockyard　浮箱船塢
- Pontoon Wrapping Tug　浮箱拖吊船
- Port Captain　駐埠船長
- Port of Registry　船籍港
- PT　Torpedo Boat, 魚雷艇
- Put Seven Shackles into the Water　錨令：放出錨鍊七節
- PX　Postal Exchange, 美軍販賣部
- Q/M　Quartermaster, 商船舵工
- R/O　Radio Officer, 商船報務員

- RADM　Rear Admiral, 海軍二星少將
- Ready Both Anchors　錨令：雙錨備便
- Reciprocating Machinery　船用往復式主機
- Seafarer Officers　商船航輪幹部
- Seafarer Ratings　商船海員
- Shaft Blade　船用轉軸翼片
- Ship Chandler　商船雜貨商
- Ship Underway　鳴霧號：本船前行
- Slow Ahead　俥令：慢速進俥
- SOQ　Senior Officer Quarters, 將官官舍
- SP　Shore Patrol, 美國海軍糾察
- Special Ship　特種船
- SS　Ship Store, 軍艦福利站
- SS　Steam-powered Ship, 蒸汽動力艦船
- SSK　Attack Submarine, 潛艦
- Standard Displacement　艦船標準噸
- Standby Engine　俥令：主機備便
- Starboard Anchor Aweigh　錨令：右錨離底
- Starboard Three, Ease to Three　舵令：右舵三度，繼續保持在三度
- Starboard Twenty　舵令：右舵二十度
- Station　艦船人員部位
- Steady　舵令：穩舵
- Steady on Course as She Goes　舵令：穩舵於現有航速航向
- Steam Turbine Machinery　船用蒸汽渦輪主機
- Stop Engine　俥令：停俥不關主機
- Switch on the Anchor Lights　錨令：船艏開錨燈
- SWO　Surface Warfare Officer, 軍艦協長
- Tanker　濕貨船
- TBS　Talk between Ships, 船用低功率無線電對話機
- TEU　Twenty-Foot Equivalent Unit, 標準化二十呎貨櫃
- TF　Task Force, 海軍特遣部隊
- TG　Task Group, 海軍特遣支隊
- TU　Task Unit, 海軍特遣區隊
- Until Anchor Hold　錨令：持續鬆放錨鍊使錨具繃緊抓牢海底
- VADM　Vice Admiral, 海軍三星中將
- Warrant Officer　技勤軍官
- Water Jet Boat　噴射推進艇
- XO　Executive Officer, 軍艦副長
- YP　Patrol Yacht, 巡艇
- YT　Harbor Tug, 拖船
- YTL　Harbor Tug Boat, 港區拖艇
- Zigzag　亂向航行

1974 年 2 月底作者帶領喀瑪商船滿載奧克攬樹原木，航行於地中海（鍾漢波數位典藏）

說史敘事 13

亂世逐夢航海王（下）
Join the Navy to See the World (II)

作　　　者　鍾漢波
整　　　理　鍾堅
總 編 輯　陳新林、呂芳上
執行編輯　林弘毅
封面設計　溫心忻
排　　　版　溫心忻

出　　　版　🛡️ 開源書局出版有限公司

香港金鐘夏愨道 18 號海富中心
1 座 26 樓 06 室
TEL：+852-35860995

✴ 民國歷史文化學社 有限公司

10646 臺北市大安區羅斯福路三段
37 號 7 樓之 1
TEL：+886-2-2369-6912
FAX：+886-2-2369-6990

初版一刷　2024 年 4 月 30 日
定　　　價　新台幣 500 元
　　　　　　港　幣 140 元
　　　　　　美　元　20 元
I S B N　978-626-7370-82-7
印　　　刷　長達印刷有限公司

http://www.rchcs.com.tw

國家圖書館出版品預行編目 (CIP) 資料
亂世逐夢航海王 = Join the navy to see the world
/ 鍾漢波著；鍾堅整理 . -- 初版 . -- 臺北市 : 民國
歷史文化學社有限公司 , 2024.04

　　冊；　公分 . -- (說史敘事 ; 12-13)

ISBN 978-626-7370-81-0　（上冊 : 平裝). --
ISBN 978-626-7370-82-7　（下冊 : 平裝）

1.CST: 鍾漢波　2.CST: 海軍　3.CST: 回憶錄

783.3886　　　　　　　　　　113003756